学堂在线
MOOC教材

》 Human Resource
Management

人力资源管理

主　编：黄　波　黄　丽
副主编：王延玲　陈楠楠　罗兴鹏

经济管理出版社

图书在版编目（CIP）数据

人力资源管理/黄波，黄丽主编．—北京：经济管理出版社，2021.7
ISBN 978-7-5096-8154-1

Ⅰ.①人… Ⅱ.①黄…②黄… Ⅲ.①人力资源管理 Ⅳ.①F241

中国版本图书馆 CIP 数据核字（2021）第 145198 号

组稿编辑：郭丽娟
责任编辑：赵亚荣
责任印制：黄章平
责任校对：张晓燕

出版发行：经济管理出版社
（北京市海淀区北蜂窝 8 号中雅大厦 A 座 11 层　100038）
网　　址：www.E-mp.com.cn
电　　话：（010）51915602
印　　刷：唐山昊达印刷有限公司
经　　销：新华书店
开　　本：787mm×1092mm/16
印　　张：25.5
字　　数：544 千字
版　　次：2021 年 11 月第 1 版　2021 年 11 月第 1 次印刷
书　　号：ISBN 978-7-5096-8154-1
定　　价：88.00 元

·版权所有　翻印必究·
凡购本社图书，如有印装错误，由本社读者服务部负责调换。
联系地址：北京阜外月坛北小街 2 号
电话：（010）68022974　邮编：100836

前 言

20世纪90年代初期我国开始引进人力资源管理课程的教学,90年代末期开始筹建人力资源管理专业,经过多年的发展,人力资源管理课程及教材建设已相对成熟。但是随着近年来人力资源管理在理论与实践方面的迅速发展,新的思想、理念、技术与方法不断涌现,而目前所使用的人力资源管理教材已经跟不上这种快速变化。另外,随着慕课的流行,单一的纸质教材竞争力日趋下降,在线课程的立体化教材(包括在线课程、数字资源和纸质教材)成为高等教育教材出版的主流趋势。正是基于上述两点的综合考虑,我们决心编写这本在内容上切入人力资源管理前沿内容、在形式上以慕课为特点的《人力资源管理》教材,注重教材的实用性和前瞻性。以期帮助经济管理类专业的学生,尤其是人力资源管理专业学生及企业管理者了解人力资源管理理论和实践的最新发展动态,洞悉人力资源管理的精髓。本书参考了很多同类优秀的教材和文献,吸收了大量国内外最新人力资源管理的理论和实践发展的最新成果,教材组力图使本书所展示内容新颖、通俗易懂、操作性强,从而提高学生的学习兴趣,更好地满足人力资源管理课程的教学工作。

本书是团队协作的结晶,编写团队主要由云南财经大学商学院人力资源管理系的部分师生组成。分工如下:黄波主笔第七章和第九章,黄丽主笔第一章和第八章,王延玲主笔第二章和第五章,陈楠楠主笔第六章和第十章,罗兴鹏主笔第三章和第四章;此外,冯暐参与了第五章初稿的编写,韩震参与了第九章初稿的编写;同时,学生黄丽丽、魏鑫、赵佳豪、刘洋君、崔岩、潘婷、赵开元、刘婧蕾和王琦参与了整本书的资料收集与整理以及教材格式的修订工作;最后,本书所有内容的统稿与审校工作皆由黄波和黄丽两位老师负责完成。

一、本教材的编写特色

本书聚焦于作为《人力资源管理》的慕课教材,以二维码为工具,有效地将在线课程和传统教材结合起来,打造包括纸质教材以及相配套数字化资源的线上线下联动的立体化教材,转变了传统的纸质教材模式。总体来说,本教材具有以下特色:

第一,本书章节中融入了"课程思政"元素,始终将"立德树人"放在首要位置。树立人力资源意识和人才强国意识,建立科学的价值观、就业观、和谐观和用人观等，将公平、公正思想和竞争意识植入到课程内容中，培养职业认同感、责任感和良好的职业道德操守。

第二，本书是围绕在线慕课课程的立体化教材（包括在线课程和纸质教材）。目前《人力资源管理》慕课教材相对较少，本书将是对此领域很好的补充。

第三，本书注重对人力资源管理发展新趋势的介绍，每一章专设一小节介绍、讨论该领域当前的发展新趋势，例如第一章中人力资源管理三支柱模型与OD的发展和数字经济时代下人力资源管理转型都是当前的热点话题。

第四，本书非常注重人力资源管理课程实践性强的特征，详细、系统介绍了人力资源管理各项职能活动的应用方法、步骤和技术，并在后面八章的人力资源管理职能章节附有拓展的实践性案例，部分案例还是教材组编写的原创性案例。

总之，本书将对新形势下的人力资源管理进行全面系统的分析研究，具有较强的时代特色，反映出当今人力资源管理的发展新趋势，具有网络教学特色、前沿特色和实践特色。

二、本教材编写内容

全书共分为十章，前面两章为课程的基础知识点，即人力资源管理概述和人力资源管理理论基础，并在章节后探讨人力资源管理发展的新趋势和介绍最新人力资源管理发展的理论，让学生了解目前人力资源管理发展的前沿。后面八章为本门课程的核心知识点，对工作分析与工作设计、人力资源战略规划、员工招聘、培训与开发、绩效管理、薪酬设计与管理、劳动关系管理、职业生涯规划与管理八大人力资源管理的职能模块进行了详细阐述，并对各模块的前沿发展趋势进行了分析和总结，结合人力资源管理实践性强的特点，职能模块撰写具有较强的实操性，每个职能模块将会结合现实案例来进行开篇的引入和分析，章节后又设置了拓展的实践性案例分析，带领学生了解最新的人力资源管理理念、方法、步骤和技术。

三、本教材的主要用途

（1）本教材可以作为高等院校经济管理类专业的本科人力资源管理课程教材。

（2）本教材可以作为高等院校MBA核心课的课程教材。

（3）本教材还可以作为社会各界人士学习人力资源管理知识、企业管理人员开展人力资源管理培训用书。

四、致谢

在我们合作编写《人力资源管理》教材和录制慕课的过程中，首先，要特别感谢我的团队成员们，他们分别是云南财经大学商学院人力资源管理系的黄丽、王延玲、陈楠楠、罗兴鹏、冯晖和韩震老师，以及学生黄丽丽、魏鑫、赵佳豪、刘洋君、崔岩、潘婷、赵开元、刘婧蕾和王琦。作为创作团队中的一分子，他们对资料的收集与整理、教材的编写与修订、慕课的准备与录制工作都付出了巨大的努力，没有他们仔细、准确、耐心和富有创造性的工作，本书的编写工作将不会如此顺利地完成。其次，还要感谢云南财经大学商学院卢启程、杨增雄、谢立新和江新会四位老师对本书编写和出版提供的支持和帮助。此外，还要感谢经济管理出版社所有参与本书出版的人士，感谢他们为了本教材的顺利出版所付出的心血，尤其要向郭丽娟老师对本书所提供的帮助和建议表示真诚的敬意和谢意！另外，本书在编写过程中参考、引用和借鉴了许多国内外学者的有关著作和文献，书中尽可能详细地标明了出处，如有遗漏和不当之处，请联系我们，在此特向这些可敬的同行们表示诚挚的谢意！最后，要感谢拿到这本书的所有读者，由于编写比较仓促，更由于编者学识有限，书中难免存在一些缺点甚至错误，恳请各位读者不吝指正，我们会认真对待大家的反馈，以使本书渐臻完善，谢谢！联系邮箱为：betty4870@126.com。

黄波

2021 年 6 月

于云南财经大学

目 录

第一章 人力资源管理概述 ... 1
  第一节 人力资源概述 ... 3
  第二节 人力资源管理的产生与发展 ... 9
  第三节 人力资源管理的发展趋势 ... 18
  本章小结 ... 39

第二章 人力资源管理的理论基础 ... 42
  第一节 人性假设理论 ... 45
  第二节 激励理论 ... 52
  第三节 激励的手段和方法 ... 69
  第四节 激励理论的发展趋势 ... 72
  本章小结 ... 76

第三章 工作分析与工作设计 ... 80
  第一节 工作分析 ... 82
  第二节 工作设计 ... 94
  第三节 胜任素质模型 ... 104
  第四节 工作分析的发展趋势 ... 109
  本章小结 ... 112

第四章 人力资源战略规划 ... 116
  第一节 人力资源战略概述 ... 118
  第二节 人力资源规划概述 ... 123
  第三节 人力资源规划的实施 ... 126
  第四节 人力资源规划的方法 ... 132
  第五节 人力资源规划的发展趋势 ... 147

本章小结 ······ 148

第五章 员工招聘 ······ 151

第一节 员工招聘概述 ······ 154
第二节 员工招聘准备 ······ 162
第三节 员工招聘实施 ······ 166
第四节 员工招聘评估 ······ 184
第五节 员工招聘的发展趋势 ······ 186
本章小结 ······ 189

第六章 培训与开发 ······ 194

第一节 培训与开发概述 ······ 196
第二节 培训与开发的实施 ······ 200
第三节 培训与开发的方法 ······ 212
第四节 培训与开发的发展趋势 ······ 217
本章小结 ······ 219

第七章 绩效管理 ······ 223

第一节 绩效管理概述 ······ 225
第二节 绩效管理的实施 ······ 234
第三节 战略性绩效管理工具 ······ 257
第四节 绩效管理的发展趋势 ······ 273
本章小结 ······ 275

第八章 薪酬设计与管理 ······ 279

第一节 薪酬管理概述 ······ 281
第二节 基本薪酬的设计 ······ 288
第三节 绩效薪酬的设计 ······ 307
第四节 福利管理 ······ 311
第五节 薪酬设计组合策略 ······ 318
第六节 薪酬管理的发展趋势 ······ 323
本章小结 ······ 327

第九章 劳动关系管理 ······ 329

第一节 劳动关系管理概述 ······ 331
第二节 劳动合同管理 ······ 334

第三节　集体合同制度 …… 344
第四节　劳动争议管理 …… 349
第五节　离职管理 …… 353
第六节　劳动保护 …… 357
第七节　劳动关系管理的发展趋势 …… 362
本章小结 …… 364

第十章　职业生涯规划与管理 …… 367

第一节　职业生涯规划与管理概述 …… 369
第二节　职业生涯规划与管理的基础理论 …… 372
第三节　职业生涯规划与管理的内容 …… 379
第四节　职业生涯规划与管理的发展趋势 …… 388
本章小结 …… 389

参考文献 …… 392

第一章　人力资源管理概述

在"知识经济"时代,人力资源是组织拥有的特殊资源,也是组织获取和保持竞争力的重要资源。企业管理已经从强调对物的管理转向强调对人的管理,这是竞争加剧的结果。人力资源管理正在逐渐被纳入组织的战略规划中,成为组织竞争力至关重要的因素。

【学习目标】

通过本章的学习,应掌握:
1. 人力资源的概念
2. 人力资源管理的概念
3. 人力资源管理的功能和目标
4. 人力资源管理的职能及其内在关系
5. 人力资源管理的产生与发展
6. 战略性人力资源管理的概念
7. 人力资源管理三支柱模型

【关键词】

人力资源;人力资源管理;战略性人力资源管理;人力资源管理三支柱

【思维导图】

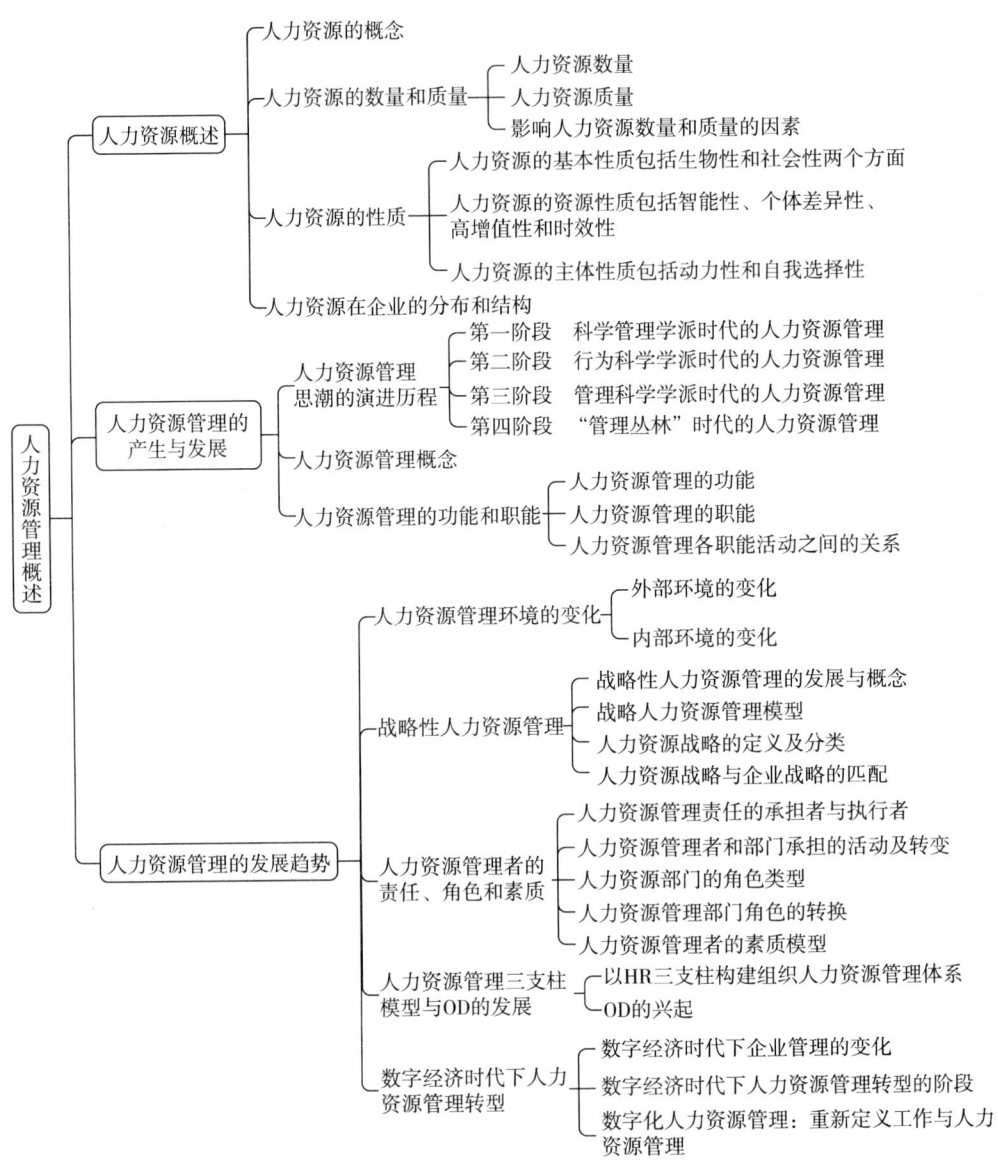

【引导案例】

S 公司的管理困境

S 公司是 J 市的一家民营高科技企业,由几位志同道合的伙伴于 2008 年合作创办。在公司成立之初资金并不宽裕的情况下,几位合伙人主动提出不领取工资直至公司盈利为止。在他们不计报酬、努力工作的精神感召下，公司的员工们也时常义务加班。公司内部关系融洽、士气高涨。经过公司上下的共同努力，该公司已发展为一家集开发、生产、经销于一体的中型高科技企业，在省内IT业界树立了一定的知名度。

2010~2015年，公司处于高速发展阶段。企业经济效益连年大幅增长，员工待遇也随之不断改善，加之公司所处行业属于朝阳产业，员工普遍感觉在这样的公司有希望，同时还吸引了大批具有专业技术知识的年轻人加入公司。

然而，自2016年公司进入稳定期以来，随着经济效益增幅的减小，公司内部出现了安于现状、不思进取的氛围，人心涣散的迹象十分严重，尤其是中层管理者的流失问题急需解决。中层管理者流动频繁，使公司的管理出现脱节现象，其他员工的士气大受影响，企业生产率明显下降，公司从此陷入恶性循环。最近，员工中开始流传一种说法：凡是从本公司跳槽的人都能在现职岗位上做得不错，待遇比在本公司时好，工作强度也比本公司小，其他公司对处于同一层次的员工评估还不单纯以业绩为标准。另外，人员流动多倾向于国内的知名外企。

针对企业面临的以上问题，公司总经理感到非常棘手，准备请人力资源部经理为自己提些建议并共同商讨对策，使公司早日摆脱目前的困境。

【思考题】

如果你是该公司的人力资源部经理，你是如何看待该问题的？准备为总经理提出哪些管理建议？

第一节　人力资源概述

一、人力资源的概念

人类社会的生产以资源的供给为基础，经济要不断增长，必须要有充足的资源作为保障。"资源"作为经济术语，泛指社会财富的源泉，指能带来新的使用价值和价值的客观存在物①。经济学家认为，资源是指为了创造物质财富而投入到生产活动中的一切要素，可以分为自然资源、资本资源、信息资源和人力资源。其中，人力资源是各种资源中最为活跃、涉及社会面最广、对经济增长贡献最为突出的一种资源，是一切资源中最重要的资源，经济学家称之为第一资源。"人力资源"这一概念最早见于彼得·德鲁克（Peter Drucker）1954年出版的《管理的实践》一书，其认为人力资源是一种具有特殊资产性质的资源，人力资源拥有独特的协调能力、融合能力、判断力和

---

① 郑晓明.人力资源管理导论（第3版）[M].北京：机械工业出版社，2011.

想象力，并且要注意人力资源只能为人力资源所有者自己利用的特性。

尽管德鲁克提出了人力资源的概念并指出了其重要性，却未对"人力资源"这一概念给出详细的定义，后续学者主要从人力资源所具有的特殊性对其进行定义：

伊万·伯格（Ivan Berg）认为，人力资源是人类可用于生产产品或提供各种服务的活力、技能和知识。

内贝尔·埃利斯（Nabil Elias）提出，人力资源是企业内部成员及外部的与企业相关人，即总经理、雇员、合作伙伴和顾客等可提供潜在合作与服务及有利于企业预期经营活动的人力的总和。

雷西斯·列科（Rensis Lakere）提出，人力资源是企业人力结构的生产和顾客商誉的价值。

苏珊·E. 杰克逊（Susan E. Jackson）、兰德尔·S. 舒勒（Randll S. Schuler）指出，人力资源是能够为创建和实现组织的使命、愿景、战略与目标做出潜在贡献的人所具备的可被利用的能力与才干。

国内学者郑绍廉（1995）认为，人力资源是指能够推动整个经济和社会发展的具有智力劳动和体力劳动能力的人们的综合，包括数量和质量两方面内容。

人力资源具有范畴属性，在宏观意义上的概念是以国家或地区为单位进行划分和计量的，在微观意义上的概念则是以部门和企业、事业单位进行划分和计量的。宏观意义上的人力资源是指能够推动特定社会系统发展进步并达成其目标的该系统的人们的能力的总和。其主要是从社会系统的角度讨论人力资源，同时突出了人力资源的归属性、功用性及能力的包容性，即：①任何资源均有归属，人力资源也不例外（总是属于某一国家、地区）；②人力资源必须有功用，这也符合资源可用性的特征，即人力资源应对其归属的社会系统的发展和目标实现有用；③定义中的能力是一种泛指，包含各种能力，如智力、体力甚至情力（情商）。微观意义上的人力资源是指特定社会组织所拥有的能推动其持续发展，达成其组织目标的成员能力的总和。

本书主要是在微观意义上使用人力资源的定义。人力资源的宏观定义更多用于人口学、社会学、经济学等领域。

二、人力资源的数量和质量

人力资源是指人的劳动能力，即人在劳动过程中所运用的体力和智力的总和[①]。除了这一基本含义外，在统计、管理领域还泛指具有劳动能力的人。人力资源具有量的规定性和质的规定性，它是由人力资源数量和人力资源质量两个方面内容构成的。

（一）人力资源数量

人力资源数量指的是构成劳动力人口的那部分人口的数量，单位是"个"或者"人"。劳动力人口，即具有劳动能力的人口。人力资源数量是指被考察范围内（一个

---

① 黄焱. 人力资源的数量和质量的发展［J］. 中国市场，2011（18）：36-40.

国家或地区）拥有劳动能力的人口数量，可以用绝对量和相对量两种指标来表示。人力资源的绝对量可用被考察范围内具有劳动能力的人口量计量；人力资源的相对量表示被考察范围内（一个国家或地区）人均人力资源拥有量。总之，人力资源的数量即一个国家或地区范围内，劳动适龄人口总量减去其中丧失劳动能力的人口，加上劳动适龄人口之外具有劳动能力的人口。

人口资源、劳动力资源、人力资源和人才资源之间存在关联：人口资源指一个国家或地区所拥有的人口的总量，是一个数量概念。而人力资源则是指一个国家或地区一切为社会创造物质财富和精神文化财富的从事智力劳动和体力劳动的人口总称，强调人具有劳动的能力。劳动力资源是指一个国家或地区有劳动能力并在劳动年龄范围之内的人口总和，是人力资源中拥有劳动能力且处于法定劳动年龄范围的部分。人才资源是指人力资源中能力和素质较高的劳动者。人口资源、劳动力资源、人力资源和人才资源在概念上是包含关系，人力资源、劳动力资源、人才资源皆是以人口资源为基础，四者之间的具体关系见图1-1。

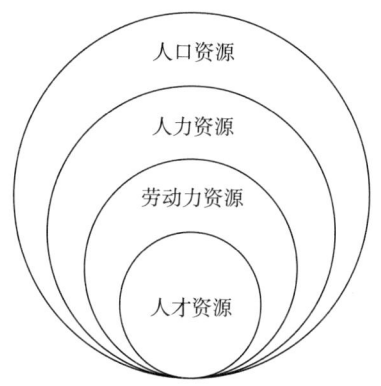

图1-1　人口资源、人力资源、劳动力资源、人才资源四者的包含关系

由此可见，人口资源与劳动力资源突出人口数量和劳动者数量，人才资源侧重人的质量。人力资源是人口数量与质量的统一，是潜在人力与现实人力的统一。我国人口众多，从数量上看，人口资源与劳动力资源居世界首位，人力资源数量也名列前茅。但从质量上看，人力资源和人才资源却比较落后，人力资源的文化水平低、素质差。因此，我国人力资源的潜力很大，如何对其加以大力开发和合理使用是理论和实践研究的重要课题。

（二）人力资源质量

人力资源质量是指一定范围内（国家、地区或企业等）的劳动力素质的综合反映。它是一定范围内人力资源所具有的体质、智力、知识、技能和劳动意愿，一般体现在劳动力人口的体质水平、文化水平、专业技术水平和劳动的积极性上。其主要内容包括：

1. 人力资源能力质量

人力资源能力质量，即推动物质资源、从事社会劳动的能力水平高低，体现在知识（包括一般性知识与专业化知识）、工作技能、创造能力、岗位适应能力、职业流动能力等方面[1]。知识水平与技能水平是人力资源能力质量中最主要的方面。人力资源的知识水平一般以人力资源文化素质水平为标志，用人力资源受教育程度来表示，通常以文盲、小学、初中、高中、大学及以上各个层次的人力资源比例来计算。人力资源教育水平的获得依靠教育资金的投入。教育部门是对人力进行资本投入、生产社会人力资源的最主要部门。人力资源的技能水平一般以人们接受专业教育、职业教育的程度来反映，或者以人力资源队伍中的工人技术等级及比例、专业技术人员职称及比例来反映。

2. 人力资源精神质量

人力资源精神质量，即思想素质、心理状态，它是人力资源质量总体中极为重要但常被忽视和遗漏的方面[2]。实际上，人力资源的精神质量是其素质总体中的灵魂，如同一种"软件"，其能力质量则相当于"硬件"。由于人力资源的精神质量决定人的工作态度和动机，因而它成为人类从事社会劳动的动力系统。人力资源的精神质量包含思想、心理品质以及道德因素，是影响人力资源群体关系、组织凝聚力乃至微观和宏观经济效益的重要因素。

（三）影响人力资源数量和质量的因素

一般而言，影响人力资源数量的因素有人口总量（静态）及其再生产状况（动态——自然增长率的变化）、人口的年龄结构及其变动、人口迁移等；影响人力资源质量的因素有遗传、其他先天和自然生长因素、营养因素、教育培训因素、人力资源投资的成本与收益比例、经济与社会发展状况、人的主观能动性等。

三、人力资源的性质

人力资源与自然资源和物质资源相比，除具备资源的一般属性外，还体现出以下特性：

（一）人力资源的基本性质包括生物性和社会性两个方面

生物性是人力资源最基本的特点，人力资源是一种活的资源，存在于人体之内，受到人的自然生命特征的限制，如身体疲劳、人体安全、劳动卫生、工作时间等。生物性还体现了人力资源的再生性。

社会性指人力资源受民族文化和社会环境的影响。人类社会活动的结果构成人类社会活动的前提。由于每个人都生活在一定的社会环境中，不可避免地会受其社会文化的影响，形成特有的价值观念和行为方式，既可能与企业所倡导的文化价值一致，

---

[1] 黄焱. 人力资源的数量和质量的发展 [J]. 中国市场, 2011 (18): 36-40.
[2] Gary Dessler. 人力资源管理（第14版）[M]. 刘昕译. 北京：中国人民大学出版社, 2017.

也可能相互冲突，这就增加了人力资源管理的复杂性和难度。比如，人力资源的时代特征，如目前所探讨的新生代员工管理；还有地域性的社会环境导致人力资源管理所产生的变化，如美国企业人力资源管理或日本企业人力资源管理等。

（二）人力资源的资源性质包括智能性、个体差异性、高增值性和时效性

智能性体现在人类具有智慧，独立进行思考，能够创造工具、创造机器。个体差异性表明不同的人力资源个体在个人的知识技能条件、劳动参与率倾向、劳动供给方向、工作动力、工作行为特征等方面均有一定差异，如招聘岗位对其选择产生一定的差异。高增值性是指通过知识的积累、能力的提升实现自身价值的增值，人力资源经济价值呈不断上升的趋势。劳动力市场价格上涨，人力资源投资收益率上升，可支配收入上升，高质量和低质量人力资源收入差距明显，如 MBA 教育、高技工与农民工。时效性是指这种资源如果长期不用就会荒废和退化。许多研究表明，人在工作中其现有的知识技能如果得不到运用和发挥，会导致其积极性的消退和技能的下降，造成心理压力。

（三）人力资源的主体性质包括动力性和自我选择性

动力性（能动性）是指人力资源是体力与智力的结合，具有主观能动性，具有不断开发的潜力。人力资源的动力性包括以下要点：①人具有意识，知道活动的目的，因此人可以有效地对自身活动做出选择，调整自身与外界环境的关系。②人在生产活动中处于主体地位，是支配其他资源的主导因素。③人力资源具有自我开发性。在生产过程中，人一方面是对自身的损耗，而更重要的一方面是通过合理的行为，从而得到补偿、更新和发展。非人力资源不具有这种特性。④人力资源在活动过程中是可以被激励的，即通过提高人的工作能力和工作动机，从而提高工作效率。

自我选择性是人力资源动力性的延伸。人具有社会意识，对自身和外界都有清晰的看法，可以对自身的行动做出选择，如工作、岗位、是否愿意做贡献、大学生就业等。

四、人力资源在企业的分布和结构

一般来说，企业人力资源的分布和结构主要有以下几种形式：年龄构成、学历构成、职位分布、部门分布、素质构成。除以上几种形式外，还有性别构成、工龄构成、职称构成、专业构成以及地域构成、国别构成等。

（1）年龄构成指企业各个年龄段的员工在员工总数中所占的比例（见表1-1），年龄构成不同的企业，其人力资源管理活动的重点和具体内容也会有所不同。

表1-1 某公司各年龄段员工所占比例

年龄	数量	所占比例（%）
20~25	72	65.45
25~30	18	16.36
30~35	9	8.18
35~40	11	10

（2）学历构成指企业中各个学历层次的员工在员工总数中所占的比例，如表1-2所示。

表1-2 某公司各学历层次员工所占比例

学历	博士及以上学历	硕士学历	本科学历	专科及以下学历
人数	14	154	88	29
比例（%）	4.9	54	30.9	10.2

（3）职位构成指企业中各个职位层次的员工在员工总数中所占的比例，如表1-3所示。

表1-3 某公司各职位层次员工所占比例

职位	高层管理人员	中层管理人员	基层人员
人数	14	54	217
比例（%）	5	20	75

（4）部门分布指各个部门的员工在员工总数中所占的比例，如表1-4所示。

表1-4 某公司各部门员工所占比例

部门	人数	比例（%）
财务部	29	10.2
销售部	63	22.1
市场部	51	17.9
采购部	73	25.6
人力资源部	25	8.8
法务部	13	4.6
后勤部	30	10.5

（5）素质构成指企业中各个员工所具备的素质，包括个性、品性、能力、知识和体质等方面。素质构成一般可以通过语言描述和分数描述两种形式加以表现，如表1-5所示。

表1-5 某公司各员工具备的素质构成

	素质1（合作性）	素质2（责任心）	素质3（判断力）	素质4	素质5	素质6
员工A	18	14	16	17	12	13
员工B	15	17	15	16	10	12
员工C	14	13	18	15	9	13
员工D	10	15	12	13	11	12

第二节 人力资源管理的产生与发展

一、人力资源管理思潮的演进历程

人力资源管理演进历程与现代管理思潮的演进是密不可分的。管理思潮是指对管理的实质的哲学性的思考、认识和理念①。管理思潮是以当时的管理实践为基础的,但一旦形成,又会反过来影响管理实践。

美国学者斯科特（R. Scott）在考察现代管理思潮的演进史时,把人性观作为纵轴,把环境观作为横轴。所谓人性观,是指对本组织中广大员工本性的基本假设、估计与认识:他们的基本性质是怎样的,他们是什么样的人,他们的基本需要和追求是什么,他们对工作及所在组织持何种认识与态度等。既然企业管理主要是对人的管理,即对其员工或人力资源的管理,那么管理者对被管理者本性的估计就是管理行为与举措的出发点。所以管理人性观便是人力资源管理的最基本的价值观,决定着该组织的基本管理方针和政策。所谓环境观,是指对组织与环境间互动关系的认识,基本上分为两种典型的观点:一种为封闭性环境观,认为组织是独立的、封闭的,与其所处环境互无交往和影响,因此管理可以关起门来进行,与环境无关联;另一种为开放性环境观,认为组织与其环境间有着经常不断的互相作用与交往,管理不可能不受环境的影响。这样就形成了一个如图1-2所示的四分矩阵式模型,将现代管理思潮的演进分为四个阶段。

（一）第一阶段:科学管理学派时代的人力资源管理

1900年到20世纪30年代,科学管理学派在这个时期占主导地位。其代表人物法约尔（H. Fayol）提出了管理的基本职能,即对人、财、物的计划、组织、指挥、协调、控制等功能,提出了管理的14条"通则";韦伯（M. Weber）则提出了层次型组织结构,并认为工作岗位应责权分明;科学管理之父泰勒（F. Taylor）则倡导工作本身研究,即动作—时间的研究,倡导生产过程的专业化、标准化、合理化,倡导每个工作岗位要选择最优秀的员工,对员工进行必要的培训,对员工实行科学的分配和奖惩制度,即工作实行定额管理、工资则实行计件制。

科学管理学派的主要观念包括:认为员工是理性人,是只有经济需求的经济人;组织是一个封闭的系统,个人也是一个独立封闭的系统;由于员工是一个理性人,组织应有"理性的"规章制度来严格约束员工;组织机构要层次化,组织的制度与组织

---

① 陈维政,余凯成,程文文. 人力资源管理与开发高级教程（第2版）[M]. 北京:高等教育出版社,2013.

中的时间及作业都必须科学化；员工必须接受培训；由于员工的"经济性""独立性（封闭性）"，员工无社会心理的需求；员工要与工作匹配；对员工必须实行奖惩措施。

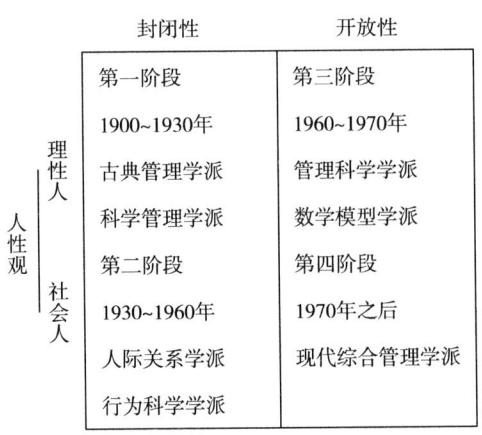

图 1-2　斯科特模型

资料来源：陈维政，余凯成，程文文. 人力资源管理与开发高级教程（第 2 版）[M]. 北京：高等教育出版社，2013.

（二）第二阶段：行为科学学派时代的人力资源管理

埃尔顿·梅奥（Elton Mayo）等发现，员工除了有经济利益的需求外，还存在对社交与友谊、信任与尊重等高层次的社会情感需要，员工不再是单纯的"经济人"，而是有更多社会需求的"社会人"，组织除了要提供员工满意的工作环境和条件外，还应当加强员工间的、领导者与被领导者间的合作与交流，应当给予员工更多的关怀、尊重与温暖，这样才能提高员工的工作积极性；组织中"非正式组织"的存在有利于员工间的合作与沟通；组织的领导者的领导能力表现在通过提高员工的满意度，激励员工的"士气"，从而达到提高劳动生产率的目的。梅奥等的研究成果成为人际关系学的基础，梅奥所创立的学派也被称为人际关系学派或梅奥学派。

20 世纪 50 年代初，美国管理学界产生了一个新的学科——组织行为学，它是一门由社会心理学、工业心理学、社会学、文化人类学、经济学综合而成的交叉学科，主要用来研究组织中人的行为规律，以期激励员工，增强组织的竞争力。组织行为学是人际关系学派的延伸，它将人际关系学派的研究内容更加丰富化，发现了员工高层次的需求——自我实现的需求，研究了人的本性的复杂性，研究了在群体层次上的群内与群际的行为规律，进一步探讨了组织结构与文化、组织变革与发展等问题，逐渐形成行为科学学派。

行为科学学派的代表人物及理论有：道格拉斯·麦格雷戈（Douglas McGregor）的"X 理论—Y 理论"、切斯特·巴纳德（Chester I. Barnard）的社会系统组织理论、亚伯拉罕·马斯洛（Abraham H. Maslow）的需要层次理论、弗雷德里克·赫茨伯格（Frederick Herzberg）的激励—保健因素理论。

行为科学时代以人际关系为出发点，使人事管理由监督控制转向人性激发、由消极惩处转到积极激励、由专制独裁转为民主领导、由唯我独尊转到意见沟通、由权力制约转到德才感应，从而使人事协调配合。

（三）第三阶段：管理科学学派时代的人力资源管理

行为科学时代是对人的研究较为广泛的时代，但是这种研究随着管理科学的兴起而淡化了。这主要是由于世界范围内市场竞争的激化，组织开始从一个封闭的系统转为开放的系统；运筹学已被人们普遍认为是管理实践中行之有效的方法；受到运筹学的启发，应用数学与统计学开始在管理中得到应用；计算机也被广泛应用。这些都迫使管理学者开始寻求新的理论与方法。

管理科学学派最突出的代表人物有赫伯特·A. 西蒙（Herbert A. Simon）与埃尔伍德·斯潘塞·布法（Elwood Spencer Buffa）。尽管西蒙的决策理论侧重于组织中管理者行为—决策的研究，而布法的生产管理理论侧重于系统阐明现代化生产管理的基本原理，但两者有其共同点。一是这两个理论均有一个基本的假设，即人是"经济人"，不具有"社会性"；二是组织是一个开放的系统，管理应当是定量化的管理。

管理科学学派认为，管理就是制定和运用数学模型与程序的系统，就是用数学符号和公式来表示计划、组织、控制、决策等合乎逻辑的程序，求出最优解，以达到组织的目标。管理科学是建立在"理性人"和组织是一个开放系统的假说之上的，是将科学的原理、方法和工具应用于管理的学科。从系统的观点研究各种功能的关系；应用多种学科交叉配合的方法；应用模型化和定量化来解决问题；随着情况的变化而修改模型，求出新的最优解。组织对人也是用"理性的"和定量的方法进行管理的。管理科学的进步在于：将组织的外部环境作为组织生存与发展的重要因素，视组织为一个开放的、变化的系统；科学的、定量化的方法与先进的工具被引入管理之中，为管理者拓宽了管理视野。

然而，管理科学学派基于"理性人"假设的合理性遭到很多管理学家的质疑，后来许多管理学家又重新开始对人进行研究。20世纪60年代后期和70年代初期，管理学界对人的研究虽然内容也比较广泛，但总的来看，集中在对员工的激励上。这个时期也是激励理论发展最为迅猛的时期。激励理论大致可以分为内容型激励理论、过程型激励理论和行为强化理论。

（四）第四阶段："管理丛林"时代的人力资源管理

20世纪70年代至今，管理学科进入了多学派林立的"管理丛林"时代。其中，代表性的学派有系统理论学派、权变理论学派、经验主义学派和人本主义学派。

系统理论学派是将组织视同为一个受到社会、文化、科学技术、经济等环境因素影响的系统，其中：①以切斯特·巴纳德、西蒙与马奇为代表的社会协作系统学派认为，组织是受文化环境的压力和冲突支配的社会有机体，是人们在其中能够互通信息并为一个目标而自觉做出贡献的一切协作系统，它强调社会因素对组织的影响和组织的协作性。②由特里司特创立的社会技术系统学派则强调组织中技术系统对社会系统、个人的态度与群体行为的重大影响。因此，组织必须将组织内的社会系统与技术系统结合起来考虑，管理者应将这两个系统的协调作为一个主要任务。这个学派的研究主要集中在生产、行政等技术工作与人的工作之间的关系。

权变理论学派根据研究对象的不同，可分为权变组织理论和权变领导理论。权变组织理论认为，权变管理意味着环境变化与管理对策之间存在着一种对应关系，组织中的管理要根据组织所处的内外环境的不同而随机应变，没有一成不变的、普遍适用的、最好的管理通则和管理模型。权变组织理论的代表人物与代表作有：杰伊·洛希与保尔·劳伦斯合作的《组织结构与设计》，弗里蒙特·卡斯特（F. E. Kast）与詹姆斯·罗森茨克（J. E. Rosenzweig）于1970年共同发表出版的《组织管理——系统与权变的观点》。权变领导理论则将研究对象放在领导的模式与行为、领导和下属之间的关系等问题上。其代表人物和代表作有：弗雷德·菲德勒（Fred E. Feidler）于1965年发表的《让工作适合管理者》、罗伯特·豪斯（Robert J. House）与特伦斯·米切尔（Terence R. Mitchll）在1974年发表的著名论文《关于领导方式的目标—途径理论》、罗伯特·坦南鲍姆（Robert Tannenbaum）与沃伦·H. 施米特（Warren H. Schmidt）1958年的著作《如何选择领导模式》。不管哪一种权变理论，在人力资源管理问题上都是一致的，人力资源管理的内容与方法要因组织内外环境的变化而变化。

经验主义学派是当代"管理丛林"中的一个重要派别，影响最大的是彼得·德鲁克（Peter F. Dncker），他认为："人是我们最大的资产"，组织应使工作富有活力，并使员工富有成就以便激励他们完成工作，并通过完成工作来使组织富有活力。他还对组织与员工管理的内容与技巧提出了独特的见解，提出对管理人员应实行"目标管理"，管理人员应做好目标制定、工作管理、信息沟通、工作成就评估和人的培养等工作，其职务要用客观、科学的方法来描述；他还提倡加强信息的沟通，加强员工的培训。该学派的另一代表人物欧内斯特·戴尔（Emst Dale）则在《伟大的组织者》中阐述了经验主义学派的另一主要论点：组织中不存在管理的"普遍原理与准则"，对组织应当用成功的经验来管理。经验主义学派主要采用案例研究的方法，在比较研究的基础上进行归纳总结，是从个别到一般的过程；学派的目标是为组织提供管理的成功经验和科学方法。

与经验主义学派有相似之处的是经理角色学派。其代表人物亨利·明茨伯格（Henry Mitzberg）在其代表作《经理工作的性质》中提出，经理的主要责任来自于对经理实际工作活动的观察，再用观察的结果对经理的工作做出规范性约定。因此，它与经验主义学派一样也是一个从实际到理论，从理论再到实际的过程。《经理工作的性质》一文对经理所担任的十种角色做了详细的分析。在这十种角色中，经理的每一种角色均是与人有关的，他必须承担起对员工和组织的权威作用，对下属管理的领导作用，组织内发布、传播和接受信息的沟通作用，障碍（冲突）的排除作用，人力资源与工作及时间的分配作用，代表组织同其他组织或个人谈判的作用，经理的主要职责在于对组织内的人力资源进行开发与管理。

人本主义学派坚持"以人为中心"和"人是第一资源"的观点，认为组织应当采用人本管理模式。它把组织的目标从获得更多的经济利益转移到满足个人发展上来，认为对组织和员工应采用"民主式""自主式"的管理，强调员工在组织中的个人作用的同时也强调团队的作用，鼓励员工在组织中得到发展，它认为个人的发展是对组织有益的。它主张对人力资源的重点在于进行开发与利用，强调对员工积极性的充分调动，强调对员工实行更有激励作用的管理方法，注重从内部人力资源上获得更多的长远利益。从发展趋势来看，人本主义学派有强劲的发展潜力，极有可能成为管理学科发展的主流。

二、人力资源管理概念

所谓人力资源管理，是指企业通过各种政策、制度和管理实践，以吸引、保留、激励和开发员工，调动员工工作积极性，充分发挥员工潜能，进而促进组织目标实现的管理活动总和[①]，包括人力资源规划、人员招聘、培训与开发、绩效管理、薪酬管理、劳动关系管理等职能活动。

人力资源管理与人事管理有着本质上的区别：传统的人事管理是以"事"为中心，注重的是控制与管理人，属于行政事务式的管理方式。而现代人力资源管理以"人"为核心，是把人作为活的资源来加以开发。人力资源被提到战略高度。人力资源管理注重人的心理与行为特征，强调人与事相宜、事与职匹配，使人、事、职能取得最大化的效益。两者具体的区别见表1-6。

表1-6 传统人事管理与人力资源管理的区别

主要方面	人事管理	人力资源管理
管理导向	注重成果	注重过程
管理视角	视人力为成本	视人力为资源
机构	事务性、实际操作性、执行层	战略性、决策层
部门性质	非生产、非效益部门	生产与效益部门
与其他部门	职能式	合作关系
人员	专家	通才
HRM实践	集中于个人	集中于群体
	范围狭窄	范围广泛
管理活动性质	被动反应型	主动开发型
管理焦点	以事为中心的绩效考核	强调人与事统一发展的人力资源开发

---

① 陈维政，余凯成，程文文．人力资源管理与开发高级教程（第2版）[M]．北京：高等教育出版社，2013．

续表

主要方面	人事管理	人力资源管理
管理对象	员工	劳资双方
管理深度	注重管好现有人员	更注重开发企业人员的潜在才能
管理方案	例行的	变化的、挑战的
劳资关系	从属的、对立的	平等的、和谐的

三、人力资源管理的功能和职能

（一）人力资源管理的功能

人力资源管理主要包括五项基本功能：

（1）获取。获取作为人力资源管理的首要功能，是指通过人力资源规划确定企业人力资源需求，通过选择合适的招聘渠道和人员选拔方法，保证企业能够及时获得所需要的人才。

（2）整合。整合是指被招聘的员工了解企业的宗旨与价值观，接受和遵从该企业的指导，使之形成为他们自己的价值观，从而建立和加强他们对组织的认同和责任感，并通过对员工个人的职业生涯规划，使其与组织目标保持一致，使组织和员工的需要都能得到满足。

（3）保持和激励。保持和激励是为员工提供所需奖酬，增加其满意感，最大限度地调动其积极性，包括人员调整、激励、绩效评价、雇员福利及服务、保健服务及事故预防等人力资源管理具体工作。

（4）控制和调整。控制和调整是评估员工素质，考核其绩效，对企业的人力资源进行再配置，做出相应的奖惩、升迁、辞退、解聘等决策，使企业人员及他们的职业需要和能力与工作和职业道路动态匹配。

（5）开发。开发是根据组织或岗位的需要和要求，对员工实施培训，不断提高他们的知识、技能，并结合员工个人的行为特点和期望为其提供充分的发展机会，指导并明确未来的发展方向和道路，激发员工的潜能。

企业的人力资源管理就是对人力资源的获取、整合、保持、调整与开发的过程，这五大功能之间的关系如图1-3所示。现代企业应充分发挥人力资源管理这五项功能的作用，高度重视"人"的工作，不仅表现在对员工的管理与控制上，更重要的是如何找到人与事的最佳结合点，提高员工对企业的满意度和忠诚度。

（二）人力资源管理的职能

人力资源管理的职能主要分为八个部分：工作分析与工作设计、人力资源规划、员工招聘、培训与开发、绩效管理、薪酬设计与管理、劳动关系管理及职业生涯规划与管理。

1. 工作分析与工作设计

工作分析与工作设计之间有着密切而直接的关系：工作分析的目的是明确所要完

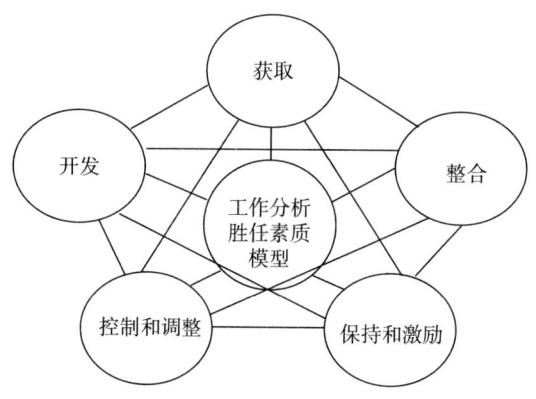

图1-3 人力资源管理五大功能之间的关系

成的工作内容以及完成这些工作所需要人员的任职资格条件；而工作设计所关心的是工作的结构化，其重点在于通过工作设计明确优先事项，精简不必要的工作任务，明确工作的内容与方法。

2. 人力资源规划

人力资源规划是在企业战略及发展目标的总体框架之下，根据企业内外环境的变化，预测未来企业对于人力资源的需求和供给状况，以及在此基础上做出的各类人力资源的计划、安排及相关政策，满足企业在未来发展时期的人力资源质量、数量和结构方面的需要。

3. 员工招聘

通过招募吸引足够数量的候选人，通过甄选确保能够在申请人中录取那些最适合组织及其招聘岗位要求的人，并安置到具体的工作岗位上。

4. 培训与开发

组织通过培训需求分析、培训计划的制订和实施、培训的转化和迁移，最后对培训效果进行反馈总结等活动，使员工具备完成现在或将来工作所需要的技能、知识并改变他们的工作态度，以改善员工现在或者将来职位上的工作业绩，并最终使企业整体绩效得以提升的过程。

5. 绩效管理

绩效管理的目标是根据企业的战略来制定的，通过将企业的战略目标层层分解变为部门和员工的目标，在此基础上确定部门和个人的绩效目标，通过绩效监控、绩效评价，对员工的工作结果进行反馈，及时发现工作中存在的问题并进行改进，通过提升员工的业绩从而达成企业的业绩，实现企业的战略目标，使企业进入良性循环。

6. 薪酬设计与管理

组织针对员工为其提供的服务确定其薪酬体系、薪酬水平、薪酬结构、薪酬支付方式以及付诸实施的过程。同时，作为一种持续的组织过程，企业还要持续不断地制订薪酬计划，拟定薪酬预算，就薪酬管理问题与员工进行沟通，同时对薪酬体系本身的有效性做出评价,并不断完善。

7. 劳动关系管理

劳动关系管理主要涉及劳动合同管理、劳动争议处理、工作时间和休息休假管理、劳动保护管理等内容,通过规范化、制度化的管理,使劳动关系双方的行为得到规范,权益得到保障,维护稳定和谐的劳动关系,促使企业经营活动平稳运行。

8. 职业生涯规划与管理

组织对员工在本企业中的职业发展历程所进行的管理,包括为员工设定职业发展路径,提供职业发展机会和平台,提供培训与开发机会帮助员工实现职业目标,也即由组织实施的,以开发员工的潜力、留住员工、使员工能自我实现为目的的一系列管理方法。

(三) 人力资源管理各职能活动之间的关系

企业人力资源管理各项职能活动是相互衔接、相互影响、相互作用的有机系统(见图1-4)。其中,人力资源规划是航标兼导航仪,工作分析与胜任素质模型是基础,绩效与薪酬管理是核心,培训与开发是手段。运用各种人力资源管理实践和管理政策,实现企业目标,提升企业竞争力优势,同时也实现了员工的自身价值。

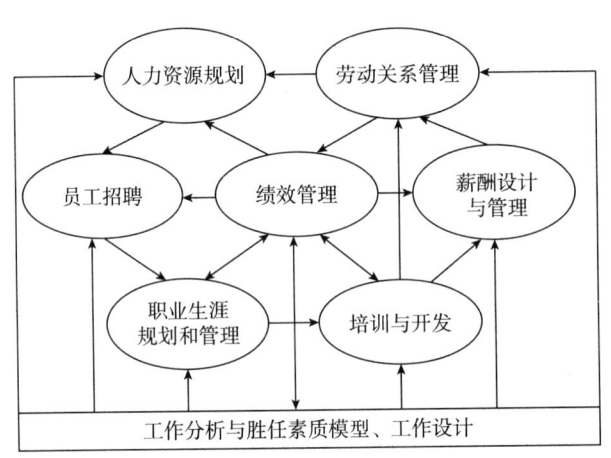

图1-4 人力资源管理基本职能之间的关系

1. 工作分析与胜任素质模型、工作设计和人力资源管理其他职能之间的关系

工作分析与胜任素质模型起到了平台与基础的作用。工作分析与胜任素质模型为人力资源规划、员工招聘、培训与开发、绩效管理、薪酬管理等提供信息支持。另外,工作分析与工作设计对人力资源管理职能起到监督和调试的作用,寻求提高组织工作效率的途径。

2. 人力资源规划与人力资源管理其他职能之间的关系

人力资源规划处于整个人力资源管理职能循环体系的起点,是实现其他人力资源管理职能的保障。人力资源供需预测的数量和质量的结果可为招聘、培训和解聘提供数据支持。另外，在人力资源规划中，绩效管理和薪酬管理是进行人员预测的一个重要依据。

3. 员工招聘与人力资源管理其他职能之间的关系

进行员工招聘时，发布的招聘信息和录用甄选的标准都来自于工作分析的结果工作说明书中的职责、任职资格要求与胜任素质模型。招聘也是人力资源规划的具体应用，保证了组织人员补充计划的有效实施和"新陈代谢"正常进行。另外，高质量的招聘与甄选可以提高人员与组织职位空缺之间的适应性，降低组织开发成本，组织绩效也相应得到提高，与此同时，招聘的有效性需依据对新员工绩效考核的结果来进行检验。

4. 培训和开发与人力资源管理其他职能之间的关系

培训和开发是人力资源规划和招聘录用之后必不可少的后续工作，培训与开发与绩效管理有着最直接和紧密的联系，培训需求确定要借助绩效考核结果去分析，培训的效果评估又通过绩效考核进行检验。培训与开发也是员工薪酬除了工资、福利等货币形式外的非货币报酬形式。

5. 绩效管理与人力资源管理其他职能之间的关系

从图1-4中可以看到，绩效管理在整个系统中居于核心地位，其他职能或多或少都要与它发生联系。在人力资源规划中对组织内部的人力资源质量供给进行预测时，要依据绩效考核结果来进行判定。通过对员工的绩效进行评价，能够对不同招聘渠道的质量做出比较，从而可以实现对招聘渠道的优化；此外，对员工绩效的评价也是检测甄选录用系统效度的一个有效手段。招聘录用也会对绩效管理产生影响，如招聘录用的质量比较高，员工在实际工作中就会表现出良好的绩效，这样就可以大大减轻绩效管理的负担。绩效考核结果应用中最直接的体现就是绩效薪酬（绩效工资）的发放依据，针对员工的绩效表现及时给予他们不同的薪酬奖励，能够合理地引导员工的工作行为。另外，绩效考核结果也是员工解聘或裁员的直接依据。

6. 薪酬管理与人力资源管理其他职能之间的关系

薪酬管理是人力资源管理职能最外显的职能，基本薪酬的设定要在工作分析基础上进行工作评价来确定，具有竞争力的薪酬水平有利于吸引应聘者，从而提高招聘的效果。薪酬管理和绩效管理之间是一种互动的关系：一方面，绩效管理是薪酬管理的基础，绩效薪酬发放依据来自对员工绩效的评价；另一方面，针对员工的绩效表现及时地给予奖励性薪酬，也有助于增强激励的效果，确保绩效管理的约束性。在劳动关系管理中，劳动争议往往是由薪酬不公平引起的，因此有效的薪酬管理能够减少劳动纠纷，建立和谐的劳动关系。

7. 劳动关系管理与人力资源管理其他职能之间的关系

劳动关系管理职能是人力资源管理的基础职能，需要人力资源管理其他职能的支持，同时也对人力资源管理其他职能产生影响。劳动关系可以通过培训与开发和薪酬管理制度的完善而得到改进。劳动关系的改善可提高组织凝聚力，组织的绩效也会相应得到提升。

8. 职业生涯管理与人力资源管理其他职能之间的关系

职业生涯管理与绩效管理有着最直接和紧密的联系，企业根据绩效考核结果规划员工个体职业生涯发展和晋升。在组织对员工职业生涯进行规划与管理时离不开企业对员工的培训与开发。组织良好的职业生涯规划和管理是吸引和留住员工的基础。

第三节 人力资源管理的发展趋势

一、人力资源管理环境的变化

人力资源管理的环境是指对人力资源管理活动产生影响的各种因素，主要包括外部环境和内部环境。在快速变化的新时代人力资源管理研究与实践中，了解人力资源管理的环境有助于实现人力资源管理活动与环境的和谐统一。

（一）外部环境的变化

外部环境是指在企业系统之外能够对人力资源管理环境产生影响的各种因素，因为这些影响因素都处于企业的范围以外，所以企业并不能直接地控制和影响它们，大多数情况下只能根据外部环境的状况以及变化来采取相应的措施①。整体而言，企业正面临着不确定、复杂性、动态性与多变性的外部环境。

1. 经济全球化

经济全球化已彻底改变了竞争的边界，蕴含着对新市场、新产品、新观念、企业竞争力和经营方式的新思考。成功的全球化企业应该具备独特的技能和视野；能感知到世界市场和产品的微妙差别；了解并理解世界范围内各种不同的文化和宗教的差异，及其产品和服务的影响力；能在全球范围共享信息；能采取有效的激励政策来鼓励全球员工，并在世界范围共享自己的构想与智慧；能创建一种观念，保证既尊重各地的条件，又相互借鉴等。为在全球化背景下获取竞争优势，企业还要建立复杂的、由世界各地的全球经验组成的网络。

这要求企业各部门的管理者和人力资源从业人员，以一种新的全球思维方式重新思考企业人力资源的角色与增值问题，建立新的模式和流程来培养全球性的灵敏嗅觉、效率和竞争力。同时，全球化经营面临的全球领导力的短缺与国际化人才短缺等人力资源管理问题也日益凸显。如何建立全球化的人力资源管理平台，如何进行跨文化的人力资源管理，如何提升人力资本的竞争力参与全球竞争是人力资源管理的主要挑战。

2. 高新技术迅猛发展

技术环境主要是信息化、网络化、智能化带来的企业工作和人员生活方面的变化。

---

① 赵曙明. 人力资源战略与规划 [M]. 北京：中国人民大学出版社，2012.

信息化使家庭办公、网络办公、协同工作等工作方式逐渐流行，不断地重新定义工作时间和工作方式，随着产业机械化、自动化、智能化的迅速发展，必然导致部分规则性、规范性、程序性高的工作被取代。企业的客户借助网络消费、电子支付、远程娱乐等生活方式逐渐盛行。信息技术对现代企业的人力资源管理产生了十分重要的影响，人力资源管理呈现了电子化和信息化的发展方向，对应的人力资源虚拟化管理和人力资源外包也成为一种趋势。

正是信息经济和技术的飞速发展，使企业越来越认识到创造发明技术的"人"的重要作用。全球知识经济的到来，使今天的智力资本像过去财务资本一样受到企业重视。因此，人力资源管理工作开始逐渐受到更高程度的重视。

3. 竞争焦点变化

随着全球化和技术的迅速发展，以及知识经济时代的来临，科技进步对经济增长的贡献份额已经超过了其他生产要素贡献的总和，客观上对企业竞争进行了重新定义。竞争是用独特的方式为顾客增加更多的附加值，企业必须找到新的和独特的方式为顾客服务。因此，企业竞争的主题集中在更快、更好地对顾客做出反应。顾客从来没有像今天这样，在企业的战略发展过程中起到这么大的作用。企业正在对顾客的兴趣和需要做出反应。"让顾客满意和高兴"已成为企业试图在高度竞争的全球市场中获得成功的重心。

因此，企业要进行不断变革、快速决策，在价格或价值上领导一个行业，与供给者甚至竞争对手合作为顾客创建一条高附加值的价值链。这就要求改变过去将人力资源管理限定在企业内部的观念和做法，从价值链出发，充分发挥人力资源管理的战略功能，并对包括供给者、企业员工和顾客在内的所有利益相关者实现价值创造功能。

4. 非标准用工涌现

传统雇佣模式正在慢慢被越来越灵活的工作种类、时间和形式所取代，非传统型的工作安排使企业正在逐渐将注意力从传统用工转向非传统型用工，包括兼职工、临时性的或非全日制用工，或者是轮班工作，为特定项目服务的"独立承包商"，包括退休的执行官、律师以及其他方面的专家。技术进步推动了非传统性的工作安排方式，远程办公的新形式为自由职业者提供了平台和机会。

互联网和信息科技的发展带来了零工经济（Gig Economy）这种全新的用工模式。零工经济用工模式和传统雇佣大相径庭，劳动力由"被雇佣"转变为"自我雇佣"，有全方位的自主权自行决定工作的种类、时间、地点、方式等。在实践中，零工经济的呈现模式主要包括电商类、空间（房屋、花园等）共享类、交通出行类、技能共享类等。代表性的零工经济平台有：eBay、Craigslist 和淘宝、京东等电商类平台；Airbnb、YardShare、SharedEarth、Urban Gardenshare 等不同类别的空间共享平台；BlaBlaCar、Uber 和滴滴等长短途的交通出行类平台。

"互联网+"背景下，新型用工方式在不断生成和更新中，但是从现实来看，立法规定方面还存在诸多不完善之处，某些方面可以适用传统劳动法，某些则不能。新业态下的新型用工方式如何进行立法规范，企业人力资源管理部门如何在政策允许范围内对新型用工方式进行规范操作，还需要不断探索。

5. 多元化员工队伍管理

第一，知识型员工更具有工作自主性，有自我尊重的需求，个性张扬。知识型员工群体对工作自主性的要求、自我实现的需求和对个性的诉求，需要得到更多的重视。知识型员工的参与感越来越强烈，对于沟通、理解和信任有着更多的需求，工作自主性和个人潜能的发挥越来越成为人的一种追求，员工对于机会和发展空间的需求比以往任何时候都更为强烈。另外，知识型员工群体的需求是复合性的。知识分子既有低层次的物质需求，也有高层次的知识和精神需求，各层次需求交织在一起。知识型员工的需求层次、结构要素也是重叠的、混合的，不同层次的需求相互交织在一起。

第二，在企业全球化管理过程中，员工队伍的多元化背景和员工价值观方面的冲突与文化融合值得企业人力资源管理者重视。由于不同地域、不同种族、不同肤色的员工文化背景差异较大，其价值观、理念与习俗也是多元存在的。同属一个企业，既要尊重不同员工的文化差异性，又要对企业员工进行跨文化整合与有效激励，形成协同的企业文化和统一的管理体系，实现组织共同的愿景。

第三，新生代员工的管理更为复杂，20世纪80年代和90年代出生的员工逐渐成为企业人力资源的中坚力量。新生代员工中大部分具有知识型员工的特性，如工作自主、个性张扬、参与感强烈等，要求管理方式个性化，同时普遍表现为心理抗压能力偏低、婚姻家庭观念偏自我、不愿意服从强制性指令，要求管理方式人性化。

（二）内部环境的变化

内部环境是指在企业系统之内能够对人力资源管理活动产生影响的各种因素①。由于内部环境的各种因素都处于企业的范围之内，因此企业就能够直接影响它们。组织变革正成为常态，组织的模式和员工的工作方式需要适应客户需求的变化而不断变革。这使企业内部工作关系日趋复杂，工作职责越来越模糊，组织中的工作由静态转向动态、由单一转向复合。

1. 组织设计的基点发生变化

过去组织设计是基于目标和功能的，现在更加基于战略业务发展的需求和客户发展导向。客户需求在不断变化，呈现出多样化、个性化。组织设计要基于客户价值和客户需求，就需要不断地对组织结构和运行机制进行相应的调整和变化。一方面，组织要适应快速的变化，对客户需求做出快速的响应，就需要不断地缩短流程；但另一方面，由于组织制衡的要求，有些流程不是要缩短，而是要延长。

2. 组织流程、形式和制衡机制发生变化

在过去以生产为核心的专业化分工体系下，组织的制衡机制和协调机制是通过两个要素来实现的：一是通过部门分工进行制衡和监督，二是通过正式的权力来协调。未来主要是建立以客户价值为导向的组织，很重要的一条就是基于流程来进行制衡，

---

① 赵曙明. 人力资源战略与规划［M］. 北京：中国人民大学出版社，2012.

需要建立责任与流程体系，通过流程节点相互之间进行制衡，通过流程来建立基于客户价值的责任体系。因此，在组织扁平化和组织虚拟化的条件下，组织形式适应战略的发展，流程成为主要的制衡机制，有些流程是需要延长的。

3. 组织战略与变革发生转变

中国企业正面临人力资源与企业战略脱节的窘境，新的战略、新的业务面临人才的严重短缺，核心人才队伍难以形成。企业无法快速培养员工技能以适应当前及未来业务发展需要，人力资源管理缺乏战略的适应性，人力资源战略管理能力不足。如何提升企业的人力资源战略管理能力以及人力资源管理与企业的战略转型和系统变革的适应性是组织管理者要思考的一个问题。

二、战略性人力资源管理

(一) 战略性人力资源管理的发展与概念

20世纪80年代以后，人力资源管理是以企业战略与竞争优势原理为基础、以人力资源管理如何系统支持企业的战略成功和竞争优势为核心命题。人力资源管理不简单是一个人与事的有效配置，而是与企业整个战略的匹配。战略性人力资源管理要解决对外人力资源管理如何适应外部环境的变化，对内人力资源管理如何适应战略管理能力的要求，如何通过人力资源的管理打造企业核心竞争力，提升企业核心竞争优势，更为重要的是凸显人力资源对组织战略的贡献作用。因此，Wright 和 Snell 认为，战略人力资源管理（SHRM）的研究方向应集中在"人力资源政策和实践的发展如何受组织战略和环境变化的影响"。

目前，学术界一般采用 Wright 和 McMahan 给出的定义：战略人力资源管理是为企业实现目标所进行和采取的一系列有计划、具有战略性意义的人力资源部署和管理行为①。另外，还有两种基本的论断：①一个组织的人力资源具有关键的战略重要性，技能、行为和员工的相互作用能为战略制定和战略执行方式提供可能性；②一个企业的人力资源管理实践是开发企业资源的战略能力的工具与手段。

(二) 战略人力资源管理模型

1. 基于任职资格提升的战略人力资源管理模型

彭剑锋等根据对中国数十家企业提供人力资源管理咨询的经验，提出了提升企业战略能力的人力资源管理模型（见图1-5）。

该模型的核心在于形成"战略—组织—人力资源"的传导机制，并通过企业的任职资格提升、组织变革来有效支撑企业的战略转型，使企业实现战略目标的能力获得全面提升。该模型的基本思路和主要内容如下：

---

① Wright P M, Mcmahan C G. Theoretical Perspectives for Strategic Human Resource Management [J]. Journal of Management, 1992, 18 (2): 295-320.

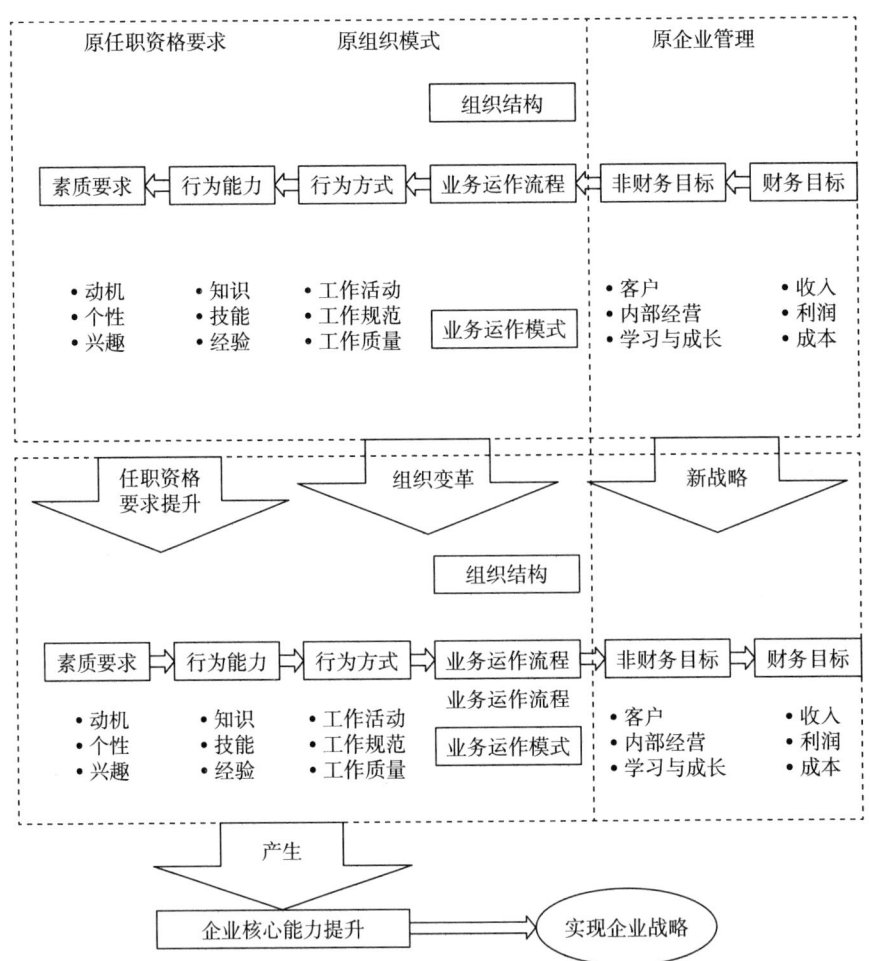

图1-5 任职资格提升的战略人力资源管理模型

（1）KPI指标体系的传导。企业战略落实到经营管理系统，必须转化为企业的KPI指标体系，即美国著名管理专家卡普兰和诺顿提出的平衡计分卡中所包括的财务指标和非财务指标。财务指标主要反映企业要达成的经济成果，包括利润、收入、成本等方面；而非财务指标主要反映企业在客户、内部经营过程、学习和成长等方面要达成的目标，如市场占有率、管理体系的变革、员工培训效果等。

（2）企业组织模式的传导。在确定了企业以战略为导向的KPI指标体系之后，必须使其在组织和人力资源管理中得以落实，组织模式则是实现战略和人力资源衔接的桥梁。一个企业的组织模式主要包括企业的组织结构、业务运作流程、业务运作模式，而这三个方面又会进一步落实到对各层各类人员的行为方式要求，具体包括各层各类人员的工作活动、工作规范和工作质量。行为方式是组织向人力资源传递的桥梁和纽带，是实现人力资源与流程相对接的关键环节。

（3）企业任职资格系统的基础作用。所谓任职资格系统，即针对企业中层各类人员建立起一套基于业务流程的员工行为能力要求和素质要求系统。行为能力包括完成工作所需要的知识、技能和经验要求，素质要求则主要指驱动任职者出色地达成高绩效的动机、个性和兴趣等个人特征要求。任职资格要求是建立在组织模式的基础之上，根据各层各类人员的行为方式要求而建立起来的。同时，它又是形成企业以能力为基础的人力资源管理体系的基础平台。

2. 基于GREP改进的战略人力资源管理模型

文跃然在研究国内外资源战略理论的基础上，提出了对企业的竞争力和可持续发展能力进行评价和诊断的GREP模型。该模型提出，企业的竞争力可以通过以下四个方面来进行评价：①企业的治理结构（Governance）：企业的股权结构、动力机制和权利分配。②企业的资源（Resource）：包括企业的人力资源、资本资源、政府资源、品牌资源和客户资源。③企业的企业家（Enterprise）：企业家（领导）、管理团队和企业家后备队伍的培养。④企业的产品与服务（Product & Service）：企业行业的选择、产品的选择、竞争定位的选择、竞争方式和竞争策略的选择以及企业内部流程管理。

通过将企业的战略目标按照GREP的结构来进行分解，最终得出人力资源管理各个方面需要改进的要点。如果这个过程可逆，那么就可以通过改进与GREP相关的人力资源管理的工作，获得企业竞争力的提升，从而增强企业的竞争优势（见图1-6）。

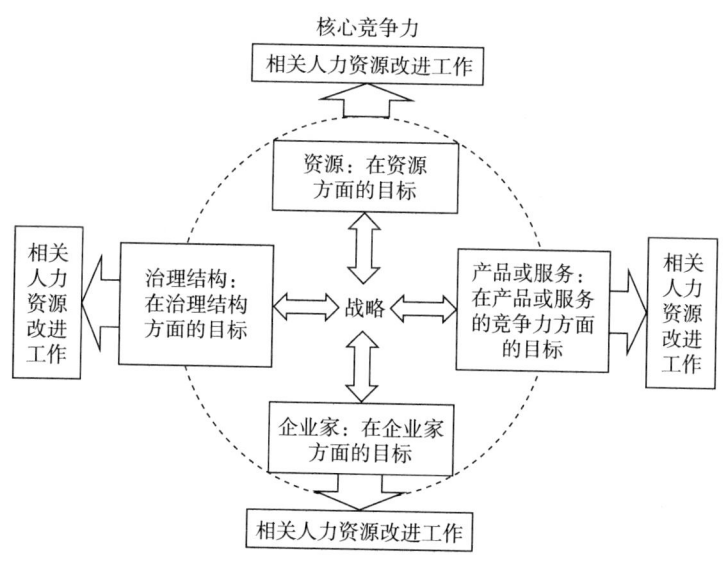

图1-6 企业核心竞争力与人力资源改进系统

（三）人力资源战略的定义及分类

舒勒和沃克认为，人力资源战略是程序和活动的集合，它通过人力资源部门和直线管理部门的努力来实现企业的战略目标，并以此来提高企业目前和未来的绩效及维持企业竞争优势[1]。人力资源战略包括三个层次：①战略层次：着眼点是企业的整体效益和长远利益，重视企业内部和外部环境分析，在企业运营中处于决策地位。相关活动包括制定人力资源战略的目标和总体规划。②战术层次：重点从决策层转移到具体政策的制定上，将人力资源战略的目标和总体规划细化为一系列实施措施，如设计招聘程序、绩效考核计划等。③操作层次：人力资源管理人员实施管理层次的具体内容，应对人力资源战略的实施过程进行控制、监督、分析、评价、调整，确保战略目标的实现。

根据美国康奈尔大学的研究，人力资源战略可分为三种：诱引战略、投资战略和参与战略。①诱引战略。主要通过丰厚的薪酬去引诱和培养人才，从而形成一支稳定的高素质的员工队伍。常用的薪酬制度包括利润分享计划、奖励政策、绩效奖酬、附加福利等。由于薪酬较高，人工成本势必增加。为了控制人工成本，企业在实行高薪酬的诱引战略时，往往吸引的是技能高度专业化的员工，招聘和培训的费用相对较低，管理上则采取以单纯利益交换为基础的严密的科学管理模式。②投资战略。这种战略主要是通过聘用数量较多的员工，形成一个备用人才库，以提高企业的灵活性，并储备多种专业技能人才。这种战略注重员工的开发和培训，注重培育良好的劳动关系。③参与战略。这种战略比较注重员工有较大的决策参与机会和权力，使员工在工作中有自主权，注重团队建设、自我管理和授权管理，比较重视员工的沟通技巧、解决问题的方法、团队工作等。

（四）人力资源战略与企业战略的匹配

人力资源战略是职能战略中的一种，企业任何战略目标的完成，都离不开其人力资源战略的配合。人力资源战略也必须与企业的基本经营战略、发展战略和文化战略等相互配合、相互支持，才可能发挥最大效用。

1. 人力资源战略与企业基本经营战略和文化战略的匹配

根据奎因的研究，企业的基本经营战略与企业文化战略和人力资源战略可以有下述配合方式（见表1-7）：

表1-7 企业基本经营战略、企业文化战略与人力资源战略的匹配

基本经营战略	文化战略	人力资源战略
成本领先经营战略	官僚式企业文化	引诱式人力资源战略
独创性产品经营战略	发展式企业文化	投资式人力资源战略
高品质经营战略	家族式企业文化	参与式人力资源战略

采用成本领先经营战略的企业多为集权式管理，生产技术较稳定，市场也较成熟，因此企业主要考虑的是员工的可靠性和稳定性，工作通常是高度分工和严格控制。企

---

[1] 赵曙明. 人力资源战略与规划［M］. 北京：中国人民大学出版社，2012.

业追求的是员工在指定的工作范围内有稳定一致的表现，如果员工经常缺勤或表现参差不齐，必将对生产过程和成本构成严重影响。

采用独创性产品（产品差别化）经营战略的企业主要以创新性产品和独特性产品战胜竞争对手，其生产技术一般较复杂，企业处在不断成长和创新的过程中。这种企业的成败取决于员工的创造性，因此注重培养员工独立思考和创新工作的能力。员工的工作内容较模糊，无常规做法，具有非重复性并有一定的风险。企业的任务就是为员工创造一个有利的环境，鼓励员工发挥其独创性。

采用高品质产品经营战略的企业依赖于广大员工的主动参与，才能保证其产品的优秀品质。企业重视培养员工的归属感和合作参与精神，通过授权，鼓励员工参与决策或通过团队建设让员工自主决策。日本企业就广泛采取这种战略配合。

2. 人力资源战略与企业发展战略的匹配

企业发展战略对人力资源战略有较大影响，尤其是在人员招聘、绩效考评、薪酬政策和员工发展等方面。他们认为，人力资源管理的这些方面应与企业的发展战略相配合，这样才能实现企业的发展目标。企业发展战略和人力资源战略的配合分析如下：

（1）集中式单一产品发展战略与家长式人力资源战略的匹配。企业采取这种发展战略时，往往具有规范的职能型组织结构和运作机制、高度集权的控制和严密的层级指挥系统，各部门和人员都有严格的分工。这种企业常采用家长式人力资源战略，在员工选择招聘和绩效考评上，较多从职能作用上评判，且较多依靠各级主管的主观判断。在薪酬上，这种企业采用自上而下的家长式分配方式，即上司说了算。在员工的培训和发展方面，以单一的职能技术为主，较少考虑整个系统。

（2）纵向整合式发展战略与任务式人力资源战略的匹配。采取这种发展战略的企业在组织结构上仍较多实行规范的职能型结构的运作机制，控制和指挥同样较集中，但这种企业更注重各部门实际效率和效益。其人力资源战略多为任务式，即人员的挑选招聘和绩效考评较多依靠客观标准，立足于事实和具体数据，奖酬的依据主要是工作业绩和效率，员工的发展仍以专业化人才培养为主，少数通才主要通过工作轮换来培养和发展。

（3）多元化发展战略与发展式人力资源战略的匹配。采取这种发展战略的企业因为经营不同产业的产品系列，其组织结构较多采用战略事业单位（SBU）或事业部制。这些事业单位都保持着相对独立的经营权。这类企业的发展变化较为频繁，其人力资源管理多为发展式战略。在人员招聘和选择上，较多运用系统化标准；对员工的考绩主要衡量员工对企业的贡献，主客观评价标准并用；奖酬的基础主要是对企业的贡献和企业的投资效益；员工的培训和发展往往是跨职能、跨部门，甚至跨事业单位的系统化进行。

3. 人力资源战略与公司总战略的匹配

麦尔斯（R. Miles）和斯诺（C. Snow）依据公司的总体战略行为将公司分为投机者（Pro - spectors）、分析者（Analyzers）和防御者（Defenders）三种类型。投机者的主要目标在于开发新产品、开发新市场机遇,其战略是增长、产品与市场开发、积极利用新技术、不断寻找发展机会,其内部结构以分散决策、灵活机动为特征。分析者的主要目标在于保护现有的市场份额,寻找新的机遇;其战略是市场渗透、稳定增长与跟随领先者,其内部结构特征是对已有的活动实施严格控制,对增长点及开发活动适当鼓励。防御者的主要目标是保护现有的市场份额,其策略是紧缩开支、专门化、垂直整合、广告促销;其内部结构特征是集中、官僚机械、僵化。

随后,麦尔斯和斯诺在1984年发表了《设计战略性人力资源系统》,对公司战略与人力资源战略的匹配提出了自己的观点(见表1-8)。

表1-8 麦尔斯和斯诺的企业总战略与人力资源战略的匹配

公司战略	防御者	投机者	分析者
人力资源战略	建立人力资源	取得人力资源	配置人力资源
招募、甄选、安置	强调"做";基层以上较少招募;以排除不适用为甄选员工的基础	强调"买";各层次的招募均十分复杂;甄选项目包括任用前心理测试	强调"买和做";混合式招募和甄选方式
人员规模、培训与开发	训练内容正式、广泛;技术的建立;广泛训练计划	训练内容非正式、有限;技术认定和采用;有限的训练计划	训练内容非正式、有限;技术建立和采用、广泛的训练计划;有限的外部任用

总之,战略性人力资源强调人力资源是管理中的首要因素,人力资源管理战略成为企业总体战略中必不可少的组成成分,是其中最关键的部分。很多国际大企业都提倡人力资源管理从业者应为了专心于人力资源战略管理,把日常人力资源管理活动,如招聘、评估、培训等功能分包给外界专门的咨询机构去完成,这种做法已经较为普及,且此趋势有扩展之势。

三、人力资源管理者的责任、角色和素质

(一)人力资源管理责任的承担者与执行者

常见的误解是以为人力资源管理主要是专职人力资源管理部门的事。其实,按照现代管理观点,企业所有各级管理者都是人力资源管理者。应当明确,人力资源管理的主要职责在直线管理者肩上,他们处于第一线,是主角;人力资源专职管理人员只是配角,处于二线,只起后勤性、顾问性作用。表1-9列出了这两类管理者在具体人力资源管理活动上的分工。

哈佛大学商学院的学者对336名人力资源经理和直线经理就下列各方面,即政策的产生与形成、咨询、服务、控制等40项内容做了调查,结果表明,直线经理希望人力资源经理更多地提供服务与咨询;希望人力资源经理减少对部门的控制,并给予更多的人事权力,以使他们更有效、更直接地对员工实行人事管理工作;同时希望能有

更多的机会与人力资源经理共同参与人力资源政策的制定。

表1-9 直线经理与人力资源管理专职人员的分工

功能	直线经理的活动与责任	人力资源管理专职人员的活动与责任
获取	提供职务分析、职务描述及职务要求的有关资料与数据；使各部门的人力资源计划与组织的战略协调一致；对职务申请人进行面试，综合审阅人事部门提供的材料，对录用与委派做最后决定	职务分析与描述的编写，人力资源规划的制定；检查人员招聘选拔、录用和委派中是否合法；申请人背景调查和人员体检；提供招聘服务和咨询
整合	与下属员工面谈，指导和教育；改善内部信息沟通，化解矛盾，做细致思想工作，提倡集体协作	记录和保管好人事档案；设计合理沟通渠道与制度；宣传企业文化，做好员工教育工作，加快员工对企业的认同和融入
保持与激励	尊重下属员工，公平地对待他们，论功行赏，按劳授奖	制定合理的工资奖酬、福利、医疗保健及各种福利制度，为员工各种需求提供服务
控制与调整	绩效考评，员工需要与满意感调查；对惩罚、解雇、提降、调迁做出决定	落实直线经理的有关决定；为员工离职提供咨询，为员工需要调查的设计、实施及结果分析提供服务
开发	组织员工培训；指导员工设计个人发展计划；给下属员工提供工作反馈；进行工作再设计	制订员工技术培训计划，提供培训服务；为员工职业生涯发展提供咨询；对管理人员进行开发和培训

综上所述，直线经理对人力资源开发与管理的职责加强了，人力资源开发与管理部门的战略地位提高了，它更多地从事人力资源规划、各项政策与制度的监督，更多地为直线经理提供人事服务。

(二) 人力资源管理者和部门承担的活动及转变

人力资源管理者和人力资源管理部门所从事的活动大体上可以划分为三大类：一是战略性和变革性的活动，二是业务性的职能活动，三是行政性的事务活动。战略性和变革性的活动涉及整个企业，包括战略的制定和调整、组织变革的推动等内容，严格来讲，这些活动都是企业高层的职责，但是人力资源管理者和人力资源管理部门必须要参与到这些活动中来，要从人力资源管理的角度为这些活动的实施提供有力的支持。业务性的职能活动，其内容主要就是前面所讲的人力资源管理的职能。行政性的事务活动，内容则相对比较简单，例如员工工作纪律的监督、员工档案的管理、各种手续的办理、人力资源信息的保存、员工服务、福利的发放等活动都属于这一类。

根据国外学者帕特里克·赖特（Patrick Wright）和加里·麦克马汉（Gary McMaha-ha）的研究，人力资源管理者和人力资源管理部门所从事的各类活动，其投入的时间和具有的附加值并不是正相关的。在他们所进行的活动中，大约有60%的时间耗费在行政性的事务活动上，但产生的附加值却很低，只占到整个附加值的10%左右；业务性的职能活动，耗费的时间和产生的附加值大致是相等的，都是30%左右；而战略性和变革性的活动，投入的时间很少，大约只有10%，但是对公司的附加值却很大，有60%左右（见图1－7）。

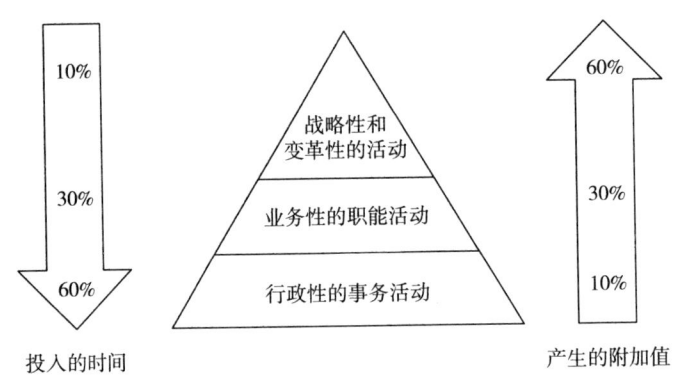

图1－7 人力资源管理活动类型及投入产出情况
资料来源：董克用，李超平．人力资源管理概论（第5版）[M]．北京：中国人民大学出版社，2019．

由上述结论可以看出，人力资源管理者和人力资源管理部门所从事的活动还有很大的改进余地和提升空间，如果他们想要提高自身的价值，做出更大的贡献，就必须把大量的精力和时间投入战略性和变革性的活动，尽量减少行政性的事务工作。

近年来，随着计算机、网络技术的发展和人力资源服务公司的出现，人力资源管理者和人力资源管理部门可以省去或剥离出大量行政性事务工作和部分业务性职能工作，使改变其工作层次成为可能。通过专门的人力资源管理软件和网络技术，以前需要耗费大量时间来处理的工作现在可以更加快速简捷地完成，例如员工薪酬的计算、人力资源信息的统计、相关信息的收集、各种手续的办理、应聘简历的收集、绩效考核的实施等。此外，还有很多以前需要人力资源管理部门来完成的工作现在可以由员工以"自助"的方式实现，例如员工信息的更新等。借助于人力资源服务公司，人力资源管理部门可以将很多事务性的工作进行外包，例如人事档案的保管、保险费用的缴纳、员工的服务等；还有一些常规性的职能活动也可以委托出去，例如员工的招聘、培训的实施等。通过这些手段，人力资源管理者和人力资源管理部门可以节省出大量的时间及精力来进行附加值较高的活动，从而使自己的工作层次发生根本性变化，从三角形转变为菱形，如图1－8所示。

（三）人力资源部门的角色类型

一般来说，在小企业中，人力资源管理职能常常由其他职能部门来兼任，高层管理者本身就是人事工作具体实践者与指导者。在中型企业中，人力资源管理职能被独立出来，但仍未达到专业的分工，人力资源经理实际上就是整个部门。在较大型企业中，需要设置专门人力资源管理职能部门，完成人力资源开发、报酬和福利、就业、

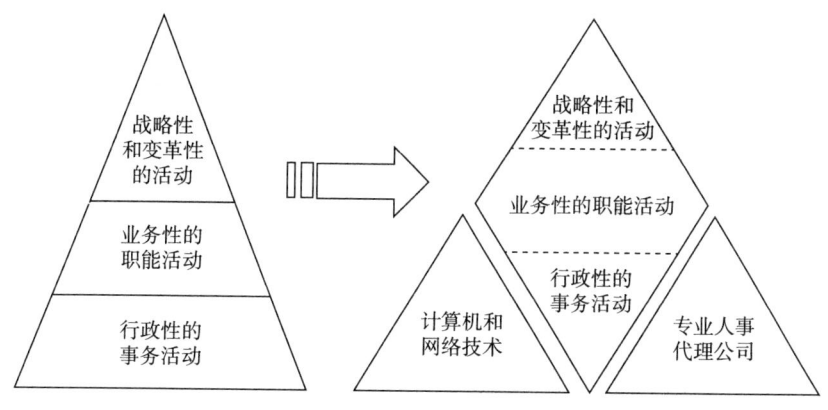

图1-8 人力资源管理者和人力资源管理部门工作层次的变化

资料来源：董克用，李超平．人力资源管理概论（第5版）[M]．北京：中国人民大学出版社，2019．

安全与健康、劳动关系等任务。具体来说，人力资源管理部门主要扮演四种角色：政策制定者、业务伙伴者、管理监控者和变革响应者。

1. 政策制定者

人力资源管理部门的任务之一是为高层领导战略决策提供信息。这些信息包括员工的想法、外部环境的影响以及企业如何保持竞争力等。尤其涉及员工管理的政策，其具体方案的制定往往是人力资源管理部门的主要职责之一。

2. 业务伙伴者

人力资源管理的成功依赖于业务经理的经营活动，所以人力资源部门的基本工作是促成业务经理的经营活动，为业务运转提供人力资源及流程改善等支持，解决业务运转中与人有关的问题，从而推动业务发展，成为业务伙伴。

3. 管理监控者

尽管人力资源部门可以将多数人力资源活动的实施委派给业务经理，但它仍对这些活动的公平和一致负有责任。随着各种各样法律法规的出台，这方面的工作将越来越复杂。

4. 变革响应者

为迎接更为严酷的竞争，组织必须不断采用新的技术、结构、工艺、文化及过程。随着外部环境和组织战略的发展，组织需要新的技术和竞争力。人力资源部门根据这些变化相应地培训员工，以确保组织在适当的时间获得所需要的技术和竞争力。

（四）人力资源管理部门角色的转换

在21世纪"非连贯性"的竞争环境中，很多企业逐渐认识到，要建立自身的竞争优势，关键是建立并运行有效的人力资源管理。为迎接挑战，企业人力资源管理部门的角色已逐渐从过去的行政、总务、福利委员会转变成为企业学习和教育的推动者、高层主管的咨询顾问、战略业务伙伴、管理职能专家和变革的倡导者等。具体而言，应朝着以下角色转变：

1. 战略伙伴者

人力资源管理者要成为领导者。所谓领导者，不是说人力资源管理者要当领导，而是要进入战略层面，要成为企业的战略合作伙伴，要成为引导者。

2. 员工服务者

树立员工是客户的观念，人力资源管理的新职能就是向员工持续提供客户化的人力资源产品与服务，人力资源视员工为客户服务对象，人力资源管理走向客户关系管理时代。新经济时代，企业要以新的思维来对待员工，要以营销的视角来开发组织中的人力资源。

3. 管理创新者

目前，很多组织要求其人力资源部门提供新的方法和方式解决人力资源问题，提高生产率和工作环境质量。为此，人力资源部门一方面要做正确的事，即要促进业务经理和雇员的工作，在竞争力、营利性、灵活性和战略实施上使组织更为成功；另一方面要正确地做事，即尽可能有效地做正确的事，要使成本最小而收益最大。

4. 知识管理者

要把人力资源转化成为自身企业核心竞争力，最终要靠知识，所以人力资源管理的转化过程就在于知识的储存、知识的应用、知识的创新。知识管理已经成为现在人力资源管理的一个很重要的概念。知识管理是与组织学习、企业信息化、企业的创新结合在一起的，人力资源管理如何与整个知识体系结合在一起已成为人力资源未来发展一个重要的课题。

5. 变革推动者

人力资源管理者不能单纯作为变革的响应者，因为一个企业组织的变革、流程的变革，从深层次来讲是人的思维方式、人的价值观、人的行为理念的变革，它需要靠人力资源制度的创新来推动变革的实施，所以在企业变革中，人力资源管理者要变参与为推动。

（五）人力资源管理者的素质模型

提高人力资源管理的战略地位和人力资源管理的专业水平，必须确保企业的人力资源管理者具备胜任人力资源管理工作的能力。为此，学者们致力于研究人力资源管理者的素质模型，以揭示什么样的人力资源管理者能够满足当代企业人力资源管理的要求。

1. 密歇根商学院的人力资源管理者素质模型

美国密歇根大学商学院分别于1988年、1992年、1997年和2002年对全球数万名人力资源从业者及其同事进行了访谈，以了解其素质模型随着时代变迁所产生的变化。2002年该课题组收集到北美洲、拉丁美洲、亚太地区、欧洲等地7082份有效样本，参与者包括人力资源管理的业务一线或总部的人力资源管理部门，或是专家中心的职员、经理、总监和总经理，涵盖了农业、医药化工、石油矿产、汽车、金融等行业。研究认为，人力资源素质模型主要集中在五个方面：战略贡献、个人可信度、人力资源的实施、业务知识和人力资源技术。

（1）战略贡献。成功的公司都拥有定位于业务战略层面的人力资源专业人员。"战略贡献"这一素质维度主要包括人力资源管理者在公司中进行"文化管理"，推动公司的"快速变革"，参与公司的"战略决策"，并创造"市场驱动的连接"。这一素质维度是人力资源管理对公司绩效总体影响最为重要的。

（2）个人可信度。人力资源专业人员必须被其人力资源同事和他们所服务的公司直线经理所信任。他们需要与公司内外的关键人员保持有效的关系。他们需要做出承诺、传递结果，建立一个可信赖的人际交往记录。除此之外，他们还必须具备有效的书面和口头沟通的技能。

（3）人力资源的实施。人力资源专业人员在以下几个方面实施传统的和可操作的人力资源活动：设计人员开发方案和具有挑战性工作经验；为员工提供职业生涯规划方面的服务；促进内部沟通的流程；评价人力资源实践对组织结构的影响；管理人力资源实践在国外公司的应用；建立以绩效为基础的测评体系和报酬体系以及具有竞争性的福利方案。

（4）业务知识。理解公司的业务和所在的行业，包括对公司价值链整合的理解（公司如何来实现横向整合）和对公司的价值主张的理解（公司如何来创造财富）。

（5）人力资源技术。人力资源专业人员需要能够为人力资源实施提供杠杆，并采用e-HR向客户传递价值。仅仅具备人力资源的专业知识和技术是不够的，比专业知识和技术更为重要的是能否参与到公司的战略层面，为公司的战略做出贡献；另外，人力资源管理者还必须具备出色的人际沟通的能力。

2. 雷蒙德的人力资源管理的专业人员能力模型

雷蒙德等在《人力资源管理：赢得竞争优势》一书中指出，从事战略人力资源管理的专业人员需要具备四个方面的基本能力：①经营能力，了解企业的经营，并且知道企业的经济状况和财务能力。②专业和技术知识，包括的领域有人员配备、开发、报酬、组织设计以及沟通等。③变革管理能力，如诊断问题、实施组织变革以及评价变革结果等。④综合能力，即综合利用其他三个方面能力来增加企业的价值。

四、人力资源管理三支柱模型与OD的发展

（一）以HR三支柱构建组织人力资源管理体系

HR三支柱模型是戴维·尤里奇在1997年提出的，即专家中心（COE）、人力资源业务伙伴（HRBP）和共享服务中心（SSC）。以三支柱为支撑的人力资源体系源于公司战略，服务于公司业务，其核心理念是通过组织能力再造，让HR更好地为组织创造价值。简单来讲，就是将人力资源管理的角色一分为三，图1-9为常见的人力资源管理三支柱模式。

1. 人力资源共享服务中心

人力资源共享服务中心（HRSSC）将企业各业务单元中所有与人力资源管理有关

的基础性行政工作统一处理。如将员工招聘、薪酬福利核算与发放、社会保险管理、人事档案、人事信息服务管理、劳动合同管理、新员工培训、员工投诉与建议处理、咨询服务等集中起来，建立一个服务中心来统一进行处理。HRSSC 的角色和职责包括：①员工呼叫中心，支持员工和管理者发起的服务需求；②HR 流程事务处理中心，支持由 COE 发起的主流程的行政事务部分（如发薪、招聘）；③HRSSC 运营管理中心，提供质量、内控、数据、技术（包括自主服务）和供应商管理支持。

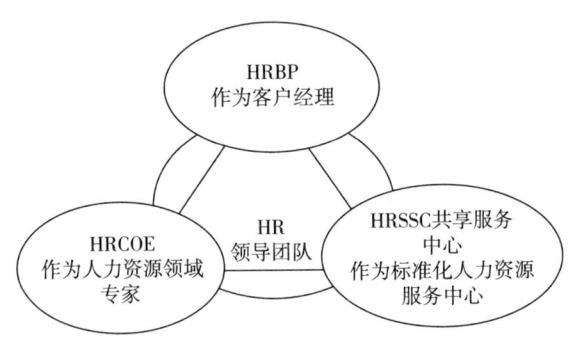

图 1-9　HR 三支柱模型

2. 人力资源业务合作伙伴

人力资源业务合作伙伴（HRBP）是人力资源内部与各业务经理沟通的桥梁。HRBP 既要熟悉人力资源各个职能领域，又要了解业务需求；既能帮助业务单元更好地维护员工关系，处理各业务单元中日常出现的较简单的人力资源问题，也能协助业务经理更好地使用各种人力资源管理制度和工具管理员工。HRBP 的角色和职责包括：①战略伙伴：在组织和人才战略、核心价值观传承方面推动战略的执行；②解决方案集成者：集成 COE 的设计，形成业务导向的解决方案；③HR 流程执行者：推行 HR 流程，支持人员管理决策；④变革推动者：扮演变革的催化剂角色；⑤关系管理者：有效管理员工队伍关系。

3. 人力资源专家

人力资源专家（COE）的主要职责是为业务单元提供人力资源方面的专业咨询，包括人力资源规划、人事测评、培训需求调查及培训方案设计、绩效管理制度设计、薪酬设计和调查等专业性较强的工作，帮助 HRBP 解决在业务单元遇到的人力资源管理方面的专业性较强的难题，并从专业角度协助企业制定和完善人力资源方面的各项管理规定，指导 HRSSC 开展服务活动。HRCOE 的角色和职责包括：①设计者：运用领域知识设计业务导向、创新的人力资源的政策、流程和方案，并持续改进其有效性；②管控者：管控政策、流程的合规性，控制风险；③技术专家：对 HRBP/HRSSC、业务管理人员提供本领域的技术支持。

需要指出的是，并非所有的企业都适用于三支柱模式，但不影响企业按需转型，发展适应本企业的单个 HRBP。完整架设三支柱模式的公司，应满足以下主要条件：①企业具有一定的规模：企业有庞大的下属子公司或者机构，员工数量众多；各子公司或分支机构中均设立人力资源部，且各人力资源部均重复性地设立了很多职能相似的部门。②人力资源活动的相似性：各子公司或下设机构的人力资源活动有较高的相似性，可以将其某些人力资源工作整合到集团层面统一处理。③公司高层领导的重视度：高层领导重视人力资源管理，有从人力资源管理方面提升企业竞争力的愿望。

（二）OD 的兴起

OD（Orgnization Development，组织发展）是源于 20 世纪 60 年代的国外企业管理专业名词，经历了几十年的发展，对 OD 的认识达成以下统一：OD 是关于变革的，是基于行为科学的，是有计划的、过程性的，以行动研究的方式开展，更加关注人、文化、系统和架构，目的是提升组织系统整体有效性和适应环境变化的能力，激活个体与团队潜能，推动组织的可持续健康发展，在工作内容上主要聚焦于组织结构、系统、流程的设计与优化。

埃德加·沙因（Edgar Schein）提出：所有组织都会面临两类问题：①面对迅速变化的环境，如何不断去适应外部；②为帮助组织顺利适应外部，怎样相应地整合内部。这两个维度也将 OD 战略专家与实践者（对应三支柱模型的 COE）紧密联系在一起。战略专家辅助高层领导做出决策，使组织能够更好地适应外部环境，从而保持活力；OD 实践者要帮助高层领导充分发展组织内部，为实现组织远大的外部目标提供保障。OD 实践者和战略专家相互协同，帮助组织做好充足的内部准备，从而实现具有挑战性的、远大的外部目标。整体而言，OD 涉及六个方面的维度，见图 1-10。

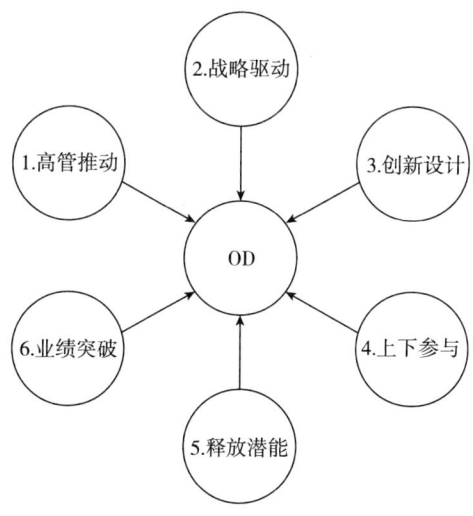

图 1-10　OD 的六大维度

在企业组织内部，OD 是人力资源领域中分化出的一个相当"高端的"岗位，其本质是要求该岗位从业人员站在公司发展变革的风口浪尖之上。为了更好地理解该岗位的职责要求与岗位任职资格，表1-10罗列了某集团公司OD岗位的招聘条件。

表1-10 某集团公司OD岗位的招聘条件

OD岗位职责	OD岗位任职要求
1. 在集团人力资源战略规划和目标指导下，协助制定集团公司的中长期及短期组织战略和发展规划	1. 统招硕士及以上学历，人力资源管理、工商企业管理、心理学、管理学或人力资源相关专业背景等相关专业优先
2. 负责集团组织诊断、设计和优化以及组织架构变革工作，协助建立控股公司组织架构，积极推动实施组织发展与变革管理，包括但不限于组织架构设计、职能和岗位编制、沟通计划、战略和目标落实、人才发展	2. 有知名咨询公司合作或相关咨询公司工作经验；或大型IT相关行业组织发展相关经验
3. 协助制定集团组织发展与学习的制度与政策，积极推进落实到集团以及各子公司	3. 对现代企业组织发展与学习管理模式有系统的了解和实践经验积累，对人才与组织发展各个职能模块均有较深入的认识，能够有效指导各个相关职能模块的工作
4. 协助建立集团领导力素质模型，建立关键职能部门和岗位能力素质模型、专项人才培养体系及其应用体系；为招聘、培训和绩效管理工作提供专业依据	4. 具备现代人力资源管理理念和理论基础，有能力打破思维定式，勇于探索适合公司发展的新的管理模式，在组织架构的设计和改进方面有良好的判断力
5. 协助建立和优化公司管理职业发展体系和专业序列人员职业发展体系的设计与整体管理	5. 熟练掌握各种人才发展工具，对于人才评估、胜任素质模型建立、核心岗位梯队建设、管理层接班人计划等有相关方法论和实际的操作经验
6. 协助建立集团人才盘点工作，确保公司人才的绩效与潜力的差异化，重点培养公司核心人才，确保公司人才后续线的充实，包括但不限于核心人才的盘点、培养、评估、任免等工作	6. 对于业务难题或业务机遇具有现实而宽广的视野，以此来推进商务思维，判明关键的成功因素，预见未来业务影响
7. 负责建立公司中高层储备干部管理机制，包括选拔方案和人才储备机制，实现集团人才梯队建设和规范化运作	

需要注意的是，OD的工作内容涉及人力资源管理的很多方面，如人才盘点、员工素质模型构建、人才梯队建设等，但也有着本质的区别，OD工作内容的核心是"组织"。OD旨在：在发扬组织文化和价值观的同时提高组织效率；最大限度地发挥员工的潜力，帮助他们扩大对组织成功的贡献；评估组织内发生的事情，然后通过干预来尝试和创造积极的变革；使人们的行为与组织的战略、结构、流程、业务目标等相符合；帮助提升整个工作场所的组织价值。人力资源关注：管理招聘，保留和绩效管理；减少和降低人员管理中的风险；确保管理活动的合法合规；确保足够的公平性和多样

性；执行政策和程序；降低劳动力成本，提升工作场所的健康和安全。一句话总结就是，OD更关注的是组织的发展；人力资源部更关注个体的发展。

五、数字经济时代下人力资源管理转型

（一）数字经济时代下企业管理的变化

数字经济是"以数字化的知识和信息的应用作为重要生产要素、以网络和信息科技作为载体、以高效的通信技术的运用作为提升效率和优化经济结构的重要推动力的一系列经济活动"的总称①。

数字化时代，组织管理中个体的角色、个体与组织之间的匹配、激励机制的设计、组织结构及其演变、组织变革以及转型，尤其是领导人角色的转变，都发生了根本性的改变，而其中激活个体和激活组织成为重要的话题。主要的变化如下：

1. 管理由"分"到"合"的演进

海尔的"人单合一"模式、韩都衣舍的新组织结构设计、腾讯的集合中台，以及天合光能的"创团+平台"模式等从组织整体效率入手的企业组织转型实践都体现出如下特征：①更强调打破"部门墙"而形成整体协同效率；②更在意与组织外部伙伴成员之间的集合效率，以获得更高的顾客价值创造。组织内外部边界都被打破，也带来一系列的组织管理变化。

2. 组织功能从"管控"到"赋能"

数字化生存意味着组织要能够激活人，激活人的价值，为每一个成员提供机会和平台，并赋能其成长。在这个变化中，无论是组织的属性，还是领导者的角色都要发生改变。

3. 组织绩效的影响因素由内部转到外部

数字化环境下，组织存在于"无限链接"之中。如何构建与组织外成员的共生关系，如何找到面向未来的成长空间，如何应对不确定性，这些都需要企业找到新的组织进化路径，因此催生出"共生型组织""智能型组织""共演型组织"或者"分布式组织""水样的组织""生态型组织"等概念。

（二）数字经济时代下人力资源管理转型的阶段

戴维·尤里奇（Dave Ulrich）将人力资源数字化转型分为以下四个阶段，并将阶段四"连接"作为目标。

阶段一：效率——技术帮助简化行政性人力资源工作。如Oracle（代表性产品PeopleSoft）、SAP（代表性产品SuccessFactors和Qualtrics）、Workday（代表性产品Workday HCM）之类的大型跨国企业在业务与人力资源解决方案方面提供了大型技术平台/服务、工程系统以及各类软件应用。它们为自动化共享服务构建的技术主干使行政性

---

① 杨伟国，张成刚，辛茜莉. 数字经济范式与工作关系变革［J］. 中国劳动关系学院学报，2018，32（5）：56-60.

工作变得更加高效、经济且快捷。此外，新兴的机器人通过替代人工完成行政性人力资源事务，进一步提升了工作效率。

阶段二：创新——技术帮助创新人力资源实践。创新性的人力资源应用几乎改变了人力资源管理实践的每一个领域，表 1-11 列出了人力资源在技术类应用帮助下提升管理实践的一些示例。

表 1-11 技术类应用提升人力资源管理实践的示例

实践领域	技术创新示例
招聘、合同与培训管理	招聘：视频面试、通过社交媒体（如 LinkedIn）搜寻候选人、将人才库扩展至机器人领域 劳动合同：允许员工远程办公、聘请非正式雇员 培训/发展：使用在线教育、（需求）拉动式培训开发方式，使用发展跟进/继任者管理/职业生涯规划 APP
绩效管理	充分共享员工工作目标与绩效表现，为实现组织目标创建同侪压力；通过自动化评估来管理绩效与评价；通过在线交流来汇报人们之间的互动
沟通管理	分享信息；召开在线全员会议；将客户期望传递至整个组织
工作流程	在（决策）涉及多个管理者时采取决策制定流程；通过在线信息创建政策手册与申请表单；分享最佳实践、创建学习社群

阶段三：信息——技术帮助获取信息。信息管理的研究发现，信息不对称是影响业务结果交付最为关键的一项能力。在传统中，信息赋予了领导者权力，与员工相比他们拥有更多的信息。如今，借助技术人们能够更加便捷地获取公开信息，因而信息本身不再只意味着权力，而更关乎如何制定更佳的业务决策。通过聘用信息方面的专家，例如软件工程师，人力资源部门得以对信息不对称施加影响，以确保各类外部信息能够辅助内部决策（例如预测性分析），同时也令结构化（统计性）信息与非结构化（观察性）信息更加精确。

阶段四：连接——技术帮助彼此相连。数字化人力资源的新兴影响是促进人们之间的连接。首先，人力资源技术帮助员工相互连接，以借由人际关系的建立产生一种归属感，技术意味着连接（Connections）而不是接触（Contacts）。这种人际关系或许是来自世界各地的同事一同解决业务问题所形成的问题解决网络，或许是人们分享日常生活的社交网络，也或许是人们与之分享自身价值观的社会意义网络。对"千禧一代"而言，伴随技术而产生的网络早已成为日常生活的重要部分；但对其他人而言，技术网络则意味着将简单的信息分享转变为创建情感的连接。例如，"游戏化"并非仅仅通过游戏来分享信息，而是在游戏玩家之间建立人际关系。

人力资源可以运用技术鼓励员工通过以下方式彼此相连：娱乐与活动。当员工运用数字化信息来娱乐、获取信息或更多地投入个人爱好与消遣时，彼此间便有了活动的连接。①大自然。当员工运用虚拟技术访问他们喜爱的景点并更便捷地规划行程时，他们之间便能感受到自然界的连接。②创意。当员工对自身的创新想法充满激情并运用技术搜寻，将其概念化时，他们之间便有了创意的连接。③组织。员工通过加入某个具备特定目的的组织（工作、社群、慈善、政治、宗教或其他组织）来取得身份认同的连接。技术使这些组织能够通过社交媒体与其他平台表达和分享其自身的意义与目的。

（三）数字化人力资源管理：重新定义工作与人力资源管理

组织形式的变化，推动企业对人的管理从人事管理、人力资源管理、人力资本管理转型升级到围绕目标的团队&网络管理，核心在于企业组织管理设计向积极构建组织生态体系和网络进行转变，需要重新思考和定义工作与人力资源管理。

1. 工作的重新定义：智慧协同的数字化工作场所

数字化时代，需要实现流程、资产、设备与人员的数字化连接，亟须通过人员赋能加快人员的数字化连接、协同、分析、决策能力，提升数字化时代人员的自治管理、自主决策、自主经营、自我提升的能力。数字化时代的工作应具有以下特点：

（1）智慧与灵动。工作应该是充分连接的、智慧的、智能的、灵动的，让员工拥有消费体验式的卓越感受，实现工作、生活的平衡。工作应该是以"人人互联""人企互联"为特征的沟通与协作，通过企业工作圈、发言动态促进员工间的沟通、协作和共享，提升工作效率。建立企业社交，连接人与人，连接人与工作，使原本业务关联的业务单元通过社交属性从陌生到主动协作，让工作更加有趣。

（2）分享与参与。工作的环境应该是高度分享和深度参与的，让员工有强烈的代入感和融入感，通过透明化工作分工、充分授权和协作机制，发挥每个个体的优势与潜能，实现深度的参与、价值体验与分享。

（3）赋能与激活。工作目标是实现员工的赋能与组织的激活。选择优秀的人进入组织，将合适的人放在合适的岗位上，组织提供个人成长和组织价值共创的平台，帮助个体成长和发展，同时实现组织目标。个体与组织是一种联盟与共生关系，个人履行组织所赋予的职责，并通过组织的持续赋能作用不断成长，个体和团队帮助组织实现组织目标。

2. 人力资源管理的重新定义：赋能员工、激活组织

（1）数字化人力资源管理的核心出发点：赋能平台和机制的建设。新时代企业要能完整建好人才标准、人才测评、人才盘点、人才发展的闭环体系，从关心绩效向赋能于人方面转变，以人的发展驱动组织发展。具体应做好以下四个环节的工作（见图1-11）：

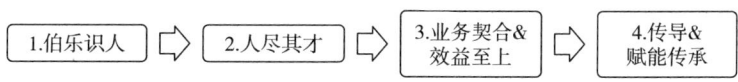

图1-11 数字化人力资源管理的核心出发点

◇伯乐识人：当好伯乐，发现人才并培育，帮助其成长；系统科学的人才规划是企业人力资源管理的基础。

◇人尽其才：做好教练，建立敢于赋予人才重任，为其提供梦想舞台的人力资源管理文化与机制。

◇业务契合&效益至上：树立效益优先、业务导向的人力资源管理理念，通过人才发展推动经营理念和管理举措落地。

◇传导&赋能传承：通过文化牵引，使"被赋能者"变成新的"赋能者"，将企业文化和赋能机制传导到每一个组织层面和个体，并持续传承下去。

（2）数字化人力资源管理的赋能基础：人力资源共享服务。数字化人力资源管理需要将人力资源管理从职能转变为以共享服务为基础的三支柱模式，进而放大人力资源管理的业务伙伴价值。

赋能平台需要提供高度授权、深度参与、卓越体验的服务基础，人力资源共享服务是最佳的解决方案。共享服务通过统一、标准、融合、精简等策略实现人力资源管理效益和个人体验的完美结合，帮助企业实现人力资源管理转型：从管理机构到服务机构，再到赋能平台的转变，通过战略决策增值分析，支撑快速调整业务策略。同时，人力资源共享服务以客户服务的文化和持续改进的文化为核心，旨在打破业务部门之间的"围墙"，实现端到端的价值导向服务，促使企业和组织在更大范围内，甚至在全球范围内能够集中精力于其核心能力，从而为各业务单位提供更多的附加价值。

（3）持续绩效、敏捷经营：关注组织目标和个人发展。人才是企业竞争优势的来源，企业管理人才的能力更重要。越来越多的企业开始尝试升级绩效管理系统，更多地关注组织目标和个人目标一致，更加关注员工持续发展，更加关注敏捷经验的持续绩效。

因此，新时代的人才管理闭环核心是"持续绩效、敏捷经营"（如图1-12所示）：从组织的战略出发，HR与直线经理全力协作，共同制定和执行人才策略，以促进组织战略的实施。衡量人力资源管理成功与否的最重要指标，就是人才策略是否成功推动了战略的执行。

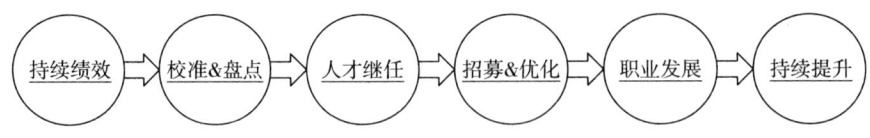

图1-12 数字经济时代下人才管理闭环

通过目标分解与目标对齐，实现组织目标与团队目标和个人目标的层级传递，并根据组织目标和潜能进行人才盘点，通过盘点和校准，找出最合适的、最优秀的、最卓越的人才；优化能力素质模型，推动继任计划和个人发展计划，在此基础上结合组织战略和人才状况确定人力资源规划。

持续绩效管理要求人力资源管理不再是从个人的岗位职责出发，而是从企业的组织目标出发,层层分解落实到团队的目标和个体的目标,这是新时代人才管理的闭环路径(如图1-13所示)。

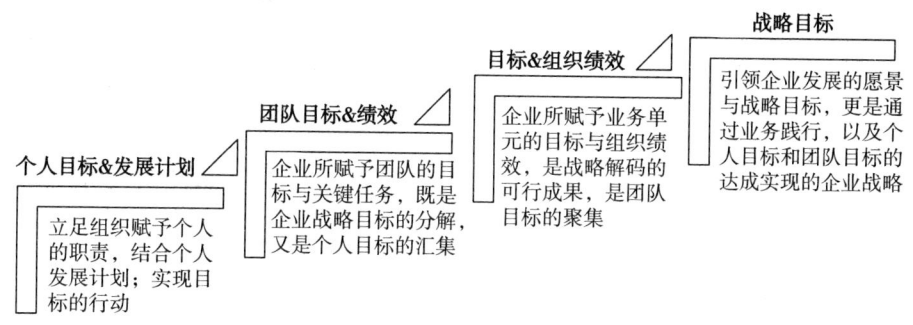

图1-13 数字经济时代持续绩效管理

(4)洞察与决策分析、生态共荣人才发展。数字化人力资源管理在连接和赋能的基础上完成洞察的工作。洞察不仅仅是传统的人力资源管理分析,更重要的是要前瞻性洞察到经济发展趋势、劳动力群体变化趋势、组织机构演变和内部劳动力结构的变化可能会引发的未来图景。没有足够代表性的对标数据,更无法准确预测全球的经济形势,缺乏预测未来组织的发展变化的意识等因素,导致传统人力资源管理无法履行洞察和预测职责。现在利用包括大数据、区块链、云计算等技术,便捷地将相关数据、资源有效地整合,一方面基于业务成效和内外数据的洞察分析,帮助评估人力资源策略;更重要的是面向业务战略发展和生态共荣的决策预测,重塑人力资源战略。

(5)人力资源部门重塑:企业数字化转型的推动者。企业数字化转型就是企业借助数字化解决方案,将物联网、云计算、大数据、移动化、智能化技术应用于企业,通过规划及实施商业模式转型、管理运营转型,为客户、企业和员工带来全新的数字化价值提升,不断提升企业数字经济环境下的新型核心竞争能力。

人力资源管理数字化转型需要人力资源部门进行更富有创造性的思考,提出更多的问题,并敦促供应商适应新的管理模式,要求更具团队精神、智能化和易于使用的解决方案。因此,人力资源管理的角色从管理和服务升迁至连接、赋能、洞察的高度。

在此前提下,人力资源管理者跳出支撑角色成为引领者或者牵引者的角色。人力资源管理者应该成为企业数字化转型的推动者,立足通过数字化转型帮助企业建立员工能动、业务创新和文化升级的人力资源管理体系,进而实现组织激活。

本章小结

人、财、物、信息等作为生产要素,其他要素的重要性往往凌驾于人的要素之上,随着全球人口出生率骤减、人口进入老龄化以及全球竞争加剧、数字化和智能化等飞速发展，致使人力资源管理的重要性日渐凸显。同时为了适应时代的需求，人力资源管理的内外部环境发生着深刻的变化，这不仅导致企业组织的变革，而且使人力资源管理面临新的挑战。本章在明确人力资源、人力资源管理概念的基础上，梳理了人力资源管理思潮的演化阶段，明确了人力资源管理的功能、职能与人力资源管理职责分工，尤其重点介绍了人力资源管理发展的最新趋势，包括人力资源三支柱、组织发展岗位的兴起以及数字化人力资源管理发展态势，这些趋势都反映出重要的两点：一是组织希望人力资源管理更好发挥对业务、对战略乃至组织变革发展方面的核心、关键作用，从整体、全局与战略层次驱动人力资源管理活动。二是人力资源管理活动精细化、专业化程度将更高，借助数字技术，人力资源管理活动部分可通过自助获得服务，极大释放人力资源职能，HRBP 与 HRCOE 的兴起与需求正是此方面的突出体现。

【本章思考题】

1. 你是如何理解人力资源与人力资源管理、战略性人力资源与人力资源管理战略的？
2. 人力资源管理的功能与职能活动包括哪些方面？
3. 人力资源管理仅仅是人力资源管理部门的职责吗？人力资源管理的职责分工应是如何区分的？
4. 人力资源管理的内外部环境发生了巨大的变化，这些变化主要体现在哪些方面？对人力资源管理形成哪些方面的挑战？
5. 你如何理解人力资源管理三支柱模式？人力资源管理三支柱试图解决传统人力资源管理存在的哪些困境？哪些因素限制人力资源管理三支柱模式的使用效果？
6. 你如何理解数字化人力资源管理？未来人力资源管理可能面临的挑战主要包括哪些方面？

【拓展阅读】

华为人力资源管理三支柱进阶

从成立之初到现在，伴随着公司发展，人力资源管理一直发挥着特别重要的支撑作用。期间经历了四个阶段：

第一阶段：（1987~1994 年），属于起步阶段，在当时强手如云的通信行业，"活下去"是华为最核心的目标。这个时期人力资源的任务只是基础的人事管理和有效招聘。

第二阶段：（1995~2004 年），这十年可以说是华为的主营业务在国内快速增长的时期。销售额不仅从原来的十几亿元增长到了 400 亿元，员工人数也从 2000 多人猛增到了 2 万多人。公司制定了《华为基本法》，对公司的未来发展做出了全面的规范。建立了人力资源管理体系和流程,并建立 HR 专业模块。

第三阶段:(2005~2013 年),华为开始走向海外市场,实现全球化运作。为了应对全球化挑战,建立了领导力与干部标准,完善评价与激励政策,搭建全球范围的 HR 管理体系。

第四阶段:(2014 年至今),从 2014 年开始,华为已经在行业内处于领先位置,已经真正实现全球化运作。这个时期,人力资源已经完全融入到业务中,HR 三支柱已经非常成熟。在 2009 年华为公司开始引进 IBM 的 HR 三支柱模式,建立以增长、效率为导向的 HR 业务管理架构,升级完善了 HR 管理新体系。

纵观华为的发展历史,人力资源在不同阶段担负着不同的使命。就像尤里奇教授说的一句话:人力资源部存在的意义不在于做了多少事,而在于给企业带来什么成果,帮助企业创造多少价值,为客户、投资者和员工提供多少增加值。HR 三支柱模式也不是一蹴而就,而是人力资源变革升级时水到渠成的必然结果。没有前面几个阶段 HR 工作的积累沉淀,三支柱也无法完美地落地。

华为 HR 三支柱的亮点是始终以客户为中心、以需求为牵引的战略导向,强调的是对客户需求和业务需求的关注,通过 HRBP 对业务需求的承接,有效整合并实施人力资源解决方案。COE 的功能更多地在于提供专业化的支撑,而 SSC 则是以服务为导向,致力于卓越运营的 HR 服务交付。提到交付思想,这是华为最厉害的地方,要重点提一下。华为的业务非常重视端到端的交付意识。端到端是指从客户需求端出发,到满足客户需求端去,为客户提供端到端的服务。端到端的输入端是市场,输出端也是市场。总体来说,华为 HR 三支柱的核心就是共享交付思想,为客户提供端到端的服务,这是华为公司的核心竞争力。

资料来源:马海刚,彭剑锋,西楠. HR + 三支柱:人力资源管理转型升级与实践创新 [M]. 北京:中国人民大学出版社,2017.

【思考题】

1. 你认为华为公司在引入 IBMHR 三支柱模式后如何进行了本土化升级改进?
2. 华为的人力资源管理三支柱模式为其他公司提供了哪些方面的借鉴?

第二章　人力资源管理的理论基础

由于人力资源管理的对象是企业中各个岗位不同的人,所以对人本质的基本看法将会影响人力资源管理具体的政策和措施。如果不能从人的本性来认识组织中的员工,就无法建立科学的人力资源管理体系。因此,明确不同的人性假设、不同人的需要和动机将有助于企业更好地对员工进行激励和管理。

【学习目标】

通过本章的学习,应掌握:
1. 人性假设理论的种类及其实践
2. 内容型激励理论的种类及其实践
3. 过程型激励理论的种类及其实践
4. 行为改造型激励理论的种类及其实践
5. 激励手段和激励方法
6. 激励理论的发展趋势

【关键词】

人性假设;激励理论;激励手段

【思维导图】

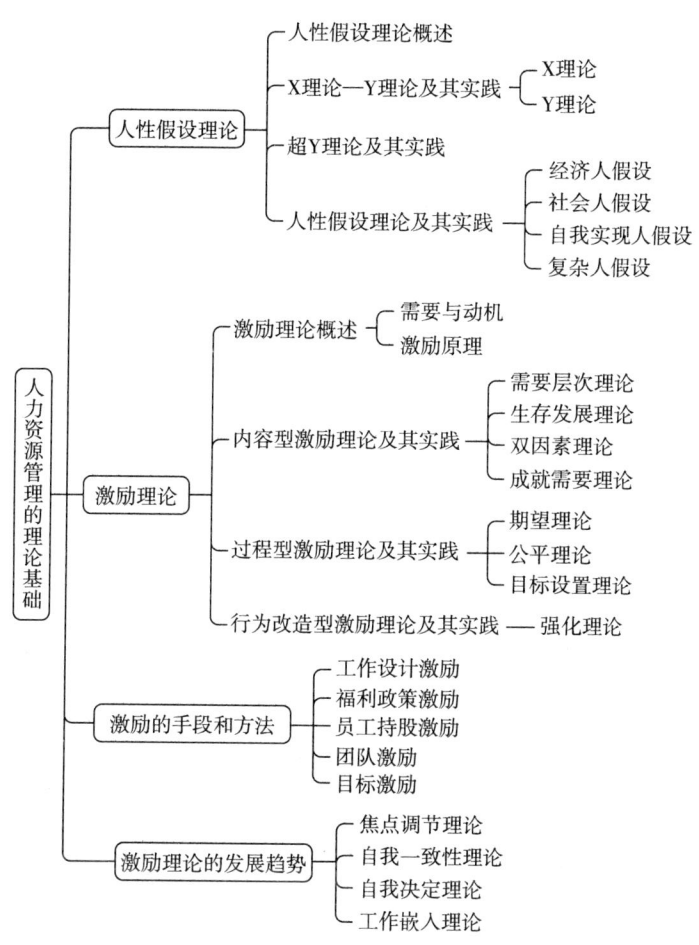

【引导案例】

海底捞对员工激励的举措，你的餐厅做到几个？

我们真正要向海底捞学习的地方就是海底捞的激励哲学。

海底捞有非常重视和尊重人性的董事长。海底捞董事长张勇认为，要激励员工首先就要满足其最基本的生存需求。在这个层面激励人，就是要让他比别人过得更好一些。海底捞比同行的餐饮企业都要辛苦，但是一方面张勇舍得给钱，另外在员工的福利待遇方面也舍得投入。比如，其他企业员工都住地下室，海底捞给员工租的是居民小区，四人一间，有热水，有电脑，有网络。每个月发员工的奖金，直接寄给他们老家的父母。海底捞还在张勇老家简阳开办了员工子弟学校，这样员工在老家的孩子都有地方上学……有了这样一些好的待遇，即使再辛苦，员工也不愿意离开了。

在海底捞除了有好的待遇和保障之外，员工还会感觉自己"有发展"。在海底捞有明确的三条发展线：一条是管理线，一条是技术线，还有一条是后勤线。走管理线，会从二级员工、一级员工、主管、小区经理、大区经理这样一层层发展上去；如果不走管理线的话，哪怕只是做一名服务员，也会有一级服务员、二级服务员、标兵服务员、模范服务员、功勋服务员，这样一层层走上去，工资和待遇都会发生变化。

海底捞员工感觉到自己"有权"——有决策权、自主权。海底捞特别鼓励员工创新，有专门的部门对创新进行管理，收集、处理并进行反馈。同时规定，每个员工每个月必须有5条以上的建议，好的建议真的会被采纳。创新有分级标准，对应一定的创新奖金，同时也与晋升挂钩。海底捞还有一个特别的创新机制，就是让职能部门开办门店。一个职能部就曾经开办过两个门店，而且都比较成功。他们选出一个员工来做具体的经营管理，部门其他人员给予支持，从选址、装修到招工、运营，都由这个部门统一来进行管理，海底捞有一定的资金支持。年底赚取了利润之后，一部分交给公司，其余部分就由这个职能部门的员工一起分享。

海底捞的员工始终感觉，在海底捞，自己有"支持"。首先，海底捞有非常高效的三级例会制度——领班经营例会、店经理经营例会和运营管理层经营例会。通过这些例会，每天处理前一天发生的问题，将基层的信息迅速传递到高层并予以解决。其次，海底捞有高管亲临现场指导的惯例，所有高管都要有一定的时间安排下一线，与员工同吃同住，现场调查员工的意见，现场宣讲政策，现场手把手地指导员工。最后，海底捞非常重视流程制度的建设，固化管理经验，提高同一问题的处理速度，努力做到政策流程出台快、执行快、修订快。

海底捞绝对不是只有正向激励，没有负向激励。在海底捞就有非常明确的红线和制度管控。张勇曾经说过，我们非常需要制度，"制度是防止好人做坏事"。海底捞有一个比较特别的工种——内部记者。内部记者有权利到各个门店去进行明访暗查，公司也设有爆料热线，发现任何好的事情，或者不好的事情，他们都会在内部刊物上进行爆料，被爆料的员工或者经理必须进行反馈。

当然，如果你想学的话，其实道理很简单，就是充分尊重人性，从人性的底层往上来进行满足。在满足了员工的底层生存安全需求之后，又充分让员工有发展，尊重员工，从而让员工获得强大的自我内驱动力，这是更高层面的员工激励哲学。

资料来源：http://www.canyin168.com/glyy/yg/rsgl/ygjl/201807/74903.html。

【思考题】

请问海底捞运用了哪些方式对员工进行激励？为什么这些方式可以起到员工激励的作用？

第一节　人性假设理论

人是什么？从西方苏格拉底的"认识你自己"到中国儒家的"人性本善"；从荀子的性恶论到马克思的人性本质论……千百年来，人类对这个问题的探索从未止步。本节所要阐述的内容就是人力资源管理理论的基础——人性假设理论。基于不同的人才特性与需求的人性价值取向，是整个企业人力资源管理系统设计的重要依据。

一、人性假设理论概述

人力资源是企业最为核心的资源，这是因为人具有管理者与被管理者的双重身份，管理与人的关系非常密切，人性假设也便成了人力资源管理的理论基础之一。对人本性的看法是掌握人力资源管理理论、原则和方法的基础。著名的管理学家道格拉斯·麦格雷戈（Douglas McGregor）曾在其文章《企业的人性面》中提出："每项管理的决策与措施，都是依据有关人性与其行为的假设。"我们不难给人性假设下个定义：

人性假设是指对人的本性所持的基本看法，是探索管理理论中激励、控制、组织、领导等问题的逻辑基础。在现代企业的管理中，对人性的认识已经融入到了我们日常的管理和激励当中，不同的人性假设和看法会直接影响人力资源管理的出发点、管理方式和管理方法。人性假设是由消极向积极、单一向多样不断发展的，人性假设的发展历程经历了以物为中心的管理向以人为中心的管理的演变，体现了管理向人性回归的趋势，一步步揭示了更为接近事实的人性。也正是因为"以人为本"的人性观的不断发展完善，现代企业的激励理论与实践更加接近人的本质、尊重人的本性，所以激励的措施也更加具有成效。

很多学者都对人性假设理论做过研究，其中最具代表性的是美国管理学家、心理学家道格拉斯·麦格雷戈（Douglas McGregor）提出的"X理论—Y理论"、约翰·莫尔斯（John J. Morse）和杰伊·洛尔施（Jay W. Lorsch）两位学者提出的"超Y理论"，以及美国行为科学家埃德加·沙因（Edgar H. Schein）提出的"四种人性假设"，分别为"经济人假设""社会人假设""自我实现人假设"和"复杂人假设"。人性假设理论之间的关系可以用图2-1进行简要概括。

二、X理论—Y理论及其实践

道格拉斯·麦格雷戈（Douglas McGregor）认为，企业管理者对员工的本性和行为假设会在一定程度上影响他们具体的工作方式，持有不同假设的管理人员会采用风格迥异的方式来管理、激励和控制员工。经过一段时间的观察和研究，他于1957年11月在美国的《管理评论》杂志上发表了《企业的人性面》一文，提出了著名的 X 理论—Y 理论，并在之后的研究中不断进行调整和完善。

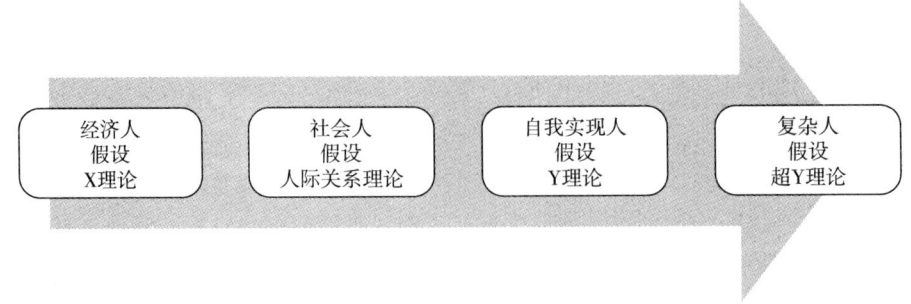

图 2-1 人性假设理论之间的关系

（一）X 理论

X 理论（Theory X）实际上是麦格雷戈对传统的人们对人性的假设的统称，其观点非常类似于我国古代的性恶论，认为"人之初，性本恶"。这一理论的主要观点为：

◇大多数人生而懒惰，他们尽可能地逃避工作。

◇大多数人都缺乏进取心和责任心，宁可碌碌无为，一直被人领导。

◇大多数人都比较自我，以至于当个人目标与组织目标相矛盾时，只有依靠外力严加管束才能达到组织目标。

◇大多数人都缺乏理性，无法自律，易受别人影响。

◇大多数人都欺软怕硬、保守固执，因此只能通过惩罚来使他们服从指挥。

◇大多数人工作的目的是满足物质和安全需要，因此他们一般会选择能获得更多利益的事情做。

◇只有少数人能克制自己，这部分人应该承担起管理的责任。

在 X 理论指导下，一些组织在进行管理时会采用如下的管理方式和措施：

◇只关心劳动生产率的提高和任务的达成，机械地进行计划、组织、经营监督的相关工作。

◇运用职权发号施令，员工只需要服从命令，管理者不考虑情感和社交等方面对员工的影响。

◇强调组织的严密性，有具体操作规范和工作制度。

◇以金钱利益直接收买员工劳动。

这种理论指导下的管理方式一方面需要用金钱来激励员工努力工作；另一方面需要对消极怠工的行为进行严格控制，如采用强制、威胁、惩罚、解雇等方式来迫使员工服从指挥，以权力或控制体系来维护企业和引导员工。这种管理方式就是典型的"胡萝卜加大棒"，一边严格控制和惩罚，一边靠金钱刺激来收买，在麦格雷戈的时代，企业使用的大多是这样的管理方式，其组织结构、管理政策、实践和规划都是依据 X 理论来制定的。

（二）Y 理论

随后，麦格雷戈提出了与之完全相反的 Y 理论（Theory Y），相应地，其观点非常类似于我国古代的性善论，认为"人之初，性本善"。该理论的主要观点是：

◇人并非天生就不喜欢工作，他们认为工作中体力和脑力的消耗就像休息和娱乐一样自然，也愿意为社会、为他人做贡献。对他们来说，工作可能是一种自我满足的方式，因而会自愿去执行；但工作对人而言也可能是一种惩罚，因而只要可以，个体就想逃避工作，而最终个体会做出怎样的选择要视环境而定。

◇大多数人是有责任心的，他们愿意通过自我管理和自我控制来实现组织和自己的目标。因此外在的惩罚和控制在一定程度上并不能促使人们为实现组织的目标而努力，反而可能产生一种威胁和阻碍，放慢人成熟的脚步。

◇人具有自我指导、自我表现和自我控制的愿望与能力，个人的自我实现要求与组织目标实现要求之间是没有行为矛盾的，因此如果能给人提供合适的机会，就能实现个人目标和组织目标的有机统一。

◇在适当条件下，人不仅可以学会接受职责，还可以学会谋求职责。缺乏抱负、逃避责任以及强调安全感，通常是经验的结果而非人的本性。

◇组织承诺是员工达成目标的报酬函数，与达到目标后获得的报酬是直接相关的。

◇人具有独创性，每个人的思维都有其独特的合理性，这种独特性使人在解决组织的困难时一般都能发挥较好的想象力、聪明才智和创造性。然而在现今工作条件下，一般人的智慧潜能只得到了部分的开发，因此人的潜力是无限的。

在 Y 理论指导下，一些组织在进行管理时可以采用如下的管理方式和措施：

◇管理应该"以人为本"，创造使人能够发挥才能的工作环境，挖掘员工的潜力，使其能够在完成自己目标的同时实现组织目标，一举两得。而管理者作为员工工作的参与者和辅助者，只是为了给员工提供支持和帮助。

◇给予员工更多的来源于工作本身的内部激励，给他更多具有挑战性的工作，让其在完成这些工作后，得到自我实现需求的满足。

◇在制度上对员工合理放权，让其能够进行自我控制，能够有机会参与组织的管理和决策的制定。在尊重员工的基础上，鼓舞士气，激发员工的工作热情和积极性。

◇管理员工应该以教育和引导为主，批评与惩罚为辅，实施激励自律内化的管理，充分发挥员工的创造性和自觉性。

这一理论指导下的管理方式方法自然与 X 理论指导下的管理方式不尽相同。首先，对人的激励不再仅仅是通过金钱等物资激励，而主要是通过给予个体来自工作本身的内在激励，让员工承担具有挑战性的工作，担负更多的责任，满足自我实现的需要。其次，管理者的重要任务除了正常的监督控制外，还需要创造一个可以让人发挥才能的工作环境，最大限度地激发出员工的潜力，使员工在完成组织目标的同时达到自己的个人目标。

三、超Y理论及其实践

约翰·莫尔斯（John J. Morse）和杰伊·洛尔施（Jay W. Lorsch）两位学者于1970年在《哈佛商业评论》上发表了《超Y理论》一文，对麦格雷戈的X理论—Y理论做了进一步的完善，提出了著名的超Y理论（Theory super Y）。该理论认为，管理方法要具有针对性，不仅要做到因人而异，还要因事而异，不能千篇一律。因此，在进行人力资源管理活动时要根据不同的情况，采取不同的管理方式和方法。该理论的主要观点是：

◇人们加入企业组织时是抱有各种各样的愿望和需要的，如有的人希望在正规化、有严格规章制度的组织中工作；有的人却需要在有更多的自治、更多的责任以及更多发挥创造性机会的组织中工作。

◇不同的人对组织形式和管理方式方法等的要求是不一样的，因此要根据具体的工作性质和人们的需要来匹配相应的形式与方法。

◇员工的培训、工作的分配、组织机构和管理层次的划分、工资报酬以及控制程度等的安排都要具体问题具体分析，要从工作的性质与目标和员工的素质等方面考虑，不能完全照搬成功企业的模板。

◇员工完成目标后会产生一种胜任感和满足感，之后会为达到新的更高的目标而更加努力。

在这一理论的指导下，管理者可以采用的管理方式和措施表现为：一方面，可以根据工作和员工性格，把两者有机匹配起来，让适合的人担任适合的岗位；另一方面，可以采取因人而异的管理方式和目标，灵活管理员工，同时应该视工作性质、管理对象有的放矢地对管理措施加以运用。

超Y理论的应用最为突出的在于对"90后"和"00后"新生代员工的管理实践，这些员工普遍具有这些特点，比如文化水平高、学习能力强、具有多元化的价值取向、个人主义突出等，但是他们的心理承受能力相对较差。因此，在对这类员工进行管理的时候，可以依据超Y理论采取如下方法：

◇为新生代员工进行职业生涯规划，加强沟通，引导他们的职业发展。

◇为新生代员工提供有挑战性的工作目标，利用员工胜任感来激励他们，强化工作本身的激励效果。

◇实施激励性的薪酬体系，通过合理综合的绩效管理和薪酬管理体系，引导新生代员工意识到团队的重要性，实现企业的长远发展。

四、人性假设理论及其实践

美国行为科学家埃德加·沙因（Edgar H. Schein）在其1965年出版的《组织心理

学》一书中把其他学者与人性假设相关的研究成果归纳为"经济人假设""社会人假设"和"自我实现人假设",并以此为基础提出了"复杂人假设",后将这四种假设统称为"四种人性假设",这可以说是迄今为止对人性假设所做的最为全面的概括和研究[①]。

（一）经济人假设

经济人假设相当于麦格雷戈提出的 X 理论,又可以称为"唯利人"或"实利人"假设。这种假设的观点如下：

◇人工作的目的是获得最大的经济利益,而工作的动机主要是由经济诱因引发的。

◇由于这些经济诱因是由组织掌控的,因此,人在工作的过程中总是被组织操纵、激励和控制。

◇人在行事时总以一种合乎理性的精打细算的方式,并试图以最小的投入来赢得更满意的报酬。

◇组织要对人的感情进行控制,因为人的情感有非理性的特点,这种非理性会干预人对经济利益的合理追求。

经济人假设把人看成是机器,认为他们是天生懒惰且不喜欢工作的"自然人"。采取以金钱为主的机械的管理模式,对员工进行严密的监督和控制,忽视了人的主动性、自觉性和创造性,并且将管理者与被管理者放在了两个对立面,认为管理工作是少数管理者的事,员工只需要服从指挥。与这种假设相对应的管理方式和措施如下：

◇管理工作完全以完成生产任务和提高劳动生产率为重,不关心员工的个人感情和愿望。

◇组织对积极性高、做事有效率以及愿意服从组织安排的员工予以金钱等物质奖励,对消极怠工者则采取严厉的惩罚措施。换言之,就是"胡萝卜加大棒"的管理方式。

◇组织目标的实现程度取决于管理人员对工人的控制程度,因此要运用领导的权力和严密的控制体系来保证组织目标的实现。如制定一套系统严格的规章制度,迫使工人必须严格按照规定的标准工作；当发现工人有联合起来对付管理当局的倾向时,甚至规定特殊情况之外,不得有 4 名以上工人在一起工作。

◇管理是少数管理人员的事情,员工只需要听从指挥,努力干活。

（二）社会人假设

社会人假设是人际关系学派的倡导者梅奥等依据历时八年的霍桑实验所得出的一些结论,这种假设认为人是由社会需求引起的工作动机,管理的重点就是要营造和谐融洽的人际关系,让人们明白只有在顾全群体的利益时,才能使个人的利益得以保障。这种假设的观点如下：

◇人类工作的主要动机是社会需要,因此需要一个良好的工作氛围来帮助建立与

---

① 董克用,李超平. 人力资源管理概论（第 5 版）[M]. 北京：中国人民大学出版社,2019.

同事之间的良好人际关系，进而从同事那里获得基本的认同感。

◇由于工业革命和工作合理化使工作变得单调而无意义，而人际关系是否和谐会影响员工的工作效率，因此必须从工作的社会关系中寻求工作的意义。

◇非正式组织的社会影响对人的吸引力比正式组织的经济诱因更大，因为非正式组织有利于满足人们的社会需要。

◇人们迫切希望领导者能够承认并满足他们的社会需要。

社会人假设的管理思想和管理措施与经济人假设完全不同。这种假设认为，管理者不仅要关心组织目标的实现，更要关心员工的需要是否得到了满足；管理者要鼓励员工参与管理，培养员工对组织的归属感和认同感；以集体奖励制度为主、个人奖励为辅对员工进行嘉奖。与这种假设相对应的管理方式与措施如下：

◇管理人员不仅要关心生产任务的完成情况，更要关心员工和满足员工的正常需要。

◇管理者应高度重视员工之间的关系，注重培养员工对企业的归属感和集体荣誉感。

◇提倡集体奖励制度，弱化个人奖励制度。

◇不断地完善和变化管理职能。管理人员不仅要执行计划、指挥、监督、组织和控制的传统职能，还要在员工与领导者之间起联络作用，一方面要倾听员工的意见与要求，另一方面又将之及时汇报、反映给上级领导者并将收到的反馈传达给员工。

◇实施员工参与管理的新型管理方式，让员工或下属在不同程度上参与企业决策的研究和讨论。

（三）自我实现人假设

自我实现人假设相当于麦格雷戈提出的Y理论，此外马斯洛需要层次理论中的自我实现需求、克里斯·阿吉里斯的不成熟—成熟理论中个性的成熟也都属于这个范畴。沙因通过分析总结出的该假设的主要观点如下：

◇人的需要有低级和高级之分，且从低级到高级可以划分为多个层次，而人的最终目的是寻求工作上的意义，满足自我实现的需要。

◇人们力求实现自治和独立，在工作上有所成就，因此会不断提高自己的能力和技术，以便富有弹性来快速适应环境。

◇人们有自我激励和自我控制的能力，外部的激励和控制可能会对人产生威胁等不良的后果。

◇个人目标的实现和组织目标的完成并不冲突，个人会在适当的条件下自动调整，使自己的目标与组织目标相契合。

自我实现人假设认为人是自主的、勤奋的，自我实现的需要是人的最高层次的需要，个体的积极性会因为这一需要的满足而被充分调动起来。自我实现实际上是指人的潜能得到充分发挥；而只有人的潜能得以表现和发展时才会有满足感。因此，管理人员应提供良好的环境与工作条件，以促使员工满足自我实现的需要。与这种假设相对应的管理方式和措施如下：

◇提供良好的工作环境和条件，以利于人们充分发挥自己的潜能，实现自我。

◇管理者的职责在于帮助员工排除使人难以充分发挥才智的障碍，并能够根据不同人的不同需求，为其分配富有意义和挑战性的工作。

◇自我实现人假设要求管理人员采用更深刻、更持久的内在激励来调动员工的积极性。如企业内设置的民主参与制度、自我培训计划等均是激发员工内在积极性的管理方法。

◇以自我实现人假设为基础的管理制度是保证员工充分发挥自己的才能，充分发挥积极性和创造性的管理制度。管理人员要将个人需要同组织目标相结合，将管理权力下放，建立决策参与制度、提案制度、劳资会议制度以及让员工参与制订发展计划等。

（四）复杂人假设

复杂人假设的观点与约翰·莫尔斯和杰伊·洛尔施提出的超 Y 理论相类似。沙因发现，经济人假设、社会人假设和自我实现人假设在不同的环境下针对不同的人分别具有一定的合理性，因此他认为这三种假设并非绝对。鉴于人们需要的复杂性，对人简单地使用三种假设中的某一种假设会过于草率，为此他提出了复杂人假设，这一假设的主要观点①如下：

◇每个人都有不同的需要和能力，人们工作的动机处在各种重要的需求层次上，复杂且变动性大。

◇人的很多需要并不是与生俱来的，而是在后天环境的影响下形成的，因此一个人在组织中表现的动机模式是他原来的动机模式与组织经验交互作用的结果。

◇人们在不同的组织和部门中可能有不同的动机模式，例如有人在正式组织中有满足物质利益的需要，在非正式组织中有满足人际关系方面的需要。

◇一个人对组织是否满意，是否肯为组织奉献，取决于组织的状况与个人的动机结构之间的相互关系。

◇人们不同的能力、动机以及工作性质会对相同的管理方式产生不同的反应。

根据复杂人假设，现实中并不存在一种普遍适合于所有时代或所有人的管理方式和方法，管理必须是权变的，管理员工要具体问题具体分析。与这种假设相对应的管理方式和措施如下：

◇按照动态的、辩证的观点对组织成员进行判别，根据成员的不同类型，做到管理方式、管理策略因人而异、因地制宜。

◇管理要兼顾人们多样化的需要，制定与员工个人最匹配的组织目标，激起员工的工作动机。

---

① 董克用，李超平. 人力资源管理概论（第 5 版）[M]. 北京：中国人民大学出版社，2019.

第二节　激励理论

近百年来,随着现代管理实践与研究的不断发展,基于人性假设理论与不同的经济社会环境和政治文化背景下的激励理论便产生并逐渐完善。激励理论的产生与发展,其价值并不仅限于提供具体的方法和措施,从长远看,它更重要的价值在于为管理者激励员工提供了一种思路和指导性的建议。掌握激励理论的精髓在于我们能否根据实际情况,针对不同的背景和对象灵活地运用这些理论。本节将为大家介绍激励理论的概述以及三类激励理论中不同激励理论的具体内容及其应用。

一、激励理论概述

（一）需要与动机

顾名思义,"激励"就是激发和鼓励的意思,其英语为"motivate",译作"令某人产生做某事的需要和动机"。这表明,激励的本质在于诱导出某人做某事的欲望（满足需要）,驱使他快乐地完成这件事情（激发动机）。

心理学家们认为,人的一切行动都是由某种动机引起的。那么,什么是动机呢?动机就是个体通过努力实现组织目标的愿望,而这种努力又可以满足自己的某些个体需要。人类有目的的行为都是出于对某种需要的追求,而"需要"就是指人们对某种事物的渴求和欲望。

通过人的行为过程（见图2-2）我们不难发现,当需要还未被满足的时候,就会在人们内心产生一种紧张感,进而转化为一种内驱力,使人们产生某种动机,并在动机的引导下做出相应的行为以实现自己的目标,满足自己的需要,进而产生新的需要。据此我们可以认为,激励员工是要让他们处于某种紧张的状态,使其未得到满足的需要成为产生激励的起点。我们要注意的是,需要具有原动力作用,但其作为一种潜在的心理状态,并不能直接引起行为,只有当需要指向特定目标,并与某种客观事物建立起具体的联系时,才能由潜在状态转化为激发状态,成为引发人们采取行动的内在力量。行为是人类有意识的活动,产生的原因则是动机和需要,即人的行为是由动机决定的,而动机是由需要支配的,目标是行为所要实现的结果。

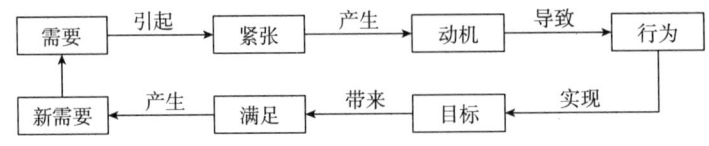

图2-2　人的行为过程

资料来源：汪戎. 管理学（第二版）[M]. 北京：科学出版社,2019.

在管理中运用激励手段,正是利用需要对行为的原动力作用,通过提供外部诱因,结合员工的个体需要,进而引发员工的工作动机和积极行为。员工的激励水平会影响生产率,因而管理者的部分工作职责就是通过激励手段激励员工为实现组织目标而努力工作。

(二)激励原理

激励的含义就是满足人的需要,激发人的动机,诱发人的行为。从管理的角度,激励就是要创设满足员工各种需要的条件,激发员工的工作动机,使之产生实现组织目标的特定行为的过程。在管理过程中,对人的行为的激励,就是通过对心理因素的研究,采取各种手段,制造各种诱因,诱发人们贡献出他们的时间、精力和智力。

从前人的行为过程中,我们不难发现人们通过有目的的行动追求个体或组织的某种需求,这种行动的结果可能会使需求得到满足,之后个体会再追求新需求的满足,形成一种激励的良性循环;但也可能会因为在行动的过程中因为遭受挫折而没有满足需求,进而产生撤退、抑郁、攻击等消极的态度(激励循环过程如图 2-3 所示)。

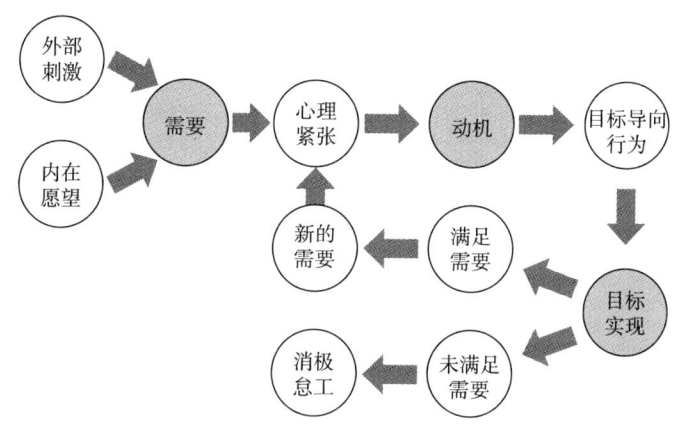

图 2-3 激励循环过程

所以,管理者的一个十分重要的工作内容应为了解人们的需求,创造条件促进需求的满足,减少员工消极行为的产生。为方便管理者的实践工作,许多学者总结了激励的普遍原理。比如,一些学者从需要这一角度(内容型激励理论)出发来分析员工的需要的内容到底有哪些,据此来创造条件满足这些需要从而达到激励员工的目的。另外一些学者则从如何激发员工动机的角度(过程型激励理论)出发,来关注员工行为是如何被引发、怎样向着一定方向发展、如何保持以及怎样结束这种行为的全过程。还有一些学者则从改造和转化人们的行为(行为改造型激励理论)这个角度出发,试图将员工的消极行为改变为积极行为,以期达到预定目标的过程。下文将就每一大类下的激励理论进行详细介绍。

二、内容型激励理论及其实践

内容型激励理论强调激励对象的重要性,主要是研究激励的原因以及有哪些因素能对员工起激励作用。在内容型激励理论中,根据个体的心理需要和性质将激励划分为不同的激励等级,而只有有针对性地识别个体的激励等级并采取措施,才能发挥激励行为的作用。最为典型的四种内容型激励理论是需要层次理论、生存发展理论、双因素理论和成就需要理论,下面将为大家一一介绍。

(一) 需要层次理论

通过对激励理论概述的学习,我们可以知道,识别员工的需要是对员工在工作中的行为进行激励的前提。那么如何才能有效识别员工的需要呢?

1943 年著名美国社会心理学家亚伯拉罕·马斯洛(Abraham H. Maslow)在《人类激励理论》一文中就提出,每个人都有五个层次的需要,从低到高分别为生理需要(Physiological Needs)、安全需要(Safety Needs)、归属需要(Love Needs)、尊重需要(Esteem Needs)和自我实现需要(Self - actualization Needs),这就是马斯洛的需要层次理论(如图 2 - 4 所示)。

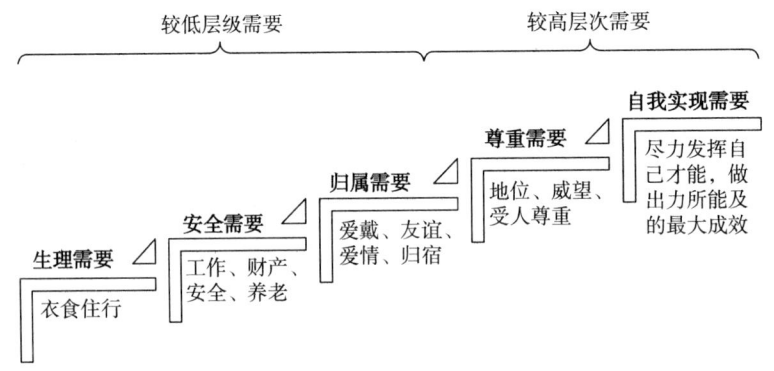

图 2 - 4 马斯洛需要层次理论

在这五个层次的需要中,马斯洛把生理需要、安全需要和归属需要称为人的较低层次需要,而把尊重需要和自我实现需要称为较高层次的需要。高层次的需要是从内部使人得到满足,而低层次的需要主要是从外部使人得到满足,具体需要内容如表 2 - 1 所示。

表 2 - 1 马斯洛需要层次理论五种需要内容

生理需要	使人们能够继续生存所必须满足的基本生活要求,如衣食住行
安全需要	对现在的安全需要:要求自己现在所属的社会生活各个方面都能有所保障,如职业健康与安全 对未来的安全需要:希望未来生活能够有所保障,如养老保险和失业保险

续表

归属需要	人类是一种社交生物,希望在社会生活中得到注意、接纳、关心与友爱,在感情上有所归属,如友谊、爱情、归属及接纳方面的需要
尊重需要	内部尊重(自我尊重):自己取得成就的自豪感,如自尊、自主和成就感 外部尊重(他人尊重):自己做出贡献时,得到别人的认可,如地位、认可、关注或者受人尊重
自我实现需要	希望在工作上有所成就,在事业上有所建树,实现自己的人生理想,如成长与发展、发挥自身潜能、实现理想的需要

马斯洛需要层次理论的主要观点是:人们有五种从低到高依次排列的需要,这些需要呈阶梯状分层排列,只有当人们较低一层的需要得到满足以后,才会去追求上一层级的需要;除此之外,人们也可能同时存在两个及以上不同层级的需要,但在这些需要中有一种需要占据主导地位,这种需要即为优势需要;要想激励员工,就要去满足他们尚未被满足的需要,但是较低层次的需要被满足后,并不会因为高层次需要的产生而消失,只是已被满足的需要本来的激励作用逐渐消失;这五种需要的阶梯状层级也往往会受到个人职业、年龄、性格、经历、社会背景、受教育程度等因素的影响,出现新的排列。

马斯洛需要层次与第一节人性假设理论的很多观点有十分密切的联系,如图2-5所示。

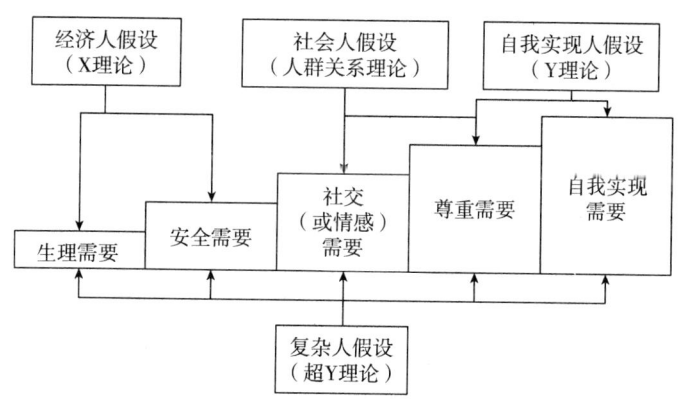

图2-5 人性假设与马斯洛需要层次理论的关系

马斯洛需要层次理论的意义在于可以使管理者掌握下属的工作动机,马斯洛需要层次理论为我们提供了一个研究人类需要层次的参照样本,让我们意识到人们的需求是具有层次性和可变性的,只有当低一级需要得到满足的时候才会产生高一级的需要。结合马斯洛需要层次理论,我们可以通过五个步骤激励员工:

第一,满足员工的生理需要。管理者要为员工提供能够养活自己的基本报酬,保障他们基本的生活需要。

第二，满足员工的安全需要。满足员工安全需要一般有两个方面：一方面要保障员工在现阶段工作的健康与安全；另一方面应该保障员工未来的安全情况，如购买预防性质的保险，如失业保险和养老保险等。

第三，满足员工的归属需要。管理者要营造良好的工作环境和氛围，让员工在一个备受关爱和关怀的组织中工作；组织也可通过各种形式的团建项目，加强团队凝聚力，培养良好员工关系，让员工的归属需要得到进一步满足。

第四，满足员工的尊重需要。管理者要尊重员工为公司谏言的权利，使其想法能够得到有效表达，要收集并记录下员工的相关想法，采纳其中有建设性的意见，满足员工希望被他人尊重的需要。除此之外，要对员工所做出的贡献给予肯定，激发员工的工作积极性和满意度。

第五，满足员工的自我实现需要。当上述需要得到满足的时候，员工会产生自我成长的渴望。此时，企业可以开展相关员工培训，让他们学习一些先进的技术。另外，企业也可以为员工制定职业生涯规划方案，使其明确未来职业道路的方向。另外，企业还可以为员工分配一些有一定挑战性的工作，使员工个人价值得以实现，并进一步激发其工作积极性。

(二) 生存发展理论（ERG 理论）

美国耶鲁大学行为学家教授克雷顿·奥尔德弗（Clayton Alderfer）通过大量的调查研究对马斯洛需要层次理论进行了一种修正，并于20世纪70年代初提出了生存发展理论。这种理论把人的需要归结为三种：生存需求（Existence），包括心理与安全的需求；关系需求（Relatedness），包括有意义的社会人际关系；成长需求（Growth），包括人类潜能的发展、自尊和自我实现。由于这三个词的首字母分别是 E、R、G，故生存发展理论又称为 ERG 理论，具体内容如表 2-2 所示。

表 2-2 ERG 理论的需要内容

高层次需求	成长需求（Growth）	人类希望事业有成，实现人生理想，走上人生巅峰的需要。就是在事业上有所成就、在能力上有所提高，不断发展、完善自己的需求
	关系需求（Relatedness）	与他人交流与联系的需求，就是对好的人际关系、想法和感情的共享以及双向交流的需求
低层次需求	生存需求（Existence）	人类最基本的需求，是人类对食物、水源、衣服、住处和稳定安全的生存环境的基本需要，如生理上的和物质上的需求

奥尔德弗的主要观点是，相对比较容易满足的需求，人们更希望能满足那些较难被满足的需求；与马斯洛需要层次理论相似的是，奥尔德弗也认为当人们较低一级需求得到满足的时候，会产生高一级的需求，但是奥尔德弗还认为，如果人们在追求较高

层次需求的时候受到了挫折,即较高层次需要得不到满足,人们就会转回追求较低层次的需求,以重获该层次需求上的满足。总结下来,在需求满足的过程中存在两种相反方向的趋势,即"满足—上升"趋势和"挫折—倒退"趋势。此外,他还认为上述三种需求之间没有明显的界线,它们是一个连续体而不是层次等级。它既可能"满足—上升"也可能"挫折—倒退"。也就是说,在任何时间内,人可以由一个或一个以上的需要发生作用,由低到高的顺序并不一定严格,可以是依次上升,也可以是越级上升,还可能先满足了上层需要之后再得到低层次需要的满足(如图2-6所示)。

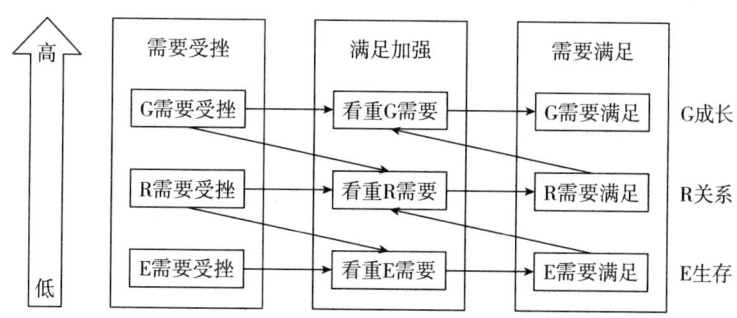

图2-6 ERG理论

ERG理论同马斯洛的需要层次理论有很多相似之处。比如,ERG理论中的生存需求与马斯洛提出的生理和安全需要相类似;ERG理论中的关系需求与马斯洛提出的归属需要相类似;而ERG理论中的成长需求则相当于马斯洛提出的尊重需要、自我实现需要等较高层次的需要。在ERG理论的指导下,管理者应该综合考虑员工的三种需要,不仅要满足员工的物质需要,也要满足其精神需要。首先,当员工刚进入组织工作时,应注重满足员工的生存需求,比如为员工提供合理的薪资和福利、安全和良好的工作环境等;其次,当员工产生关系需求这种精神上的需求时,组织应该帮助员工培养与同事之间和谐融洽的关系,如为他们创造社交机会、协作机会等,增强员工的归属感;最后,组织应该注重员工职业生涯的开发与管理,如为其提供咨询、指导和培训等,这可以满足员工的成长发展需求。而对于员工来说,也要关注组织的需求,应使自己的需求目标与组织的目标尽可能一致,从而保证激励的持久性和有效性。此外,ERG理论还有助于解释生活中很多现象,比如在个人得不到成长和发展的组织,只要具备较高的工资水平或较好的同事关系,也能够激励一些员工继续留在本组织工作,这就是因为需要发生了"挫折—倒退"。因此,管理者只有了解员工在这一阶段的具体需要内容,并根据企业自身的实际情况来调整激励措施和手段,才能对员工起到更好的激励作用。

(三)双因素理论

早期的管理理论认为激励人们主要是依靠外部的刺激,"科学管理之父"泰勒就是这种观点的代表人物。后来马斯洛和奥尔德弗先后提出了需要层次理论和生存发展理论，认为人既有物质需求也有精神需求，带领着人们开始了解自己。直到20世纪50年代末，赫茨伯格提出了一个全新的观点，即人的积极性来源于人的内部，工作对人的吸引力才是主要的激励因素。由此，激励—保健的双因素理论也应运而生。

美国行为科学家弗雷德里克·赫茨伯格（Frederick Herzberg）提出的双因素理论（Two-factor Theory）又称激励—保健因素理论，这一理论的研究重点在于组织中个人与工作的关系问题。赫茨伯格认为，人类的行为都是由两种需求引发的动机来诱发的：第一种是人都有回避不快乐的需求，第二种是人都有自我实现的需求。

赫茨伯格试图证明个人对工作的态度在很大程度上会影响任务的成败。为此，他于20世纪50年代后期在美国匹兹堡的11个工商业机构中对近200名白领工作者进行了调查，让受访者详细描述他们在具体的工作情境中特别满意或特别不满意的地方。调查结果显示（如图2-7所示），引起人们不满意的因素往往是一些外在的、同他们的工作条件和环境有关的因素，比如公司的政策与管理方式、人际关系、监督、报酬和工作条件；而能让人满意的通常是工作内在的、由工作本身所决定的因素，如成就感、责任感、认证感、发展和成长。

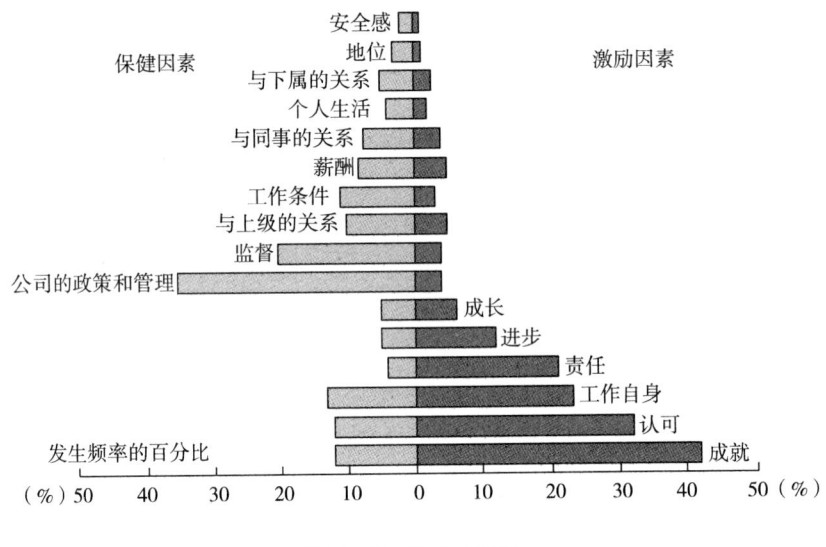

图2-7 双因素理论

赫茨伯格发现了一个全新的现象，即满意的对立面并不是不满意（Dissatisfaction），而是没有满意（No Satisfaction），同理，不满意的对立面也不是满意，而是没有不满意（如图2-8所示）。

他认为主要有两类影响人们行为的因素：保健因素和激励因素。保健因素是与人们的不满意情绪有关的因素，若处理不好这类因素会引发员工对工作的不满意情绪；反之就可以预防或消除这种不满情绪。但需要注意的是，这类因素对员工没有激励作用。激励因素是与人们的满意情绪直接相关的因素，这类因素的改善能够激发员工的工作热情，从而提高生产率；如果没有改善，会导致员工没有满意情绪，但不会导致不满情绪。

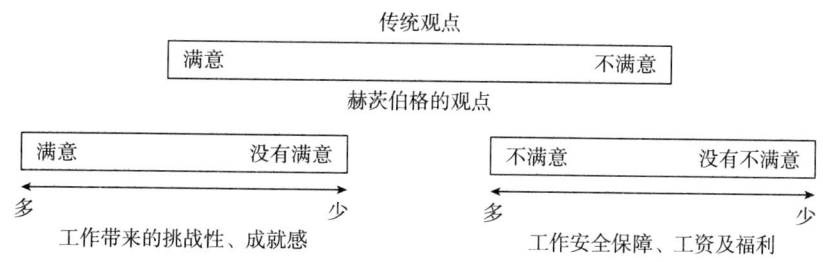

图 2-8 赫茨伯格的新观点

赫茨伯格运用的程序受到当时方法论的限制，因为当事情令人满意时人们倾向于把功劳归于自己，当事情不满意时人们倾向于把错误归结于别人，所以赫茨伯格的研究方法的可信度有一定的限制。但是这并不影响双因素理论的巨大贡献，20世纪60年代中期以来，日渐风行的现代化的管理中，允许工人承担部分计划和控制的责任，很大程度上是受到了赫茨伯格的启发。

在双因素理论的指导下，管理者在选择管理方式和措施时，应注重对于保健因素和激励因素的区分。一方面，组织要加强保健因素向激励因素的转变。特别地，"80后"知识型员工已经渐渐成为了企业的中流砥柱，与之前员工相比，"80后"员工具有其独特性，他们具备相对专业的知识和技能，是能够利用知识提高工作效率的脑力劳动者；此外，"80后"员工往往背负着更重的养家糊口的任务，所以"80后"知识型员工会在能够满足自我期望的同时，考虑更加现实的目标。管理者在管理他们的过程中应该采取有效的措施，要在为他们提供良好的物质保障，让他们能够安心工作的同时，将物质保障相关的保健因素尽可能地转化为能够激励他们的因素，比如实行具有竞争性、激励性的绩效管理和薪酬福利体系，用于满足和激发此类员工的工作积极性和责任感，防止高薪待遇的激励因素转变成保健因素。另一方面，双因素理论促使企业管理人员注意工作内容方面的因素的重要性，特别是它们同工作丰富化和工作满足的关系，随着温饱问题的解决，人们生活水平显著提高，这种内在激励的重要性越来越明显，由于保健因素不具有激励性，因此不能无限制地满足，而应当更多地从激励因素入手去调动他们的积极性。

（四）成就需要理论

随着社会和经济的发展、时代变迁加快，企业中的员工受到各方面因素的影响，工作态度、工作行为和工作价值观都呈现出了显著的个性化，"90后""00后"群体逐渐成为现代企业中的主力军，他们出生在数字信息化的新时代，在和平稳定的时代大背景下，他们大多不愁吃穿、追求自我、追求知识和创新、崇尚自由，因其独特的个性和理念，而被称为"新生代"。但伴随而来的，是以自我为中心、过分追求个人利益的缺点,如何才能有效激励这类员工,也成为了诸多企业无比头疼的问题。面对这样的问题,我们可以回到20世纪50年代麦克利兰教授的成就需要理论中寻找启发。

成就需要理论是美国心理学家大卫·麦克利兰(David McClelland)等从20世纪50年代开始,通过大量的对企业家等高级人才的激励的调查和实验后提出的。成就需要理论也被称作三种需要理论,是大卫·麦克利兰教授通过对人的需求和动机进行研究,主要倾向于研究在人们生理需求得到满足的前提下还有哪些需求,提出了个体在工作情景中有三种重要需求,即归属需求、成就需求和权力需求,其主要内容如表2-3所示。

表2-3 成就需要理论三种需要内容

归属需求 (Need for Affiliation)	是渴望建立一种亲密友好的人际关系的欲望,渴望获得友谊、合作、沟通和理解
成就需求 (Need for Achievement)	是一种达到标准、争取成功、追求卓越、渴望把事情做到完美的内驱力,偏向于独立工作
权力需求 (Need for Power)	是一种影响或控制别人且不受他人控制的欲望,喜欢承担责任、竞争,偏向地位取向

麦克利兰认为,有着强烈成就需求的人的工作动机往往是内在的,他们对于所在组织的发展能够起到非常强有效的作用。在一个组织中,强烈成就需求的人的数量往往能够决定这个组织的发展和成长的速度。但是,成就需求并不是人与生俱来的,成就需求程度的高低往往和个体所接受的教育和培训息息相关,也正是因为每个人接受的教育和培训具有一定的差距,因此不同的人其成就需求的强弱也有所区别。另外,麦克利兰提出,因为每个人个性、成长环境、所受教育等方面均有不同,所以,每个人的归属、成就和权力三种需求的排列顺序也是各不相同的。

麦克利兰的研究对于组织的管理,尤其是企业管理有很大的启示:

首先,根据麦克利兰的发现,高成就需求者往往会从能独立负责、可以获得信息反馈的工作环境中获得高度的激励,因此要求企业管理人员在发现企业内部存在此类型的人才后,主动为其营造可以激励他们努力工作的环境和氛围,从而提高工作绩效。

其次,由于高成就需求者往往只关注自己的工作绩效,并不关心如何去影响和带领他人做好工作,因此在大多数组织和企业中,高成就需求者并不一定是一个优秀的管理者。而优秀的管理者往往是高权力需求而低归属需求的人,如果一个企业的经理能将其权力需求与责任感和自我控制结合起来,那么他在今后的发展中很有可能取得成功,由此得出归属需求与权力需求和管理的成功密切相关的结论。

最后,由于前文提到人的成就需求并非与生俱来,因此可以通过对员工进行训练来培养他们的成就感。比如培训者可以指导员工根据成就、胜利和成功来思考问题,然后帮助他们学习如何寻求具有个人责任、反馈和适度冒险性的环境，并鼓励他们以高成就者的方式行动。

综上所述，管理者在进行人力资源管理时，应该充分发掘和培养员工的成就需要，如给员工安排具有一定挑战性的工作和任务，从而激发其内在的工作动力。

三、过程型激励理论及其实践

过程型激励理论一般不会探讨激励因素的数量和类型，而是关注人们选择特定行为来满足其需求的原因和管理者在工作中应当怎样去激励员工，以调动其积极性。过程激励理论主要研究行为是如何被引发、怎样向着一定方向发展、如何保持以及怎样结束这种行为的全过程，简而言之，就是关注激励是如何发生的，最为典型的三种过程型激励理论就是期望理论、公平理论和目标设置理论。

（一）期望理论

商鞅变法时，曾于城南门外立起一根木棍，赏赐十金给将木棍移至北门的人，但是令人不解的是南门的百姓却无一人尝试。这是我们耳熟能详的一个小故事，其背后的道理，我们可以在期望理论中找到答案。

关于期望理论的研究有很多，但最具代表性的还得数 1964 年美国心理学家维克多·弗洛姆（Victor H. Vroom）在《工作与激励》一书中的观点，即人是否有动力去从事某项工作，取决于自己对于达成这项工作的期望水平和目标达成后满足自己某些方面需求的程度。

期望理论假定一种行为倾向的强度取决于个体对于这种行为可能带来的结果期望，以及这种结果对行为者的吸引力。只有当人们预计到特定行为的发生可以产生对自己具有一定吸引力的既定成果时，才会真正地采取行动，通过达到组织的目标来实现自己的个人目标。因此，激励的效果取决于效价和期望值两个因素，如以下公式所示：

激励力（M）= 目标效价（效价 V）× 期望概论（期望值 E）

其中，激励力（Motivation）指一个人受激励的程度，愿意为达到目标而努力的程度。效价（Valence）指一个人对行动结果能满足其需要的程度的估计，取值范围为 [-1，1]。期望值（Expectance）指个人对行动会导致某一预期结果的概念估计，取值范围为 [0，1]。

因此，企业管理人员想要激励员工，就必须让员工明确三件事情：一是工作可以给他们提供真正需要的东西；二是他们想要得到的东西必须以工作绩效为条件来交换；三是企业不会给他们开空头支票，只要努力工作就能提高工作绩效，从而得到自己想要的东西。

具体而言，期望理论的相关研究表明员工对待工作的态度依赖其对三种关系的判断，即当员工认为努力会带来良好绩效评价的时候（关系 A），而良好的绩效评价会带来组织奖励，如奖金、加薪和晋升等（关系 B），同时组织奖励会满足员工的个人目标（关系 C）时，他就会受到激励，进而付出更大的努力，如图 2-9 所示。

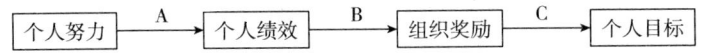

A：努力—绩效的关系；B：绩效—奖赏的关系；C：奖赏—个人目标的关系

图 2-9 期望理论的基本模式

其中，努力与绩效的关系（关系 A）实际上就是个人对通过自身努力而提高绩效的可能性的预估；绩效和奖赏的关系（关系 B）就是个人对达到一定工作绩效后能够获得所希望奖赏的可能性程度的预估；而奖赏与个人目标的关系（关系 C）就是工作完成后，组织的奖励对个人目标或需要的满足程度以及对个人的重要性程度的预估。

总之，期望理论给人力资源管理工作的启示是：在达到激励员工目标的同时，还必须对企业的绩效管理及薪酬管理系统进行相应的调整和完善。在绩效管理方面，员工的绩效目标既要切实可行，必须是员工经过努力能够实现的，但是也要有一定难度，不能轻易地实现。要经常对员工的行为进行跟踪调查并及时采取措施来帮助员工提高达成目标的能力，如提供适当的培训和工作指导，提高他们对活动成果的期望值，帮助员工实现目标。同时，组织要建设一套完善的员工绩效评估体系，要能对员工的绩效进行客观公正的评价，从而提高他们对活动成果的期望和信心。在薪酬管理方面，一方面要根据绩效考核的结果给予及时的奖惩，从绩效与奖赏之间的关系来看，如果员工个人可以明显感知到自己是因绩效而不是其他因素（如资历、个人爱好等）而受到奖励时，激励效果会更好。另一方面要根据员工不同的需求来设计个性化的报酬体系，以满足员工不同的需求。当员工因为绩效获得的奖赏能满足个人的目标时，他的工作积极性会非常高。所以，管理者要了解员工的个人需求和目标，设计对员工有吸引力的任务和活动。

（二）公平理论

公平理论（Equity Theory）是 1956 年美国心理学家约翰·亚当斯（John S. Adams）以社会比较理论为基础从人的认识角度出发提出的一种激励理论，这一理论着重研究把个人所做的贡献与所得的报酬和他人进行比较之后的结果，以及这种结果对员工积极性的影响，因此又称为公平理论。亚当斯认为，员工的工作积极性不仅受到绝对报酬的影响，还受到相对报酬的影响。因为当一个人取得报酬以后，不仅关心自己收入的绝对值，还关心自己收入跟他人相比的相对值，即每个人都会自觉或不自觉地把自己获得的报酬与投入的比率与他人或过去的自己进行比较。

在图 2-10 中，A 代表自己；B 代表参照对象，包括与自己工作内容或职位大致相当的同事、同行等。O（Outcome）代表报酬，大致可以分为内在报酬和外在报酬两大类，具体包括工资、奖金、晋升机会等；I（Input）代表投入，如工作的数量和质量、技术水平、努力程度、时间、精力等。

在比较过程中，与他人的比较称为社会比较或横向比较，与自己的比较称为历史比较或纵向比较。就社会比较而言，当 OA/IA 与 OB/IB 相等时，不管 A 还是 B 都会觉

立足当事人A的社会比较		
$\dfrac{\text{当事人A的报酬}}{\text{当事人A的投入}} < \dfrac{\text{当事人B的报酬}}{\text{当事人B的投入}}$	$\dfrac{\text{当事人A的报酬}}{\text{当事人A的投入}} = \dfrac{\text{当事人B的报酬}}{\text{当事人B的投入}}$	$\dfrac{\text{当事人A的报酬}}{\text{当事人A的投入}} > \dfrac{\text{当事人B的报酬}}{\text{当事人B的投入}}$
报酬太少，投入太多	公平	报酬太多，投入太少

立足2021年的历史比较		
$\dfrac{2021\text{年的报酬}}{2021\text{年的投入}} < \dfrac{2020\text{年的报酬}}{2020\text{年的投入}}$	$\dfrac{2021\text{年的报酬}}{2021\text{年的投入}} = \dfrac{2020\text{年的报酬}}{2020\text{年的投入}}$	$\dfrac{2021\text{年的报酬}}{2021\text{年的投入}} > \dfrac{2020\text{年的报酬}}{2020\text{年的投入}}$
报酬太少，投入太多	公平	报酬太多，投入太少

图 2-10 社会比较与历史比较

得报酬是公平的，因此不会对他们原有的工作积极性产生影响；但是当 OA/IA > OB/IB 或 OA/IA < OB/IB 时，情况则不那么乐观。其中，投入多但报酬少的失意者，会感到一种强烈的不平衡感，因此可能会通过提出薪酬增加要求或者减少个人投入来促进这种平衡，严重者甚至可能离开组织；而投入少、报酬多的得益者，也会产生紧张情绪并采取各种各样的方法来消除这种失衡感，如他们会通过改变参照对象，比如认为如果和 C 相比也许工资就没有那么高了，以寻求自己所认可的公平和合理。因此，在这个过程中不管对 A 还是对 B，不公平的报酬体系都很难对他们起到激励作用。另外，就历史比较而言，员工还会将自己的报酬投入比与过去自己的报酬投入比进行比较，比如当 2021 年的报酬/2021 年的投入明显小于 2020 年的报酬/2020 年的投入时，自己就会产生一种强烈的不公平感。

员工感受到不公平的时候，往往会采取一些行动来减少不公平感。总的来说，人们减少不公平感的方法通常有如下六种：改变投入、改变报酬、改变对自己投入和报酬的知觉、改变对他人投入或报酬的看法、更换参照对象、离职。

所以，公平理论对企业管理的重要性也是不容忽视的，作为管理者，首先要明确的是激励效果不仅会受到报酬绝对值的影响，也会受其相对值的影响。其次，激励员工要有度，应力求公平，切忌让员工产生不公平的感觉，从而降低其工作的积极性。再次，在日常工作中应注意引导员工形成正确的价值观，要让员工认识到社会没有绝对的公平，因此不能盲目攀比，更不能目光短浅，死板地按酬付劳。最后，在薪酬管理方面，要建立对外具有竞争性、对内具有公平性和一致性的系统全面的报酬体系，要让员工真切地感受到自己的付出是有回报的，避免其产生不满情绪，消极怠工。对于企业的管理者而言，为保证薪酬体系的公平合理性并减少员工的不满情绪，可以通过如下两个方面来激励员工：一是可以引入新的科学技术来设计薪酬体系，让薪酬体系更加科学公正，从而得到员工的认可，例如采用薪酬调查、职位评价等技术及层次分析法、要素记点法等方法来设计薪酬，都可以有效提高公平程度；二是将绩效管理和薪酬管理紧密结合，对员工的工作进行实时监督反馈，按劳分配，多劳多得，提高薪酬体系的公平性。

总之，公平理论告诉我们，对于大多数员工而言，激励不仅受到绝对报酬的影响，也受到相对报酬的影响。但是也产生了一些新的问题供我们继续思考，比如，怎么定义员工的投入与产出？这些投入与产出得出的结果又会发生什么变化？但是这些问题并不妨碍公平理论在实践中的广泛应用，为我们激励和管理员工又增添了一套行之有效的理论依据。

（三）目标设置理论

美国马里兰大学心理学教授埃德温·洛克（Edwin Locke）和同事经过大量的调查和研究发现，目标具有引导员工积极努力工作的作用，大多组织和企业也是通过设置目标来实现对员工的激励的，因此企业的管理者应当重视目标在激励过程中的作用。基于此，洛克于1968年提出了目标设置理论的一个基本模式，如图2－11所示。

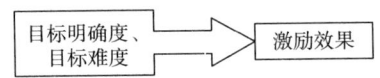

图2－11 目标设置理论的基本模式

目标设置理论发挥作用的前提是员工必须认可并接受这个目标，否则员工不愿为之付出行动，目标就没有意义。由图2－11可以看出，影响激励效果的因素主要有两个：目标的明确度和目标的难度。前者是指目标能够被准确衡量的程度，后者则是指实现目标的难易程度。根据洛克的调查研究，单就激励的效果而言，有目标的任务好于没有目标的任务；有具体目标的任务好于目标笼统的任务；而相比之下，有一定难度但经过努力能够实现的，即"跳一跳才能够得到"的任务又要好于没有难度或太难的任务。

目标设置理论给企业人力资源管理更多的是绩效管理方面的启示，根据目标设置理论的要求，管理者在为员工制定绩效目标的时候必须做到以下几点：一是目标必须要具体明确，得让员工知道自己要干什么；二是目标的难度要合适，让员工要"跳一跳才能够得到"；三是制定目标的时候要让员工共同参与，以增加员工对目标的认同和接受程度；四是要及时进行绩效反馈，吸取失败的教训和总结成功的经验，为今后制定合理、有效的目标提供基础。

四、行为改造型激励理论及其实践

与过程型激励理论不同，行为改造型激励理论主要关注如何改造和转化人们的行为，从而使消极行为向积极行为转变并达到预定的目标，其中最具代表性的就是强化理论。

强化理论是由伯尔赫斯·斯金纳（Burrhus F. Skinner）通过对俄国生物学家伊万·彼德罗维奇·巴甫洛夫（俄文：Иван Петрович Павлов；英文：Ivan P. Pavlov）的条件反射论、美国心理学家约翰·华生（John B. Watson）的行为主义以及爱德华·桑代克（Edward L. Thorndike）的尝试—错误学习理论进行分析总结，并在此基础上经过大量的研究，最终于1938年在《有机体的行为》一书中提出的。通俗地讲，强化实际上就是对一种行为肯定或否定后所产生的结果，如报酬和惩罚就是两种最基本的形式，它在一定程度上会影响这种行为在今后重复发生的可能性。这一理论认为，人的行为是对外部环境刺激所产生的反应，因此要格外重视环境的作用。当人们发现行为的结果对自己有利时，这种行为就会加强或重复出现；反之就会减弱或停止。因此强化理论指出，管理人员可以通过强化的方式，营造一种有利于组织目标实现的环境和氛围，以便更好地控制和改变员工的行为。斯金纳提出了以下四种方法来实现对行为的控制和改变：

1. 正强化

正强化（Positive Reinforcement）是当令人愉快的、符合组织目标的行为发生的时候，通过表扬和奖励，使这些行为重复出现，即奖励那些符合组织目标的行为，让这些行为能够进一步加强，最终促进组织目标的实现。利用这种刺激就是要让人觉得这种行为是对自己有利的，从而增加这种行为出现的频率。如本章开篇案例所述，海底捞鼓励员工提出创新的想法，无论想法的对错，都会被肯定和鼓励，这在一定程度上提高了员工提出创新性建议的积极性。

2. 负强化

负强化（Negative Reinforcement）是指通过中断或停止某种负面的刺激，从而让个体保持某种积极的行为，即为了使某种行为不断重复，减少或消除施于其身的某种不愉快的刺激行为。在这个过程中，员工为了避免一些不利于自己的情况发生会学习适当的行为。应用负强化的前提是，事先有不利的刺激存在。负强化同正强化的目的相同，只不过两者采取的手段不一样。比如，员工迟到会受到上司责备，但若其准时上班则不会受到领导的批评，此时不对员工进行批评即意味着撤销对其的负面刺激，员工在此影响下就会学会准时。

3. 惩罚

惩罚（Punishment）是指当某种令人不快的、不符合要求的行为发生后，通过威胁、处罚和惩戒等强制手段来表示对这种行为的否定，从而降低或消除这种行为在今后出现的频次。惩罚的效果立竿见影，但是滥用惩罚往往会带来不可挽回的严重后果。惩罚虽然能够迅速地阻止不良行为的发生，但对于鼓励合乎要求行为的出现几乎没有作用，过度的惩罚还可能会引起员工的抵触情绪，产生消极怠工的后果，大大降低员工的工作积极性。如《阿房宫赋》所述："使天下之人，不敢言而敢怒；独夫之心，日益骄固。戍卒叫,函谷举;楚人一炬,可怜焦土。"秦朝以惩戒为主要手段,虽然快速制止了百姓的反抗,但是天下之人的愤怒和抵触不断增加,也为秦朝最后的灭亡埋下了伏笔。

4. 消退

消退(Extinction)是指对某种行为的发生采取轻视和不予理睬的态度,使这种行为渐渐淡化,实际上就是对本应得到正强化的行为置之不理,使行为重复发生的频率逐渐降低,最终消失。如清朝时期,莱布尼茨等外国知名科学家曾尝试与中国合作建设科学院,共同推进科技进步,但总被清政府以"我大天朝,无所不有"的理由拒之门外,逐渐也就没有科学家再提出与中国合作,所以当时的清政府闭关锁国,对本可以促进科技发展的友人置之不理,中国渐渐开始落后世界。

表2-4对四种能够对人的行为进行强化、控制和改变的方法进行了总结。

表2-4 强化理论的强化方法

方法	行为	措施	结果
正强化 (Positive Reinforcement)	发生令人愉快的行为	表扬、奖励	积极行为重复发生
负强化 (Negative Reinforcement)	发生令人愉快的行为	撤销负面刺激	为逃避惩罚而保持某种积极行为
惩罚 (Punishment)	发生令人不快的行为	强制、惩罚、威胁	负面行为减少或消失
消退 (Extinction)	发生令人愉快的行为	轻视、不理睬	行为淡化

强化是通过向行为主体反馈行为可能带来的后果这种间接的方式来实现对人行为的影响的,其主要功能就是按照人心理过程和行为的规律,对人的行为予以引导并加以规范、修正、限制和改造。人们可根据反馈的信息,不断地调整自己的行为,主动适应环境的刺激。

强化理论指出,强化方式的选择因人而异,要根据具体员工的不同行为情况来选择不同的强化方式,如图2-12所示。

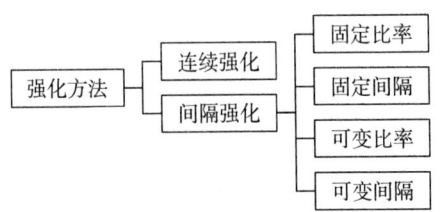

图2-12 强化方式的分类

其中,连续强化指在每次行为发生之后都进行强化;间隔强化指同样的行为发生了好几次再进行强化。间隔强化又可以细分为以下四类:

(1) 固定比率,即在确定数量的行为发生后再进行强化(如图2-13所示)。

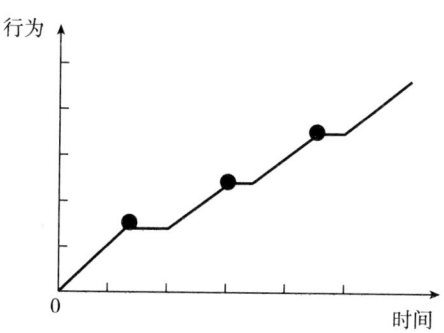

图2-13 固定比率强化

资料来源:魏光丽.人力资源管理:理论与实务[M].北京:中国工商出版社,2013.

(2) 固定间隔,即在固定的一段时间后再进行强化(如图2-14所示)。

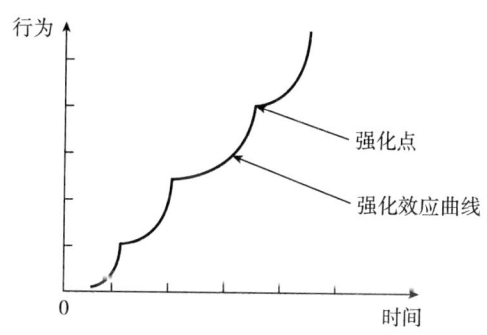

图2-14 固定间隔强化

资料来源:魏光丽.人力资源管理:理论与实务[M].北京:中国工商出版社,2013.

(3) 可变比率,即在不确定数量但总体围绕某一确定数值上下波动的行为发生后再进行强化(如图2-15所示)。

(4) 可变间隔,即在一个变动但时间的长短围绕一个平均数变动的时间间隔后再进行强化(如图2-16所示)。

强化理论的具体应用应当遵循以下一些行为准则:

(1) 强化策略的选择要因人而异。受个人特质、生长环境和过往经历的影响,人们的需求往往各不相同,因此强化方式也应据此做相应的调整。对于偏向于追求物质满足的员工,应该通过金钱等物质方面的奖励对组织鼓励的行为进行强化,重点满足他们物质层面的需要；但是对于渴望自我实现和突破自我的员工，应该为他们提供更具挑战性的工作，通过表扬和鼓励的方式对他们进行行为强化。

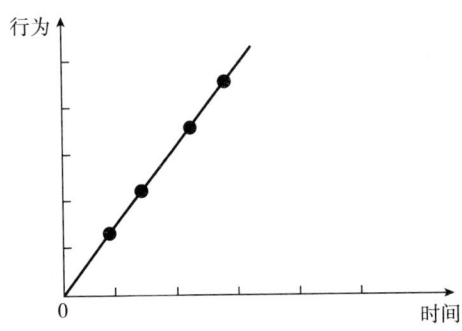

图 2-15　可变比率强化

资料来源：魏光丽．人力资源管理：理论与实务［M］．北京：中国工商出版社，2013.

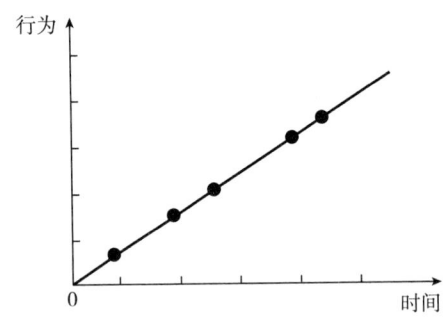

图 2-16　可变间隔强化

资料来源：魏光丽．人力资源管理：理论与实务［M］．北京：中国工商出版社，2013.

（2）强化工作的落实要以阶段目标为引导。目标具有引导员工积极努力工作的作用，那么如何才能让目标发挥作用？首先要设立一个符合"SMART"原则的目标，其次对总目标进行细化分解，最后要对员工为了完成阶段性目标而产生的一系列行为给予相应的强化，增强员工对目标实现的信心，引导员工实现阶段性的目标，进而促使其产生并保持一系列能够实现目标并为组织所期望的行为。

（3）强化时机的选择要恰当及时。当员工做出了组织所期待的行为以后，如果领导者对这种行为不给予注意和反馈，那么这种行为就会产生"消退"的后果。同理，如果组织不鼓励的行为没有被及时警告的话，待其发生后再对员工进行惩罚，很大可能会引起员工的不满情绪。所以强化时机的选择要恰当，组织应该及时对员工的行为进行反馈。

（4）正强化一般采取公开的形式。公开的正强化可以最大限度地提高正强化对被强化对象的激励效果。一方面，对于被鼓励的个体，他们可以得到充分的尊重和认可；另一方面，对于其他员工，公开的正强化有利于大家知道哪些行为是被鼓励的，进而模仿这些好的行为。

（5）正强化的间隔、时间和数量不宜固定。连续固定的正强化，虽然会有立竿见影的显著效果，但是结合之前所学习的双因素理论，我们不难发现，如果总是对员工进行固定的正强化，很可能随着时间的推移，人们会认为这种奖励和表扬是理所应当的，其激励作用就会大打折扣。所以要对正强化的程度进行合理的掌控，不应该固定、恒量地进行。

（6）惩罚一般采取不公开的形式。公开的惩罚目的在于惩前毖后，但是一定要对事不对人，若非给组织造成重大损失，或是普遍存在的不良行为，惩罚一般采取不公开的形式，以免让强化对象的心理无法承受，进而做出更加不符要求的行为。

（7）惩罚要与教育相结合。惩罚本就是对让人不愉快的行为进行制止，只有把惩罚与教育结合起来，才能达到制止不良行为再次产生的目的。因此要做到惩前毖后，治病救人。其中，"惩前毖后"是要对过去的错误不讲情面地揭露，要用客观公正的态度来分析和批判，为未来的工作提供经验；"治病救人"则强调揭发错误的目的在于"救人"，应该像医生治病那样，帮助个体改正错误。

根据强化理论，在人力资源管理的过程中，组织一方面要建立完善的绩效管理体系，另一方面也要建立明确的奖惩制度。对员工进行绩效考核时，不仅要注重目标的完成情况，还要在过程中对其进行监督和指导，以便及时地对员工的有效行为和不良行为进行相应的奖惩，从而达到引导和纠正员工行为的目的。另外，通过培训可以对员工的行为进行有计划、有目的的引导和强化，所以在平常工作中要加强对员工的培训，这样可以让员工的行为与组织的目标紧密结合起来。

第三节　激励的手段和方法

通过上一节对激励理论的学习，我们明白了激励的重要性所在，那么如何才能学以致用？接下来我们将从工作设计、福利政策、员工持股、团队和目标激励等角度，就如何激励员工的问题展开讨论，为大家介绍激励的手段和方法。

一、工作设计激励

对于员工而言，工作既是谋生的手段，也是其实现人生价值的首要途径，因此很多员工更希望可以获得一份丰富而又有趣的工作。但是，随着时代的进步和员工自身的变化，许多员工对于原有一成不变的工作模式产生了厌倦，这时企业就要对员工的工作进行再设计。

首先，企业应该注意为员工选择合适的职业轨道，要让他们对工作有一个正确的认知。员工初始的工作应具有一定的挑战性，让他们可以通过自身的努力来完成工作任务。其次，企业应该为员工提供阶段性的工作轮换和职业通道。通过在不同专业领域的工作轮换，员工们可以获得一个评价自己资质和偏好的良好机会，从而更精准地找到自己的兴趣偏好。同时，这在某一方面也促进了企业人力资源更加合理地配置。最后，企业应在原有工作模式的基础上，伴随业务调整，不断重塑新的工作模式和工作内容。总之，工作设计应该要满足员工的合理需求，让工作本身成为激励员工最有效的手段。根据人性假设理论和激励理论，我们可以提出以下一些较为具体的激励措施：

（1）工作内容的多样化。组织应对工作内容进行拓展，通过工作内容不断对员工提出挑战，激励员工不断学习新技能，实现员工自我实现等较高层次的需要。

（2）工作组合的合理化。组织应确保工作组合成分公开透明，让员工意识到自己在团队中的重要性，这样可以让员工产生"这项工作没我不行"的责任感。

（3）员工客户关系的紧密化。建立员工与客户之间的联系，一方面可以增强员工的责任感和积极性，另一方面还可以增强员工的技能多样性、自主性和绩效反馈。

（4）工作内容的纵深化。组织应合理授权，扩展纵向工作内容，让员工自己设法解决工作中遇到的问题，把工作与控制两方面相结合，增大员工的工作灵活性和自主性，进而提高员工的责任感。

（5）沟通渠道的开放化。组织应及时反馈，帮助员工知道自己工作的总体情况，得到与工作相关的有关信息。通过与客户建立联系、工作中自检与互查或与上级沟通等更好地了解和认识自己的工作内容。

二、福利政策激励

通过马斯洛需要层次理论的学习，我们知道首先要满足员工较低层次的需要（如生存、安全），再来关注员工精神、发展等较高层次的需要。虽然高薪可以快速吸引人才，但是要想真正地、长期地留住员工的心，关键在于创造其他企业难以模仿的、具有核心竞争力的薪酬体系。如果我们把薪酬作为满足员工较低层次需要的基础，那么福利可以被看作物质需要的衍生，好的福利设计在很大程度上可以起到激励员工的作用。以下为一些较为具体的福利设计激励措施：

（1）增设新型福利类别。人非机器，福利的本身就是为了更好地服务员工，要想员工之所想，为员工提供一些其需要的服务项目，如企业内部的心理、法律顾问咨询服务，住房贷款福利，为员工增设育儿场所等。

（2）提高常规福利质量。福利的目的就在于"给员工所想要的"，诸如免费员工餐、班车和住宿一类的福利，其是否能产生激励效果，关键在于质量。如果不注重福利质量，可能反而会引起员工的抱怨，失去了企业对员工提供关怀的初衷。

（3）关注培育福利内容。一方面，企业可以与一些高校或科研院所进行合作，适时推出"投资小人才,留住大人才"的计划,解决企业骨干人才的烦恼和后顾之忧;另一方面,应该增加福利在教育培训中的分量,为员工提供培训方面的资助,鼓励员工参加各式培训,实现自我价值。

(4)加强福利设计沟通。福利的本质在于体现企业对员工的真正关怀,福利的设置是为了激励员工更加用心地工作,只有与员工多交流,真正做到想员工之所想、急员工之所急,才能充分发挥福利长效持久的激励作用。

三、员工持股激励

激励新生代员工最简单和最直接的方法就是把他们当成投资对象和合作伙伴来看待。近年来,员工持股计划(ESOPs)、股票期权(SO)等词汇渐渐在企业间流行。员工持股,逐渐从众多传统激励手段中脱颖而出,成为21世纪众多企业管理者的"团宠",同时也正在以我们肉眼可见的速度改变着世界企业管理的格局。员工持股之所以能够被推崇和青睐,在于其能够长期留人的作用,而这种作用产生的原因在于"为自己干活,永远比为别人干活更有干劲"。以华为为例,华为是一家由员工100%持股的公司。2019年财报显示,华为共有超过10万名员工持股,其中任正非持股不到1%。1990年,华为首次提出"员工持股"的概念,当时参股的价格为每股10元,以税后利润的15%作为股权分红。此后,随着员工规模的扩张和外部环境的变化,华为实施了多次股权激励机制改革,股票分红成为华为员工收入的重要一环。目前,华为员工在入职1~3年后,可视业绩情况发放虚拟股票,通常在5万~10万股,越往后数额可能越可观。2019年,华为股价为7.85元/股,其中每股分红2.11元。2019年华为纳税近1000亿元,增值税、企业所得税加上个人所得税总体额度在980亿元左右,为全国纳税最多的民营企业。因此,把员工当作投资对象和合作伙伴是激励并容留员工十分有效的方式之一。

四、团队激励

团队是以任务为导向,由各有所长、优势互补的个体组成,为了同一目标的实现而共同努力合作的集合体。团队给予了其成员一个较为明确的目标,让员工有了相对较强的方向感。团队目标能否实现,很大程度上能够直观体现团队成员的努力情况和协作精神,因此,在团队中激励员工显得非常重要,以下是一些关于如何在团队中激励员工并改善组织绩效的建议。

(1)团队合理授权。一方面,管理者应该赋予团队一些权利,允许团队独立做出决策并亲自实践,鼓励团队冒险创新。另一方面,应该让团队成员认识到团队发展的各个阶段,在项目出现困难时,予以及时的指导和帮助,在团队中建立相互受益的机制。

(2)用热情和诚挚的心去带领团队。对于组织中团队的有效激励取决于管理者能否明确团队成员之间的相互联系。管理者可以利用这种联系,通过对团队的成员表示关心和真诚，加强团队成员之间的联系，提高对团队的激励程度。

（3）打造团队精神。对于组织中团队最有效的激励取决于管理者能否清晰地意识到团队精神的重要性。团队精神是非常重要的，它是现代企业精神的重要组成部分，是促进企业凝聚力、竞争力的核心精神力量。建立团队精神，一靠明确的目标，二靠科学的制度，三靠良好的沟通，四靠高效的合作，最后在于合理的物质激励与参与授权。做好以上的细节工作，再结合管理者的全局观念和远见，一个团队必将拥有强大的合力与凝聚力。将个人的目标和追求与团队紧密融合，大家一起努力，向着团队利益最大化前进，最终实现团队的最佳整体利益。

五、目标激励

目标就像是指明方向的灯塔，在茫茫大海中点亮前行的道路。通过前面对目标激励理论的学习，我们知道目标激励可以有效地加强员工们追求进取的信心。在本节的最后，我们还是要强调目标的激励作用，在实践中，我们可以通过如下方式来对员工进行目标激励：

（1）将个人目标与组织目标有效结合。把个人目标与组织目标紧密结合起来，用准确、精练的语言加以描述，让员工明白自己努力工作和提高效率将有助于组织目标的实现与达成。而同样地，组织目标的达成也能帮助员工实现自己的目标，两者是相辅相成、有机结合的。

（2）目标要具体量化可衡量，应该满足 SMART 原则。在目标的制定和表述中，要做到可以考察，这里有一个很好的建议就是用图表加以表述。一张好的图表，可以有效反映组织的现状和未来的发展趋势，能够有效吸引员工向着明确的目标前进，有助于目标的高效迈进和组织的有效决策。

（3）定期反馈目标并对目标情况进行考察。人们总是会关注有明确期限要求的事情，但是对于没有具体期限的事情就一直放任拖延。因此，在利用目标激励员工的时候，必须要对目标定期检测反馈，才能使目标有结果和成效。

第四节　激励理论的发展趋势

激励是现代企业管理中的永恒主题，随着时代的发展，涌现出越来越多的现代激励理论。这些理论来源于实践，同时也对企业实践进行了更为有效的指导。现代激励理论展现了一些新的变化，并出现了一系列突破性的进展，本节将为大家介绍几种典型的现代激励理论。

一、焦点调节理论

2000 年前后，组织行为学开始探索适应当代的动机理论。根据焦点调节理论，个体会形成长期的、个体倾向的调节焦点,这种调节焦点体现了其两种不同形式的趋近动机:促进焦点和防御焦点(Higgins, 1997, 2000; Higgins et al., 2001; Higgins et al., 1994)。其中,促进焦点与个体的成长和发展需求相关,包括个体的一些用以实现理想、抱负和回报等的成就努力行为;而防御焦点与个体的安全和安保需求相关,包括个体为履行职责和义务而进行的一些负责任的行为。

若个体具备促进焦点,那么他会更多地关注"收获"还是"非收获"这一目标,并将成就目标解释为一种愿望,这样,当任务完成时会产生最高的预期效用,并给个体带来愉快的情感(Higgins, 1997, 2000)。但注重防御的员工将更加关注"不确定性"或"损失"这一目标,他们专注于通过满足工作的基本需求和要求来避免负面结果。这样,防御焦点的个体就会将目标理解为责任,而不是愿望。当这些责任完成时,损失被避免,效用被获得,这将给个体带来平静的情感(Shah & Higgins, 1997)。此外,促进焦点与个人"理想的"希望、愿望和期望相一致,而防御重点与"应当的"义务和责任相一致(Higgins, 1997)。

调节焦点理论带给企业的启示主要体现在以下几个方面:①企业在进行外部激励时应充分考虑员工的调节焦点,针对促进焦点的员工,有关成功的反馈会激发其工作动机,但对于防御焦点的员工,有关失败的反馈会让其产生更好的工作动力。②就内部激励而言,具有不同焦点的员工对完成工作任务的解释有所差异,因此企业可以为促进焦点的员工提供更多能够帮助其实现个人成就的相关工作。③组织要意识到员工既存在一定程度的促进焦点,也存在一定程度的防御焦点,因此在工作设计和配置的过程中,应该充分考虑员工特点,做好工作任务结构的组合和搭配。

二、自我一致性理论

自我一致性理论探讨的是人们追求目标的理由与其兴趣和核心价值的一致性程度。Sheldon 和 Elliot(1999)提出的自我一致模型基于这样一个前提,即个体先天的成长倾向和心理需求会决定他们自身的行为动机。根据自我一致模型,个人追求目标的原因是他们的动机和行为规范的关键决定因素(Sheldon & Elliot, 1999)。当目标与个人的价值观、兴趣和需求一致时,它们是自我和谐的(自主调节的)。

自我一致模型解释了这些不同的动机原因(自主或受控动机)是如何影响员工行为结果的(Sheldon & Elliot, 1999)。根据该模型,目标的自我一致程度预测了一个人为实现这些目标所付出的努力,从而增加了目标实现的可能性。例如,如果人们追求目标的理由是基于其内在的兴趣(自主动机),则他们实现目标的可能性就比较大。而且即使目标没有实现,他们也会很高兴,因为努力的过程本身就充满了乐趣。相反地,如果人们因为外部原因而追求目标(受控动机),那么这一目标成功的可能性会比较小。而且即使他们获得成功,幸福感也不高,因为此时的目标对他们来说并没有多大的意义。当那些能让自己乐在其中的任务变成一种义务的时候,个体的动机就会被破坏。

自我一致性理论带给企业的启示如下：①企业在分配工作任务时，应该充分考虑员工个人目标和兴趣，因为符合自身目标和兴趣的任务内容对员工的激励效果更为明显。②组织应注意，不要让员工原本很感兴趣的工作变成个人的负担和责任，因此在分配任务的过程中要充分授权，给予员工更多的自主性和选择权，从而激发他们完成工作的自我一致性动机。

三、自我决定理论

自我决定理论是一个动机框架，它建立在个体对个人成长有着与生俱来渴望的假设之上（Deci & Ryan, 2000）。该理论认为，满足三种基本的心理需求是人类繁荣和发展的必要前提，即自主需求、胜任需求和关系需求。自主是指能够自我组织自己的行为，它包含了一种选择感和一种不被与自我无关的力量所控制的感觉。自主需求的满足要求个体体验选择，感觉自己是自己行动的发起者（deCharms, 1968; Deci, 1975）。胜任是指掌控的感觉，这种感觉来自于应用和扩展能力的机会。胜任需求的满足要求个体成功地完成最具挑战性的任务并获得预期的结果（Skinner, 1995; White, 1959）。关系指的是一种获得联系的感觉，包括自身对他人有意义的感觉。关系需求的满足要求个体相互尊重、关心和依赖他人（Baumeister & Leary, 1995; Harlow, 1958）。自我决定理论将这些需求定义为对人的生存、成长和完整性至关重要的营养成分（Ryan et al., 1996）。这种观点认为需求是与生俱来的，而不是后天习得的。一个愿望或目标（例如，想要更多的钱或想要一段基本的关系）只有在满足程度与人们的幸福水平直接相关的情况下，才是真正的需求。过去的研究表明，这些心理需求的满足与员工一系列积极的结果有关，包括绩效、自尊和组织承诺（Gagné & Deci, 2005）。该理论提出，建立满足这些需求的工作氛围将有助于员工的工作投入和心理健康。因此，支持员工心理需求满足的背景因素会预测人们的工作投入和心理健康。

自我决定理论对于动机的探讨最为核心的是讨论了自主动机和受控动机之间的区别。自主是指带着一种意志和选择的体验去行动。对于Dworkin（1988）这样的哲学家来说，自主意味着在最高层次的反思中认可自己的行为。内在动机是自主动机的一个例子。当人们因为觉得某项活动有趣而参与其中时，他们是完全自愿地去做这项活动的。相比之下，受控则是指带着一种压力感行动，一种必须参与行动的感觉。在早期实验中，外部奖励的使用可以诱导受控动机（Deci, 1971）。自我决定理论假设自主动机和受控动机在潜在的调节过程和伴随的体验方面是不同的，它进一步表明行为可以根据它们自主和受控的程度来表征。

自我决定理论带给企业的启示主要体现在以下几个方面：①在员工工作过程中，应尽量满足员工三种基本心理需要。第一，组织应充分授权，给予员工更多自我组织、自我管理和自我决策的机会，满足其自主需要；第二，组织应通过任务结构调整和工作重塑，为员工提供更具挑战性的工作，避免大材小用的情况出现，满足其胜任需要；第三，组织应塑造良好的沟通机制和和谐的组织文化氛围，加强员工关系，满足其对关系的需要。②慎用奖励和惩罚制度。组织应认识到很多激励手段会削弱员工的自主动机，而很多惩罚机制会诱导员工的受控动机。因此，内部和外部奖励的设立要更加合理和恰当，从而激发员工的自主动机，并尽量削弱其受控动机。

四、工作嵌入理论

2001年，美国组织行为学家Mitchell和Lee发现，有些员工明明不满意现在的工作条件，但仍然选择继续留在组织中工作，即表现出一种工作嵌入的情况。Lewin（1951）的场理论可以有效解释工作嵌入这一现象，即人们有一个感性的生活空间，在这个空间里，他们生活的各个方面可以被表征，并联系在一起。这些联系可以少也可以多，可以密切也可以不密切。据此，我们可以将工作嵌入描述为一张网，一个高度嵌入网络的人会与组织或环境有许多紧密的联系，同时，一个人可以以多种不同的方式融入或嵌入一个组织或环境中。

工作嵌入主要表现在以下几个方面：第一，员工与组织或社区中的其他人或团体之间存在联系。这种联系可能是一个人和组织或其他人之间的正式或非正式的联系。比如，工作嵌入理论表明，在一个包括工作领域和非工作领域的朋友、团体、社区，以及个体生活的社会和心理等网络中，有许多线索将员工和员工的家人联系在一起。人和网络之间的链接越多，其受工作和组织的束缚的可能性越大。

第二，员工对组织或环境的感知适应度或舒适度。根据工作嵌入理论，员工的个人价值观、职业目标和未来计划必须符合企业文化和当前工作的要求（工作知识、技能和能力）。一个人与社区和周围环境越匹配，员工越有可能在职业上与一个组织联系在一起。

第三，员工在离开组织时会牺牲什么同样很重要。具体而言，这种牺牲主要指的是个体对离职而丧失的物质或心理利益而产生的感知成本。例如，离开一个组织意味着个人会受到一定的损失，比如放弃同事、有趣的项目或丰厚的津贴。员工离职时放弃的越多，个体就越难以断绝与公司的雇佣关系（Shaw et al., 1998）。

虽然最初对工作嵌入的研究重点是考察其与自愿离职的关系，但最近的研究将其预测性扩展到了其他重要的组织结果，并揭示了工作嵌入对员工工作动机的影响。例如，Lee等（2004）将工作嵌入的理论和研究从离职扩展到其他与组织相关的员工行为，如缺勤、组织公民行为和绩效。他们的分析表明，非工作嵌入是员工离职和自愿缺勤的重要预测因素。有趣的是，工作嵌入预测了角色内和角色外的绩效。最近，Sekiguchi、Burton和Sablynski（2008）证明了工作嵌入是一个重要的中介变量，在领导—成员交换和随后的员工绩效与组织公民行为之间起中介作用。总之，越来越多的证据表明，工作嵌入与否解释了员工流动、缺勤、工作绩效和组织公民行为的显著差异。

总的来说，工作嵌入是一种隐性的、强大的激励手段。工作嵌入带给企业的启示至少有三点：①激励不是只能考虑工作因素，非工作因素同样具有重要的作用；②对

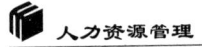

个体来说,最重要的两个非工作因素就是社区和家庭因素;③组织可以把非工作因素纳入激励政策的设计中。

本章小结

  人力资源管理的理论基础主要有两大类,分别是人性假设理论和激励理论。本章共介绍了 X 理论、Y 理论、超 Y 理论、沙因的"经济人""社会人""自我实现人"和"复杂人"这四种较具代表性的人性假设理论。此外,本章还介绍了内容型激励理论、过程型激励理论和行为改造型激励理论这三类激励理论。其中,内容型激励理论主要研究激励的原因和起激励作用的因素的具体内容,最为典型的有需要层次理论、生存发展理论、双因素理论和成就需要理论;过程型激励理论则主要包括期望理论、公平理论和目标设置理论;行为改造型激励理论中典型的有强化理论。这诸多理论的提出为人力资源管理实践带来了巨大的启示,企业的管理者必须熟悉与掌握。

  实践中管理者可以采用的激励手段和方法包括工作设计激励、福利政策激励、员工持股激励、团队激励、目标激励等,但是最终企业选用何种激励方式还须结合具体情况具体分析。

  理论来源于实践,同时对实践起到指导作用,在学习原有经典理论的基础上,我们也应该把握理论的发展趋势,就目前而言,人力资源管理理论的发展趋势有焦点调节理论、自我一致性理论、自我决定理论和工作嵌入理论。

【本章思考题】

1. 人性假设理论的类型有哪些?它们之间有何区别和联系?
2. 人性假设理论对人力资源管理实践有何启示?
3. 激励理论的类型有哪些?它们之间有何区别和联系?
4. 人力资源管理为何要重视激励?
5. 你认为人力资源管理理论还有哪些可能的新趋势?

【拓展阅读】

乾坤未定,你我皆是黑马
——九机游戏化绩效管理的衍变之路

弊端凸显,矛盾加剧

  2018 年末的某个工作日早上,九机 M 区分公司城市经理小钱来到了人力资源中心总监夏总的办公室一脸怨气地说："夏总啊，咱们公司现在实行的KPI考核指标太单一了，考核指标长期一成不变，每个月做来做去就那几个指标，公司那群年轻人都快没有工作的积极性了，天天跟个提线木偶似的，一点儿活力都没有。而且本来我们的工作量就大，公司还经常给我们安排许多不在KPI指标之内的工作任务，即便做好了，绩效考核也不会因此得高分。以至于现在的员工都只盯着那几个KPI指标工作，其余的不管是我安排的工作还是公司各种政策的推行都不放在心上，最近还有人因为不习惯咱们这里的工作氛围而辞职了，您可得想想办法完善一下公司的绩效管理制度，不然我手底下员工都要走光了！"夏总安慰道："小钱啊，你先别急。你说的这些我或多或少也都了解了，问题肯定是要解决的。前几天刚推行了一项新的人力资源管理政策，但发现大家对这件事的关注度和反馈都很低；绩效指标分解和绩效面谈也越来越趋于形式，现在大家的意识和积极性真的很需要提升啊，公司正准备对绩效管理方案进行一些变革，马上就有结果了。"小钱离开后，夏总不禁扶额，长期以来，在员工的分配制度上，大锅饭、平均主义的现象非常严重，员工干多干少、干好干坏一个样，不能科学合理地拉开收入分配差距，究其原因就是没有建立起一套科学、量化的绩效考核体系，看来公司绩效管理变革的确已经刻不容缓了。

小钱走后，夏总将人力资源中心绩效薪酬部赵主管叫到了办公室："小赵啊，最近经常有分公司的员工来我这儿抱怨咱们公司的绩效管理制度，公司对这个问题也很重视，多次开会都提及这个问题，现在到了必须进行整改的时候了。就由你来负责公司绩效管理变革的相关事宜吧，有需要公司支持的地方你尽管提，公司一定全力配合。虽然我对公司目前的绩效管理问题已经有了一个大致的了解，但不够具体和详细，你先去收集一下大家对现在的绩效管理方案的反馈，根据大家反馈的信息再对绩效管理方案进行调整和优化。"赵主管领命离开，一星期后，一份收集到的问题报告就安静地躺在夏总的办公桌上。

首先，公司员工总体呈年轻化，传统的KPI绩效指标单一，无法激发他们的积极性和工作热情，公司仅在月中跟进业绩情况，其实不利于给大家营造一种以业绩为导向的考核观念，大家的内部竞争意识不强，只关注自己的指标完成情况，内部缺少"赶、学、比、超"的良性竞争氛围。特别是当自己的考核指标完成时，就开始有松懈，管理强度开始下降，很难有突破自我和创造新高的自驱力，导致员工的工作效率低下。其次，员工工作量大，每月还有很多KPI考核之外的工作任务需要完成，且这些工作不与考核结果、奖励挂钩，因此每个月在完成既定任务后，存在很多"磨洋工"的现象。再次，在分公司层面KPI指标提取采用自上而下的指定分解原则，缺少与各个部门主管和员工的沟通，员工参与不积极，制定的KPI指标以及指标的分配方式过于僵硬，主管和员工只能被动接受，分解时较为随意，为了图省事，分解时并不结合部门职责而直接进行了平均分配，导致有的部门人数很多且分到的指标与工作内容一致，完成起来很轻松，有的部门人数少且分解指标与日常工作内容不一致，完成起来就非常困难。各个部门主管对KPI指标的排名意见不统一，经常引发内部矛盾。此外，因为业绩复盘周期较长，不利于总部对分公司经营做及时试错、改善、优化，不利于及时进行业务痛点分析，业务精细化管理，造成的影响是业务痛点发生了一段时间，改善措施才跟进，改善效果也需要一段时间来检验，造成对业绩的抓手不够牢固。最后，由于员工对绩效管理体系的不满，公司推行的各项政策很难得以执行，员工对于公司推出的政策以及制度基本不会关注，执行力很弱。各个绩效管理环节也越来越形式化，无法通过绩效管理促进公司目标的实现。看完报告，夏总很忧心，没有想到公司的绩效管理问题已经如此严重了。

与时俱进，改革创新——赛马方案 V1.0

"铃铃铃……"，电话响了。"好的，我知道了小钱。你先安抚一下同事们，让他们相信公司，同时也给公司一点儿时间。我再次跟你承诺，公司一定会尽快解决你们反映的问题，好吗？""嗯嗯，好的，再见！"挂完电话，赵主管眉头紧锁，疲惫地瘫在椅子上，接手绩效管理变革工作不到一个月，小钱已经代表部分员工就公司绩效管理出现的问题找过他好几次了，这让他异常苦恼。作为老员工，赵主管何尝不知道公司现行的绩效管理模式存在问题呢，但这套模式从公司成立沿用至今，已经快12年了，如今说变就要变，谈何容易。

赵主管每天都忙碌并苦恼着，就这样日子一天天地过去了，某天午间休息，赵主管打开了自己喜欢的××游戏玩了一把，在游戏里，赵主管始终关注着自己获得的"金币"，当自己的金币略低于敌方英雄时，自己就会想办法通过清兵打野等方法让自己不断获得"金币"和升级，"金币"和等级越高，赵主管在和敌方的战斗中也越有优势。赵主管不禁感叹：时间过得好快呀，如果上班也能像打游戏这样就好了，每天都有明确的任务，而且做完就能领取奖励，真是想想都觉得爽。想到这里，赵主管突然灵机一动，喃喃自语道："这个游戏最让我着迷的就是我知道自己要怎么做去提升我自己的战斗力，让我和对手形成一种持续竞争的关系。能不能有什么办法让分公司城市经理也有这种互相竞争、攀比的意识？"对呀！现在公司员工整体呈年轻化，想必对打游戏都比较感兴趣，那为何不在公司实行游戏化绩效管理呢？这样既能提高员工的积极性，也有利于公司长远的发展，说办就办，明天就跟夏总汇报去。第二天一大早，赵主管就跑到夏总办公室表达了自己的想法，夏总听完后觉得有一定的可取之处，因此授权赵主管先在公司前端进行游戏化绩效管理改革试点。得到了夏总的首肯，赵主管便开始在分公司进行大刀阔斧的改革。

常言道："马不打不奔，人不激不发。"传统的绩效考核形式呆板、指标单一，且没有竞争性可言，以至于员工没有危机意识，养成了一股懒散、得过且过的不良风气。要想改变现状，赵主管的第一要务便是在考核方式中加入竞争元素，先让马跑起来。在制定绩效管理变革计划前，赵主管对分公司的绩效管理现状做了简单分析：首先，公司主营业务之一为手机零售，因此总部对分公司业绩的重视度极高，对业绩改善和提升需要"快、准、狠"；其次，公司员工年轻化，传统KPI考核的"可玩性"不高，激励作用没有真正发挥出来；最后，公司自主研发的OA智慧管理系统功能丰富，可根据各中心业务需求进行快速开发上线使用。对业绩的跟进可以做到实时更新、实时反馈，新业务的上线和推广也比较迅速。变革就从分公司城市经理切入，目前考核的关键指标——手机销量、利润目标、市场拓展等，都是可数据化的指标，公司自主研发的OA系统已经能够实现实时查看各项业务的利润和完成率，如果聚焦业务增长和利润提升，把业务的完成和城市经理的薪酬关联起来，同时给他们匹配一定额度的激励，或许能够让他们更加具有目标导向和互相竞争的意识。是骡子是马，拉出来遛遛。基于此，赵主管做出了有关公司绩效变革的第一个试点：公司前端管理层的绩效管理由之前的"传统KPI"变为"赛马"。

首先，公司每月会给前端管理层一定数额的奖金作为赛马金；其次，前端管理层适用同样考核指标的员工都会参与其中，如手机销量、门店增量等；最后，月末按照考核结果的排名给每个参与者配比一个系数 X_n（n 为参与考核的人数，$X_1 + \cdots + X_n = 1$，$X_n > 0$），赛马金×系数 X_n 就等于其本月的额外奖励，由于所有系数都为正数，因此哪怕获得最后一名，也能得到相应的奖励，只是与前面几名相比少一些而已。

立竿见影，日见成效

初步实行赛马的3个月后，赵主管明显发现当赛马考核指标定下来后，大家的目标更加清晰了，也开始有了竞争意识，公司给大家做考核结算也更简单了。之前一直找他反映问题的小钱现在也不怎么抱怨了，反而干劲十足。这不，在一月一度的绩效面谈复盘会上，小钱激昂陈词道："上个月赛马得了最后一名，才多赚了300块钱，要是我在手机销量上面努把力，说不定就可以拿第一名了，有3000元的奖励呢。这个月我得加把劲儿了！"其他分公司城市经理纷纷附和。看到这种景象，夏总甚是欣慰，在会上公开表示了对赵主管这次绩效管理改革试点的肯定："现在各分公司接收和反馈总部各项政策的速度比以前快多了，市场部每日公示任务完成率的做法使大家都会自觉想方设法地去挖掘业务需求，提升自己的业绩，这个月公司的整体业绩与去年同期相比获得了10%的提升，赵主管真是功不可没呀。"一切都向着美好的方向发展着……

资料来源：教材编写组自编案例。

【思考题】

1. 请分析本案例中应用了哪些人性假设理论和激励理论来激励员工的工作积极性？
2. 你对赵主管采取的激励方式有何看法？

第三章 工作分析与工作设计

工作分析是人力资源管理职能中最基本的工作，是开展人力资源管理活动的基础，人力资源规划、员工招聘、培训开发、绩效管理、薪酬管理等都建立在工作分析的基础上。工作分析与工作设计之间有着密切而直接的关系：工作分析的目的是明确所要完成的工作内容以及完成这些工作所需要人员的任职资格条件，而工作设计所关心的是工作的结构化，其重点在于通过工作设计明确优先事项，精简不必要的工作任务，明确工作的内容与方法。胜任素质模型一方面弥补了以岗位为核心的硬性管理引起的软缺陷，从本质上改变了人力资源管理中员工如何适用于企业的"瓶颈"问题，另一方面更加集中了企业所需要的竞争能力的形成。

【学习目标】

通过本章的学习，应掌握：
1. 工作分析的概念和意义
2. 工作分析的实施和方法
3. 工作分析与工作设计的关系
4. 工作设计的概念
5. 工作设计的方法
6. 胜任素质的概念
7. 胜任素质模型的构建
8. 工作分析的发展趋势

【关键词】

工作分析；工作说明书；工作设计；胜任素质模型

第三章 工作分析与工作设计

【思维导图】

```
工作分析与工作设计
├─ 工作分析
│   ├─ 工作分析概述
│   │   ├─ 工作分析的概念
│   │   ├─ 工作分析的基本要素
│   │   └─ 工作分析的术语
│   ├─ 工作分析的意义
│   │   ├─ 工作分析是预测人员需求与供给、制定人力资源规划的基础
│   │   ├─ 工作分析为招聘与选拔提供了标准
│   │   ├─ 工作分析为员工绩效管理确定了依据
│   │   ├─ 工作分析为薪酬设计提供了参考
│   │   └─ 工作分析的内容可以作为员工培训开发和职业生涯发展的目标
│   ├─ 工作分析的具体实施
│   │   ├─ 工作分析的时机
│   │   ├─ 工作分析的原则
│   │   ├─ 工作分析的过程
│   │   └─ 工作说明书的编制
│   └─ 工作分析的方法
│       ├─ 访谈法
│       ├─ 非定量问卷法
│       ├─ 观察法
│       ├─ 工作日志法
│       ├─ 关键事件法
│       └─ 职位分析问卷法
├─ 工作设计
│   ├─ 工作设计的概念
│   ├─ 工作设计的内容及应考虑的因素
│   │   ├─ 工作设计的内容
│   │   └─ 工作设计应考虑的因素
│   └─ 工作设计的主要方法
│       ├─ 机械型工作设计方法
│       ├─ 激励型工作设计方法
│       ├─ 生物型工作设计方法
│       └─ 知觉运动型工作设计方法
├─ 胜任素质模型
│   ├─ 胜任素质概述
│   │   ├─ 胜任素质的概念
│   │   ├─ 胜任素质的构成要素
│   │   └─ 胜任素质的核心特征
│   └─ 胜任素质模型概述
│       ├─ 胜任素质模型的概念
│       └─ 胜任素质模型的构建
└─ 工作分析的发展趋势
    ├─ 实行以战略为导向的能力分析
    ├─ 拓宽工作分析的信息来源
    ├─ 改进工作分析的方法技术
    └─ 职责界定的角色化
```

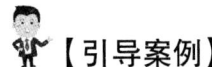
【引导案例】

卡特洗衣公司工作说明书

詹妮弗根据自己对洗衣店的逐项了解所得出的结论是，她所要做的第一件事就是为洗衣店管理人员编写工作说明书。

正像詹妮弗所说，她在大学所学的一般管理课程和人事管理课程都强调了工作说明书的重要性，但在学习时，她一直不相信工作说明书在一家企业的顺利运行中会有如此重要的作用。但她在上班的最初几周内，多次发现每当她问及洗衣店的管理人员为什么违反既定的公司政策和办事程序时，这些人总是回答："因为我不知道这是我的工作内容"或"因为我不知道应该这么做"。詹妮弗这时才知道，只有花大力气编写工作说明书并制定一整套标准和程序来告诉大家应该做些什么以及如何去做，才能使这一类问题得到解决。

从总体上说，洗衣店的管理人员负责指挥店里的所有活动，其目标包括：生产服务质量的监督，顾客关系的维护，营业额的增长，以及通过有效地控制劳动力、物资、能源等方面的成本实现利润的最大化等。

在完成这些总体目标的同时，洗衣店管理人员的任务和职责还包括质量控制、店铺的外观和清洁、顾客关系、账簿和现金管理、成本控制和生产率、事故控制、价格掌握、库存管理、机器维修、衣物的接收与清洗、雇员安全、人力资源管理、不良事件控制等。

【思考题】

洗衣店管理人员的工作说明书应该包括什么样的内容？用什么样的格式？詹妮弗如何才能收集到编写工作标准、工作程序以及工作说明书所需要的信息？

第一节 工作分析

工作分析是任何一个组织中的人力资源管理的重要基础。没有周密、细致的工作分析，人力资源管理的科学性就无从谈起，组织的人力资源招募、甄选、调配、绩效管理以及薪酬管理等工作就失去了赖以支撑的平台和基础。

一、工作分析概述

（一）工作分析的概念

工作分析（Job Analysis）又称职位分析、岗位分析等，是指遵循一定的步骤，系统地收集、分析和职位有关的各种信息,以确定职位工作内容、职责权限、工作关系、业绩标准、人员要求等基本因素的过程。简单地说,就是确定某一工作的任务和内容是什么,以及什么样的人员可以胜任这一工作。①

工作分析最直接的结果是形成工作说明书,包括工作描述(Job Description)和工作规范(Job Specification)等人事文件的过程。工作分析的主要成果是工作描述,回答"某一工作职位是做什么事情"的问题,包括工作职位名称、工作要求、职责权限、工作关系、业绩标准、工作条件等内容。工作规范也叫任职资格,是回答"什么样的人适合从事某一工作职位"的问题,与从事职位的人的资格有关,包括专业、年龄、知识与能力、技术证书、工作经历等内容。

(二)工作分析的基本要素

工作分析的基本要素分为主体、客体、内容与结果。主体即工作分析者;客体即组织内部的各个职位;内容即与各个职位有关的情况;结果即工作说明书,也可以叫作职位说明书或岗位说明书。

一项良好的工作分析必须能够:

(1)生成一个全面而清晰的工作描述。

(2)对一项工作所必需的 KSAOs,即知识(Knowledge)、技能(Skill)、能力(Ability)及其他(Others)等做出精确的估计。

(3)说明工作职责和所要求的任职资格条件之间的关系,判断哪些能力对某项工作职责是重要的。

(三)工作分析的术语

(1)要素(行动)。要素指工作活动中不能继续分解的最小单位。例如,开启计算机、拿出文件等都是工作要素。

(2)任务。任务指工作活动中为达到某一目的而进行的一系列工作要素集合,是工作分析的基本单位,是对工作职责的进一步分解。例如,工人加工零件、打字员打字都是一项工作任务。

(3)职责。职责指某人担负的一项或多项相互联系的任务集合。例如,打字员的职责包括打字、校对、机器维护等任务。

(4)岗位。岗位指某一时间内某一员工所担负的一项或数项相互联系的职责集合。例如,一个足球队有多个后卫位置,每一个后卫就是一个岗位。在组织中的每一个人都对应着一个岗位,因此从理论上说岗位的数量应该等于员工的数量,组织有多少人员相应地就有多少岗位。但在现实中,也会有不对应的情况出现。例如,对于生产车间倒班的工人来说,他们的工作内容是完全一样的,只是工作的时间不同而已,在这种情况下,岗位的数量和人员的数量就不相等,人员的数量会大于岗位的数量。

(5)职位。职位指主要职责在重要性与数量上相当的一组岗位的集合。一个职位

---

① 邹艳春. 人力资源管理理论与实务[M]. 北京:中国人民大学出版社,2013.

可能只涉及一个岗位，也可能涉及多个岗位。例如，一个足球队的后卫就是一种职位，但是有多个岗位。

（6）职位族。职位族指企业内部具有非常广泛的相似内容的相关工作群，又称为工作族。例如，企业中从事财务工作的职位集合组成财务工作族。

（7）职业。职业指不同时间、不同组织中职责相近的职位的集合。例如，教师、医生等就是不同的职业（如图3-1所示）。

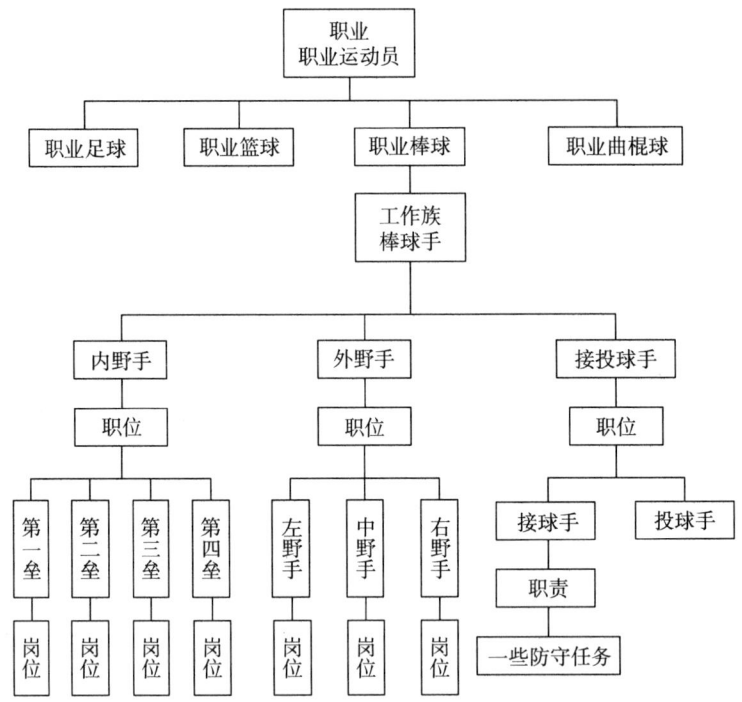

图3-1 工作分析术语示例

二、工作分析的意义

（一）工作分析是预测人员需求与供给、制定人力资源规划的基础

工作分析有助于制定符合企业战略目标的人力资源规划。例如，可以利用工作分析得到的信息，预测未来工作的变化，重新设计工作，确定未来对雇员数量以及员工能力等方面的要求。如果雇员的实际技能不能满足现有岗位的需要，企业就可以采取措施进行调整。例如，企业可以从外部招聘录用那些具有企业所需技能的人员来弥补不足；也可以有针对性地对现有雇员进行培训，提高或更新其技能；还可以对工作重新设计，使工作所需技能更加接近企业目前可获得的技能。

（二）工作分析为招聘与选拔提供了标准

明确的工作描述和工作规范可以为确定招聘人员的类型、工作内容、职责以及对知识、能力、经验等方面的要求提供基本标准。如果有明确的工作描述,求职者可以将申请应聘的工作与劳动力市场上的同种工作相比较,以便确定自己愿意接受的报酬水平等。否则,有可能造成员工应聘后因对工作不满而跳槽,增加企业的招聘成本。如果有详细的工作规范,规定了对所招聘人员的基本要求,就可以以此为标准衡量和判断其是否合格。

（三）工作分析为员工绩效管理确定了依据

工作分析中对工作的描述,尤其是对职位绩效标准的描述,为考核从事这一职位的员工的绩效提供了标准。在进行员工绩效考核时,其标准必须是与工作相关的,否则就容易导致评估结果的不公平。因此,使用或参照工作分析中对工作要求的标准,更容易被员工接受。

（四）工作分析为薪酬设计提供了参考

在确定从事某一岗位员工的基本薪酬时,其岗位价值是一个重要因素。这种价值要根据该项工作对员工的要求来确定,也称为工作评价,评价内容包括此项工作所要求的技能、努力程度、职责以及工作条件和安全程度等,这些内容在工作分析中都做出了具体的说明,因此,工作分析中对工作的描述和对员工的要求便可以作为衡量岗位价值的参考标准。

（五）工作分析的内容可以作为员工培训开发和职业生涯发展的目标

工作分析规定了对员工知识、技能、能力等的要求,通过比较员工在工作中实际表现出来的知识、技能、能力,可以发现两者之间的差异,以此确定员工需要接受哪方面的培训;反过来,工作分析确定的标准可以用来评估培训是否取得了效果,即是否满足工作分析确定的要求。从员工的职业生涯发展来看,员工希望通过努力得到升职。工作分析为企业中的每一职位确定了所需要求,员工向高一级职位晋升时,其要求是不同的,这实际上为员工确定了晋升的路线和标准。

总之,工作分析在人力资源管理中有着极其重要的意义,是整个人力资源管理活动的基础和前提,从它与人力资源管理各项职能的关系可以看出,人力资源管理的主要职能在某种程度上都依赖于科学的工作分析。换句话说,如果一个企业想要有效地进行人力资源开发与管理,那么其就必须进行并重视工作分析。

三、工作分析的具体实施

（一）工作分析的时机

（1）企业刚刚成立的时候,缺乏明确、完善的工作说明书,员工对岗位的职责与要求不清楚。

（2）当企业发生战略的调整和业务的发展时,工作内容和工作性质发生变化。

（3）企业由于技术创新和劳动生产率提高,导致工作流程发生变革和调整,需重新定岗和定员。

（4）企业经常出现推诿扯皮、职责不清或决策困难的现象。

（5）当企业需要招聘新员工时，发现很难确定用人标准。

（6）对在职人员进行培训时，无法确定培训的需求。

（二）工作分析的原则

为了增强工作分析的科学性与合理性，组织在进行工作分析时应遵循以下原则：

1. 系统原则

任何一个组织、单位都是相对独立的系统。在对某一岗位进行分析时，组织需要注意该岗位与组织中其他岗位之间的关系，包括内容、职责以及职权之间的关系，从组织整体的角度把握该岗位的特征和对任职者的要求。

2. 动态原则

工作分析的结果应根据组织战略目标、组织内外部环境、组织业务范围需要等因素的变化进行相应的调整。

3. 目的原则

工作分析的目的不同，侧重点就不一样。因此，在工作分析中，首先要明确工作分析的目的。例如，如果工作分析的目的是明确工作职责，那么重点就应该是工作范围、工作内容的确定；如果工作分析的目的是招聘和录用，那么重点就应该是任职资格的确定；如果工作分析的目的是确定薪酬标准，那么重点就应该是工作职责、工作环境、安全条件等因素的确定。

4. 参与原则

工作分析需要组织中各级管理人员和全体员工的广泛参与，尤其需要高层管理者的支持以及各部门的配合，才能取得成功。

5. 经济原则

工作分析涉及组织的各个方面，它是一项需要投入较多人力、物力、财力的工作。因此，坚持经济原则是工作分析能够产生效益的保证。

6. 岗位原则

工作分析的出发点是从工作岗位出发，分析岗位的内容、性质、关系、环境以及人员胜任特征，即完成这个岗位工作的从业人员需具备什么样的资格条件，而不是分析在岗的人员如何。

7. 应用原则

应用原则是指一旦工作分析的结果形成工作说明书，管理者就应该把它应用于企业人力资源管理职能活动的各个方面。无论是人员的招聘、培训、绩效考核还是薪酬管理都需要工作说明书的结果提供相应信息。

（三）工作分析的过程

1. 准备阶段

（1）确定工作分析的目的、用途。因为一项工作包含的信息很多，一次工作分析不可能挖掘出所有的信息，因而必须事先确定工作分析信息的用途，从而确定收集何种信息以及采用什么方法来收集信息。

（2）按精简、高效的原则组成工作分析小组并培训。工作分析小组成员最好包括实际工作担任者、该工作的直接主管和人力资源专家，这样能更为客观、全面地获得该工作的信息。

（3）向有关人员宣传、解释，与作为合作对象的员工建立良好的人际关系，并使他们做好心理准备。

（4）确定调查、分析对象的样本，同时考虑样本的代表性。组织中的工作很多，逐个分析必然耗费时间。因此，有必要在相似的工作中选择有代表性的工作进行分析，以节省时间和费用。

（5）制订工作分析的时间计划进度表，以保证工作能够按部就班地进行。

2. 调查阶段

（1）根据工作分析的目的，编制调查提纲，确定调查内容和调查方法。

（2）收集岗位的背景资料。资料包括公司组织结构图、工作流程图以及国家的岗位分类标准，条件允许的话，还可以找以前保留的工作分析资料。

（3）对工作说明书中的内容进行重点、细致的调查。

3. 分析阶段

（1）整理资料。将收集到的信息按照工作说明书的要求进行归类整理。

（2）审查资料。工作分析结果可能会有一定的偏差，因此有必要让任职者与其直接主管、外部专家对工作分析的结果进行审查，由此可以赢得他们对其结果的认可，有利于将工作分析结果运用到实际工作中去。

（3）分析资料。归纳总结工作分析的必需材料和要素，解释各个岗位的主要成分的关键因素。

4. 完成阶段

（1）根据规范和收集到的信息编制"工作描述书"和"工作规范书"，先写出工作说明书的初稿，然后反馈给相关人员进行核实，再进行讨论，最后得出工作说明书的定稿。

（2）对整个工作分析过程进行总结，找出其中成功的经验和存在的问题，以利于以后更好地进行工作分析。

（四）工作说明书的编制

工作分析完成阶段的主要任务是解决如何用书面文件的形式表达分析结果的问题。分析结果的主要表达形式是工作说明书，它由工作识别信息、工作描述、工作规范和工作环境四个部分组成。

1. 工作识别信息

工作识别信息包括职位名称、直接上级职位、所属部门、工资等级、工资水平、工作性质等内容。

2. 工作描述

工作描述包括以下内容：

（1）工作概要，用简练的语言说明工作设立的目的、工作的性质、工作的中心任务。

（2）工作活动内容，具体为各工作活动的基本内容、各活动内容占工作时间的百分比。

（3）工作职责和任务，即任职者的工作职责和任务。

（4）工作业绩，说明任职者进行工作应产生的业绩标准，以定量为好。

（5）工作关系，包括工作受谁监督、工作的下属、职位的晋升、转换关系、常与哪些职位发生联系。

（6）工作人员运用的设备和信息说明，主要指所使用的设备名称和信息资料的形式。

3. 工作规范

工作规范（KSAOs）反映了职位对承担这些工作的人的要求，是人们为了完成这些工作活动所必须具备的知识、技能、能力和其他特征的目录清单。主要包括以下内容：所需学历、技能和能力的要求，从事相关工作的年限和经验，兴趣爱好，个性特征，职位所需的性别、年龄规定，体能要求以及其他特殊要求。

4. 工作环境

工作环境主要包括：

（1）工作场所，指在室内、室外还是其他特殊场所。

（2）工作环境的危险性说明，指危险存在的概率大小、对人员造成伤害的程度、已发生的记录、危险性造成原因等。

（3）职业病，指从事该工作可能患上的职业病的说明及轻重程度表述。

（4）工作时间要求，如正常工作时间、额外加班时间的估计等。

（5）工作的均衡性，指工作是否存在忙闲不均的现象及发生的频率。

（6）工作环境的舒适程度，即是否在恶劣的环境下工作、工作环境给人带来的愉快感如何。

一般来说，一个内容比较完整的工作说明书都要包括以下几个具体的项目：①职位标识；②职位概要；③履行职责；④业绩标准；⑤工作关系；⑥使用设备；⑦工作的环境和工作条件；⑧任职资格；⑨其他信息。

这些信息中第①~⑦项都属于工作描述，第⑧项属于工作规范（见表3-1）。

四、工作分析的方法

（一）访谈法

访谈法是指由工作分析人员分别访问任职者本人及其主管人员，与他们讨论工作的特点和要求，从而获得有关信息的调查研究方法。与任职者的面谈倾向于工作内容、工作背景等信息，要求任职者描述他们做什么、怎样做以及完成其工作所需的条件；主管的作用主要是评审和证实任职者回答的准确性，并提供涉及任务重要性、所期望

表3-1　×××公司工作说明书

基本信息	职位名称		组织内部关系：
	部门		
	部门系数		
	岗位系数		
	任职人		
	岗位编号		
	职系		
职位概要			
主要职责及相关权限	职责描述		权限类型	衡量标准
	1.			
	2.			
	3.			
	……			
工作关系	联系单位、部门		联系、接触的目的	
	1.			
	2.			
	……			
工作环境	工作地点：			岗位津贴：
	工作设备及工具	1. 电脑	5. 档案柜	
		2. 电话	6.	
任职资格要求	基本条件	学历：	专业：	
		工作经验：		
	技能能力要求	判断决策能力	创新能力	
		领导能力	……	
	知识要求			
	其他要求			

的绩效水平、新员工的培训需要和工作的必要条件等进一步信息。访谈的形式可分为个人访谈、集体访谈和管理人员访谈三种。由于有些工作可能主管人员与现职人员的说明不同，分析人员必须把双方的资料合并在一起，进行独立的观察、证实与权衡。因此，应该把这三种方式加以综合运用，这样才能真正把工作分析做得透彻。

访谈之前，首先要确定访谈的结构化程度。它可以是完全非结构化的，比如"请谈谈你的日常工作"，也可以是涵盖数百个问题的高度结构化的访谈。但在实际中，真正合适的访谈往往是介于这两个极端之间的半结构化的访谈，而且结构化程度一般是

由访谈者根据自己的需要确定的。典型的访谈问题提纲如下:

(1) 你平时需要做哪些工作?

(2) 主要的职责有哪些?

(3) 如何去完成它们?

(4) 在哪些地点工作?

(5) 工作需要怎样的学历、经验、技能或专业执照?

(6) 基本的绩效标准是什么?

(7) 工作有哪些条件和环境?

(8) 工作有哪些生理要求和情绪及感情上的要求?

(9) 工作的安全和卫生状况如何?

访谈法的优点为:采用访谈法可以获得标准和非标准的资料,也可获得体力和脑力劳动的资料。工作者本身也是自己行为的观察者,他常常可以提供用其他方法不易观察到的情况。访谈法的缺点为:分析人员对某一工作固有的观念会影响对分析结果的正确判断。而任职者可能出于对自身利益的考虑,采取不合作的态度或刻意地夸大自己所从事工作的重要性、复杂性,导致收集的信息失真。

(二) 非定量问卷法

非定量问卷法是指有关人员以书面形式回答有关工作问题的调查研究方法,通常又叫非结构化问卷法,问卷的内容是由工作分析人员编制问题和陈述,要求被调查者根据他们的工作实际情况对这些问题进行作答。

非定量问卷法是指不规定具体明确的回答项目,而是采用诸如"请描述您的主要工作任务与职责"之类的问题,让被调查者自由回答,属于开放性的问题。这种方法对问卷内容的确定性要求不是很高,回答方式多种多样,所收集的信息不太集中,难以归类整理。受被调查者表达能力和习惯的影响,有时会出现杂乱无章的信息。但非定量问卷法可以获得丰富的信息,对于深入了解实际情况具有不可取代的作用,而且能迅速得到工作分析所需的信息资料(见表3-2)。

表3-2 非定量问卷示例

姓名		部门		现任岗位		直接上级	
学历		所学专业		社会工龄		入职时间	
自参加工作以来从事本岗位工作时间							
职位概要							
工作职责	职责描述		估计占您全部时间的百分比			权限类型	
	1.						
	2.						
	……						

续表

工作联系	需要接触或联系的具体内外部门、单位	联系或接触的目的
监督	1. 直接领导你的人员有（　）请填职务： 2. 被你直接领导的下属人数（　），职务为：	
工作时间要求	1. 正常的工作时间每日自（　）时开始至（　）时结束 2. 每日午休时间为（　）小时，（　）%情况下可以保证 3. 每周平均加班时间为（　）小时 4. 实际上下班时间是否随业务情况经常变化（总是，有时是，偶尔是，否） 5. 所从事的工作是否忙闲不均（是，否） 6. 若工作忙闲不均，则最忙时常发生在哪段时间（　） 7. 每周外出时间占正常工作时间的（　）% 8. 外地出差情况每月平均（　）次，每次平均需要（　）时间 9. 本地出差情况平均每周（　）次，每次平均需要（　）时间 10. 外地出差时所采用的交通方式按使用频率排序： 11. 本地外出时所采用的交通方式按使用频率排序：	
任职资格要求	1. 您的岗位工作需要的计算机知识： 基本不需要（　）计算机软件的简单应用（　）计算机软件的熟练应用（　）硬件、网络的维护（　）计算机软件的开发（　） 2. 从事本职工作应具备的专业和最低教育程度： 专业要求：＿＿＿＿＿＿＿＿　　最低学历要求：＿＿＿＿＿＿＿＿ 3. 需要有多长时间的工作经验才能基本胜任本岗位的工作： （1）1年以下（2）1年（3）3年（4）5年（5）8年以上 4. 胜任本岗位工作所需的能力 5. 从事本岗位工作所需的各种知识和要求程度（知识等级：低　较低　一般　较高　高）	
使用设备及工具	1. 请列举您目前岗位工作中用到的主要设备和办公用品 2. 请列举您目前岗位工作中需用到，但至今尚未配备的设备和办公用品	

（三）观察法

观察法是指工作分析人员通过对任职者现场的工作方式和工作内容进行直接或间接的观察并进行记录的方式收集相关工作信息的方法（见表3-3）。观察法是一种最直观、最简单的方法，它可以直接观察到任职者的各个动作、每个动作所耗费的时间、动作对任职者的大致要求等信息，所得到的信息也不会受到任职者自我报告的影响。因此，观察法通常适用于那些主要通过身体活动来完成职责且重复性较大的工作岗位的信息收集,而不适用于以脑力活动为主的工作以及周期长、非标准化、任务量或工作地点经常变动的工作。

表3-3 观察法量表示例

姓名 \ 项目 \ 观察记录	( )星期一 AM PM	……	( )星期五 AM PM	备忘录
工作项目				
行为记录				
结果记录				
……				

(四) 工作日志法

工作日志法又称工作写实法,是让员工用工作日记的方式按时间顺序详细记录每天的工作内容和工作过程,然后对其进行归纳、提炼、总结,获取所需要的工作信息的一种方法(见表3-4)。

表3-4 工作日志填写示例

日期	6月6日	工作开始时间	9:00	工作结束时间	17:30
序号	工作活动名称	工作活动内容	工作活动结果	时间消耗	备注
1	复印	文件	40页	5分钟	存档
2	起草公文	代理委托书	1200字	1小时	报上级
3	参加会议	上级布置任务	1次	30分钟	参与
4	请示	贷款数额	1次	20分钟	报批
……	……	……	……	……	……
18	录入数据	经营数据	200条	45分钟	承办

工作日志法的主要流程包括:第一,由工作分析人员设计出详细的工作日记表;第二,将工作日记表发放给任职者,让他们认真填写工作内容和工作过程;第三,收回工作日记表,并对信息进行分析整理;第四,由任职者的直接领导来检查记录和分析结果;第五,修正、补充从而得到新的分析结果。

工作日志法的优点为:获取的信息准确,且获得信息的过程简单,成本较低。其缺点为:只适合工作循环周期短、工作状态稳定的职位,对于一些职位,特别是高层次的职位,由于工作具有灵活性和前瞻性,通过工作日志法收集的信息往往不能反映职位的真正要求,另外,需要处理的信息量大,归纳工作烦琐。

（五）关键事件法

关键事件法又称关键事件技术法（Critical Incident Technique，CIT），主要原则是认定员工与职务有关的行为，并选择其中最重要、最关键的部分来评定其结果。一般是由熟悉职务的员工、领导、专家等找出工作中对绩效有重大影响的关键事件和行为。关键事件是指工作过程中那些特别有效或特别无效的行为，以此作为将来确定任职资格的一种依据（见表3-5）。

表3-5 关键事件法示例

行动者	小林	地点	公司市场部	时间	4月21日	观察者	总经理
事情发生的情境	17：00，公司市场部接到提交的一个营销策划方案（该方案主要是针对"五一"假期而设计的促销方案）被公司总部驳回的通知						
行为者的任务	小林是市场部核心骨干，主要负责营销策划方案的制定						
行为者的行为	小林认真地研究了被驳回的营销策划方案，发现了方案存在的不足之处，并重新提交了一份完整的新策划方案，加班至深夜才离开公司						
行为后果	小林快速地解决了公司遇到的问题，抓住商机，为公司创造了更多的价值						

对每一关键事件的描述内容大致包括：导致事件发生的原因和背景；员工"特别好"或"特别坏"的行为与绩效；关键事件的后果；员工自己能否掌控关键事件的后果。在收集这些关键事件以后，可以对它们做出分类与整理，并总结出职位的关键特征和行为要求。

关键事件法既能获得有关职位的静态信息，也可了解职位的动态特点，尤其可以用于绩效评估的行为确定；同时，通过这种方法还可以确定职位行为可能带来的利益和效用。其缺点是比较费时，收集关键事件并对之加以概括和分类需要花费大量的时间。

关键事件访谈中常用的访谈问题遵循STAR原则：

（1）描述情境（Situation）的问题。你为何要做？周围的情况如何？当这种情况发生以后，最紧要的时机是什么？

（2）描述当时所做的工作任务（Task）。描述你在这件事情中的具体角色：你当时首先做了什么？在处理整个事件时采取了怎样的具体步骤？

（3）描述行为（Action）的问题。你当时对情况有何反应？具体是怎么做的？

（4）描述结果（Result）的问题。事件的结果如何？结果是怎样产生的？这件事是否引发了什么问题？你得到了什么样的反馈？

（六）职位分析问卷法

职位分析问卷法（Position Analysis Questionnaire，PAQ）是一种结构严密的工作分析问卷，由普渡大学教授麦克考密克（E. J. McComick）开发。经过多年实践的验证和修正，职位分析问卷法已成为使用较为广泛的工作分析方法，主要用于定量分析，以便获取更为具体、详细、量化的职务信息,是一种以人为基础的系统性工作分析方法。

采用职位分析问卷法进行工作分析时,首先,通过定性分析找到有效收集各种职务信息的分析要素和指标;其次,用语言恰当地描述这些要素和指标;再次,给每一要素、指标语句赋予适当的评定等级数字,形成初步的职位分析问卷;最后,使用这一初步问卷进行规范的抽样式调查并进行信度与效度的检验,从而得到较为科学的正式职位分析问卷,进而得到较为科学的工作分析信息。

职位分析问卷包含194个问题,分别描述了能够从不同的职位中概括出来的各种比较抽象的工作行为和能力要求,通过对任职者在信息投入、脑力劳动、工作产出、与他人的关系、工作环境中的互动行为、所需能力等的衡量,在计算机系统中形成一个组织中不同职位之间的相对价值体系,表明各职位在组织中的相对贡献度,从而对职位进行量化评估[①]。由于职位分析问卷的专业性,因此,职位分析问卷的填写需要在访谈的基础上由专业职位分析师完成。通过职位分析问卷法收集的数据信息,在进行完备性、信度与效度的检验后,就可进行计算机分析处理,运用于人力资源管理的各个方面。

职位分析问卷法的不足主要表现为没有对职位的特殊工作活动进行描述,所以无法体现工作性质的差异,可读性不强,使用范围受到限制,而且花费时间较多,程序比较烦琐。

第二节 工作设计

一、工作设计的概念

工作分析(Job Analysis)与工作设计(Job Design)之间有着密切而直接的关系。工作分析的目的是明确所要完成的工作内容以及完成这些工作所需要人员的任职资格条件。工作设计也称为岗位设计,所关心的是工作的结构化,其重点在于通过工作设计明确优先事项,精简不必要的工作任务,明确工作的内容与方法,说明应如何安排工作才能最大限度地激励员工的积极性和创造性,提高工作效率,同时提高员工满意度,促进员工的成长。为了有效地进行工作设计,设计者必须通过工作分析全面了解这个职位,同时还要通过工作流分析了解这个职位在所属的工作单位中处于工作流程中的哪个位置。在充分了解工作单位需要完成的工作以及特定的职位需要完成的工作之后,就可以选择多种不同的方式进行工作设计了。

---

① 刘昕. 人力资源管理(第二版)[M]. 北京:中国人民大学出版社,2019.

目前对工作设计尚无统一的定义,不同学者因关注的侧重点不同而做出了各自的解释,列举如下:

韦恩·蒙迪(R. Wayne Mondy)等认为,工作设计是一个确定所要完成的具体任务及其完成的方法和确定该工作在组织中如何与其他工作相互联系起来的过程。

唐·赫尔雷格尔(Don Hellriegel)等认为,工作设计是对工作及其本身结构的、社会的各方面和对员工的影响等进行周密和有目的的计划安排。

詹姆斯·斯通纳(James A. F. Stoner)指出,工作设计是组织工作在员工中的划分,是系统地实现分权的一种工具,是管理者给员工机会来运用权力和职权的一种方法。

斯蒂芬·P. 罗宾斯(Stephen P. Robbins)认为,工作设计是将任务组合起来构成一项完整职务的方式。

雷蒙德·A. 诺伊(Raymond A. Noe)等认为,工作设计是指对工作运转的方式以及某种特定工作所要求完成的任务进行界定的过程。

理查德·查斯(Richard B. Chase)等认为,工作设计是为组织中某一个人或一群人指明工作活动内容,其目的是设计出组织及其技术要求和满足员工生理及个人需求的工作结构。

尽管各位学者对工作设计定义的表述存在差异,但综合他们的观点可归纳出工作设计的基本概念包括以下要点:

(1)工作设计的主体是各级管理者、人力资源管理专家和有关员工。

(2)工作设计的客体是对一个组织的整体工作及其设计和为每一个员工设计工作。

(3)工作设计的对象是工作内容、工作结构、工作任务、工作方法、工作职能、工作权限、工作关系、工作性质、工作发展等。

(4)工作设计的目的是提高员工的工作生活质量,满足员工个人的发展需要和提高工作绩效,有效实现组织目标。

(5)工作设计的性质是一种管理过程、工具、方法等。

(6)工作设计的活动包括对工作的诊断、确定、界定、划分、组合、再造、构建等。

根据上述要义,可以将工作设计定义为:工作设计是指为了有效地达到组织目标,有效地处理人与工作的关系而采取的,对与满足员工个人需要有关的工作内容、工作职能和工作关系等所进行的选择、确定与优化的活动。

简言之,工作设计是一个界定职位需要完成的工作任务以及完成这些工作的方式的过程。与此相关的另外一个概念是工作再设计,它与工作设计的过程类似,只不过涉及对一个现有的职位进行调整性设计。工作设计是否恰当对于激发员工的工作动机、增强员工的工作满意度以及提高员工的工作效率有重大影响。

二、工作设计的内容及应考虑的因素

(一)工作设计的内容

工作设计的内容主要包括五个部分:第一,工作内容,即确定工作的一般性质;

第二，工作职能，即每项工作的基本要求和方法，包括工作责任、权限、信息沟通、工作方法和协作要求；第三，工作关系，即个人在工作中所发生的人与人的关系，包括与他人的交往关系、建立友谊的机会和集体工作的要求；第四，工作结果，即工作的成绩与效果的高低，包括工作绩效和工作者的反应，前者是工作任务所达到的数量、质量和效率等具体指标，后者是指工作者对工作的满意程度、出勤率和离职率等；第五，工作结果的反馈，指工作本身的直接反馈和来自别人对所做工作的间接反馈。

（二）工作设计应考虑的因素

工作设计主要考虑三方面的因素：第一，环境因素，主要包括人力资源和社会期望。人力资源是指在工作设计时要能找到足够数量的合格人员。社会期望是指人们通过工作满足什么。第二，组织因素，包括专业化、工作流程和工作习惯。专业化就是按照所需工作时间最短、所需努力最少的原则分解工作，结果是形成很小的工作循环。工作流程主要是考虑在相互协作的工作团体中，需要考虑每个岗位负荷的均衡性问题，以保证不出现所谓的"瓶颈"，不出现任何等待停留问题，确保工作的连续性。工作习惯是在长期工作实践中形成的传统工作方式，反映工作群体的愿望，这是工作设计过程中不可忽视的因素。第三，行为因素，主要是指工作设计应考虑满足工作人员的个人需要，包括任务的整体性、任务多样性、任务自主性、任务的意义及其反馈。任务的整体性是使员工了解他所承担的任务与总体任务、总目标的关系。任务多样性是尽量使员工从事不同工序、设备的操作，实现"一专多能"。任务自主性是让员工自行设计目标，提高工作责任感。任务的意义是使员工明确其任务完成的意义与作用。反馈是指员工可获得各种相关信息，尤其是自己工作成果方面的信息。

三、工作设计的主要方法

对工作本身有了较为全面的了解之后，管理者可针对不同的工作特征来选择不同类型方式进行工作设计。根据心理学、管理学、人类工程学等理论研究成果，目前可供使用的工作设计方法分别强调以下四种不同类型：高效率完成工作的机制、职位对于任职者的工作动机产生的影响、对安全有利的工作实践的采用、职位对任职者的心智能力需求。换言之，存在机械型、激励型、生物型、知觉运动型四类工作设计方法。

（一）机械型工作设计方法

机械型工作设计又称效率型工作设计，其理论依据是古典工业工程学，它强调找到一种能够使效率达到最大化的最简单方式来构建工作[①]（见图 3-2），主要出发点是通过设计来确保员工尽可能高效率地完成任务，一方面使组织能够从每位员工身上获得更高水平的产出和更低的成本，另一方面尽可能将员工的工作疲劳程度降到最低。该方法通常是以降低工作复杂程度来提高员工的工作效率，即让工作变得尽量简单，使任何人只要经过快速培训就能够很容易地完成它，因而员工很容易被替代。

---

① 陈东健. 人力资源管理［M］. 北京：清华大学出版社，2012.

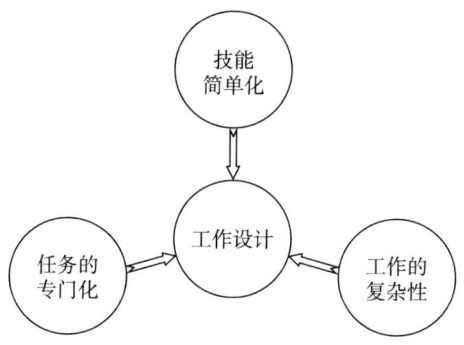

图 3-2 机械型工作设计

很显然，机械型工作设计最具代表性的设计模型是科学管理之父弗雷德里克·泰勒倡导的管理内容之一，通过金钱刺激来激励员工在工作中发挥最大能力。泰勒的科学管理原理是一种最早出现的、著名的机械型工作设计方法。这种方法的思想是通过时间—动作的研究（Time-Movement Research），找出完成工作的"一种最好方法"，目的是实现工作的简单化与标准化，以使员工能达到预先设定的生产水平，从而最大化生产效率。它要求按照完成工作的最有效方式甄选能完成工作的人员，同时按照完成工作的这种"最优方式"的标准来对其培训，并向其提供金钱刺激，从而激励他们在工作中发挥出自己的最大能力。这样设计出来的工作的优点是安全、简单、可靠，能够最小化员工在工作中的精神需要。然而，这种方法在实践中关心的重点是工作任务，很少考虑工人的社会需要和个人需要，因而产生了很大的副作用，遭到了工人们的集体反对，表现为：工作单调乏味、令人厌倦、只需要体力不需要头脑；个人缺乏成就感、对工作不满、工作责任心差、管理者与员工之间产生隔阂、离职率和缺勤率高、怠工和工作质量下降。

尽管机械型工作设计方法确实能够给组织带来一些可测量的和实际的好处，按照这种方法进行工作设计，组织就能够减少所需较高能力的员工的数量，也减少组织对个人的依赖，因为新员工经过快速而低成本的培训就能够胜任工作了。但是，仅仅强调效率这一个方面因素的机械型工作设计方法可能使职位上的工作过于简单和重复，从而使工作本身不再具有任何显著的意义，这样就会使从事工作的员工感到厌倦，对工作缺乏兴趣。因此，在具体实践中大部分企业都会将这种机械型工作设计方法与其他工作设计方法结合起来使用。

（二）激励型工作设计方法

很多时候，企业在进行工作设计时，还必须考虑怎样才能使员工对本职位上所从事的工作感到有趣和比较满意，也就是说在进行工作设计时，需要考虑以工作内容本身来激励员工。例如，当企业必须为获得或留住员工而与其他组织展开竞争时，当企业必须依赖有技能的知识型员工时，或是当企业需要形成一支能够真正关注客户满意度的员工队伍时，若工作设计方法仅仅关注效率就很难帮助组织达成目标。

激励型工作设计侧重于可能会对工作任职者心理价值以及激励潜力产生影响的工作特征，把态度变量（比如满意度、内在激励、工作参与以及出勤、绩效等行为变量）看成是工作设计的重要结果，强调提高工作的激励潜力。最具代表性的激励型工作设计模型是理查德·哈克曼（Richard Hackman）和格雷戈·奥德姆（Greg Oldham）开发的工作特征模型。工作特征模型的理论依据是赫茨伯格的双因素理论，关键是如何提供充分的保健因素以防止员工的不满，同时提供大量的激励因素促使员工努力工作。赫茨伯格为了应用其理论，设计了一种工作丰富化方法，即在工作中添加一些可以使员工有机会获得成就感的激励因子，使工作更有趣、更富有挑战性。赫茨伯格提出了充实工作的五条原则：增加工作要求、赋予工人更多的责任、赋予员工工作主动权、反馈、培训。理查德·哈克曼（Richard Hackman）和格雷戈·奥德姆（Greg Oldham）为了弄清楚工作本身是怎样产生激励效应和增进员工工作满意度的，他们结合前人的研究，通过大量的问卷调查，于1976年提出了比较完整的工作特征模型，即哈克曼—奥德姆工作特征模型①（见图3-3）。

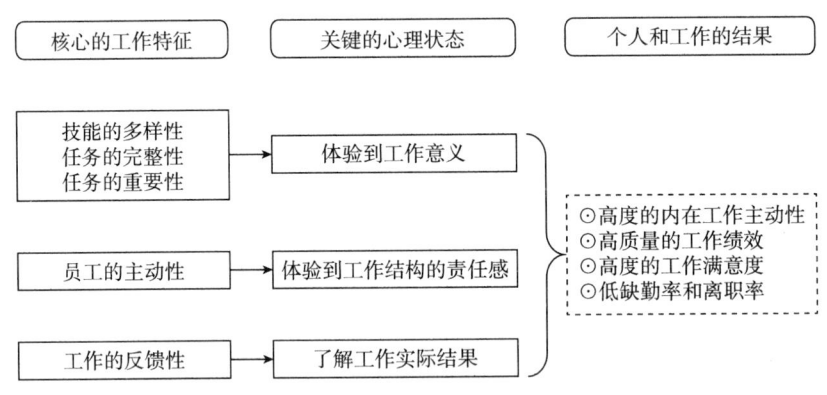

图3-3 哈克曼—奥德姆工作特征模型

根据这一模型，一个工作岗位可以让员工产生三种心理感受：感受到工作的意义、感受到工作的责任、了解到工作的结果。这些心理感受又进一步影响到个人及其工作结果，即内在工作动力、绩效水平、工作满足感、缺勤率和离职率等，从而带给员工内在的激励，使员工的自我激励产生良性循环。这一模型强调的是员工与岗位之间心理上的相互作用，并且强调最好的岗位设计应该给员工以内在的激励。

工作特征模型认为，可以把一个工作按照它与这些核心维度的相似性或者差异性进行描述，因此，按照模型中的实施方法丰富化了的工作就具有高水平的核心维度，并可由此创造出高水平的心理感受状态和工作成果。

这种方法的优点是认识到员工的社会需要可以提高员工的满意度和生产率，其缺

---

① 周文成. 人力资源管理：技术与方法 [M]. 北京：北京大学出版社，2010.

点是成本和事故率较高，而且在技术上对工作设计没有具体的指导意义。事实上，人们对工作特征模型的研究表明，这一理论的实际效果并不明确，还无法肯定这一理论所强调的工作特征的变化一定会产生所预期的效果。其原因可能是：只有高度重视并期望个人成就的员工和对组织的报酬、安全感受和人际关系感到满意的员工，才会对具备上述五个特征的工作做出积极的响应。但是，这一条件往往不具备或很难具备。还需指出的是，工作丰富化并不适用于所有的工作，因为并不是所有员工都愿意承担丰富化的工作。不过一般来说，遵守以下原则可以取得比较好的效果：

（1）员工绩效低下必然是因为激励不足。如果绩效低下是因为生产流程不规范或者员工培训不足，工作丰富化没有意义。

（2）不存在其他更容易的改进方法。

（3）保健因素必须充足。如果薪水、工作环境和领导方式等方面让员工不满，工作丰富化也不会有意义。

（4）工作本身应该不具有激励潜力。如果工作本身已经足够有趣，或者已经具有挑战性，实施工作丰富化就不值得。

（5）工作丰富化必须在技术上和经济上可行。

（6）工作质量必须很重要。工作丰富化的主要收益通常在于工作的质量，而不在于工作的数量。

（7）员工必须愿意接受。有些员工不需要也不希望承担富有挑战性的工作，他们就喜欢枯燥单调的工作，而把兴趣寄托在 8 小时工作之外。

将工作特征模型运用于工作设计的具体方式包括工作扩大化、工作丰富化、自我管理工作团队、灵活的工作时间安排以及远程工作等。

1. 工作扩大化

工作扩大化（Job Enlargement）是指增加一个职位所要完成的工作任务的种类，其目的是减少工作的重复性，使职位上的工作变得更有趣。具体做法是扩展一项工作的任务和职责，包括横向扩大工作和纵向扩大工作。横向扩大工作可以将属于分工很细的作业单位合并，由一人负责一道工序改为几个人共同负责几道工序；在单调的作业中增加一些变动因素；采用包干负责制，由一个人或一个小组负责一件完整的工作等。纵向扩大工作可以将管理人员的部分职能转由生产者承担，工作范围沿组织形式的方向纵向扩大，如生产工人参与计划的制订，自行决定生产目标、作业程序、操作方法等。

工作扩大化的具体方法包括工作扩展和工作轮换。

（1）工作扩展。工作扩展是指将几个相对简单的职位合并在一起，形成一个包括更多工作任务的职位。比如，可以将接待员、打字员以及档案管理员合并为一个名为行政专员的新职位，这个职位承担原来的三种工作任务。这种工作扩大化的方法相对简单，但如果合并进来的工作任务都很单调，这种工作再设计未必能够对员工产生更多的激励。

（2）工作轮换。工作轮换（Job Rotation）是让员工先后承担不同的但是在内容上很相似的工作,实际上并不对职位本身进行重新设计,而是将员工在几个不同的职位之间进行调动。这种工作扩大化方法在生产团队中比较常见。生产团队的某位成员在工作过程中不断更换工作内容,从而有机会处理整个团队中的所有工作。与工作扩展的情况一样,通过这种方式扩大工作内容后,职位上的工作可能仍然由许多重复性的工作活动构成,只不过这些工作活动更加多样化而已。工作轮换的本意是不同的工作要求员工具有不同的技能,从而可以增强员工的内在报酬,但是实际上效果非常有限。因此,赫茨伯格批评工作轮换是"用一个零来代替另一个零"。

2. 工作丰富化

工作丰富化(Job Enrichment)是指在工作中赋予员工更多的责任、自主权和控制权。这种方法的理论基础源于赫茨伯格的双因素理论,人们更多地受到工作的内在因素(例如工作意义)的激励,而不是薪酬等外部报酬的激励。而成就、认可、成长、责任以及整个工作绩效是与富有激励性的职位有关的五种因素。工作丰富化强调在岗位现有工作的基础上,通过充实工作内容使岗位工作多样化,消除因单调的工作而产生的枯燥厌倦感,从心理上满足员工的需要。例如,赋予员工在质量达不到要求时停止生产的权力,还可以让每位员工同时执行某个特定工序中的几项任务,而不是将这些任务分解给若干位员工。对于商店里的一位销售员来说,职位丰富化的方式可能包括赋予其帮助客户解决问题的权力,以及决定是否对商品进行退换的权力。管理者使员工工作丰富化的指导方针见图3-4。

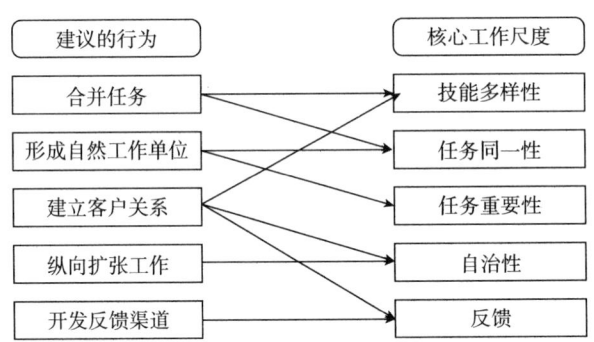

图3-4 管理者使员工工作丰富化的指导方针

工作丰富化与工作扩大化和工作轮换都不同,它不是水平地增加员工工作内容,而是垂直地增加员工工作内容。这样,员工会承担更重的任务和更大的责任,员工有更多的自主权,实现更强的自我管理,还有对工作绩效的反馈。工作丰富化思想在工作设计中的影响很大。

3. 自我管理工作团队

有些企业不仅针对单个的职位进行工作丰富化设计,还通过让一个自我管理团队来完成工作,以实现对员工的授权。这些团队在整个工作过程中或工作过程的某个局部具有决定权,团队成员通常有权安排工作日程、雇用团队成员、解决与团队绩效有关的问题,并且承担更多在传统上由管理层履行的责任。显然,团队工作方式能够为一个职位提供某些激励性的特征,比如自主性、技能多样性、任务完整性等。

由于团队成员的责任重大,所以他们的职位边界往往界定得较为宽泛,同时还需要共同承担一些工作任务。团队成员可能会不时地需要承担团队中的各种责任。这种工作设计方式对组织提出的挑战是,必须为团队成员提供充分的培训,以确保团队成员学会一些必备的技能,比如沟通能力、合作能力、决策能力等。另一种做法是,当团队对某些特定的工作流程或客户负责时,让整个团队对流程或客户全权负责,自己决定团队中每个人分别承担哪些工作任务。

4. 灵活的工作时间安排

如果组织想在工作组织方式上赋予员工一定的权力,方法之一就是为他们提供灵活的工作时间安排。组织可以在考虑组织的需求以及单个职位的需求的基础上,灵活地安排员工的工作时间。灵活的工作时间安排包括弹性工作制和职位分享两种方式。

(1) 弹性工作制(Elastic Working System)。弹性工作制是一种有关工作时间安排的政策,它是指全日制员工可以在组织制定的指导原则下,自行选择开始工作和结束工作的时间。典型做法是,企业要求员工在一个核心时间期间必须工作,如上午10点到下午3点,但是核心时间之外的时间则由员工自己决定,如上下班时间,只要工作时间总量符合要求即可。

弹性工作制的优点是员工可以自己掌握工作时间,能够满足员工在个人或家庭方面的一些需要,为实现个人需求与组织需求的一致创造了条件,降低了缺勤率和离职率,提高了工作效率。弹性工作制的缺点是每天的工作时间延长增加了企业的成本,同时要求企业有更加复杂的管理监督系统来确保员工工作时间总量符合规定。弹性工作制对企业的生产率没有明显的影响,却能使员工得到利益。目前发达国家中越来越多的企业实行弹性工作制,特别是对工作比较独立的专业人员。

(2) 职位分享。职位分享是一种让两名从事非全日制工作的员工共同承担同一个职位上的各种任务的工作安排方式。这种安排能够使组织吸引或留住那些需要有更多的时间去上学或照顾家庭成员的有价值的员工。在这种工作安排方式中,任职者需要具备一定的合作能力以及搭档协调工作细节的能力。

5. 远程工作

灵活的工作安排不局限于工作时间的安排,还可以表现在工作地点安排的灵活性上。在工业革命之前,大部分人都是在离家不远的地方甚至是在家里上班,大规模生产技术的出现使人们不得不将工作和家庭生活分开,开始到位置更为集中的工厂或办公室去工作。然而,今天的办公场所价格越来越高,而各种便携式移动通信工具和计算机设备的价格却越来越低,在这种情况下,远离集中的办公室完成工作的方式即远程工作或远程办公越来越普遍。远程工作减少了企业对办公场所的需求,为员工提供了更大的灵活性,有利于满足他们工作和生活平衡的需要。比如,有些企业已经将原来集中办公的呼叫中心分散到员工个人的家庭之中。当然，远程工作对于有些职位来说比较容易实现，而对于那些从事制造类工作或必须与客户面对面打交道的员工来说就很不现实。

（三）生物型工作设计方法

生物型工作设计法主要源于人类工程学（Ergonomics）和生理机械学，其研究对象是人的心理与物理工作环境特征之间的交互作用。人在工作时使用身体的方法（比如加工较重的机器零件，或者坐在电脑屏幕前工作），对他们的身体状况以及工作时间长短等都会产生影响。因此，这类方法的目标是以人体工作的方式为中心对物理工作环境进行结构性安排，从而将工人身体的紧张程度降低到最低。它侧重于关注工人身体疲劳度、痛苦以及健康抱怨等方面。

生物型工作设计法已经运用于对体力要求较高的职位需要使用的一些设备的再设计方面。其目的是降低某些工作的体力要求以使每个人都能够完成该项工作。也可以通过对机器和技术进行再设计，比如调整计算机键盘的高度来最大限度地减少体力，防止职业病（比如腕部血管综合征）。生物型工作设计运用较广，如通过办公室座椅和桌子的设计符合人体工作姿势来降低工作人员的疲劳度和职业病。此外，通过对工作进行重新设计，使它们更有利于任职者完成，通常还会带来工作效率的提高。

（四）知觉运动型工作设计方法

与生物型工作设计方法不同，知觉运动型工作设计法侧重于人类的心理能力和心理局限，而非关注人的身体能力和身体局限[1]。几乎任何职位都需要任职者具有某种特定的心理能力，只是对心理能力的要求高低不同而已。比如，很多职位都要求任职者接收和处理各种信息，如果这些信息处理要求超出了人的心理承受范围，就很容易出现差错。而企业可以在了解人的大脑如何处理信息的基础上，通过对职位进行设计来使任职者能够准确、安全地完成工作任务。通常情况下，这意味着要减少职位对任职者的信息处理要求。在这些信息处理要求较低的简单职位上，员工犯错误或造成事故的可能性很低。因此，这类工作设计方法的目标是在设计工作时，通过采取一定的方法来确保工作的要求，降低工作对信息加工的要求进而改善工作的可靠性、安全性以及使用者的反应性，以确保工作的要求不会超过人的心理承受能力和心理的局限。使用该方法进行工作设计时，设计者应以能力最差的人所能够达到的能力水平为基准，然后再按照使具有这种能力水平的人也能够完成的方式来确定工作的要求，以使具有最差能力的人能完成工作作为标准进行工作设计。与机械型的工作设计方法类似，这种方法降低了工作的认知要求，一般也达到了降低工作认知度的效果。

不过，简单的职位对于任职者所产生的激励性可能也会较低。因此，最有可能从职位简化中获益的是那些员工认为心理能力要求过高的职位（工作极具挑战性）以及犯错误的代价很高的职位（比如外科医生或空中交通管制人员）。这是因为挑战性过高

---

[1] 李燕萍，李锡元．人力资源管理（第二版）［M］．武汉：武汉大学出版社，2013．

的职位可能会使员工感到疲劳和不满，他们会觉得自己对于环境缺乏控制力，得不到社会支持，同时受到的主要激励就是避免犯错误，而挑战性适度降低之后，员工就会感到对环境有一定控制力，能够得到社会支持，尤其是觉得自己可以放心地学习而不用担心犯错误，这时他们可能会愿意去迎接难度较大的职位所带来的挑战。

有几种方法可以简化职位对于任职者的心理能力需要。一种方法是限制职位对任职者提出的信息处理以及记忆的数量要求。组织还可以通过提供充分的照明、易于理解的标尺和标识、易于操作的设备以及清晰的指令来达到这种目的。员工自己往往也会力图通过制作工作清单、图表或其他辅助手段，减少职位对于自己的心理能力提出的要求。最后，每一种职位都要求任职者具备一定的思考能力、记忆能力以及注意力，一些特殊的职位对于某些特定的心理能力要求会更高，因此组织需要针对每一种职位来评估其员工是否能够满足这些职位的心理能力要求。

技术变革有时也会减少职位对任职者的心理能力要求，同时降低员工犯错误的可能性，但在某些情况下，技术又会使这种问题变得更为严重。在信息来源多元化的当今世界，很多员工都试图同时处理从多种不同信息源获得的信息，比如，一边在电脑上打字一边接听手机，或者是边听他人演示边浏览网上信息，或者是不断中断手头工作查看电子邮件或短信等。在这些情况下，手机、掌上电脑以及电子邮件或短信等可能向员工传递了一些重要的信息，但也可能会打断他们的思路，降低他们的工作绩效，增加出错的可能性。

最后，当一个职位上的员工需要向其他员工传递信息时，出现信息处理误差的可能性往往进一步增加。在医疗领域中，这种信息传递问题已经引起了极大的关注，这是因为很多关键信息都需要在护士、医生以及药剂师之间共享，同时还要在换班的医生、护士之间共享。不同的班次之间需要传递信息的问题，很可能会导致那些在压力较大职位上工作的员工产生疲劳感和工作倦怠感。为此，国外的一些医院引入一种名为SBAR（环境、背景、评估以及建议）的方法来应对这一问题，其目的是将那些需要在切换点传递的信息加以标准化处理。需要把病人护理工作转移给同事的员工可以在几秒钟的时间里，通过吸引听众的注意力来控制环境，通过传递足够的信息来明确问题发生的背景，然后对当前的条件做出总体评估，最后就下一步需要采取的最佳行动提出具体的建议。

需要指出的是，在现实中许多企业并不进行专门的工作设计，而是假设人们对现有工作内容有一种经验的认识，并且企业在招聘新员工时就确保该员工已基本具备了所必需的工作技能和经验。这种方法强调的是各种工作在不同的组织之间具有共性和相似之处，按照决定工作内容的流行做法来设定岗位。这种方法大大简化了招聘、选拔和补偿决策，而且也可以使员工进入组织之前的期望和市场通行的商业教育与培训相互协调。对许多组织，特别是小型组织而言，这种简单的工作设计方法是可行的。

每个组织使用的工作设计方法都可能不同，在一个组织中，也可以对不同层次的员工和不同的工作类别，实行不同的工作设计方法。一个组织可以使用一种工作设计方法，也可以同时使用几种工作设计方法。

第三节　胜任素质模型

胜任素质模型可以说是工作分析中任职资格条件内涵的扩展，胜任素质模型就是针对特定工作表现与员工优秀绩效有因果关联的内隐任职资格（如个性、社会角色、动机、特质、技能和能力等），目前已经成为人力资源管理职能活动（如招聘、培训开发、绩效管理等）的重要依据。

一、胜任素质概述

（一）胜任素质的概念

胜任素质（Competency）也称为胜任特征、胜任力或胜任能力，指"和参照效标（合格的绩效或优秀的绩效）有因果关联的个体行为特征（知识、技能、社会角色、自我概念、特质与动机及其综合反映）"（Spencer，1993）。

胜任素质包括两大类：鉴别性胜任素质指能将某一工作（或组织、文化）中表现优秀者与表现一般者区分开来的个体特征；基准性胜任素质指能将某一工作（或组织、文化）中表现合格者与表现不合格者区分开来的个体特征。

（二）胜任素质的构成要素

胜任素质的构成要素包括名称、定义、维度、分级、标头（等级标准）以及行为描述。例如，成就导向：希望工作杰出或超出优秀标准的动机强度。

A. 成就欲强度。

A1. 没有优秀工作的标准。不特别关心工作，只做被要求做的分内工作（可能关注于与工作无关的社会生活、地位、嗜好、家庭、运动及友情等）。在采访过程中，他们表现为不能对自己的工作做生动而详细的描述，但对工作以外的活动却能娓娓道来。

A2. 注重任务本身。努力工作，但对于工作结果是否出色则没有标准。

A3. 想做好工作。向优秀标准努力，试图将工作做好或正确无误。有时也许会表达出对浪费时间和低效率的沮丧（如埋怨浪费时间并想做得更好），却没有导致特别的提高。

A4. 为达到管理层的标准而工作。努力工作以达到管理层所设定的标准（如达到预算、销售额和质量要求）。

B. 成就影响力。

B1. 个人表现：通过时间的合理安排和有效的个人工作方法，提高他或她的工作效率，包括努力改进他人（重要的下属、秘书等）工作效率的努力。

B2. 影响1~2人：可以实现小的资金承诺。

B3. 影响 4~15 人的工作小组：实现一般规模的销售和财政承诺，努力达到更有效的工作系统，使其他人工作更有效率，提高整个小组的工作表现。

B4. 影响超过 15 人的一个部门，实现大的销售和相当程度的预算承诺。

胜任素质的定义能够使使用者总体上了解该胜任素质所要强调的是何种类型的行为。每一个胜任素质都会区分出 3~5 级不同的行为表现程度，并且每个级别的行为表现都附有简短的说明，以便使用者能够区分一个人在该胜任素质方面到底处在何种程度或水平上。理论上说，在同一种胜任素质上，一个人得到的评价等级越高，则表明此人在实际工作中表现出与该胜任素质相对应的行为的频率越高或强度越大，因此，工作绩效会越好。

（三）胜任素质的核心特征

（1）客观性。不设任何主观前提，完全以"绩效"为取舍标准。

（2）强调深层次特征。任务越复杂，深层胜任特征越重要。

（3）因果关联性。如果员工的成就导向不强，组织不得不花很大的力气去引导员工为自己设置比较高的目标，从而推动员工达到比较高的标准与要求；而如果员工的成就导向强，只要有足够的资源与支持，一般员工会主动要求改善业绩。

（4）分级可测评性。将员工的成就动机分为不同的层级，针对不同的层级采取不同的措施来激励员工。

（5）行为可测评性。对员工的行为进行测评，根据不同的结果，采取不同的措施来激励员工进行改进。

（6）关注突破点。随着胜任素质层级的提高，绩效水平也随着提高，在胜任素质的某个层级点，绩效将会出现大幅度的提高，这一点叫突破点或回报点，花在突破点之前的时间和努力是很值得的，花在突破点之后的时间和努力最好用于其他胜任素质的提升。

二、胜任素质模型概述

（一）胜任素质模型的概念

胜任素质模型就是为完成某项工作，达成某一绩效目标，所要求的一系列不同胜任素质要素的组合。在实践中，胜任素质模型通常由 4~9 种胜任素质构成，每项胜任素质都有权重（在模型中的重要性程度）；每项胜任素质都有明确的界定；部分胜任素质模型还界定了所需要达到的等级。目前，关于胜任素质的两种最常见的模型是冰山模型和洋葱模型。

1. 冰山模型

冰山模型是对胜任素质的一种比较直观的解释，由斯潘塞夫妇于 1993 年提出，他们认为胜任素质共包括六个方面的内容，即知识、技能、社会角色、自我概念、个性特征以及动机，这六个方面的内容形成了一个有机的层次体系。其中，知识是指某一特定领域中的信息；技能是指从事某一活动的行为熟练程度；社会角色是指个体希望在他人面前表现出来的形象,如以企业领导或下属的形象展现自己,是个体对所属的社会群体或组织接受并认为恰当的一套行为准则的认识;自我概念是指对自己的身份、个性以及价值观的认识和看法,如将自己视为权威还是教练;个性特征是指在个体行为方面相对持久稳定的特征,如善于倾听他人、谨慎等;动机是指那些决定外显行为的自然而稳定的思想,如总想把自己的事情做好,总想控制影响别人,总想让别人理解、接纳、喜欢自己[①]。

在这六类胜任素质中,知识和技能是最表层的内容,最容易观察到,同时通过培训和学习加以改善的难度也较小。因此,斯潘塞称之为基准性胜任素质(Threshold Competency),即任职的基本要求。而社会角色、自我概念、个性特征和动机则是比较深层的内容,不容易观察到,同时改善的难度更大,其中,社会角色和自我概念经过长时间的培训或成长性经历可以有所改变,个性特征和动机的改变难度则非常大,因此称为鉴别性胜任素质(Differentiating Competency),即属于能够区分绩效优秀者和一般者的胜任素质(见图3-5)。

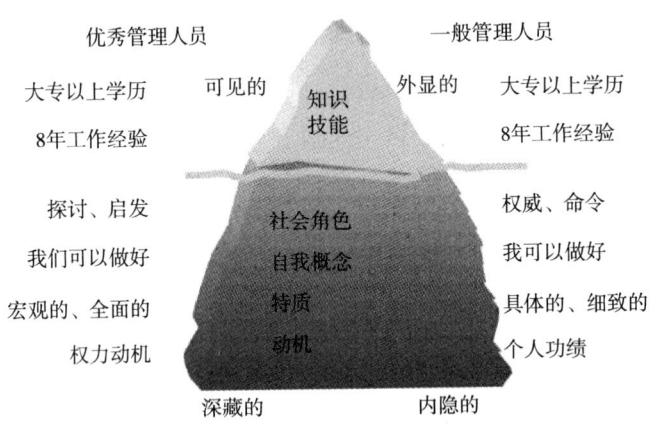

图3-5 胜任素质的冰山模型示例

2. 洋葱模型

胜任素质的洋葱模型是由理查德·博亚特兹在1982年提出的,在洋葱模型中,胜任素质的构成要素与冰山模型基本类似,包括知识、技能、自我形象、态度、价值观以及个性特征和动机(见图3-6)。其中,知识指个体在某一特定领域中掌握的事实型和经验型信息;技能指个体结构化地运用知识完成某项具体工作任务的能力;自我形象指个体对自身的看法以及自我评价或自我认知;态度指个体的自我形象、价值观以及社会角色等发生综合作用的外化结果,会随环境而变化;价值观指个体对周围事物的重要性、意义的总体评价和看法;个性特征是指个体对外部环境以及各种信息做出反应的方式、倾向以及基本特性;动机指推动个体为达到目标而采取行动的内驱力。

---

① 刘昕. 人力资源管理(第二版)[M]. 北京:中国人民大学出版社,2015.

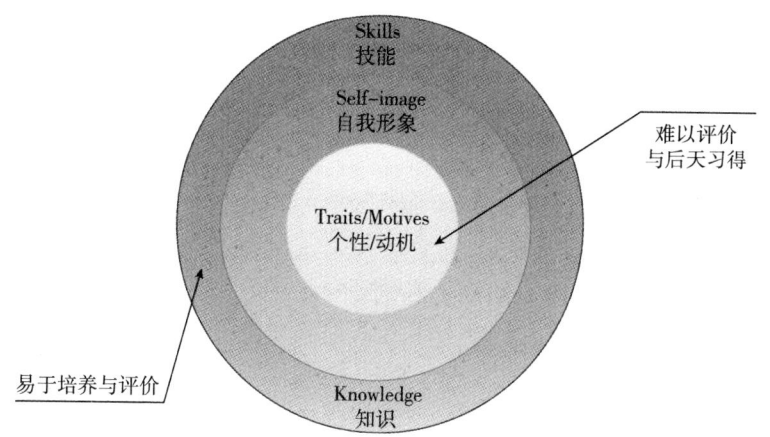

图 3-6 胜任素质的洋葱模型示例

个性特征和动机处于洋葱的最内层，中间层为自我形象、态度和价值观，最外层的则是知识和技能。最内层和中间层的胜任素质既难以做出评价，也难以后天习得，而最外层的知识和技能则既容易做出评价，同时也容易在后天习得。

（二）胜任素质模型的构建

胜任素质模型的构建通常需要经历以下几个步骤，即准备阶段、胜任素质原始信息收集阶段、胜任素质模型初步建立阶段、胜任素质模型验证与确定阶段（见图3-7）。

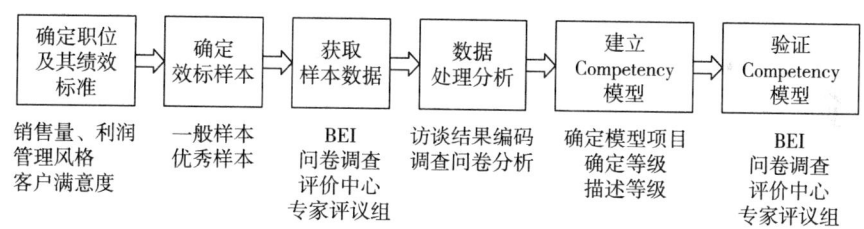

图 3-7 某企业销售类职位胜任素质模型构建

1. 胜任素质模型构建的准备阶段

这一阶段的主要任务是组建胜任素质模型开发小组、确定目标以及收集整理对胜任素质模型开发有价值的各种相关信息和资料。胜任素质模型开发小组通常包括组织领导成员、胜任素质模型专家、人力资源部门相关人员以及胜任素质模型涉及的相关职位任职者及其上级。该开发小组首先要统一思想，对胜任素质模型的内涵、作用以及需完成的胜任素质模型构建工作的程序、方法和目标等达成共识。其次是对组织的战略、文化等进行分析和研究，可采取高层管理人员访谈、组织文化诊断以及战略分析等方法来完成。最后，开发小组还需要制订详细的工作计划，同时收集整理与被分析的职位有关的组织结构图、职位说明书、工作流程图、现有的绩效评价表格以及其他相关资料。

2. 胜任素质原始信息收集阶段

在获取胜任素质信息方面可以采用两种方法：一种是行为事件访谈法，另一种是综合评价法。

传统方法是行为事件访谈法（Behavioral Event Interview，BEI）。这是一种以绩效优秀者为对象的开放式深度访谈技术。它要求首先在需要建立胜任素质模型的职位中依据一定的绩效标准挑选出绩效优秀者，然后要求这些人列出他们的主要工作职责以及在履行职责时遇到的关键情境，再进一步要求他们列出在此工作情境下发生过的三件成功或正面事件以及三件不成功或负面事件。在就这些事件对绩效优秀者进行访谈时，针对每一个事件，通常要求被访者说出当时的情境（Situation）、自己需要完成的工作任务（Task）、自己实际采取的行动（Action），以及这些行动最后产生的结果（Result），以此识别出导致这些人达成高绩效的行为有哪些。然而，由于这种深度访谈技术对访谈者的要求较高，同时耗时较长，此外，对于有些职位来说，一个组织内部的绩效优秀者人数并不是很多，因此，完全依赖这种技术来获取胜任素质信息的难度比较大。

所以，在实践中，很多企业采取了一种变通措施，即采用综合评价法，这种方法综合采用文献研究、问卷调查、专家评价以及标杆参照等方法来获得胜任素质信息。文献研究是指通过研究各种学术文献，从中找出在学术上得到证明的与待开发职位相关的胜任素质信息。问卷调查是通过让对相关职位比较了解的任职者及其管理人员填写问卷的方式收集胜任素质信息。专家评价则是邀请心理学家或对相关职位非常了解的胜任素质模型专家来提供关于特定职位或职位族的胜任素质信息。标杆参照法则是对其他与自己类似组织中的相同或相似职位或职位族的胜任素质信息进行考察，从而适当地吸收和借鉴。

3. 胜任素质模型初步建立阶段

在这一阶段需要对在上述阶段收集的胜任素质原始信息进行整理和提炼，以得出相应的胜任素质的各个模块。如果是采用行为事件访谈法收集的原始信息，则需要对访谈记录进行内容分析，计算各种胜任素质要素在访谈中出现的频率，然后对绩效优秀组和绩效一般组在各个胜任素质要素上提及的频率或程度进行统计和比较，找出两组之间的共性特征与差异特征，最后再根据不同的主题对胜任素质要素进行模块归类，从而初步形成胜任素质模型。如果在上一阶段采用的是综合评价法，则在这个阶段需要由专家对收集的胜任素质基于对相关职位的重要性以及发生的频率等标准进行筛选，最终确定初步胜任素质模型。

4. 胜任素质模型验证与确定阶段

在初步建立胜任素质模型之后，还需要通过实践检验其有效性，即考察在实际绩效评价或考核过程中，绩效优秀者和绩效一般者之间在这些胜任素质方面是否存在显著的差异。只有在一定时间后，员工的绩效差异符合胜任素质模型所做的预测，才能证明这一胜任素质模型是有效的,可以运用于人力资源管理的各项相关决策之中。但这一步骤往往被很多企业忽视,这就很难保证构建的胜任素质模型真正起到区分绩效差异的作用。在验证之后,通常还需要编写胜任素质词典,最终形成胜任素质模型(见图3-8)。

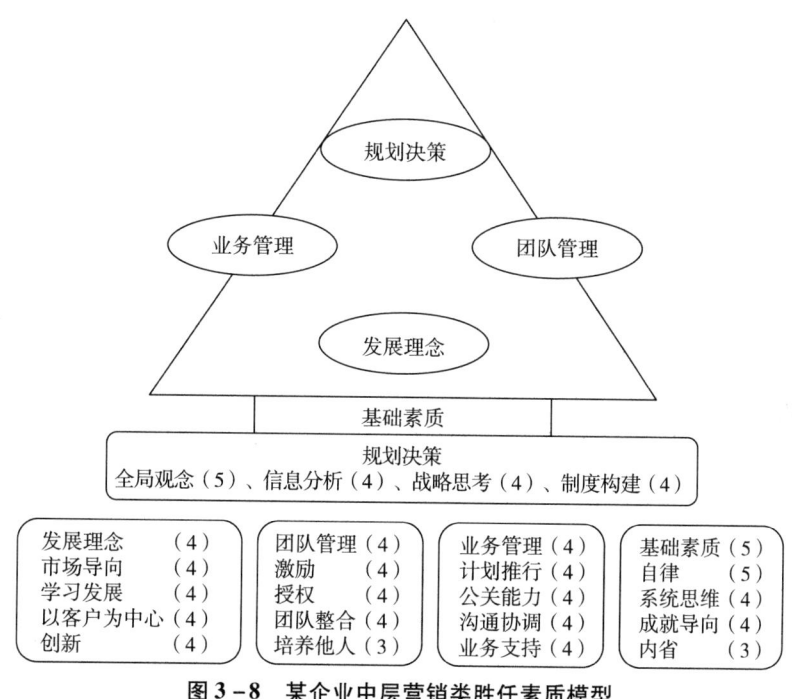

图3-8 某企业中层营销类胜任素质模型

第四节 工作分析的发展趋势

随着网络信息技术的发展,世界范围内经济全球化进程的不断深入,作为市场竞争基本要素的组织,为了适应竞争环境的剧烈变化,必须提高自身的反应能力,增强在全球市场的竞争力,因此组织纷纷实施机构变革与流程再造,出现了"团队合作""无边界工作""无边界组织"等新概念。复合型工作纷纷涌现,操作性、知识技能单一性的工作逐渐减少,工作内涵不断变化,职责的不确定性大大增加。这一系列组织内外部环境的变化导致在人力资源管理体系中起着基石作用并且以职位为分析客体的工作分析,也必然经受到变革的冲击,需要做出相应改变。在未来,工作分析的发展趋势或岗位分析的发展前景将呈现如下变化。

一、实行以战略为导向的能力分析

随着知识经济时代的到来和经济全球化进程的发展,组织所处的内外部环境也快速地变化，导致组织设计和组织架构激烈变革，使工作内容、职责范围、任职资格等也发生着相应的变化。当一个工作被新创造出来或者正在遭遇巨大变革时，工作分析就要着眼于未来，基于组织的战略对未来的职位进行工作分析，并识别出组织的核心竞争力，建立胜任特征模型，帮助组织赢得竞争优势。也就是说，工作分析要实行以战略为导向的能力分析。美国管理学家 Benjamin Schneider 和 Andrea Konz 提出了"战略性工作分析"，即界定所预测到的未来职位的任务以及对任职者的知识、技能、能力及其他个人特质（KSAO）的要求。

实施对未来职位的战略性工作分析，可以按照如下四个步骤来操作：

（1）对现有职位进行分析，识别出当前的工作任务和 KSAO 指标。

（2）组织该职位的主体专家，如任职者、主管、职位培训专家，讨论未来的变化将对该职位产生的影响。

（3）从对发生变革的职位具有深刻了解的人那里收集他们对未来任务和 KSAO 的预测。

（4）比较该职位的现有信息和未来信息，识别出将发生重大变革的任务和 KSAO，这些信息是招聘未来职位的任职者的基础。

值得注意的是，战略性工作分析全过程的关键因素是正确挑选主体专家，因为是由他们对未来职位的变化进行预测，如果当前职位正在经历变革，则可以要求职位的任职者、主管和其他专家预测工作活动和 KSAO 的变革。如果被分析的职位是即将建立的，则可以选择组织中对职位变化有远见的或者熟悉组织战略和技术变革的人，以及与所预测的新职位相似的职位任职者、职位培训专家和主管作为主体专家。

面对职位、技术和组织的快速、持续的变化，有人提出识别基于组织战略的核心竞争力，放宽视野，结合组织战略，更广泛地界定员工应具备的 KSAO。这些核心竞争力由跨工作任务的特性组成，体现组织文化。通常不断变化的内外部环境要求员工具备的核心竞争力有学习能力、自我管理、自我激励、团队合作性适应能力、社交能力以及压力承受力等。

二、拓宽工作分析的信息来源

工作分析收集信息的最常见的来源是工作任职者，未来客户和职位培训专家作为工作信息来源的地位也将日益提高。

（一）客户

随着竞争的日益激烈，员工和客户之间的关系日益紧密，客户就成为工作分析的重要信息来源。许多国外企业雇用人员乔装成客户与提供服务的员工打交道，以收集服务质量信息。这种收集工作信息的方式又被称为"秘密客户"的方式，这是收集服务性工作信息的一个很好的途径。

（二）职位培训专家

工作任职者在预测自身利益将受到影响的情况下，可能会夸大或者缩小工作相关信息，与之相比较，职位培训专家对影响工作的许多因素，如工作负荷、工作环境都比较了解，并且从他们那里收集工作信息不涉及他们的自身利益，因此职位培训专家将日益成为收集工作分析信息的重要来源。与工作任职者相比，职位培训专家能够迅速地提供更加专业、客观、全面并且真实的信息。

三、改进工作分析的方法技术

传统的工作分析一般采用人工方法收集和分析信息，而随着高新技术的发展，工作分析技术将趋于高科技化。

（一）计算机网络

互联网和组织内部的局域网对数据收集有着广泛和深入的影响。被调查者可以将信息直接输入计算机并传输到工作分析员的计算机上，因而摆脱了打印、分发以及邮寄任务清单或问卷调查等一些烦琐的工作。因此，计算机网络将凭借其方便、快捷、节约等优点，日益取代纸质的调查方式。

（二）电子业绩监督系统

人工智能的增强将会使电子业绩监督系统的应用越来越普遍。那时，电子业绩监督系统不仅能够监视员工的工作活动，还能进行员工工作行为数据的采集，此类信息收集也可以作为工作分析信息的来源。

四、职责界定的角色化

随着工作性质、工作方式和工作内涵的不断变化，职责界定的基础逐渐从职位转向角色（作用）。传统的工作分析是在竞争环境、组织结构和职位职责相对稳定和可以预见的时代里发展起来的。如今，在组织内外部环境激烈变化的年代，西方一些人力资源工作者面对工作内涵、性质和工作方式等的剧烈变革，提出了这样的观点：用角色（作用）分析来代替传统的基于职位的工作分析。这些西方的人力资源工作者提倡抛弃传统的职位说明书，采用角色说明书，在进行工作分析和编写说明书的时候，将重点放在角色上。

对于那些实行团队工作方式的组织来说，这种从关注职位转变为关注工作角色的趋势更加势不可当。这种趋势在IT企业中尤为明显，在这些企业中出现了跨团队、跨职能合作，甚至虚拟工作团队；此外，咨询行业中的员工从一个项目转到另一个项目，从一个团队转到另一个团队，工作职责变得模糊，使工作说明书不得不描述得越来越模糊，工作名称变得越发没有意义。因此，工作分析的又一发展趋势是研究团队内各角色的工作流程，以判断产品和服务的改变及其对团队成员的要求。因为界定一个人作为团队成员所发挥的作用，可能比界定其个人职位职责更有意义，所以组织由对员工所在的"点"的定位过渡到现在的"区域"定位。人在组织中的位置也由"点定位"过渡到"区间定位"即"角色定位"。

秉持分析角色而非分析岗位这一观念的公司如日产公司和本田公司。这两家公司都强调,他们雇用的是为公司工作的员工,而非承担某固定、具体的职位的员工。另外,美国西南航空公司的人力资源总裁利比萨坦说,他们是为工作而不是为职位来雇用人的。这些组织中的员工态度发生了变化,他们从仅仅考虑做"我"的职位,转变为考虑任何有实现组织目标的事情。

需要注意的是,工作分析在国内企业和西方企业中的发展状况大不相同。如今,西方企业的工作分析已经日趋模糊化,因为他们早期已经通过工作分析建立了非常规范的职位管理制度,而此时他们更需要做的是为应对激烈的竞争而合并职位以及建立团队,并制定灵活的角色(作用)说明书。而在国内企业中工作分析这一人力资源管理体系的基石没有奠定牢固,因此,不能盲目学习西方企业的管理方式,首先要做的就是做好、做实工作分析,为其他人力资源活动奠定牢固的基础。

本章小结

工作分析与工作设计是人力资源管理的一项基础工作。"没有最好,只有更好",管理提升无止境,企业的人力资源管理体系建设也需要脚踏实地、一步一个脚印,而第一步往往是最关键的。所以,构建人力资源管理体系,从工作分析与工作设计开始。本章首先介绍了工作分析的概念、要素以及相关术语、工作分析的意义、实施过程和具体方法;其次,通过对工作分析与工作设计的比较,探讨了工作设计的概念和方法;再次,对胜任素质、胜任素质模型相关概念及胜任素质模型构建进行了论述;最后,探讨了工作分析最新的发展趋势,希望能给企业提供参考。

【本章思考题】
1. 工作分析的作用及其应遵循的原则是什么?
2. 工作分析的程序有哪些?
3. 工作分析的方法有哪些?各有什么特点?
4. 什么是工作说明书?如何编制工作说明书?
5. 工作设计的方法有哪些?在组织中应该怎样选择与运用?

【拓展阅读】

A 公司工作分析的困境

A公司是我国中部省份的一家房地产开发公司。近年来,随着当地经济的迅速增长,房产需求强劲,公司有了飞速的发展,规模持续扩大,逐步发展为一家中型房地产开发公司。随着公司的发展和壮大,员工人数大量增加,众多的组织和人力资源治理问题逐渐凸显出来。

公司现有的组织机构,是基于创业时的公司规划,随着业务扩张的需要逐渐扩充而形成的,在运行的过程中,组织与业务上的矛盾已经逐渐凸显出来。部门之间、职位之间的职责与权限缺乏明确的界定,扯皮推诿的现象不断发生;有的部门抱怨事情太多,人手不够,任务不能按时、按质、按量完成;有的部门又觉得人员冗杂,人浮于事,效率低下。

公司的人员招聘方面,用人部门给出的招聘标准往往含糊,招聘主管往往无法准确地加以理解,使招来的人大多差强人意。同时,目前的许多岗位不能做到人事匹配,员工的能力不能得以充分发挥,严重挫伤了士气,并影响了工作的效果。公司员工的晋升以前由总经理直接做出。现在公司规模大了,总经理已经几乎没有时间来与基层员工和部门主管打交道,基层员工和部门主管的晋升只能根据部门经理的意见来做出。而在晋升中,上级和下属之间的私人感情成为了决定性的因素,有才干的人却往往并不能获得提升。因此,许多优秀的员工由于看不到自己的前途,而另谋高就。在激励机制方面,公司缺乏科学的绩效考核和薪酬制度,考核中的主观性和随意性非常严重,员工的报酬不能体现其价值与能力,人力资源部经常可以听到大家对薪酬的抱怨和不满,这也是人才流失的重要原因。

面对这样严峻的形势,人力资源部开始着手进行人力资源治理的变革。变革首先从进行工作分析、确定职位价值开始。工作分析、职位评价究竟如何开展,如何抓住工作分析、职位评价过程中的要害点,为公司本次组织变革提供有效的信息支持和基础保证,是摆在A公司面前的重要课题。

首先,他们开始寻找进行工作分析的工具与技术。在阅读了国内目前流行的基本工作分析书籍之后,他们从其中选取了一份工作分析问卷,来作为收集职位信息的工具。其次,人力资源部将问卷发放到了各个部门经理手中,同时他们还在公司的内部网上也上发了一份关于开展问卷调查的通知,要求各部门配合人力资源部的问卷调查。

据反映,问卷在下发到各部门之后,却一直搁置在各部门经理手中,而没有发下去。很多部门是直到人力资源部开始催收时才把问卷发放到每个人手中。同时,由于大家都很忙,很多人在拿到问卷之后,都没有时间仔细思考,草草填写完事。还有很多人在外地出差,或者任务缠身,自己无法填写,而由同事代笔。此外,据一些较为重视这次调查的员工反映,大家都不了解这次问卷调查的意图,也不理解问卷中那些生疏的治理术语,何谓职责、何谓工作目的,许多人对此并不理解。很多人想就疑难问题向人力资源部进行询问,可是也不知道具体该找谁。因此,在回答问卷时只能凭借自己个人的理解来进行填写,无法把握填写的规范和标准。

一个星期之后,人力资源部收回了问卷。但他们发现,问卷填写的效果不太理想,有一部分问卷填写不全,一部分问卷答非所问,还有一部分问卷根本没有收上来。辛苦调查的结果却没有发挥它应有的价值。

与此同时，人力资源部也着手选取一些职位进行访谈。但在试着谈了几个职位之后，发现访谈的效果也不好。因为，在人力资源部，能够对部门经理访谈的人只有人力资源部经理一人，主管和一般员工都无法与其他部门经理进行沟通。同时，由于经理们都很忙，能够把双方凑在一块，实在不容易。因此，两个星期时间过去了，只访谈了两个部门经理。

人力资源部的几位主管负责对经理级以下的人员进行访谈，但在访谈中，出现的情况却出乎意料。大部分时间都是被访谈的人在发牢骚，指责公司的治理问题，抱怨自己的待遇不公等。而在谈到与工作分析相关的内容时，被访谈人往往又言辞闪烁，顾左右而言他，似乎对人力资源部这次访谈不太信任。访谈结束之后，访谈人都反映对该职位的熟悉还是停留在模糊的阶段。这样持续了两个星期，访谈了大概1/3的职位。人力资源部认为时间不能拖延下去了，因此决定开始进入项目的下一个阶段——编写职位说明书。

可这时，各职位的信息收集却还不完全。怎么办呢？人力资源部在无奈之中，不得不另觅它途。于是，他们通过各种途径从其他公司中收集了许多职位说明书，试图以此作为参照，结合问卷和访谈收集到一些信息来编写职位说明书。

在撰写阶段，人力资源部还成立了几个小组，每个小组专门负责起草某一部门的职位说明，并且还要求各组在两个星期内完成任务。在起草职位说明书的过程中，人力资源部的员工都颇感为难，一方面不了解别的部门的工作，问卷和访谈提供的信息又不准确；另一方面，大家又缺乏写职位说明书的经验，因此写起来都感觉很费劲。规定的时间快到了，很多人为了交稿，不得不急急忙忙、东拼西凑了一些材料，再结合自己的判定，最后成稿。

最后，职位说明书终于出台了。人力资源部将成稿的职位说明书下发到了各部门，同时还下发了一份文件，要求各部门按照新的职位说明书来界定工作范围，并按照其中规定的任职条件来进行人员的招聘、选拔和任用。但这却引起了其他部门的强烈反对，很多直线部门的治理人员甚至公开指责人力资源部，说人力资源部的职位说明书是一堆垃圾文件，完全不符合实际情况。于是，人力资源部专门与相关部门召开了一次会议来推动职位说明书的应用。人力资源部经理本来想通过这次会议来说服各部门支持这次项目。但结果却恰恰相反，在会上，人力资源部遭到了各部门的一致批评。同时，人力资源部由于对其他部门不了解，对于其他部门所提的很多问题也无法进行解释和反驳，因此，会议的最终结论是，让人力资源部重新编写职位说明书。后来，经过多次重写与修改，职位说明书始终无法令人满足。最后，工作分析项目不了了之。

人力资源部的员工在经历了这次失败的项目后，对工作分析彻底丧失了信心。他们开始认为，工作分析只不过是"雾里看花，水中望月"的东西，说起来挺好，实际上却没有什么大用，而且认为工作分析只能针对西方国家那些治理先进的大公司，拿到中国的企业来，根本就行不通。原来雄心勃勃的人力资源部经理也变得灰心丧气，但他却一直对这次失败耿耿于怀，对项目失败的原因也是百思不得其解。

那么，工作分析真的是他们认为的"雾里看花，水中望月"吗？该公司的工作分析项目为什么会失败呢？

资料来源：百度文库 https：//wenku.baidu.com/view/ef9ba534148884868762caaedd3383c4bb4cb481。

【思考题】

1. 在工作分析项目的整个组织与实施过程中，该公司存在着哪些问题？

2. 如果你是人力资源部新任的主管，让你重新负责该公司的工作分析，你要如何去开展？

第四章　人力资源战略规划

人力资源战略在企业战略管理中占有举足轻重的地位,作为公司内部众多职能战略之一,人力资源战略受到组织层面的企业战略的影响,同时,企业战略思想的产生与发展指导人力资源战略的研究和发展。人力资源规划是在企业战略及发展目标的总体框架之下,根据企业内外部环境的变化,预测未来企业对于人力资源的需求和供给状况,以及在此基础上做出的各类人力资源的计划、安排及相关政策。可以说,人力资源规划是企业人力资源日常管理工作的起点,也是重要的工作依据。

【学习目标】

通过本章的学习,应掌握:
1. 企业战略与人力资源战略的关系
2. 人力资源规划的概念
3. 人力资源规划的实施流程
4. 人力资源需求预测的方法
5. 人力资源供给预测的方法
6. 人力资源供需平衡的政策措施

【关键词】

人力资源战略;人力资源规划;人力资源需求预测;人力资源供给预测;人力资源供需平衡

第四章 人力资源战略规划

【思维导图】

```
人力资源战略规划
├── 人力资源战略概述
│   ├── 企业战略与人力资源战略的关系
│   │   ├── 环境分析
│   │   ├── 制定人力资源战略
│   │   ├── 预测人力资源供给和需求
│   │   ├── 制定人力资源规划方案
│   │   ├── 人力资源规划的实施
│   │   └── 人力资源战略与规划的评价和控制
│   └── 人力资源战略与企业战略的匹配
│       ├── 与波特竞争战略相协调的三种人力资源战略
│       ├── 与迈尔斯和斯诺的企业战略相协调的三种人力资源战略
│       └── 人力资源管理与企业战略的四种关系类型
├── 人力资源规划概述
│   ├── 人力资源规划的概念
│   ├── 人力资源规划的目标
│   ├── 人力资源规划的类型
│   └── 人力资源规划的内容
├── 人力资源规划的实施
│   ├── 准备阶段
│   │   ├── 人力资源战略环境分析
│   │   └── 企业人力资源现状评估
│   ├── 预测阶段
│   │   ├── 人力资源需求预测
│   │   └── 人力资源供给预测
│   ├── 实施阶段
│   │   ├── 人力资源供需匹配政策
│   │   └── 人力资源规划实施事项
│   └── 评估阶段
├── 人力资源规划的方法
│   ├── 人力资源需求预测
│   │   ├── 人力资源需求预测的内容
│   │   ├── 人力资源需求预测的影响因素
│   │   └── 人力资源需求预测的方法
│   ├── 人力资源供给预测
│   │   ├── 人力资源供给预测的影响因素
│   │   ├── 人力资源内部供给预测方法
│   │   └── 人力资源外部供给预测方法
│   └── 人力资源规划的平衡落实措施
│       ├── 人力资源规划的平衡
│       ├── 人力资源供不应求的平衡措施
│       └── 人力资源供大于求的平衡措施
└── 人力资源规划的发展趋势
    ├── 人力资源需求预测强调定性与定量方法的结合
    └── 数字技术在人力资源战略规划中的应用
```

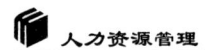
【引导案例】

HKW 公司的人力资源管理困惑

HKW 公司是一家坐落在浙江的民营企业，其主要业务是风机的生产和销售。经过 10 多年的发展壮大，其主要产品的年销售额达 15 亿元。公司的发展蒸蒸日上，高层领导也是雄心勃勃，制定出了销售突破 20 亿元、经营模式进行多元化发展的目标，可就在这时，公司却在人力资源管理问题上陷入了泥潭，遇到了一系列的问题：

(1) 人到用时方恨少，员工数量总是不能满足业务的需要，经常发生人员不足而需要人力资源部门突击招聘的情况。

(2) 关键管理岗位人员储备严重不足，一旦在岗员工离职缺乏继任者。

(3) 管理人员的管理水平较低，从外部招聘难以满足企业对管理人员的要求。

(4) 出现了部分员工集中离职的势头，经过人力资源部门的调查，发现他们离职的原因集中在公司的职业发展前景不明确。

(5) 企业人力资源管理的水平较差，无法为公司的发展提供人力资源方面的支持，人力资源的工作也无法满足公司发展的需要。

公司领导和人力资源部门想尽了办法，问题依然得不到解决。迫于无奈，为了解决公司存在的人力资源方面的问题，该公司聘请了专业的咨询公司，为自己制定一个人力资源的三年规划。

资料来源：http://www.hrsee.com/? id=1387。

【思考题】

假如你是咨询公司的人力资源管理专家，你如何为 HKW 公司制定人力资源规划方案？

第一节 人力资源战略概述

一、企业战略与人力资源战略的关系

企业战略是指企业为满足未来持续经营的需要，在分析其拥有的资源和自身能力以及所处的外部环境的基础上，对企业的全局性、基本性的问题进行的总体谋划，是企业生存和发展的总纲领。企业战略包括企业的愿景、使命、价值观和战略目标。企业的战略分为总体战略、经营战略和职能战略。企业战略目标的实现依赖于一系列职

能战略,在这一系列职能战略中,人力资源战略是最重要的。

人力资源战略是企业根据内部和外部环境分析,从企业的全局利益和发展战略出发,为支持企业战略目标达成,充分考虑员工的期望,而制定的基于提升企业人力资源核心竞争力的人力资源开发与管理的纲领性的长远规划。人力资源战略的管理是把人力资源的管理与组织的战略计划作为一个系统整体来考虑,这就使人力资源管理具有了另外一项重要的战略职能,即进一步充实了人力资源管理的战略活动层次。影响人力资源战略的主要企业战略包括:第一,成长与削减的意图、兼并、收购、剥离、多元化和产品/市场的开发;第二,通过创新来增加竞争优势,从而达到产品/服务的差异化,改善质量/客户服务和成本减少(裁员)。

企业的战略经营目标和企业文化是建立人力资源战略的依据,是企业人力资源战略实施的前提和环境。人力资源战略的制定和实施必须与企业的愿景、使命和价值观保持高度一致才能促进企业战略目标的实现。企业通过构建核心能力来实现企业的战略目标,而企业核心能力构建需要人力资源战略的支撑;企业的核心人才队伍是企业核心能力形成的载体。企业人力资源战略制定的关键是根据企业核心能力建设的需要,结合企业的核心价值观,打造支撑企业战略目标实现的人才队伍,建立科学的人才培养开发管理机制,保证人力资源效能最大化。

人力资源战略制定和企业战略制定的程序一样,包括内外部环境分析、人力资源战略的制定、人力资源战略实施、人力资源战略评价与控制四个步骤(见图4-1)。

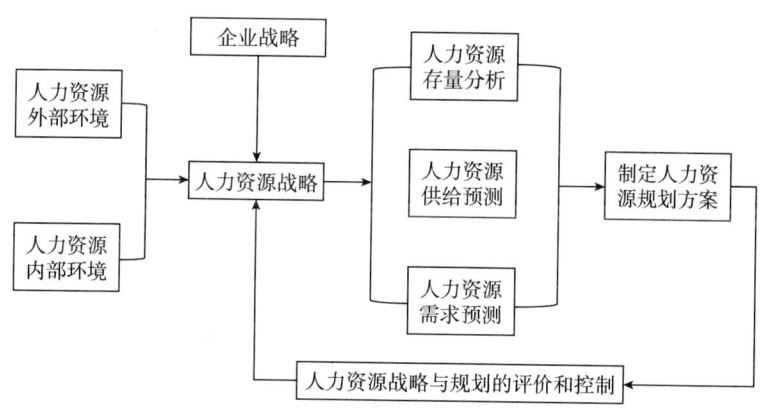

图4-1 人力资源战略与规划的一般过程

(一)环境分析

对企业的内部和外部环境进行分析,并进行评价是人力资源战略与规划的第一步。企业在环境分析时,必须仔细考察企业的内部和外部环境,以获取可能对企业未来人力资源管理产生影响的信息。外部环境因素包括劳动力市场因素、经济环境、政府法令法规、社会的价值观、科技发展因素、工会与利益团体、国际总体环境等,这些都是评估外部环境需要考虑的内容；内部环境因素包括企业内部的人力供需情形、组织文化、员工士气、组织结构、招募甄选、训练发展、薪酬体系、绩效管理体系、劳资关系等，这些都是内部环境需要评估的内容。

（二）制定人力资源战略

人力资源战略是指根据企业的战略规划，通过对企业未来的人力资源需求和人力资源供给情况的分析和预测，采取职务编制、员工招聘、测试选拔、培训开发、薪酬设计以及未来预算等人力资源管理手段，使企业人力资源与企业发展相适应的综合性发展计划。人力资源战略需要与组织中的层级相互配合，从而有效协助企业达成目标。

（三）预测人力资源供给和需求

在进行人力资源规划时，企业首先必须清楚分析现有的人力资源状况，然后根据自身的未来发展战略，对未来的人力资源需求做出正确的预测，找到未来理想的人力资源状况与现在存在的差距。最后，根据劳动力市场的现状预测未来的人力资源供给情况，确定未来的劳动力市场是否能给企业发展提供合适质量和数量的人力资源。

（四）制定人力资源规划方案

当目前的人力资源状况与未来理想的人力资源状况存在差距时，企业必须制定一系列有效的人力资源战略与规划方案。一个完整的人力资源规划方案一般包括人员补充计划、分配规划、晋升规划、教育培训规划、工资规划、保险福利规划、劳动关系规划、退休规划。

（五）人力资源规划的实施

人力资源规划战略所形成的方案最终还要在方案执行阶段进行具体实践。方案执行阶段的关键问题在于必须确保要有专人负责既定目标的实施，并且这些人要拥有保证这些目标实现的必要权力和资源。执行过程进展状况的定期报告可以确保所有的方案都能够在既定的时间里执行到位，并且方案执行的初期成效与预测的情况是一致的。

（六）人力资源战略与规划的评价和控制

对人力资源战略与规划的评价和控制的基本目的是保证企业最初制定的人力资源规划与具体实施过程动态实时地相互适应。其基本内容包括：选择人力资源规划关键环节中的关键监控与评估点，确定评价与控制基准和原则，监测评估关键控制点的实际变化与变化趋势，选择实施适度控制力和正确的控制方法，调整偏差[1]。

二、人力资源战略与企业战略的匹配

（一）与波特竞争战略相协调的三种人力资源战略

戈梅斯（Gomez）和麦加（Mejia）等提出了与波特的竞争战略相协调的三种人力资源战略（见表4-1）。当企业采用成本领先战略时，主要是通过低成本来获取竞争优势。要配合低成本的企业战略，此时的人力资源战略强调的是通过有效性、低成本市

---

[1] 赵曙明.人力资源战略与规划（第三版）[M].北京：中国人民大学出版社，2012.

场、高结构化的程序来减少不确定性,并且不鼓励创新。差异化战略主要是通过创新产品或者服务的特性来获得竞争优势。因此,这种战略的一般特点是具有较强的营销能力,强调产品的设计和研究开发,公司以产品的质量著称。此时的人力资源战略强调创新和弹性、以团队为基础的培训和考核,以及差异化的薪酬战略等。当企业采用集中化战略时,企业战略的特点是综合的成本领先战略和差异化战略。相应地,人力资源战略将结合上述人力资源战略。

表4-1 与波特竞争战略相协调的人力资源战略

企业战略	一般组织特点	人力资源战略
成本领先战略	持续的资本投资 严密地监督员工 严格的成本控制,要求详细的控制报告 低成本的配置系统 结构化的组织和责任 产品设计以制造上的便利为原则	有效率的生产 明确的工作说明书 详细的工作规划 强调具有技术上的资格证明与技能 强调与工作有关的特定培训 强调以工作为基础的薪酬 使用绩效评估当作控制的工具
差异化战略	营销能力强 产品策划与设计 基础研究能力强 公司以质量或科技领先著称 公司的环境可吸引高技能的员工、高素质的科研人员或具有创造力的人	强调创新和弹性 工作类别广 松散的工作规划 外部招聘 团队基础的培训 强调以个人为基础的薪酬 使用绩效评估作为发展的工具
集中化战略	结合了成本领先战略和差异化战略组织特点	结合了上述人力资源战略

(二) 与迈尔斯和斯诺的企业战略相协调的三种人力资源战略

迈尔斯(Miles)和斯诺(Snow)将企业战略分为三种类型:防御者战略(Defender)、探索者战略(Prospector)和分析者战略(Analyzer)。防御者战略是寻求整体市场中的一个狭窄、稳定的细分市场,而不是成长。探索者战略是通过不断寻找新产品、新市场或新服务,发掘新的商业机会。在这种战略下,企业资源主要用于鼓励创新以及获得难以在组织内部发展的能力。分析者战略是同时在稳定的和动态的产品市场上经营,他们往往是其经营领域的领导者,但不是变革发起者。

柏德(Baird)和比奇勒(Beechler)认为,对应于企业防御者战略、探索者战略和分析者战略,企业应采取相互协调的人力资源战略[1](见表4-2)。当企业采取防御

---

[1] 彭剑锋.人力资源管理概论(第三版)[M].上海:复旦大学出版社,2018.

者战略时,与其相互协调的人力资源战略是累积者战略。累积者战略是基于最大化员工投入及技能培养,充分发挥员工的最大潜能。当企业采取分析者战略时,与其对应的人力资源战略是协助者战略。协助者战略是基于新知识和新技能的创造,鼓励并支持能力、技能和知识的自我开发。而当企业采取探索者战略时,企业最优的人力资源战略是效用者战略。效用者战略是基于极少的员工承诺和高技能的利用,企业将雇用具有目前所需要的技能且可以马上使用的员工,使员工的能力、技能与知识能够配合特定的工作。

表4-2 企业战略、组织要求与人力资源战略

企业战略	组织要求	人力资源战略
防御者战略 ·产品市场狭窄 ·效率导向	·维持内部稳定性 ·有效的环境分析 ·集中控制系统 ·标准化运作程序	累积者战略:基于建立最大化员工投入的技能培养 ·获取员工的最大潜能 ·开发员工的能力、技能和知识
分析者战略 ·追求新市场 ·维持目前存在的市场	·弹性 ·严密和全盘的计划 ·提供低成本的独特产品	协助者战略:基于新知识和新技能的培训 ·聘用自我动机强的员工,鼓励和支持能力、技能和知识的自我发展 ·在正确的人员配置及弹性结果化团体之间协作
探索者战略 ·持续地寻求新市场 ·外部导向 ·产品—市场的创新者	·不断地陈述改变 ·广泛的环境分析 ·分权的控制系统 ·组织结构的正规化程度低 ·资源配置快	效用者战略:基于极少的员工承诺和高技能的利用 ·雇用具有目前所需要的技能且可以马上使用的员工 ·使员工的能力、技能与知识能够配合特定的工作

(三)人力资源管理与企业战略的四种关系类型

人力资源是企业发展的基础,经营战略是企业发展的导向。对企业来说,两者都很重要,两者中任何一个出现问题或偏差,都会对企业的可持续发展产生影响。那么,如何以经营战略为导向来提升企业的人力资源配置呢？人力资源管理与企业战略的不同关系及其表征如表4-3所示。

表4-3 人力资源管理与企业战略的关系

	人力资源管理活动	人力资源管理部门的地位	人力资源管理部门对企业战略的参与	后果
行政关系	孤立的人事日常事务处理	较低层次服从	无机会,不参与企业战略形成和实施	停留在人事管理的水平,企业战略难以有效实施

续表

	人力资源管理活动	人力资源管理部门的地位	人力资源管理部门对企业战略的参与	后果
单向关系	人力资源部门根据企业战略制定和实施人力资源战略	中高层次服从	参与战略实施，不参与战略形成	由于没有参与企业的战略制定，导致企业战略不能成功实施
双向关系	在形成企业战略过程中提出建议，将人力资源问题包括在内实施企业战略	较高层次服从和建议	既参与战略形成，也参与战略实施	彼此相互依赖，较好地保证战略制定，企业战略能成功实施
一体化关系	人力资源管理活动完全融入企业战略制定、实施中	决策层决策、执行	持续、全面地参与企业战略的制定、实施	使企业在竞争中处于有利地位，保证企业战略的成功实施

通过上述比较可以得知，企业的人力资源管理与经营战略分别从两个不同的角度促进或引导了企业的可持续成长与发展。如果想在激烈的市场竞争中获得并保持优势，企业的人力资源管理与经营战略需要彼此协调匹配，而要实现两者之间的协调与匹配，就需要两者之间时常进行深入的双向沟通。事实上，企业的战略分为总体战略、经营战略和职能战略。人力资源战略作为企业的职能战略，它是在企业战略基础上形成的，通过发挥其对企业战略的支撑作用，促进实现企业战略。因此，人力资源战略必须与企业战略相一致，同时人力资源战略的实施推动着企业战略的实现，因为人力资源战略的实施可以充分发挥人力资源的价值，发挥人的主观能动性，不断增强企业的竞争力和竞争优势，推动组织战略的实现，使企业健康持续快速发展。

第二节 人力资源规划概述

一、人力资源规划的概念

从本质上说，人力资源规划是一种针对人力资源的计划过程。经历了几十年的发展，人力资源规划的含义从一个仅仅针对人员配置需求的狭义过程，发展成为一个阐明比较广泛的与人有关的企业问题的过程。

战略性人力资源规划又称为人力资源战略规划，有广义和狭义之分。广义的人力资源战略规划，是指根据组织的发展战略、目标及组织内外环境的变化，预测未来的组织任务和环境对组织的要求，以及为完成这些任务、满足这些要求而提供人力资源的过程。狭义的人力资源战略规划，是指对可能的人员需求、供给情况做出预测，并据此储备或减少相应的人力资源。

战略性人力资源规划不同于以往的人力资源规划，其更强调规划的战略性。美国哈佛商学院的安德鲁斯（K. Andrews）教授认为，战略从本质上讲，是通过一种模式，把企业的目的、方针、政策和经营活动有机地结合起来，使企业形成自己特殊的战略属性和竞争优势，将不确定的环境具体化，以便较容易地着手解决这些问题。美国达特茅斯学院的奎因（J. B. Quinn）教授认为，战略是一种模式或计划，它将一个组织的主要目的、政策与活动按照一定的顺序结合成一个紧密的整体。因此，战略性人力资源规划是为组织的人力资源目标服务，要解决人力资源供需动态平衡问题，同时它包含了一系列计划，也反映了一系列行动。

综合上述观点，战略性人力资源规划的概念包括以下四层含义：第一，人力资源规划的制定必须依据组织的发展战略、目标。第二，人力资源规划要适应组织内外部环境的变化。第三，制定必要的人力资源政策和措施是人力资源规划的主要工作。第四，人力资源规划的目的是使组织人力资源供需平衡，保证组织长期持续发展和员工个人利益的实现。

二、人力资源规划的目标

人力资源规划是一个制定人力资源管理行动方针的过程，其实质是一个确定目标和目标实践的决策过程。战略性人力资源规划的目标包括：

（1）规划人力资源发展。人力资源发展包括人力资源的预测、增补以及培训，这三者之间紧密联系，不可分割。人力资源规划一方面对目前人力资源现状进行分析，从而了解人事动态；另一方面对未来人力资源需求做一些预测，以便对企业人员的增减进行通盘考虑，再据此制订人员的增补和培训计划。因此，人力资源规划是人力资源发展的基础。

（2）促使人力资源的合理运用。只有少数企业人力的配置完全符合理想的状况。在相当多的企业中，其中一些人的工作负荷过重，而另一些人的工作过于轻松；也许有一些人的能力有限，而另一些人则感到能力有余，却未能被充分利用。人力资源规划可改善人力分配的不平衡状况，从而谋求合理化，促使人力资源能配合组织的发展需要。

（3）配合组织发展的需要。任何组织的特性，都是不断地追求生存和发展，而生存和发展的主要因素是人力资源的获得与运用，即如何适时、适量及适质地让组织获得所需的各类人力资源。在现代科学技术日新月异、社会环境变化多端的时代，如何针对这些多变的因素，配合组织发展目标，对人力资源合理规划甚为重要。

（4）降低用人成本。影响企业结构用人数目的因素很多，如业务、技术革新、机器设备、组织工作制度、工作人员的能力等。人力资源规划可以对现有的人力结构进行一些分析，并发现影响人力资源有效运用的瓶颈，使人力资源效能得到充分发挥，从而降低人力资源在成本中所占的比率。

三、人力资源规划的类型

企业人力资源规划的种类繁多，根据不同标准，人力资源规划可划分出不同类型。大致可以从规划的时间、规划所涉及的范围和规划的性质上来划分，应根据实际需要进行灵活选择。

（1）从规划的时间上，人力资源规划可分为三种：短期规划一般为6个月至1年；长期规划为3年以上；中期规划介于两者之间。企业人力资源规划的期限长短，主要取决于企业环境的确定性、稳定性，以及人力资源素质高低的要求。如果经营环境不确定、不稳定，企业对人力资源的素质要求不高，可以随时从劳动力市场补充公司所需要的劳动力，企业就可以制定短期人力资源规划；反之，企业就必须制定较长期的人力资源规划。

（2）从规划所涉及的范围上，企业的人力资源规划可分为企业总体人力资源规划、部门人力资源规划、专项任务或工作的人力资源规划。企业总体人力资源规划是有关计划期内人力资源开发利用的总目标、总政策、实施步骤及总体预算的安排，它与企业的战略直接相关，是实现企业战略目标的人力资源保证；部门人力资源规划是总体人力资源规划目标的细分规划，是总体人力资源规划在各个部门的分解，是有关部门的人力资源开发利用的目标、政策、实施步骤及部门预算的安排；专项任务或工作的人力资源规划主要包括人员补充计划、人员使用计划、人才接替计划及提升计划、教育培训计划、薪资计划、劳动关系计划等，是总体规划的展开和具体化。

（3）从规划的性质上，分为战略性人力资源规划和战术性人力资源规划。战略性人力资源规划具有全局性和长远性，是人力资源战略的表现形式；战术性人力资源规划是指具体的、短期的、具有针对性的业务计划。

四、人力资源规划的内容

许多学者已对人力资源战略规划的内容进行了划分，对内容的划分存在共同之处，但也存在区别，如划分内容上的区别、表述上的差异等。结合目前主流的划分方式，人力资源战略规划的内容可分成七个子规划：

（1）外部人员补充规划。外部人员补充规划指根据组织内外环境变化和组织发展战略，通过有计划地吸收外部人员，从而对组织中可能产生的长期空缺职位加以补充的规划。

（2）内部人员流动规划。内部人员流动规划指根据组织内外环境变化和组织发展战略，通过有计划地组织内部人员流动，实现在未来职位上配置内部人员的规划。

（3）退休解聘规划。退休解聘规划指根据内外环境变化和组织发展战略，通过有计划地让达到退休标准人员和不合格人员离开组织，从而实现组织人员结构优化的规划。

(4) 职业生涯规划。职业生涯规划指组织根据组织内外环境变化和组织发展战略，引导员工职业发展方向，员工根据个人能力、兴趣、个性和可能获得的机会制订个人职业发展计划，从而组织可系统安排内部员工职业发展的规划。

(5) 培训开发计划。培训开发计划指根据组织内外环境变化和组织发展战略，在考虑员工发展需要的基础上，通过对员工有计划地培训和开发，提高员工能力、引导员工态度、促使员工适应未来岗位的规划。

(6) 薪酬激励计划。薪酬激励计划指根据组织内外环境变化和组织发展战略，为了使员工结构保持在一个恰当水平、提高员工工作绩效、激发员工工作热情，从而制定一系列薪酬激励政策的规划。

(7) 组织文化规划。组织文化规划指根据组织内外环境变化和组织发展战略的需要，不断完善组织长期积累形成的组织文化，使其在未来能更好地引导和激励员工，从而为组织提供更优秀的人力资源规划。

第三节　人力资源规划的实施

人力资源规划的最终目的是通过人员管理来获得和保持企业竞争优势。随着组织所处的环境、企业战略与战术计划、组织目前的工作结构与员工工作行为的变化，人力资源规划的目标也不断变化。因此，制定人力资源规划不仅要了解企业现状，更要认清企业的战略目标方向和内外环境的变化趋势；不仅要了解现时的表现，更要认清人力资源的潜力和问题。企业人力资源规划是一个不断调整的动态过程，它以企业战略规划为基础，当企业战略目标与经营方式发生变化时，人力资源规划的实施也应该随之变化。人力资源规划的实施是将人力资源规划转化为可执行方案的过程，在转化过程中要制定具体的战略目标、实施计划、实施保障计划以及资源的合理平衡等，从而使人力资源战略可操作化。人力资源规划具体制定和实施的步骤见图4-2。人力资源规划的过程可以分为准备、预测、实施和评估四个阶段。

一、准备阶段

(一) 人力资源战略环境分析

在收集制定人力资源规划所需要的信息时，首先要把握影响企业战略目标的外部宏观环境和行业环境以及企业内部环境。

外部环境分析一般采用PEST分析法，主要包括：组织所处地域的经济形势及发展趋势；组织所处行业的演变、生命周期、现状和发展趋势；组织在行业中所处的地位、所占的市场份额；竞争对手的现状和增长趋势、竞争对手的人力资源状况、人力资源政策；预计可能出现的新竞争对手；组织外部的劳动力市场状况；政府的人力资源政策、法规对组织人力资源战略的影响等。

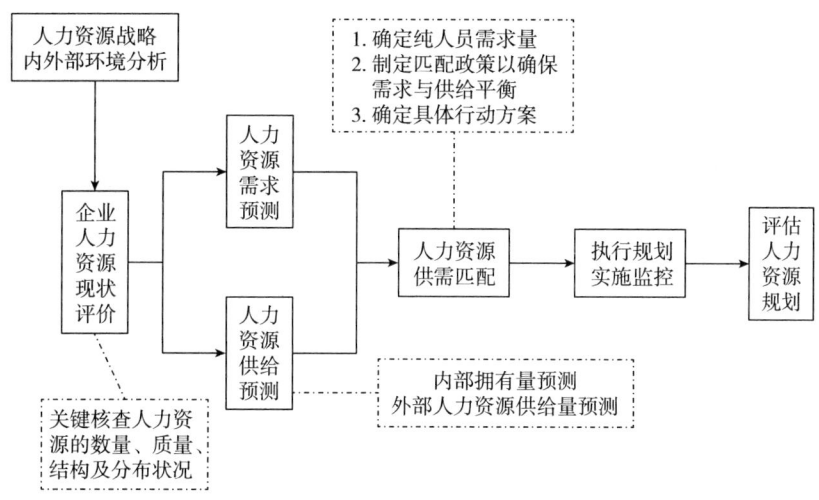

图4-2 人力资源规划的实施流程

内部环境分析主要包括：企业内部资源；企业所处的生命周期、发展阶段；企业总体发展战略；企业的组织文化；企业员工的现状和企业员工对企业的期望。

（二）企业人力资源现状评估

厘清企业人力资源的现状是人力资源规划的基础工作，也是人力资源规划实施的前提。企业人力资源现状的评价主要通过人力资源调查和工作分析来完成。可以利用企业的人员档案资料来估计目前的人力资源技术、能力和潜力，并分析目前这些人力资源的利用情况，以及深入调查分析外在的人力资源环境，如劳动力市场结构、市场供给与需求状况、人口与教育的社会状况、劳动力择业心理等有关因素。

人力资源调查主要是通过查阅现有的档案资料、发放调查问卷、访谈等途径来获取企业现有员工年龄、学历、职称、能力和专长等方面的信息。通过人力资源调查可以了解企业现有人力资源的数量、质量和结构。工作信息的提取手段是工作分析，通过工作分析可以得到企业内各个职位对任职者知识、经验、技能等方面的要求。综合人力资源调查和工作分析的结果，可分析企业现有人力资源的配备状况，了解企业是否存在人员缺编、超编以及在岗员工是否符合职位资格要求的情况。

需要特别指出，在这一阶段，需要特别分析组织内外人员流动的状况。人员流动可以分为组织内部流动和组织外部流动两类。其中，组织外部流动包括各种形式的离职及招聘，员工离职的不确定性较大，离职信息难以准确把握，因此在人力资源供需预测时具有不确定性。

二、预测阶段

人力资源规划实施工作的一个重要环节是企业人力资源的供需预测。人力资源预测是指在对企业过往的人力资源情况以及现状评估的基础上，对未来一定时期内的人力资源情况的预先估计或假设。人力资源规划的预测包括人力资源需求预测和人力资源供给预测，两者的差额就是组织对人力资源的需要。需求和供给预测阶段是人力资源规划中比较具有技术性的部分。在所收集的人力资源信息基础上，对人力资源的需求和供给进行预测。预测可采用主观经验判断和各种统计方法及预测模型，并与所实施或假定的人力资源政策相关，它往往会对组织的管理风格和传统产生重大影响。

（一）人力资源需求预测

企业人力资源需求预测是在考虑内外部环境和企业战略目标的基础上，根据企业的优势、劣势、机会和威胁，制定相应的人力资源战略，确定企业的组织结构和工作设计。在这些基础上，企业运用科学的预测方法对企业发展中所需的人力资源数量、质量和结构进行预测，包括对各专业人才的数量、技术级别以及各种不同人才的搭配比例进行预测。这些工作可以和人力资源供给预测同时进行。这些科学的预测方法包括专家征询法、德尔菲法、描述法等定性分析方法，以及总体需求结构分析、人力资源成本分析、人力资源发展趋势分析、人力资源学习曲线分析、计算机模拟等定量分析方法。人力资源需求预测步骤如下：

（1）根据职务分析的结果，确定职务编制和人员配置。

（2）进行人力资源盘点，统计出人员的缺编、超编及是否符合职务资格要求。

（3）将上述统计结论与部门管理者进行讨论，修正统计结论。

（4）该统计结论即为现实人力资源需求。

（5）根据企业发展规划，确定各部门的工作量。

（6）根据工作量的增长情况，确定各部门还需增加的职务和人数，并进行汇总统计。

（7）该统计结论为未来人力资源需求。

（8）对预测期内退休的人员进行统计。

（9）根据历史数据，预测未来可能发生的离职情况。

（10）将步骤（8）和步骤（9）中的统计和预测结果进行汇总，得出未来流失人力资源需求。

（11）将现实人力资源需求、未来人力资源需求和未来流失人力资源需求汇总，即得企业整体人力资源需求预测。

（二）人力资源供给预测

人力资源供给预测就是预测组织可能从其内部和外部获得人力资源的数量，它应将组织现有人员状况分析作为基础，同时考虑组织内部人员的流动状况，了解有多少员工仍然留在现有岗位上，有多少员工因为岗位轮换、晋升、降级而离开现有岗位到新的岗位工作，有多少员工因退休、调离、辞职或解雇等离开组织。人力资源供给预测的步骤如下：

（1）进行人力资源盘点，了解企业员工现状。

(2) 分析企业的职务调整政策和历史员工调整数据，统计出员工调整的比例。

(3) 向各部门的人事决策人员了解可能出现的人事调整情况。

(4) 将步骤 (2) 和步骤 (3) 的情况汇总，得出企业内部人力资源供给预测。

(5) 分析影响外部人力资源供给的地域性因素，包括所在地的人力资源整体现状、有效人力资源的供求现状、所在地对人才的吸引程度、薪酬对所在地人才的吸引程度、能够提供的各种福利对当地人才的吸引程度、本企业对人才的吸引程度。

(6) 分析影响外部人力资源供给的全国性因素，包括全国相关专业的大学生毕业人数及分配情况、国家在就业方面的法规和政策、该行业全国范围的人才供需状况、全国范围从业人员的薪酬水平和差异。

(7) 将步骤 (5) 和步骤 (6) 的分析汇总，得出企业外部人力资源供给预测。

(8) 将企业内部人力资源供给预测和企业外部人力资源供给预测汇总，得出企业人力资源供给预测。

三、实施阶段

（一）人力资源供需匹配政策

人力资源规划的目标是达到供需平衡，即企业完成人力资源供需预测后，确定对劳动力的净需求，并在此基础上制定相应的人力资源政策，以保持人力资源的平衡。首先是确定净人员的需求量，主要是将预测的各规划时点上的供给和需求进行比较，确定人员在质量、数量和结构及分布上的不一致之处，从而得到人员需求量。其次是制定匹配政策以确保供给与需求的一致，即制定各种具体的规划和行动方案，保证需求与供给在规划各时点上的匹配。

在人力资源规划的实施过程中，要了解如何实现企业人力资源供给和需求的平衡。人力资源供需平衡是指企业通过增员、减员和人员结构调整等措施，使企业人力资源供需基本趋于相等的状态。企业要综合人力资源供给预测和需求预测的结果，做出分析、判断和估计，结合企业外部因素和内部其他因素的影响，使人力资源供给和需求相平衡。企业平衡人力资源有两种人事政策：一种是解决人力资源缺乏时的政策（员工短缺），例如内部招聘、外部招聘、继任计划、聘用临时工、延长工作时间、内部晋升、技能培训等；另一种是处理冗员的政策（员工过剩），例如严格控制招聘、缩短工时、提前退休、减少人员补充、增加无薪假期、裁员等。此外，结构重组与人力资源重组对企业人力资源供需匹配不平衡的调整具有重要作用。

（二）人力资源规划实施事项

规划的制定与实施紧密相连。通常，企业首先形成人力资源战略，根据人力资源战略制定总体规划，再制订各项具体的业务计划及相应的人事政策，以便各部门贯彻执行。人力资源规划的制定要保持各项计划和政策的一致性，确保通过计划的实施使人力资源战略的目标得以实现。人力资源规划的方案最终要在方案执行阶段付诸实施。方案执行阶段的关键问题在于，必须要有实现既定目标的组织保证。除分派负责执行的具体人员外，还要保证实现这些目标所需的必要权力和资源。

企业人力资源规划的实施需要相应的制度和条件的支持。首先，人力资源规划必须以企业战略规划为前提。人力资源规划是对战略规划的支持，是为了实现战略目标而进行的人力资源的配置和发展计划，不同的企业战略目标要求不同的人员结构、能力、素质特性及数量等。人力资源规划最终是为战略规划而服务的，清晰明确的战略规划是人力资源经理制定人力资源规划的一盏方向灯。其次，人力资源规划必然涉及员工数量的增减、员工技能的提升及员工晋升等工作，而实现这些人力资源规划内容必须依靠招聘、培训与绩效考核等方面的工作。在实施人力资源规划之前，完善人力资源的基础建设非常重要。最后，人力资源规划的实施需要人力资源部门与其他部门、企业高管层协同，保证规划实施工作的顺利开展需确定合理的规划实施计划与流程，落实相关责任和权限，因此人力资源规划实施的基础是企业内部充分沟通、相互协作、形成良好执行文化。

四、评估阶段

人力资源规划是一个持续的动态过程，具有滚动的性质。组织实施人力资源的总规划和各项业务计划后，需要对实施的结果进行评估，并及时反馈评估结果，以此来修正人力资源规划。人力资源规划是一个具有闭环特征的程序，因此在实施过程中应当对其及时跟踪、及时发现偏差，并采取相应的纠偏措施，以使人力资源规划能与战略规划保持协调一致，提升自身运作的有效性。对人力资源规划的反馈与评估可以采用定期报告进展的形式[①]。通过定期报告和检查，可以确保所有的方案能在既定的时间里执行到位，并且方案执行的初期成效与预测的情况是一致的。有些企业只重视人力资源规划的制定与实施，而忽视人力资源规划的评估工作，这可能导致人力资源规划流于形式，最终导致无法实现战略目标。对人力资源的实施结果进行评估可以明确规划的有效性，了解问题所在，促使规划得以更好的落实。

人力资源规划实施的监控与评估步骤包括：

（1）建立目标。公司的高层管理部门和战略规划部门制定公司的战略、使命和愿景。根据公司近几年的运营状况，制订人力资源管理系统的短期计划和长期规划，产生人力资源管理的部门关键指标及各指标被接受的控制目标（控制目标是指监控指标所要达到的目标值，及能被接受的最低值和最高值。例如，某公司为实施低成本战略，人力资本降低率则成为部门关键指标）。此外，还需不断调整关键指标方案，保持与其他部门步调一致，保证其可行性。

（2）事项识别。建立人力资源管理的部门目标之后，需要分析、识别影响实现部门目标的关键事项。利用基于活动的分析方法（ABM/ABC），将关键事项逐层分解落实到人。结合自上而下与自下而上的模式，从目标计划、企业要求、岗位说明书等方

---

① 王彦君. 基于企业战略的人力资源规划流程及方案探析 [J]. 人力资源，2019（10）：51.

面出发,明确每个小组、每个人复杂的相关事项。

(3) 建立指标体系。针对各个事项,归纳其监控指标,确定控制目标,分配权重,制定计分公式和评分规则,定位数据来源,区分测评周期,以建立指标体系。指标体系的建立要从三个维度进行:质量、成本和时间。质量是事项执行的结果;成本是事项执行的开支费用;时间则是完成的及时性。

(4) 实施监测。将各指标按每个季度、每个月或者实时的实际值与控制目标值进行对比,根据实际值与目标值差距的程度,分级预警。实时进行环比、同比分析,及早发现问题,及时预警。此外,在监测过程中,还需关注关键事项在执行过程中是否符合企业战略、企业目标,执行过程是否规范化,是否符合企业制度等。

(5) 例外分析。通过监测及时发现企业存在的问题,深入分析问题,找出问题的根源。

(6) 结果报告。汇总快速分析的结果,产生内部报告,为企业的相关管理者提供决策依据,及时从源头上解决问题。

以上六个过程形成一个闭合回路,从建立目标开始,识别可能影响目标实现的关键事项,针对关键事项建立指标体系,实施监测,以便及时发现问题进行分析,经分析辨别后得到内容报告,再根据报告提供的依据果断地调整目标,这样就形成了一个周而复始的过程。

综上,将人力资源规划的实施过程概括总结为图 4-3 所示。

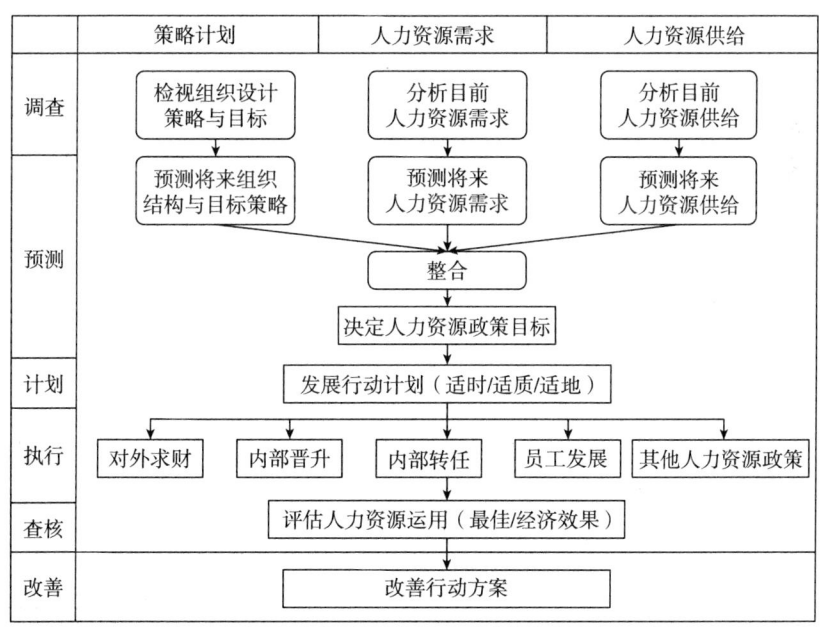

图 4-3 人力资源规划的实施过程

第四节 人力资源规划的方法

一、人力资源需求预测

（一）人力资源需求预测的内容

所谓预测，是指利用预测对象本身历史和现状的信息，采用科学的方法和手段，对预测对象尚未发生的未来发展演变规律预先做出科学的判断。信息的不确定性注定了预测的困难及不完美性。企业的人力资源预测可以分为人力资源需求预测和人力资源供给预测。人力资源需求包括总量需求和个量需求，也包括数量、质量和结构等方面的需求。

人力资源需求预测是指事先估计企业未来一段时间内人力资源需求的总量、人力资源的年龄结构、专业结构、学历层次结构、专业技术职务结构与技能结构等。企业人力资源需求预测的步骤如图4－4所示。

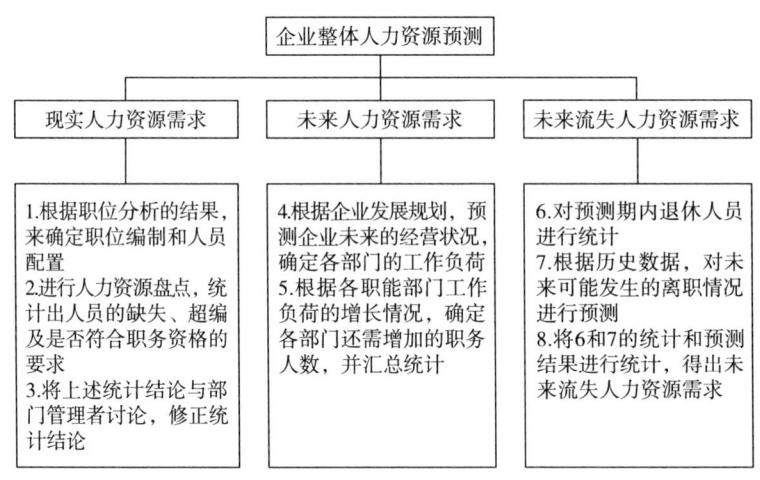

图4－4 人力资源需求预测的步骤

（二）人力资源需求预测的影响因素

企业的人力资源需求预测不仅受到企业内部经营状况和已有人力资源状况等内部因素的影响，同时受到政治、经济、文化、科技、教育等不可控的企业外部因素的影响，从而使企业在进行人力资源规划、人力资源需求预测时更加复杂。另外，在企业人力资源需求预测中还必须注意到企业人力资源发展的规律和特点，人力资源发展在企业发展中的地位、作用，以及两者之间的关系，分析影响人力资源发展的相关因素，揭示人力资源发展的总体趋势。此外，在人力资源需求预测时，还要掌握预测中的四个基本要素，分别为定性、定量、时间和概率，以及了解它们之间的相互关系。

人力资源需求预测的定性要素是指在预测前，必须对企业人力资源发展的性质进行叙述性的、非定量的描述，初步了解企业人力资源发展的大致方向和趋势。定性要素是人力资源预测的出发点，是企业进行正确的人力资源需求预测的基础。

人力资源需求预测的定量要素是指通过具体的数据来描述企业人力资源发展的规模、速度以及结构等方面的特征，对企业人力资源进行定量的、比较具体的描述。

由于企业人力资源发展和变化是一个以时间为基本变量的函数，随着时间的推移，企业人力资源数量、结构等状况都会发生相应的变化。因此，时间要素是企业进行人力资源需求预测中不可或缺的重要要素之一。

企业在进行人力资源需求预测时，需要对所要预测的诸如人力资源数量、结构等预测对象实际发生变化的可能性，也就是概率进行估计和描述，以确定预测对象发生变化的概率，因此，概率也是企业人力资源需求预测中又一个不可或缺的重要要素。

（三）人力资源需求预测的方法

人力资源需求预测方法主要分为定性预测和定量预测两类，如图4-5所示。与定性预测方法相比，定量预测方法可以使用计算机应用软件如Excel、Spss等统计工具来拟合预测方程，减少手工计算时的误差，提高了效率，可以处理更多的历史资料，提高数据结论的准确性。

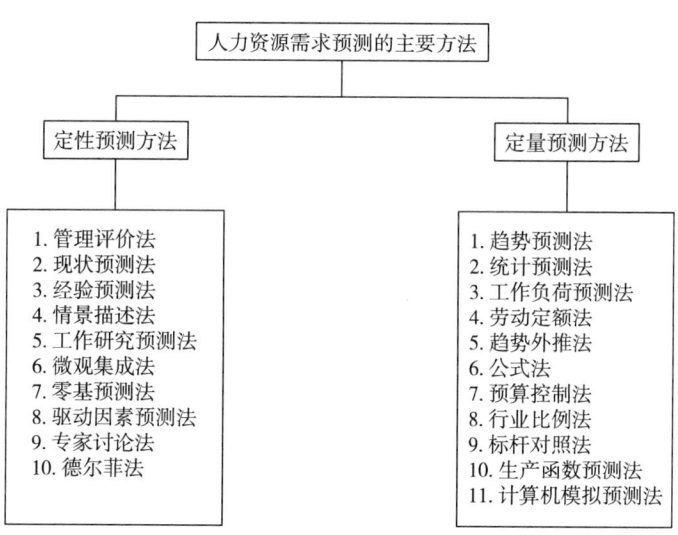

图4-5 人力资源需求预测的方法

1. 定性预测方法

（1）管理评价法。管理评价法是预测企业人力资源需求最常用的一种主观预测法。它是由高层管理者、部门经理和人力资源部专员等人员一起预测和判断企业在某段时间对人力资源的需求。管理评价法可分为自下而上估计法和自上而下估计法两种。下级估计法首先是由基层管理人员根据其生产能力、员工流动等情况预测人员需求,然后向上级主管部门汇报。上级估计法是由高层管理者根据组织发展目标和发展战略以及经营环境的变化来预测人员需求[①]。利用管理评价法预测人员需求的主要依据是企业的目标、生产规模、生产需求、销售或者服务规模、人员配置及流动性等。这种方法的主要缺点是具有较强的主观性,受判断依据以及判断者经验的影响较大。另外,企业实施单一的自上而下法会因为高层管理者对下级的具体情况不甚了解,使最终预测结果不符合实际要求,而只使用自下而上法又会出现帕金森定律所指出的现象,即各部门负责人对本部门人力资源需求预测时一定都会扩大,造成人力资源浪费。因此,该方法通常用于中短期预测,并且在预测中结合运用下级估计法和上级估计法。

(2) 现状预测法。现状预测法是一种适用于短期预测的最简便的预测方法。这种方法较易操作,广泛适用于小型企业的人力资源需求的短期预测。这种方法假定使企业保持原有的生产规模和生产技术不变,则企业的人力资源处于相对稳定的状态,即企业目前各种人员的职务设置和人员配置是适应规划期内的人力资源需求[②]。因此,人力资源预测人员所要做的工作就是测算出在规划期内哪些岗位上的人员将得到晋升、降职、退休或调出本组织,再准备调动人员去补充。然而,现状规划法的假定与企业的实际情况存在差距。

(3) 经验预测法。经验预测法是一种利用现有的情报和资料,结合以往的经验和本企业的实际特点,对企业未来人员的需求进行预测。经验预测法简便易行,但预测结果受管理人员的主观经验和偏好的影响较大,要求管理人员必须具有丰富的经验和客观的判断,且不同的管理人员经验不同。因此,通过保持历史档案、查阅历史资料和多人综合预测等方法可以提高预测的准确度,减少误差。这种方法适用于较为稳定的小型企业,适合一定时期内企业的发展状况没有发生方向性变化的情况,通常用于短期预测。

(4) 情景描述法。情景描述法是企业的人力资源部门对组织未来的战略目标和相关因素进行假设性描述、分析和综合,并做出多种人力资源需求的备选方案,以适应和应付环境和因素的变化。情景描述法通常用于环境变化或者组织变革时的人力资源需求预测分析。

(5) 工作研究预测法。工作研究预测法是企业根据具体岗位的工作内容和职责范围,在假设岗位工作人员完全适岗的前提下,确定其工作量,最后得出需要的人数。工作研究预测法的关键是进行科学的工作分析,编写出准确的职务说明书,制定出科学的岗位用人标准。当企业的结构比较简单、职责清晰时,工作研究分析预测比较容易实施。

---

① 韩亚明. 浅析人力资源需求预测常用方法 [J]. 人力资源管理,2011 (4):51-52.
② 周文成. 人力资源管理:技术与方法 [M]. 北京:北京大学出版社,2010.

（6）微观集成法。微观集成法是组织的各个部门根据自己的单位、部门的需要预测将来某时期内对各种人员的需求量，人力资源管理的计划人员可以把各部门的预测综合起来，形成总体预测方案。这种方法由上而下布置预测工作，由各直线部门经理根据本部门的业务发展需要，预测出将来对某种人员的需求量，然后再由下而上逐级进行汇报、预测和汇总。微观集成法采取先分后合的形式，收集的信息涵盖了下属各个部门、单位，比较全面，适用于中、短期的预测并且组织的生产和服务比较稳定的情况。

（7）零基预测法。零基预测法假定当前的职位设置和人员配置是恰当的，人员的需求完全取决于人员的退休、离职等情况的发生。相比人员退休的确定性，人员的辞职、辞退、重病等离职情况是难以预料的。但是，通过对历史资料的统计和比例分析，可以较为准确地预测离职的人数。零基预测法适合于中、短期的人力资源预测。需要注意的是，零基预测法需要了解当前的人员情况，并掌握任何新增的变化，如职位增加、变化或撤销①。

（8）驱动因素预测法。该方法是某些与企业的本质特征有关的因素主导着企业的活动或工作量，从而决定人员的配置需求。驱动因素预测法的步骤是：第一，寻找驱动因素，包括产量方面的变化（收入、生产或销售的单位或数量、完成的项目、交易等），所提供的服务的数量、质量、速度等的变化，客户关系方面的变化（规模、时间长短、质量），新资本的投资（设备、技术等）；第二，分析驱动因素与人力资源需求之间的关系；第三，预测驱动因素的变动；第四，根据预测的驱动因素的影响，预测人力资源的需求。

（9）专家讨论法。专家讨论法适合技术型企业的长期人力资源预测。相关领域的技术专家由于把握技术发展的趋势，所以能更加容易对该领域的技术人员状况做出预测。可以采取二次讨论法来提高预测的可信度。在第一次讨论中，各专家独立拿出自己对技术发展的预测方案，管理人员将这些方案进行整理，编写成企业的技术发展方案。第二次讨论主要是根据企业的技术发展方案来进行人力资源预测。

（10）德尔菲法。德尔菲法又称为专家预测法，是指邀请某领域的一些专家或有经验的管理人员采用问卷调查或小组面谈的形式，对企业未来人力资源需求量进行分析、评估和预测并最终达成一致意见的方法。这种方法实施时比较严格，需要注意的是，专家人数一般不少于30人，问卷的返回率不低于60%，以保证调查的权威性和广泛性；实施该方法时必须取得高层的支持，同时给专家提供充分的资料和信息，确保判断和预测的质量；问卷题目设计应主题突出，意向明确，保证专家都从同一个角度出发去理解问题；在预测中，专家之间不能互相讨论或交换意见。德尔菲法适用于长期预测，调查对象可以是个人或面对面的专家小组，也可以是背靠背的专家小组。面对面的方式，专家之间可能相互启发；背靠背的形式可以免除某一权威专家对其

---

① 刘善仕. 人力资源管理［M］. 北京：机械工业出版社，2015.

他专家的影响,从而促使每位专家独立发表看法。德尔菲法的整个过程如图4-6所示。

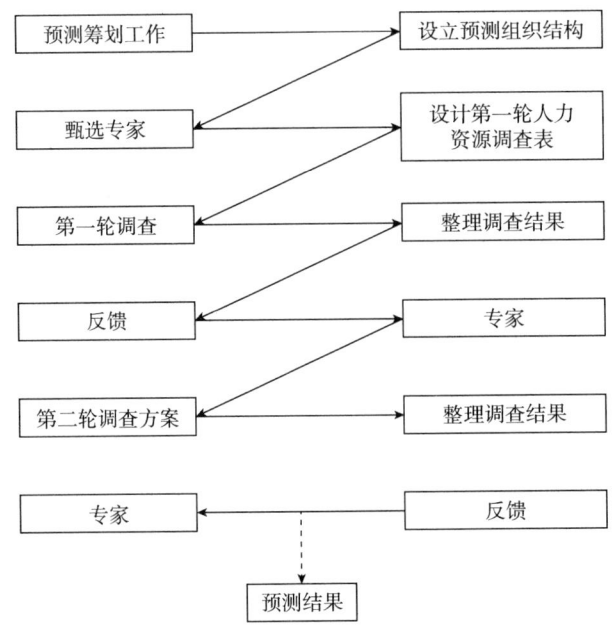

图4-6 德尔菲法的过程

德尔菲法由于吸收不同的专家与预测,充分利用了专家的经验和学识,确保了最终结论的可靠性;由于采用匿名方式,能使每一位专家独立地做出自己的判断,不会受到其他繁杂因素的影响;通过反复多轮,保证了最终结论的统一性。然而,需要指出的是,德尔菲法过程比较复杂,花费时间较长;另外,使用的难点在于如何提出简单明了的问题,如何使专家对预测中涉及的各种概念和指标理解一致,以及如何将专家意见归纳总结。在预测前对所选专家进行全面培训,预测后再集中专家讨论,从而达成一致意见,才能保证效果。最后需要注意的是,专家在预测中可能存在倾向性选择信息和冒险心理效应。

2. 定量预测方法

(1) 趋势预测法。趋势预测法是指预测者根据企业过去几年的员工数量的历史数据,分析未来的变动趋势,从而预测企业在未来某一时期的人力资源需求量的一种方法[①]。趋势预测法数据的可获得性比较强,使预测会比较容易。在使用这种方法时,一般都要假设其他的一切因素都保持不变或者变化的幅度保持一致,这也往往忽略了循环波动、季节波动和随机波动等因素。此外,趋势预测法要求所选因素应该与组织的

---

① 邹艳春. 人力资源管理理论与实务 [M]. 北京:中国人民大学出版社,2013.

基本特性直接相关，且它们的变化必须与人力资源需求量变化成比例，实际运用中具有局限性。常用的趋势预测法有以下三种：

◇散点图分析法。该方法首先收集企业在过去几年内人员数量的数据，并根据这些数据画出散点图，把企业经济活动中某种变量与人数之间的关系和变化趋势表示出来，如果两者之间存在相关关系，则可以根据企业未来业务量的估计值来预测相关的人员需求量，同时，可以运用数学的方法来对其进行修正，使其成为一条光滑的曲线，从该曲线可以估计出未来的变化趋势。

◇幂函数预测模型。该模型主要考虑人员变动与时间之间的关系，其具体公式为 $R(t) = at^b$，式中，$R(t)$ 为 t 年的员工人数，a、b 为模型参数。a、b 的值由员工人数历史数据确定，用非线性最小二乘法拟合幂函数曲线模型进行计算。

◇罗吉斯特预测模型。即企业根据员工人数的历史数据画散点图，若变化趋势符合罗吉斯特增长曲线的特征，那么就可以使用该预测模型。其具体公式为 $1/G(t) = k + ab^t$，式中，$G(t)$ 为 t 年的员工总数，用逻辑增长曲线模型算出 k、a、b 的值。

（2）统计预测法。统计预测法是指根据过去的情况和资料建立数学模型，并以此对未来的趋势做出预测的一种定量的预测方法。常用的统计预测方法有比例趋势预测法、一元线性回归预测法、多元线性回归预测法、非线性回归预测法、经济计量模型预测法等。

◇比例趋势预测法。这种方法通过研究历史统计资料中各种比例关系，例如，部门管理人员与该部门工人之间的比例关系、员工数量与机器设备数量的比例，考虑未来情况的变动，估计预测期内的比例关系，进而预测未来各类员工的需求量。这种方法简单易行，关键在于历史资料的准确性和对未来情况变动的估计。

◇一元线性回归预测法，又称简单的单变量预测模型。在进行人力资源需求预测时，如果只考虑一种因素对人力资源需求的影响，如企业的市场规模，而忽略其他因素的影响，则可以采用一元线性回归预测法；如果考虑两个或者两个以上因素对人力资源需求的影响，则需要运用多元线性回归预测法；如果其中某一影响因素与人力资源需求量之间的关系不是直线相关的线性关系，那么就需要用非线性回归法来预测。

◇多元线性回归预测法。这种方法不只考虑时间或产量等单个因素，还考虑了两个或两个以上因素对人力资源需求的影响，不是单纯地仅依靠拟合方程、延长趋势线来进行预测，更重视变量之间的因果关系，有全面反映变量关系、应用条件相对简便等优点。但是，这种方法也存在局限性，主要体现在：在进行多元分析时往往容易引入一些相互之间相关性比较强的变量，从而与其基本假设前提相违背，会降低准确度；多元回归模型要求各个变量符合正态分布，在实践中，往往有些样本的分布并不完全符合正态分布；多元回归计算比较复杂，手工计算耗时多，易出错。

◇经济计量模型预测法。这种方法首先用数学模型的形式表示出企业的职工需求量与影响企业员工需求量的主要因素之间的关系，然后依据该模型和主要影响因素变量来预测企业的员工需求量。这种方法比较烦琐、复杂，一般只有管理基础比较好的大型企业才会采用。

（3）工作负荷预测法。工作负荷预测法是指按照历史数据、工作分析的结果，先计算出某一特定工作每单位时间（如每一天）每人的工作负荷（如产量），然后再根据未来的生产量目标（或者劳务目标）计算出所需要完成的总工作量，然后依据前一标准折算出所需要的人力资源数量。这种方法的考虑对象是企业工作总量和完成工作所需要的人力资源数量之间的关系，考虑的是每位员工的工作负荷与企业总体工作量之间的比率，可用公式表示为：

未来每年所需员工数 = 未来每年工作量/每年每位员工所能完成的工作量
　　　　　　　　　 = 未来每年的总工作时数/每年每位员工工作时数

因此，工作负荷法的关键部分是正确预测出企业总的工作量和员工的工作负荷。当企业所处的环境、劳动生产率增长比较稳定的时候，这种预测方法就比较方便，预测效果也比较好。

（4）劳动定额法。劳动定额法又称比率分析法。劳动定额是对劳动者在单位时间内应该完成的工作量的规定。在已知企业的计划任务总量，以及科学合理的劳动定额的基础上，为了能够比较准确地预测企业人力资源需求量，可以运用劳动定额法。该方法可以运用公式 $N = W/[Q(1+R)]$ 进行计算。式中，N 为企业人力资源需求量，W 为计划期内任务总量，Q 为企业制定的劳动总额，R 为部门计划期内生产率变动系数。$R = R_1 + R_2 + R_3$，式中，R_1 为企业技术进步引起的劳动生产率提高系数，R_2 为由经验积累导致的劳动生产率提高系数，R_3 为由员工年龄增大以及某些社会因素导致的劳动生产率下降系数。

（5）趋势外推法。趋势外推法又称时间序列预测法。它是按已知时间序列，用一定方法向外延伸，以得到未来的发展趋势。企业人力资源需求量在时间上表现出比较明显的均等趋势的情况下常使用此法。具体为：将企业人力资源需求量作为横轴，时间为纵轴，可以在坐标轴上直接绘出人力资源需求曲线，通过需求曲线预测企业未来某一时点的人力资源需求。其实用性比较强，但是过于简单，只能预测人力资源需求的大概走势，未能提供有关人力资源质量的数据，具体又可分为直接延伸法、滑动平均法两种。

◇直线延伸法。直线延伸法是在企业人力资源需求量在时间上表现出明显均等延伸趋势的情况下才运用。可由需求线延伸得出某一点的企业人力资源需求量。

◇滑动平均法。滑动平均法是在企业人力资源需求量的时间序列存在不规则、发展趋势不明确时，采用滑动平均数进行修匀的一种趋势外推法。它假定现象的发展情况与较近一段时间情况有关，但与较远时间无关，从而以近期内现象的已知值的平均值作为后一期的预测值，适用于短期预测。

（6）公式法。公式法的典型代表有以下三种，这三种公式均建立在统计数据和预测数据基础之上，因此其准确性取决于操作人员的经验和数据的完备。

◇人力资源成本分析预测法。人力资源成本分析法主要是从企业的财务预算出发，确保有多大的财务能力来配备多少员工，因而比较经济，但可能由于财务预算有限，人力资源不足，从而导致难以完成生产计划量。公式为：$Q = TB/[(S + BN + W + O) \times (1 + a\% \times T)]$。式中，Q 表示未来一段时间内所需的人力资源；TB 表示未来一段时间内人力资源预算总额；S 表示目前每位员工的平均工资；BN 表示目前每位员工的平均奖金；W 表示目前每位员工的平均福利；O 表示目前每位员工的平均其他支出；a% 表示企业计划每年人力资源成本增加的平均百分比；T 表示未来一段时间的年限。

◇ 总体需求结构分析预测法。总体需求结构分析预测法主要考虑生产计划和技术改正，因而使用这种方法既能确保生产计划的完成，又能充分挖掘技术进步对人力资源的节约。公式为：$Q = P + C - T$。式中，Q 表示未来一段时间内企业需要的人力资源；P 表示现有的人力资源；C 表示未来一段时间内需要增减的人力资源，如果未来一段时间内业务增加，C 就是正的，反之，C 就是负的；T 表示由于技术提高或设备改进节省的人力资源。

◇ 人力资源发展趋势分析预测法。公式为：$NHR = a\%[1 + (b\% - c\%) \times T]$。式中，b% 表示企业计划平均每年发展的百分比；c% 表示企业人力资源发展与企业发展的百分比差异，主要体现为企业在未来发展中提高人力资源效率的水平；T 表示未来一段时间的年限。

（7）预算控制法。预算控制法是西方企业流行使用的方法，它通过人工成本预算控制人员的数量，而不是对某一部门内某一岗位的具体人数做硬性规定。

（8）行业比例法。行业比例法是根据企业员工总数和某一类人员总数的比例来确定岗位的人数。在同一行业中，由于专业化的分工和协作的要求，某一类人员和另一类人员之间存在一定的比例关系，某一类人员的比例会随着另一类人员数量的变化而变化。这种方法比较适合各种辅助和支持性岗位人员的规划，如人力资源类、财务类和管理类人员。

（9）标杆对照法。标杆对照法是根据世界最佳典范和标杆值，并结合企业特性、作业流程、效率和业务量来整体考虑，从而确定岗位的人数。例如，假如某电视分销企业，产业平均值为每年 3000 台销量配置 1 人，员工技能提高和信息技术使用等带来的生产力每年增长 12%，公司手机全国每年总销量 1000000 台，预估明年销量增长 20%（200000 台），可根据标杆对照法计算人力需求：第一，按照行业标杆值人力预计：1200000/3000 = 400 人；第二，公司人力预估调整：400 × 1.4 = 560 人；第三，因生产力提高 12% 而调整公司人力预估：560/1.12 = 500 人，因此建议公司销售人员配备人数为 500 人。

（10）生产函数预测法。最典型的生产函数模型是道格拉斯生产函数：$Y = A(t) L^{\alpha} C^{\beta} u$。式中，Y 为总产出水平；A(t) 为总生产率系数（近似于常数）；L 为劳动力投入量；C 为资本投入量；α 与 β 分别为劳动和资金产出系数，且 $\alpha + \beta \leq 1$（当劳动和资金互补时，$\alpha + \beta = 1$）；u 为对数正态分布误差项。生产函数预测法一旦先预测出企业在时间内的产出水平和资本总额，即可得到在 t 时刻企业人力资源需求量，数据比较容易获得,具有很强的实用性。然而,生产函数预测法对企业来说是一个比较复杂的过程,因为 A(t)、α、β 的确定是一件比较困难的事,小公司不宜使用此方法。

(11)计算机模拟预测法。计算机模拟预测法是人力资源需求预测中最为复杂的一种方法。这是在计算机中运用数学模型,并根据情景描述法中假定的几种情况,来对人力资源需求进行模拟测试,它能综合考虑各种因素对企业人员的需求的影响,对组织可能面临的外部环境的变化及自身的复杂动态进行分析,并通过这种分析确定人力资源需求的预测方案。当然,也可以使用这种方法对某一种情况的几种备选方法进行模拟测试,以选择一种最佳方案,也就是说可以用于评估人力资源政策和项目。随着计算机技术的飞速发展,人力资源管理信息化趋势日益明显,运用计算机技术来完成人力资源的需求预测,在很大程度上依靠计算机强大的数据处理能力。一些企业已经在组织内部开发出了完善的人力资源信息系统,使用信息技术辅助人力资源管理,将人力资源部门和直接部门所需信息集中在一起,建立综合的计算机预测系统。

二、人力资源供给预测

在完成了人力资源需求预测后,接下来要做的工作便是了解企业是否能得到足够的人员去满足企业的需要,因此需要做供给预测。首先要做的就是企业内部人员供给预测,若内部供给不足,则要考虑外部人员的供给状况。

(一)人力资源供给预测的影响因素

企业未来内部人力资源供给一般来说是企业人力资源供给的主要部分(除新建企业外)。企业人力资源需求的满足应优先考虑内部人力资源供给。企业内部人力资源供给量必须考虑如下因素:企业内部人员的自然流失(伤残、退休、死亡等)、内部流动(晋升、降职、平调等)、跳槽(辞职、解聘)等。

企业职位空缺不可能完全通过内部供给解决。企业人员因各种主观和自然原因离开工作岗位是不可抗拒的规律,这必然需要企业从外部不断补充人员。影响企业外部劳动力供给的因素有:

(1)地域性因素。主要包括企业所在地的人力资源供求现状、所在地对人才的吸引程度、企业薪酬福利对所在地人才的吸引程度、企业本身对人才的吸引程度等。此外,地域性因素还包括全国性因素,主要包括全国相关专业的大学生毕业人数与分配情况、该行业全国范围的人才供需状况、全国范围从业人员的薪酬水平和差异等。

(2)人口政策及人口现状。人口现状直接决定了企业现有外部人力资源供给状况,其主要影响因素包括人口规模、人口年龄和素质结构、现有的劳动力参与率等。

(3)劳动力市场发育程度。社会劳动力市场发育良好,将有利于劳动力自由进入市场,由市场工资率来引导劳动力的合理流动。劳动力市场发育不健全,以及双轨制的就业政策,将势必对人力资源的优化配置产生影响,也给企业预测外部人员供给带来困难。

(4)社会就业意识和择业心理偏好。例如,一些城市失业人员宁愿失业也不愿从事一些苦、脏、累、险的工作;再如,应届大学毕业生普遍存在对职业期望值过高的现象,大多数人希望进国家机关、大公司或合资企业工作,希望从事工作条件舒适、劳动报酬较高的职业,而不愿意到厂矿企业从事一般岗位的工作。

(二)人力资源内部供给预测方法

根据企业内部人员信息状态预测可供的人力资源以满足未来人事变动的需求。最常用的内部供给预测方法有两种:管理人员接替图与马尔可夫转移矩阵模型。

1. 管理人员接替图

管理人员接替图就是对现有管理人员的状况进行调查、评价后,列出未来可能的管理者人选,称为管理者继承计划。该方法被认为是把人力资源规划与企业战略结合起来的一种较有效的方法[①]。这种方法被许多公司运用,都取得了较好的结果。国际商用机器(IBM)公司自20世纪60年代以来就实施了管理者继承计划。该公司宣称实行该计划的目的就是"保证高层管理者的素质,为公司遍布世界的所有管理者职位做好人才准备",从公司分部经理到总经理都负有执行这次计划的责任,具体工作则由专门负责人事职责的人员来做。通用汽车(GM)公司每年也会为公司的高层管理人员做一次鉴定,分析其今后5年内的升迁、接替问题。

管理人员接替图主要涉及的内容是对主要管理者进行总的评价,包括:主要管理人员的现有绩效与潜力、发展计划;所有接替人员的现有绩效与潜力;其他关键职位上的现职人员的绩效、潜力及对其评定意见。

典型的管理人员接替如图4-7所示。括号内数字表示该管理者的年龄,竖线旁的字母与数字就是对其绩效与晋升可能性的评估。A表示现在就可提拔,B表示还需要一定的开发,C表示现职位不很合适。对其绩效的评估在此分为四个等级:1表示绩效表现突出;2表示优秀;3表示一般;4表示较差。通过这样一张图(还可延续下去),使组织既对其内部管理人员的情况非常清晰,又体现出组织对管理人员职业生涯发展的关注。如果出现人员不能适应现职,或缺乏后备干部,则组织就可尽早地做好充分的准备。所以,有些企业认为管理者接替图十分有用,甚至把它作为人力资源规划最重要的部分。

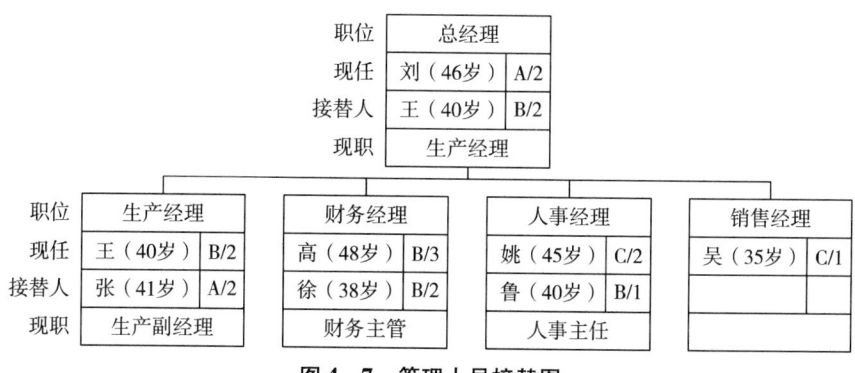

图4-7 管理人员接替图

[①] 李燕萍,李锡元. 人力资源管理(第二版)[M]. 武汉:武汉大学出版社,2013.

2. 马尔可夫模型

该模型最早在荷兰军队里使用，后扩展应用于企业中，它用定量方法预测具有相等间隔时间点上各类人员的人数，其基本思想就是找出过去人事变动的规律，以此推测未来的人员状况。马尔可夫模型可以与任何预测人力资源需求的方法一起运用，企业可根据最后得出的供求状况及时制定人力资源规划方案。

马尔可夫模型具体如何运用可以通过下面这个例子来探讨。

假设某企业现有四类职位，从高到低依次为 A、B、C、D，各职位的分布情况见表4-4，预测未来的人员分布状况。

表4-4 企业人员的分布情况

职位	A	B	C	D
人数	40	80	100	150

在预测时，首先我们要确定出各类职位的人员转移率，这一转移率可以表示为一个矩阵变动表（见表4-5）。

表4-5 人员转移率矩阵

	A	B	C	D	离职率合计
A	0.9				0.1
B	0.1	0.7			0.2
C		0.1	0.75	0.05	0.1
D			0.2	0.6	0.2

表中的每一个数字都表示在固定的时期（通常为1年）内，两类职位之间转移的员工数量。例如，表4-5表示在任何一年内，A类职位的人有90%留在公司；B类职位中有80%留在公司，其中10%转移到C类职位，70%留在原来的职位。有了各类人员原始的人数和转移率，就可以预测出未来的人力资源供给情况，将初期的人数与每类的转移率相乘，然后再纵向相加，就得到每类职位第二年的供给量。

如表4-6所示，在第二年中，A类职位的供给量为44，B类职位的供给量为66，C类职位的供给量为105，D类职位的供给量为95，整个企业的供给量则为310，将这一供给的预测和需求预测一比较，就可以得出企业在第二年的净需求。如果要对第三年做出预测，只需将第二年预测的数据作为初期数据就可以了。

使用马尔可夫模型进行人力资源供给预测的关键是要确定出人员转移率矩阵，而在实际预测时，由于受各种因素的影响，很难得到准确的人员转移率，往往只是一个大概估计，这就会影响预测结果的准确性。此外，这一参考模型的前提仍是"平稳性""独立性"假设，强调这一点就是要提醒人力资源预测专家切勿滥用这一方法。

表 4-6 第二年企业人员的分布情况

	初期人数	A	B	C	D	离职率合计
A	40	36				4
B	80	8	56			16
C	100		10	75	5	10
D	150			30	90	30
预测的供给		44	66	105	95	60

（三）人力资源外部供给预测方法

对人力资源外部供给进行预测是必要的，尤其是当内部供给不能满足需求时，就更有必要寻找外部供给的资源。人力资源外部供给预测方法很多，本节将重点叙述市场调查预测方法和相关因素预测方法两类。

1. 市场调查预测方法

市场调查预测是企业人力资源管理人员组织或亲自参与市场调查，并在掌握第一手劳动力市场信息资料的基础上，经过分析和推算，预测劳动力市场的发展规律和未来趋势的一类方法。市场预测方法重视调查得来的客观实际数据，较少涉及人的主观预测，可以在一定程度上减少主观性和片面性。

市场调查预测方法的典型代表是抽样调查。抽样调查的抽样方法有两类：一是随机抽样；二是非随机抽样。随机抽样是指被抽样总体（抽查对象的全体）的每一个个体被抽中的可能性是相等的，只要对被抽查的对象进行一一编号，然后采用摇奖机（抽签）抽取即可。这种抽样方法的优点是避免了人的主观因素，如感情、倾向、知识论断等的影响，而且所得的数据具有统计推断的功能。当抽样的总体过于庞大而且复杂，不适合随机抽样时，就必须采用非随机抽样。上述两类抽样方法还可以根据具体对象进一步细化为更具体的抽样方法。随机抽样包括单纯随机抽样、分层随机抽样、分群随机抽样；非随机抽样包括便利抽样、判断抽样、配额抽样。

（1）单纯随机抽样。单纯随机抽样是通过抽签方式（摇奖机）或者随机数表抽取样本。这种取样方法比较客观，完全排除了调查人员的主观选择，在数学上可以严格证明，在被抽样的总体中，每个人被抽到的可能性完全相等。因此，这种抽样又称为机会均等抽样。

（2）分层随机抽样。分层随机抽样是首先将抽样总体按某种特征或属性分为若干层，然后在各层中用单纯随机抽样的方法抽取所需的样本。例如，调查某地居民每户人均收入情况，先按户人均收入的高低分为高、中、低三个层次，然后再从这三个不同的层次中分别用单纯随机抽样的方法，按事先规定的样本数抽取样本。

（3）分群随机抽样。分群随机抽样是将抽样的总体分为若干个群体，使每个群体中都包含了总体中各种类型的个体。例如，以某所大学为一个群体，这个群体中含有教师、行政人员、后勤人员、大学生、研究生等。分层随机抽样与分群随机抽样两者是有显著区别的。前者要求各分层的子母体之间有明显的差异性。相反，分群随机抽样的子母体之间则要求具有相同性。例如，在分层随机抽样中，高收入阶层中每户的人均收入都很高，而低收入阶层中每户的人均收入都较低，但是，在分群随机抽样中，不论是高等学校群体还是工厂企业群体，每户的人均收入均有高、中、低三个档次，呈现出群体之间的相同性。

（4）便利抽样。便利抽样是根据调查者的方便选择样本，例如，调查人员进行市场调查，在商店里遇到谁就问谁，其选取样本的原则是以便利调查为标准。此方法的特点是应用方便，但误差大，使用价值低，缺乏严格的科学性。

（5）判断抽样。判断抽样是指根据调查人员的主观经验，从总体样本中选择那些被判断为最能代表总体的单位作为样本的抽样方法。当调查人员对自己的研究领域十分熟悉，对调查总体比较了解时可以采用此抽样方法，可获得代表性较高的样本。这种抽样方法多在总体小而内部差异大的情况下应用，以及在总体边界无法确定或因研究者的时间与人力、物力有限时采用。例如，要对云南省旅游市场状况进行调查，有关部门选择昆明、大理、丽江等旅游风景区作为样本调查，这就是判断抽样。

（6）配额抽样。配额抽样是指调查人员将调查总体样本按一定标志分类或分层，确定各类（层）单位的样本数额，在配额内任意抽选样本的抽样方式。配额抽样和分层随机抽样既有相似之处，也有很大区别。配额抽样和分层随机抽样都是事先对总体中所有单位按其属性、特征分类，这些属性、特征称为"控制特性"，例如在市场调查中消费者的性别、年龄、收入、职业、文化程度等。然后，按照各个控制特性，分配样本数额。但它与分层抽样又存在区别，分层抽样是按随机原则在层内抽选样本，配额抽样则是由调查人员在配额内主观判断选定样本。

2. 相关因素预测方法

相关因素预测方法是通过调查和分析，找出影响劳动力市场供给的各种因素，探索各种因素对劳动力市场发展变化的作用方向和影响程度，预测未来劳动力市场的发展规律和趋势。由于影响因素众多，通常要对影响因素进行分析。这些主要因素有组织因素和劳动生产率等。

（1）组织因素。相关因素预测方法关键的第一步就是分析劳动力数量对供给的影响。例如，对大学生来说，适当的组织因素可能是学生的录取数；对医院来说，可能是病人（日）数；对零售鞋店来说，可能是销售额；对钢铁公司来说，则可能是钢产量。

要使组织因素存在意义，至少必须满足两个条件：第一，组织因素应该与组织的基本特性直接相关，以便人们根据这一因素来制订组织计划，如果所有的组织计划都按照销售额（以美元为单位）来制订，而人事变动频繁又会导致产值与产品数量的换算比较困难，那么零售鞋店根据销售数量所做的人力资源需求预测就几乎没有意义。第二，所选因素的变化必须与所需员工数量的变化成正比。例如，某钢铁公司把生产一吨钢所需的工时数从2018年的6降为2020年的3，因此，可用钢产量的吨数作为预测人力资源需求的组织因素。

在某些行业，特别是在劳动力数量与产量不成比例的行业，选择合适的组织因素可能存在困难。例如，在航空运输业中，机场满负荷运转时所需的导航人员和地勤人员与没有飞机起降时相等。此外，某些公司可能生产多种产品，一些产品需要投入较多的劳动力，另一些则只需较少的劳动力。在上述情况下，对整个组织进行整体人力资源规划就可能导致错误的判断。因此，必须分别对不同的产品或不同的人力资源（例如，研究人员、生产人员、维修人员等）进行预测。一旦选定组织因素，预测者的任务就是找出劳动力数量与组织因素之间的数量关系。

（2）劳动生产率。准确地预测人员供给，就必须知道劳动生产率和组织因素的变化。这些变化之所以重要，是因为对某一年劳动力供给的预测必须要能反映预计的该年劳动生产率以及对商品或服务的需求情况。我们以医院为例进行说明（见表4-7）。

表4-7 医院例子

年份	组织因素	劳动生产率	人力资源需求
	临床数（张）	医院人员数/病床数	医院人员数
2010	398	1.3	518
2015	468	1.5	702
2020	572	1.7	973

同时，需要确定劳动生产率的变化趋势以及对趋势的调整。例如，要确定过去5年（10年更好）间平均每年劳动生产率的变化率，必须收集该期间的产量和劳动力数量的数据。有了这些数据，就可以计算出平均每年的生产率和组织因素的变化，并以此来预测下一年的变化。当然，下一年的变化与平均变化不同，在分析过去的数据和生产率变化不同于平均年生产率变化的原因时务必特别仔细。

相关因素预测方法是一种经验预测方法，为了提高其预测精确度，有时需要在此基础上再进行定量预测，如线性回归预测等。

三、人力资源规划的平衡落实措施

（一）人力资源规划的平衡

人力资源供需平衡属于人力资源规划范畴，是指根据组织在一定时期内的发展战略和总体目标，科学预测分析组织在未来环境变化中对人力资源的供给和需求状况，制定出相应对策和措施，确保组织在需要的时间和岗位上获得所需要的人才，使人力资源的供给和需求达到平衡，并进一步促进实现组织和个人目标。

人力资源规划的平衡是指人力资源管理部门根据企业总体战略和生产任务的变化，采取有效措施，促进企业人力资源供需平衡的过程。企业人力资源供求关系有三种情况：人力资源供求平衡；人力资源供大于求，结果导致组织内部人浮于事，内耗严重，生产或工作效率低下；人力资源供小于求，企业设备闲置，固定资产利用率低，这也是一种浪费。人力资源规划是要根据企业人力资源供求预测结果，制定相应的政策措施来保证企业未来人力资源供求实现平衡。

企业人力资源供求完全平衡这种情况极其少见，甚至不可能，即使是供求总量上达到平衡，也会在层次、结构上发生不平衡，高职务岗位需要从低职务者中培训晋升，对新上岗人员需要进行岗前培训等。企业应依具体情况制定供求平衡规划。

（二）人力资源供不应求的平衡措施

人力资源供不应求是指企业现有人员不能满足企业生产经营需要，企业的生产任务由于人员短缺而难以完成。企业人力资源供不应求大致具有以下几种情况：一是总体人力资源供不应求，包括管理人员、操作人员都出现短缺现象，致使企业生产任务难以完成，让企业不得不紧急招聘人员或临时工，以此来应付企业人力资源供不应求带来的困难。二是员工总体数量供求平衡，但人员结构出现问题。多数情况是企业低素质员工过剩，高素质的员工短缺，特别是高层管理人员和高级技术人员短缺。

当预测企业的人力资源在未来可能发生短缺时，要根据具体情况选择不同方案，以此避免短缺现象的发生。解决企业人力资源供不应求的主要措施包括：

（1）余缺调剂。余缺调剂是将企业人员相对富余部门的员工调往人员相对紧缺的部门。一般企业都有一些人员紧缺的岗位，在企业某些岗位人员富余时，可以将人员富余部门的员工调动到人员相对紧缺的岗位。

（2）培训或晋升。一般情况下企业普通岗位都能满足其人员需求，而技术岗位和管理岗位经常出现人员短缺的情况。企业某些岗位人员不足时，特别是技术或管理岗位人员不足时，可以通过技术培训或管理培训等方式，提高原有员工的技术水平和管理水平，将培训后的技术人员补充到空缺的技术岗位上，将经过培训后的管理人员，通过晋升、兼职等方式，补充到短缺的管理人员岗位上。

（3）加班。如果员工供不应求是因为企业生产任务临时增加，此时可以采取加班的应急措施，在适当延长员工的工作时间时，增加员工报酬。如果企业生产任务时间较长或是经常出现人员供不应求，就不宜采用加班的措施。

（4）增加机器设备。企业生产任务长期增加时，可以考虑增加机器设备的投入，利用机器代替人工作。采用机器代替人员的关键是机器设备的投入费用小于员工的人工费用。如果人工费用低于设备投入，就不宜采用增加机器设备投入的方式。

（5）聘用临时工。临时工的费用与正式员工的费用相比一般更低，如果企业生产任务增加属于短期情况，就可以考虑聘用全日制临时工或非全日制临时工，来解决企业临时人员不足的问题。

（6）外部招聘。企业生产任务很大且时间很长，在内部人员无法满足企业生产需要时，可以采取外部招聘的方式，招聘外部人员到企业工作。外部招聘往往时间较长，因此在决定外部招聘时，就应当提前做好人员需求预测，及时开始招聘工作，以免影响企业生产任务的完成。

总之，上述这些措施，虽是解决组织人力资源短缺的有效途径，但最为有效的方法是通过科学的激励机制、培训提高员工生产业务技能、改进工艺设计等方式，来调动员工积极性，提高劳动生产率，减少对人力资源的需求。

（三）人力资源供大于求的平衡措施

企业人力资源供大于求是指企业现有员工数量超过企业需要，出现人浮于事的现象。人员供大于求不仅增加企业成本，还影响企业员工的工作积极性。企业人力资源过剩是我国现在企业面临的主要问题，也是我国现有企业人力资源规划的难点问题。解决企业人力资源长期和短期供大于求（过剩）的常用措施有：

（1）永久辞退。在企业人员长期供大于求时，可以将平时工作能力不强和工作绩效不良的员工辞退，以减少企业的人工成本。

（2）合并精简。企业长期生产任务不足，人员长期供大于求，企业人工成本居高不下，就可以采取合并精简的方式，将工作任务不足的部门进行合并，并将合并后的富余人员精简。

（3）提前退休。对于年龄接近退休年龄的员工，在企业任务长期不足，人员供大于求时不适宜采用辞退的方式，可以考虑采用提前退休的方式，让一部分年龄较大的员工提前退休。

（4）减少工作时间。企业生产任务临时或短期不足导致人员供大于求时，如果大量辞退员工，会导致任务充足时人手不够。这种情况下可以考虑通过减少员工的工作时间，从而降低工资水平；或者采用多人分担一人或少数人完成的工作，同时降低工资水平；或者可以考虑利用企业任务不足的时刻，来对员工进行培训，提高员工素质；或者可以采用脱产培训、员工轮训等方式，这为以后企业的发展奠定了高素质的员工基础。

在制定平衡人力资源供求的政策措施过程中，需要注意的是，不可能是单一的供大于求、供小于求，往往最大可能出现的是某些部门人力资源供过于求，而另外几个部门可能供不应求，也许是高层次人员供不应求，而低层次人员却供给远远超过需求量。所以，应具体问题具体分析，从而制定出相应的人力资源部门或业务规划，促使各部门人力资源在数量、质量、结构、层次等方面达到协调平衡状态。

第五节 人力资源规划的发展趋势

一、人力资源需求预测强调定性与定量方法的结合

在人力资源需求预测上，以往最常见的做法主要是根据经验和少数人的判断来定性地预测企业的人力资源需求，或者是单一、刻板地只套用定量方法模型而不顾企业

的具体因素，这不仅有可能增加需求预测任务不必要的复杂程度，而且可能出现严重脱离实际的预测。灵活地将定性和定量方法相结合常常会产生科学合理、符合实际的预测结果。在未来，企业会越发意识到定性预测的局限性，这种方法对研究者要求较高，且容易受主观性影响，误差较大。此外，企业在选择定量预测方法时会更加慎重并经过严格的检验，这主要是由于定量方法的模型往往涉及众多的变量和参数，其变量的选择和参数的设定必须经过多次的试验，通过验证才能确定其正确有效，从而保证整个模型的科学可信。

二、数字技术在人力资源战略规划中的应用

开展人才盘点是增强内部人才管理数字化基础的有效路径。对 HR 来讲，掌握人才盘点技术有助于这一路径的实现。以往企业受限于人才队伍状况不清、人才档案缺失、内部人才发展通道僵化等情况，常在内部人才管理方面遇到"看不到人才，用不对人才"的窘境。随着数字化平台和技术的发展，人才盘点可以实现全流程在线化和自动化。围绕能力建立、持续更新的人才账本，也让人才盘点产生了数字化价值：员工全生命周期可被管理，人岗匹配度更好，人才生命周期更长，人事决策效率更高。具体表现在：①数字化平台的应用使人才盘点实现全面在线化，从信息收集与统合、项目启动会、人才评估到盘点与校准环节均可在线完成。信息技术能够结构化存储和展现各类人才信息，同时运用评估流程自动化以确保数据及时更新，固化流程和分析模板，让盘点可以定期连续进行。②利用数字化使盘点结果及时触达员工和上级，让各角色均可受益。人才盘点结束后时常面临结果沟通和反馈，以及人才可持续成长的问题。以发展为目的的人才盘点，员工本人和直接上级都需要持续地深度参与。数字化平台的应用，可以更好地连接上级、员工和 HR 专家，确保反馈沟通的及时性，让个人发展计划的执行在正确的轨道上发生。员工在这一过程中更易感知到公平和被尊重，更有意愿参与发展提升计划。同时，丰富的过程和结果数据可实现沟通记录留痕，便于存档回溯。

本章小结

人力资源规划是企业人力资源管理活动的起点，它为后续人力资源管理的五大模块，即招聘配置、培训发展、绩效管理、薪酬管理以及员工关系管理的工作奠定了目标、原则和方法。人力资源规划是一个持续不断的系统规划过程，它的目标是确保员工和工作岗位之间的最佳匹配，同时避免人力资源短缺或过剩。本章围绕人力资源战略与规划这一核心，详细介绍了企业战略与人力资源战略、战略性人力资源管理、人力资源规划的实施、人力资源需求与供给预测和供需平衡方法，以及未来发展趋势等相关内容。本章的学习将为后续章节的开展奠定基础。

【本章思考题】

1. 人力资源规划的过程包括哪些主要的步骤?
2. 人力资源需求的影响因素有哪些?
3. 人力资源市场调查方法有哪些?
4. 影响人力资源规划的企业内部因素有哪些?
5. 人力资源战略与规划的意义是什么?

【拓展阅读】

沃尔玛的人力资源规划

作为世界上最大的连锁销售企业,沃尔玛如何进行人力资源规划是大家比较感兴趣的话题。对于拥有220万名员工的庞大企业帝国,如果缺少了人力资源规划,将会发生难以想象的灾难。此前曾有过报道,美国沃尔玛小时工年均员工流失率达到了44%(2015年),这远远高于它的直接竞争对手好事多(Costco)6%的流失率。正因为沃尔玛有了出色的人力资源规划,从而确保了企业发展所需要的员工队伍。

(一)人力资源需求预测

人力资源需求预测方法有很多,沃尔玛主要依靠以下四种方式:①自上而下的方法;②销售业绩分析;③趋势分析法;④德尔菲法。

沃尔玛进行人力资源需求预测时,首先会从超市一线开始预测,然后按照组织结构逐级向上。超市一线员工的流动是非常大的,为了能保证公司业务的正常运转,必须保证足够的人力资源。因此,沃尔玛必须采用自下而上的方式进行分析预测。另外,销售业绩是沃尔玛人力资源需求的重要指标,沃尔玛的人力资源管理根据销售业绩的变化来改变招聘工作。

沃尔玛在全球每家商店都有自己的人力资源经理,他们根据公司的政策及当地商店的需求来进行相应的需求预测。这些商店预测的数据被沃尔玛的分析软件进行收集,并上传到中央数据库中,然后凭借强大的AI智能技术进行趋势分析,预测企业人力资源在整体需求上的变化,从而满足沃尔玛全球扩张的需要。

沃尔玛一般在开设新的零售商店时会采用德尔菲法对未来的人力资源需求进行预测,专家们就新商店内每种岗位工作所需要的员工数量做出分析和预测,以保证足够的人力资源。

(二)人力资源短缺或过剩

沃尔玛很少担心员工出现短缺现象,特别是销售人员,因为前来求职的人员络绎不绝。但当公司的业绩出现下滑时,公司就会出现人力资源过剩,这对一直采取成本领先战略的沃尔玛来说是一个不小的挑战。为了防止人员出现短缺或过剩，沃尔玛采用了以下方法：

（1）员工流失率分析；

（2）差距分析。

沃尔玛在员工流失率分析上，主要对比两组指标：一个是流失率，另一个是招聘率。如果员工流动率低于招聘率，沃尔玛的员工数量就会增加；相反，员工数量就会减少。沃尔玛员工数量的增加通常发生在公司扩张或开新店的时候。沃尔玛的人力资源管理使用差距分析来确定人力资源需求和实际招聘能力之间的差距。沃尔玛会设立一个标准的差距阈值，当人力资源缺口大于了这个阈值，公司就会增大招聘力度，而当小于了这个阈值，公司则会减小招聘力度。

（三）平衡人力资源供求

沃尔玛通过调整薪酬策略和招聘努力程度来平衡人力资源供求。其中，招聘方面的改变是沃尔玛平衡人力资源供求的主要方法。当供大于求时，沃尔玛可以在不显著影响财务业绩的情况下，轻松调整其招聘努力程度，并将招聘的优先级别调到最低。同时，沃尔玛的低薪策略旨在将人工成本支出降到最低，这一策略与该公司的成本领先战略相一致。当供小于求时，沃尔玛将会加大招聘力度，同时提高员工的薪酬福利待遇。

资料来源：http：//www.hrsee.com/？id=1510。

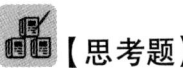
【思考题】

1. 该案例中沃尔玛如何采用人力资源规划方法来帮助企业实现员工供需平衡？

2. 结合沃尔玛这个案例，具体谈谈你对企业战略、人力资源战略与人力资源规划的关系的理解。

第五章　员工招聘

作为人力资源管理的重要职能之一，员工招聘是组织开展人力资源管理工作的基础工作内容。与此同时，应聘者也在寻找合适且能实现自我价值的职业。为实现两者的有效匹配，必须基于科学合理的招聘理论和技术，正确鉴别应聘者，这样一方面，组织能招聘到所需要的人力资源，把合适的职位候选人放到适合的岗位上，充分激发员工潜能，为企业创造价值；另一方面，员工也能基于自身能力选择适合自己的岗位，并得到相应的回报，实现自我价值。

【学习目标】

通过本章的学习，应掌握：
1. 员工招聘的概念和意义
2. 员工招聘的过程
3. 员工招聘的策略和渠道
4. 人力资源的测评与选拔
5. 企业的招聘工作评估
6. 员工招聘的发展趋势

【关键词】

员工招聘；招聘需求；招聘计划；招募；甄选；录用；评估

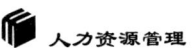

【思维导图】

```
员工招聘
├─ 员工招聘概述
│   ├─ 员工招聘的概念
│   ├─ 员工招聘的过程 ─┬─ 招聘准备阶段
│   │                 ├─ 招聘实施阶段
│   │                 └─ 招聘评估阶段
│   ├─ 影响招聘活动的因素 ─┬─ 外部因素
│   │                   ├─ 内部因素
│   │                   └─ 个人因素
│   ├─ 员工招聘的原则 ─┬─ 因岗择人原则
│   │                ├─ 能岗匹配原则
│   │                ├─ 德才兼备原则
│   │                ├─ 知人善任原则
│   │                └─ 公开公平原则
│   └─ 员工招聘的作用 ─┬─ 员工招聘决定企业人力资源的质量
│                    ├─ 员工招聘影响企业人员的流动性
│                    ├─ 员工招聘影响企业员工的积极性
│                    └─ 员工招聘影响企业的生存与发展
├─ 员工招聘准备
│   ├─ 招聘需求分析
│   └─ 拟定招聘计划 ─┬─ 招聘人员的规模
│                   ├─ 招聘对象的来源与范围
│                   ├─ 招聘岗位的具体要求
│                   ├─ 招聘信息的发布
│                   ├─ 招聘方法的选择
│                   ├─ 招聘测试的实施部门
│                   ├─ 招聘工作的预算
│                   └─ 招聘时间的安排
├─ 员工招聘实施
│   ├─ 员工招募阶段 ─┬─ 内部招募
│   │              ├─ 外部招募
│   │              └─ 内部招募和外部招募的优缺点比较
│   ├─ 员工甄选阶段 ─┬─ 员工甄选程序
│   │              ├─ 员工甄选工具
│   │              └─ 员工甄选工具评估
│   └─ 员工录用阶段 ─┬─ 录用决策
│                  ├─ 背景调查
│                  ├─ 体检
│                  └─ 试用与正式录用
├─ 员工招聘评估
│   ├─ 招聘成本评估
│   └─ 招聘录用情况评估
└─ 员工招聘的发展趋势
    ├─ 招聘网络化逐渐普及
    ├─ 招聘多样化与时俱进
    ├─ 招聘数字化势在必行
    └─ 基于胜任素质的招聘稳步前进
```

【引导案例】

东方航空云南有限公司 2021 年应届毕业生招聘简章

【关于我们】 东方航空云南有限公司是中国东方航空股份有限公司旗下的控股子公司，其前身为成立于 1992 年 7 月的云南航空公司，主运营基地位于云南省昆明市。目前，公司执管飞机近百架，形成以 B737NG 系列、B787-9 飞机组成的现代化运输机队。公司目前省内、国内、国际（地区）通航点已超过 100 个，形成了四张特点鲜明的航线网络：一是以昆明为中心连接云南省内各机场的支线航空运输网络；二是以昆明为中心辐射国内各大中城市的干线运输网络；三是以昆明为中心辐射东南亚、南亚、中东的国际（地区）航线网络；四是利用代码共享、合作联营等现代营销理念、手段和其他航空资源以及加入天合联盟组织打造的全球航线网络。

随着东航正式加入天合联盟，借助大东航的网络与联盟其他成员公司航线网络的衔接，旅客可通过一票到底、行李直挂和无缝隙中转，通达世界 177 个国家和地区的 1052 个目的地，实现飞遍全球的梦想。公司致力于建设一个"员工热爱、顾客首选、股东满意、社会信任"的世界一流航空服务集成商。随着"一带一路"倡议的推进，公司努力开辟更多的国内国际航线，为云南与外界政治、经济、文化、旅游等领域的交流合作搭起更加安全便捷的空中桥梁。放眼未来，东方航空云南有限公司一方面将努力提升航空通达能力，服务国家"一带一路"倡议和云南地方经济建设，另一方面持续优化完善航线网络，将公司打造成为东航在祖国西南的战略基点。秉承"以客为尊，倾心服务"的理念，东方航空云南有限公司将以"精准、精致、精细"的服务品质为全球旅客不断创造精彩的旅行体验。

招聘岗位： 市场营销

报名方式： 登录东航招聘网（job.ceair.com）校园招聘栏目→工作地点（昆明）→所属单位：东方航空云南有限公司→选择岗位→投递简历。

报名时间： 持续报名中（截止日期：2021 年 5 月 1 日）

岗位描述：

1. 负责制订集团客户沟通计划，实时掌握集团客户的动态；
2. 负责为中小企业、辅业旅行社提供业务支持；
3. 负责定期分析中小企业客户的发展状况；
4. 负责在线旅行平台商务合作管理、接口准入谈判以及商务协议的拟定及报批；
5. 负责 B2T 团队各项产品推广，跟踪并及时根据市场反馈进行评估及产品优化；
6. 负责承接国内区域销售单位的销售指标，跟踪分析国内区域销售情况，指导国内区域销售单位的销售工作（含国际销售工作）；
7. 负责承接海外营销中心和营业部的销售指标，跟踪分析海外区域销售情况，指导海外区域销售单位的销售工作；

8. 负责分解短期市场专项指标任务并提供相关指标完成值；

9. 负责销售机构服务质量管理工作，对销售单位服务质量考核结果进行分析、评估；

10. 负责收集汇总和协调解决各国内销售站点提出的相关建议和问题。

招聘条件：

学历：全日制本科及以上学历

专业：经济与贸易类、工商管理类、金融学类、外国语言文学类、数学类、计算机类等相关专业应届毕业生优先

英语：大学英语四级（CET-4）及以上水平，六级（CET-6）优先

特别声明：

1. 报名不收取任何费用，请勿向任何个人、学校或中介交纳推荐费用。

2. 如应聘者在个人信息及各类证书证明等方面弄虚作假，一经查实，立即取消应聘资格，期间发生的一切费用和存在的风险由应聘者自行承担。

3. 请报名者如实填写个人基本信息，上传相关英语等级及学籍证明材料。

欢迎你的加入！

资料来源：东方航空云南微信公众号。

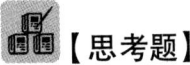
【思考题】

企业的招聘简章中应该包含哪些内容？如何开展招聘工作才能确保企业招聘到心仪的人才？

第一节　员工招聘概述

一、员工招聘的概念

招聘是组织为了满足生存和发展的需要，根据人力资源规划和工作分析的数量与质量要求，通过信息的发布和科学的甄选，获得本企业所需合格人才，并安排其到企业所需岗位上工作的过程。招聘对于企业吸引优秀的人力资源、影响人力资源的合理流动、控制管理费用和有效进行自我宣传并提升企业形象都有不可忽略的作用。

为确保招聘活动的顺利实施，组织应该做好以下六个方面的工作：

（1）选择合适的时间来进行招聘，如校园招聘一般集中在秋季；

（2）选择合适的地点来进行招聘，一般选择人流量较大，能够吸引到目标数量的应聘者的地方，如学校或专门的人才市场；

（3）选择合适的渠道来进行招聘，一般有内部招募和外部招募两个渠道，具体选择哪个渠道要根据组织当时的预算和需要等因素来确定；

（4）对外发布的招聘信息一定要准确、完善，要让求职者明确知道自己的工作职责和任职资格要求，以免信息不对称而导致招不到合适的人选；

（5）做好招聘预算，企业都是追求利润最大化的，因此期望以最低的成本找到最合适的候选人；

（6）选定目标群体，做到精准狙击，尽量吸引能力与岗位要求匹配度高的人来应聘，以避免造成时间、金钱等资源的浪费。

为便于记忆，可以将以上六方面总结为6R原则，即适当的时间（Right Time）、适当的范围（Right Area）、适当的来源（Right Source）、适当的信息（Right Information）、适当的成本（Right Cost）和适当的人选（Right People）。

二、员工招聘的过程

为有效地落实员工招聘活动，系统规范地对员工进行招聘，组织在进行招聘活动时必须遵循一定的程序和步骤，即招聘需求分析、拟定招聘计划、招募、甄选、录用和评估，如图5-1所示。具体而言，可将招聘过程划分为三个阶段：第一，招聘准备阶段，在这一阶段主要开展招聘需求分析和拟定招聘计划等基础准备工作；第二，招聘实施阶段，在这一阶段主要开展招募、甄选和录用等具体工作；第三，招聘评估阶段，我们需要对招聘成本、录用情况等进行评估，并为下次招聘活动总结经验。

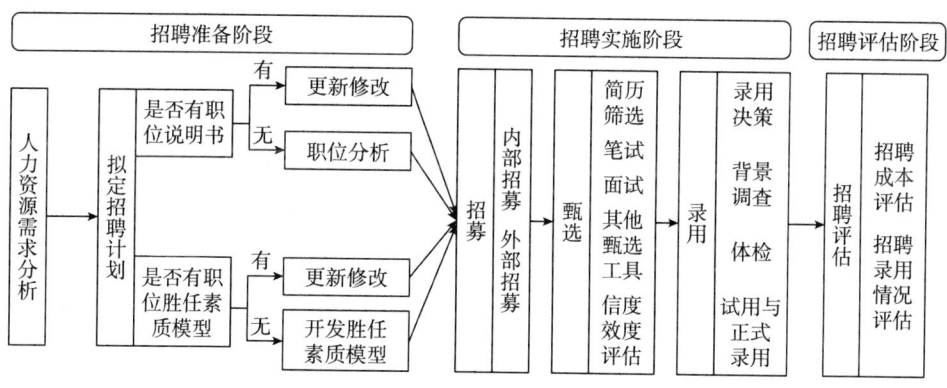

图5-1 员工招聘的过程

（一）招聘准备阶段

招聘的准备阶段通常由招聘需求分析以及拟定招聘计划两部分组成。

1. 招聘需求分析

确定招聘需求，包括明确空缺职位数量要求和质量（任职资格和胜任素质）要求两个方面。

当组织出现职位空缺或者能力不匹配的时候，就会提出人力资源需求，一般来说会根据以下三种情况[①]来提出招聘需求：

（1）人力资源规划。根据组织长期战略规划以及组织业务的具体要求，对组织人才进行梳理、评价、再配置，通过人才盘点使人才与组织相匹配，从而支持组织战略的实现。这其中对人力资源的需求分析有助于组织有效地获取人力资源，并进行更好的人力资源配置。

（2）绩效考核。绩效考核的开展使组织内部"能岗不匹配"状况得以反映，对于与职位要求和胜任素质差别较大的员工，组织需要根据绩效考核结果，重新对人力资源进行配置，在这一过程中就会产生招聘的需求。

（3）职业生涯规划与发展。企业在追逐利益目标之外，也有义务为内部成员提供职业生涯的相关服务，帮助职工实现职业生涯发展的目标，也就是说，组织在用人的同时，也应该兼顾培养人才的任务，只有职工的职业生涯发展得到了保障，组织才能实现可持续发展，所以企业需要有计划地进行内部人力资源的科学流动，因此这一过程中也会产生内部招募的需要。

2. 拟定招聘计划

招聘计划是人力资源管理部门进行招聘的核心任务之一。其具体内容主要有八个方面：①招聘人员的规模；②招聘对象的来源与范围；③招聘岗位的具体要求；④招聘信息的发布；⑤招聘方法的选择；⑥招聘工作的实施部门；⑦招聘工作的预算；⑧招聘时间的安排。

（二）招聘实施阶段

招聘的实施阶段通常由招募、甄选与录用三部分组成。

1. 招募

招募是组织运用多种措施与方法来吸引候选人应聘空缺职位的过程。招募是紧接在招聘计划制订完成后的。招募需要选择合适的招聘渠道和方法。招聘的渠道根据潜在的应聘者所在的目标群体是在企业内部还是外部分为内部渠道和外部渠道；而招聘的方法则是指让潜在的应聘者获知企业招聘信息的方式和途径。

2. 甄选

甄选是指企业采用各种专业技术和方法来对应聘者进行测评，从而挑选出最合适人选的过程。甄选的目的是挑选出符合任职资格要求的应聘者。作为招聘环节中的一个重要流程，甄选在一定程度上体现了招聘的技术性和艺术性，后文，我们将详细为大家介绍笔试、面试、评价中心测试、心理测试等诸多甄选的工具和方法。

3. 录用

录用是指企业确定人选并进行初始安置、试用，进而正式录用的过程。员工录用这个阶段主要包含录用决策、背调、体检、员工试用和正式录用等环节。

---

① 彭建锋. 人力资源管理概论（第三版）[M]. 上海：复旦大学出版社，2018.

(三) 招聘评估阶段

评估招聘的效果是整个招聘过程的最后一步。企业一般从招聘成本、录用情况等方面对招聘效果进行评估。

三、影响招聘活动的因素

现今社会，环境的动态性和灵活性使招聘活动时刻处于变化之中。影响企业招聘活动的因素有很多，现主要从外部、内部以及员工个人这三个角度出发，对影响招聘活动的因素进行深入的分析。

(一) 外部因素

外部因素主要包括国家法律法规、宏观经济状况、竞争对手、科技发展水平和劳动力市场情况五个方面，下文将对此进行逐一介绍。

1. 国家法律法规

2019年2月，习近平总书记在中央全面依法治国委员会第二次会议上强调法治是最好的营商环境。一般而言，法治能依法平等地保护各类市场主体的产权和合法权益，而保护产权就相当于是在保护生产力；同样地，法治也能规范政府和市场的边界，尊重市场经济规律，在法治框架内调整各类市场主体的利益关系。因此，只有完善制度、加强监管，才能构建起统一开放、竞争有序的市场体系，打造出公平公正的竞争环境。企业的招聘活动作为企业管理的一部分，同样也要遵循相关法律法规，不仅要合法地招人，还要招合法的人。若企业在招聘过程中不能遵守相关法律法规，将扰乱我国现有营商环境。比如，企业在规定时间内不得录用刚从竞争对手企业离职的核心技术人员，以免损害竞争对手企业的知识产权和核心竞争力。

2. 宏观经济状况

宏观经济状况对企业招聘的影响不容小觑，当宏观经济状况良好时，企业对人力资源的需求十分旺盛，此时劳动力市场竞争加剧，劳动力市场上符合要求的人力资源供给相对减少，进而使得企业招聘的难度加大。如近十年来，随着我国经济的快速稳定发展，经济较发达的珠三角、长三角地区相继出现用工荒的现象。反之，当宏观经济状况较差时，失业率就会升高，劳动力市场上的人力资源供给相对过剩，这时虽然对企业来说招聘显得相对容易，但由于经济普遍不景气，招聘的规模、次数以及人数都会受到一定的局限。如2020年受新冠肺炎疫情影响，很多企业被迫停工停产，对人力资源的需求大大降低，越来越多的人尤其是应届毕业生找不到合适的工作。但也有很多企业在疫情中逆势而行，不断扩大企业规模，比如一些医疗卫生企业和娱乐游戏企业。但因受疫情影响，这些企业可能存在招聘难的问题，许多企业开始采用线上面试的形式，不仅节约了应聘者的时间，也节约了企业租赁和布置招聘场地的费用。

3. 竞争对手

竞争对手作为企业的利益相关者之一，对企业的招聘活动会产生重大影响。随着信息技术的不断发展，企业和应聘者都处于一个双向选择的大背景下，即不仅企业要挑选应聘者，应聘者也可以通过比较同行业各企业的招聘信息来挑选应聘企业。如果企业开出的招聘条件对应聘者的吸引力没有竞争对手大，那么很可能招不到合适的人选。因此，企业在开展招聘活动前要事先了解竞争对手的招聘信息，在尽量降低成本的情况下制定出对应聘者有更大吸引力的招聘方案。

4. 科技发展水平

随着大数据、人工智能的迅速普及和发展，数字时代已经到来，现代企业人力资源管理也随之发生了翻天覆地的变化。以招聘为例，未来企业可以通过数字化平台，建立优质人才模型，分布在全国各地的候选人只需要上传5分钟的自我介绍视频，该平台就能通过人工智能自动筛选10%的符合要求的候选人进入下一阶段的面试。因此，科技的发展大大改变了传统招聘模式，企业也在这个过程中降低了招聘成本，减轻了招聘部门的工作压力。

5. 劳动力市场情况

劳动力市场情况是招聘工作进行的主要场所和前提条件，对企业招聘的计划、范围、来源等都有重要的影响。成熟完善的劳动力市场可以为企业和求职者提供更加完善的信息，双方可以更加畅快地沟通交流，降低了招聘的成本和风险，所以在成熟的劳动力市场里，企业会更倾向于外部招聘。

（二）内部因素

影响招聘活动的内部因素主要包括企业经营状况、企业文化、企业战略和企业地理位置四个方面，下文将对此进行逐一介绍。

1. 企业经营状况

"良禽择木而栖，贤臣择主而事"。一家企业的经营状况往往能决定其对应聘者的吸引力。一般而言，企业的经营状况可以通过企业规模和业绩表现出来，经营状况越好，规模相应也会越大，反之越小；而良好的经营业绩意味着广阔的发展前景、更多的晋升机会、更高的薪酬和福利待遇等。此外，企业的经营状况与招聘成本预算息息相关，充足的预算能使招聘活动和招聘信息更具吸引力，因此企业经营状况对招聘有着举足轻重的影响。

2. 企业文化

企业文化就是在一定的条件下，企业生产经营和管理活动中所创造的具有该企业特色的精神财富和物质形态的总和，具体包括企业愿景、文化观念、价值观念、企业精神、道德规范、行为准则、历史传统、企业制度、文化环境、企业产品等，其中价值观是核心。这里的价值观不是泛指企业管理中的各种文化现象，而是企业或企业中的员工在从事经营活动中所秉持的价值观念。企业文化是企业的灵魂，是推动企业发展的不竭动力。因此，企业在开展招聘活动时，要筛选那些认可并接受本企业企业文化的人；同样地，应聘者在选择应聘企业时也会考虑该企业的企业文化是否符合自己的价值观。综上所述，企业文化也是影响企业招聘活动的一个重要因素。

3. 企业战略

企业战略也叫企业整体性规划，是指企业随着环境变化，依据本身资源和实力选择适合的经营领域和产品，形成自己的核心竞争力，并在竞争中取胜的一系列策略的总和。现代管理学认为，企业战略是一个自上而下的整体性规划过程，因而企业的人力资源战略应当与企业的总体战略相匹配。如经济景气时，企业实施增长战略，需要大量人才资源来为企业注入新鲜血液，招聘活动的开展就很必要，反之就不一定了。

4. 企业地理位置

企业的地理位置情况很大程度上会影响求职者的意向。很多求职者认为，北上广深等一线城市开放程度高、发展前景好，自己能有所作为，所以大多选择在发达城市求职。反观昆明、贵阳等二线城市，则因为地理位置不够优越，即使也有很多优秀企业和好的岗位，也少有一线城市高级知识型人才选择。

（三）个人因素

影响招聘活动的员工个人因素主要包括应聘者的成长背景、应聘者的经济压力、应聘者的工作经验和应聘者的职业期望四个方面，下文将对此进行逐一介绍。

1. 应聘者的成长背景

应聘者的成长背景包括教育和家庭背景。其中，教育背景既包括纵向的受教育程度如学历水平，也包括横向的教育范围如专业方向。不同学历和专业都对其择业观有着深远的影响，如学历水平较低的人对企业的要求相应也不高，而学历水平高的人可能会考虑发展前景等较高层次的问题。同样地，每个企业都可能缺会计人员，但会计专业的同学可能更倾向于进专业的会计师事务所。应聘者的家庭背景主要包括家庭成员的职业和经济状况，也会对企业招聘产生一定程度的影响。比如，一些求职者可能会倾向于从事自己家人正在从事或从事过的职业；而家人没有正式职业的孩子可能在择业时感到迷茫。此外，家庭条件较好的孩子通常会接受更加全面和专业的教育，因此综合能力相对而言会突出一些，对应聘企业的要求也会更高一些。因此，应聘者的成长背景对企业招聘活动的顺利开展也会产生一定的影响。

2. 应聘者的经济压力

常言道："有压力才有动力。"如今许多应聘者来自"四二一"家庭，由于缺乏经济压力，其求职动机也相对较小，这给企业的招聘活动带来了严峻的挑战。当然，由于我国人口基数大，特别是许多"90后""00后"的年轻人在大城市还普遍存在着住房等生存压力，而这些压力往往就是他们四处求职的动力。

3. 应聘者的工作经验

对于企业来说，直接招聘有经验的人来填补相关职位空缺可以节省时间和培训费用，因此很多企业会将工作经验的要求添加在招聘信息里面，并以此作为一项重要的筛选标准。然而对应聘者来说，工作经验就是他们的资本，因此有工作经验的应聘者往往比没有经验的应聘者对企业的要求更高，如薪资、职位等。因此，企业要通过对两种方案的成本计算来决定最终选择招聘哪种人。

4. 应聘者的职业期望

人之所以选择工作是因为其总是对工作抱有一定期望，这种期望或来自于物质需求如高薪高福利，或来自于精神需要如晋升机会和荣誉等。因此，抱有不同期望的应聘者会对企业有不同的要求。人有需求才会产生动机，进而采取行为去实现目标以满足需求。因此，企业要试着创设满足其期望的条件来激励他们努力工作。当然，企业在招聘时也需要考虑这些应聘者的期望是否与企业的发展一致，如互联网行业就无法满足员工朝九晚五、按部就班的工作条件的期望。

除以上因素外，影响招聘活动的因素还有很多，我们可以通过一张表格对以上内容加以回顾与总结，并进行相关内容的补充（见表5-1）。

表5-1 招聘活动影响因素

招聘活动影响因素	外部因素	国家法律法规、宏观经济状况、竞争对手、科技发展水平、劳动力市场情况、产品市场需求和方向等
	内部因素	企业经营状况、企业文化、企业战略、企业的地理位置、企业职位性质、企业用人政策、企业报酬与薪资待遇、企业形象与自身条件等
	个人因素	应聘者的成长背景、应聘者的经济压力、应聘者的工作经验、应聘者的职业期望、应聘者的动机与个人偏好、应聘者个性特征等

四、员工招聘的原则

为了实现人岗匹配的目标，把招聘工作做好，企业在招聘工作中必须按人力资源管理的客观规律办事，必须遵循因岗择人、能岗匹配、德才兼备、知人善任、公开公平五个原则。

（一）因岗择人原则

在企业中，不同的岗位对任职者的要求也会有所不同；而同样地，一个人也不可能所有事都擅长。因岗择人就是根据企业生存和发展的需要，以及空缺岗位对任职者的资格要求来甄选与录用人员，这样才可以做到岗得其人、人适其岗。

（二）能岗匹配原则

"没有金刚钻，不揽瓷器活"，这句话不仅提醒人要有自知之明，还从侧面告诉管理者每个人的具体能力是有差异的，因此在给他们安排岗位时一定要考虑周全，否则会达到事倍功半的效果。如若让会计人员去开发程序只会无从下手，而让程序员去做清洁就是浪费资源。总之，企业在招聘时要从人力资源管理的角度量才录用，切记最优秀的不一定是最合适的，但最合适的对于职位来说就是最优的。选人用人本来就是一门"艺术"，如果企业领导在这方面能够将具备不同特长的人安排到最适合其发展的岗位，则可以实现多赢。

（三）德才兼备原则

著名企业家牛根生先生曾说过："有德有才，破格重用；有德无才，培养使用；有才无德，限制录用；无德无才，坚决不用。"这句话一经问世，便得到了广泛的认可与推广，其中针对有才无德者的限制录用更是引起人们的广泛讨论，到底要如何限制？众所周知，管理者一般重结果而轻过程，而有才无德者的工作能力往往较强，因此容易受管理者的青睐，有更大的发展空间。但在重要岗位上有才无德者更容易为了利益失守底线，给企业带来巨大的损失。因此，企业在开展招聘活动时，要特别重视对有才无德者的招聘问题。

（四）知人善任原则

常言道："千里马常有，而伯乐不常有。"招聘过程中，要目光长远，习惯以伯乐的视角选人；要用人所长，树立主要看人的长处和优点的观念。当然，同时也要正确看待其短处，尽量予以指导与培训来弥补其不足，但对于其有悖于原则的缺点，还是要严格限制。总而言之，企业要灵活运用所学知识，方才能够知人善任，实现企业与员工之间的相互成就，最终"共赢"。

（五）公开公平原则

企业的招聘信息要尽可能全面和详细，以便所有潜在应聘者都能了解招聘的具体部门、员工类型和数量、任职资格和要求、流程、测试方法、测试科目和面试时间等，以免部分应聘者由于信息不对称而产生一种不公平的感觉，有损企业形象。此外，参与招聘的工作人员对待所有应聘者应一视同仁，避免人为地设置不平等限制，比如地域或性别歧视等。

五、员工招聘的作用

员工招聘是企业组织工作的重要基石，企业需要依靠员工努力工作来正常运转，因此招聘活动的顺利进行对人力资源管理本身乃至整个企业都意义重大。

（一）员工招聘决定企业人力资源的质量

与其他资源不同，人力资源本身具有主观能动性、个体差异性和高增值性，是企业财富形成的关键要素，因此作为企业的首要资源，人力资源的质量水平能使企业获得相应的竞争优势。和原材料的质量会从根本上决定最终产品的质量一样，企业人力资源的质量也将决定企业的发展前景。而招聘工作是企业吸纳人力资源的起点，其质量也将直接决定人力资源输入的质量，因此招聘工作对于企业今后的成长和发展都至关重要。

（二）员工招聘影响企业人员的流动性

一方面，如果企业的招聘活动效果好，招到了认可企业价值观且能岗匹配的人，那么在今后一段时间，企业的人员流动性会大大降低，因为员工在合适的环境施展了自己的才华，企业也收获了更高的绩效，简而言之就是实现了双赢。另一方面，招聘效果并没有预期那么好，员工认为企业无法满足其需要，企业也认为员工无法完全胜任工作，那么无论是主动还是被动，企业的人员流动性都会增加。

（三）员工招聘影响企业员工的积极性

企业形象是社会公众和企业员工对企业整体的印象和评价，可以通过公共活动的开展来建立和调整，而员工招聘活动就是其中一种。员工招聘分为外部招募和内部招募两个渠道，其中外部招募需要对外公开企业自身的基本情况，包括方针政策、企业文化、发展方向、产品特征等信息，这实质上就是一个企业对外部宣传自身、树立良好企业形象的契机。而人员招募过程当中的程序公平性和方法合理性也会影响到新入职员工对于企业的印象，影响其后续员工的工作效率。此外，组织内部招募和外部招募渠道的选择会影响员工的工作积极性，具体而言，要想让员工保持积极性，最好的办法就是从外部招聘优秀的人才，增加组织内部的不稳定性和危机感，使老员工产生资源被别人争夺的紧张感，进而起到更好的激励作用。

（四）员工招聘影响企业的生存与发展

一个组织要想在动荡的环境变化中生存，引入高质量人才这一环节至关重要。优秀高质的人才能够为组织解决问题，同时引领组织不断变革和持续成长。而企业的持续发展需要源源不断的新鲜血液的加入，这些新员工不但会给组织带来新的思想碰撞，同时也会改变现有企业工作模式和工作程序，对现有人力资源进行有效的补充。

第二节 员工招聘准备

一、招聘需求分析

在招聘工作具体实施之前，各用人部门需要根据自己的实际情况确定招聘的需求，并经部门主管、人力资源部相关领导以及公司领导审批通过之后，再由人力资源部门相关工作人员进行招聘需求的汇总和分析。

在招聘需求的确定过程中，各用人部门需要在人力资源规划、工作分析以及胜任素质模型的基础上，对需求岗位的数量和质量进行明确的界定。具体而言，用人单位需要明确自身空缺岗位和用人数量，确定岗位职责和任职要求。其中，岗位职责和任职资格要求是招聘需求的关键部分，是有效开展招聘工作的重要依据。一份完整的招聘需求表可以使求职者和招聘工作人员都能明确了解部门对岗位任职者的要求，即在这个岗位上的员工，需要完成哪些任务、应该具备哪些资质，从而为求职者准确投递简历提供方便，也为招聘工作人员明确招聘计划、筛选简历提供方便，以便其更加迅速地找到符合企业要求的员工。招聘需求的确定是所有招聘流程中的初始环节，是招聘准备阶段的关键步骤。只有具备明确的招聘需求才能有效地制订相应的招聘计划，并落实后续的招聘活动。表 5-2 为某公司招聘需求申请表，不同公司可以根据企业自身的不同要求对企业招聘需求进行个性化设置。

表 5-2 招聘需求申请表

需求部门			需求岗位		需求人数	
工作地点			希望到岗期限		薪酬范围	
需求性质		□新设岗位 □岗位增员 □流动补充 □人才储备 □临时用工 □实习 □其他：					
紧急程度		□特急 □急 □一般 □其他：					
需求原因说明							
岗位工作职责或工作内容							
招聘要求	年龄：		婚否：		性别：□男 □女 □不限		
	学历：□硕士 □本科 □大专 □其他： 专业要求：						
	能力要求：						
	经验要求：						
	资格证书或职称要求：						
	其他要求：						
	招聘策略：按人岗匹配原则和薪酬匹配原则，该岗位招聘时： □可降低招聘要求 □应严格按招聘要求 □可超出招聘要求 □其他：						
申请人姓名			申请人岗位		申请日期	
部门领导意见		签名：		签名日期：		
部门分管领导意见		签名：		签名日期：		
综合管理部意见		签名：		签名日期：		
总经理审批		签名：		签名日期：		
	说明：原则上，请提前一个月向人力资源部提交本表					

二、拟定招聘计划

根据用人部门的招聘需求，在人力资源规划和工作分析的基础上，企业人力资源部门应对拟招聘的岗位、人员数量、时间限制等因素做出详细的计划。具体内容包括：

①招聘人员的规模；②招聘对象的来源与范围；③招聘岗位的具体要求；④招聘信息的发布；⑤招聘方法的选择；⑥招聘测试的实施部门；⑦招聘工作的预算；⑧招聘时间的安排等。招聘计划由用人部门制订，然后由人力资源部门进行复核，特别是要对人员需求量、费用等项目进行严格复查，签署意见后交上级主管领导审批。

（一）招聘人员的规模[①]

企业所需人才的数量通常由人力资源部门和各业务部门制订的招聘计划来分析和确定。具体来说，就是确定各年度应招聘的员工人数，其中包括各部门需招聘的人数和企业需招聘的员工总数。确定招聘人数的同时还要考虑员工录用后的配置、晋升和退休等问题。大多数情况下，企业都是基于金字塔模型来确定招聘规模，即需要多少人来应聘，基本原理是将整个招聘录用过程分为若干阶段，以每个阶段的参与人数和通过人数的比例来确定最终的招聘人数。

金字塔模型一般按照从上到下的顺序来确定招聘人数，例如某企业目前有1个空缺职位，而面试与录用的比例为3∶1，因此参加面试的人就应该有3个；而笔试与面试的比例为5∶3，因此参加笔试的人应该是5个；若应聘者与参加笔试者的比例为2∶1，那么就应该有10个人来应聘，因此招聘规模就是10人，见图5-2。通过金字塔模型确定的招聘规模有两个影响因素：一是企业招聘录用的阶段数量，阶段越多，招聘的规模相应就要越大；二是各个阶段通过的比例，这一比例的确定需要参考企业以往的历史数据和同类企业的经验，每一阶段的比例越高，招聘的规模就要越大。

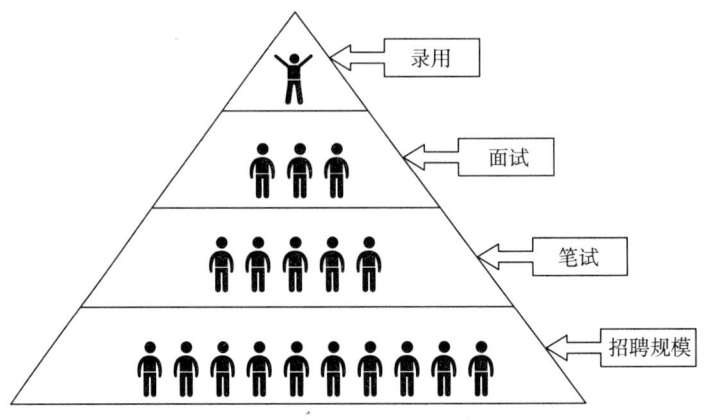

图5-2 金字塔模型

（二）招聘对象的来源与范围

在招聘计划阶段，还需要对招聘对象的来源和范围加以明确。首先，需要确定是通过内部招募还是外部招募的方法来满足空缺职位的要求。其次，企业应根据空缺职

[①] 董克用，李超平．人力资源管理概论（第五版）[M]．北京：中国人民大学出版社，2019．

位的具体要求和劳动力市场的状况来进一步确定招聘的范围。招聘的范围应当适度，因为较大范围的招聘活动会扩大企业的招聘成本，而较小范围的招聘难以遴选到优秀的员工。

（三）招聘岗位的具体要求

确定招聘岗位的具体要求即确定招聘具备什么任职资格和素质要求的人才，具体来说是指企业对拟招聘人员的基本素质要求以及针对各个部门中不同职位招聘人员的特殊要求（主要包括年龄、性别、学历、工作经验、工作能力、个性特征等）加以界定。确定招聘岗位要求的前提是工作分析，因为工作分析的最终结果就是职位说明书。职位说明书包含了部门、岗位职责、任职资格和薪酬待遇等重要信息，是企业明确具体岗位要求以及制作招聘广告的重要依据。此外，还可以参考岗位胜任素质模型，根据岗位具体的胜任素质要求，提出岗位具体的招聘要求。胜任素质模型是为了完成某项工作，达成相应的绩效目标，要求任职者所具备的一系列有轻重之分的胜任素质的组合，包括完成工作所需要的各项特质和取得高绩效的直接影响行为，胜任素质模型是确保企业招聘到合适素质人才的重要基础。表5-3为某集团股份有限公司人事管理员招聘的具体要求。

表5-3 招聘岗位具体要求

\\	某集团股份有限公司招聘公告——人事管理员
岗位职责	招聘网站维护，简历筛选，挑选适配目标； 做好应征者邀约、初步面试及面试情况及时回复工作； 负责员工入职、调动、转正、离职业务办理； 参与人才开发管理、人员的测评与评估及人才梯队建设； 需对各业务风险点进行有效的把控
任职要求	本科以上学历，性格外向，具备一定的组织协调、分析判断能力和亲和力； 熟悉人力资源1~2个模块； 对国家劳动法有一定的熟悉度； 熟练使用办公软件； 持有人力资源师二级、三级证，有一定工作经验者优先

（四）招聘信息的发布①

由于需招聘的岗位、数量、任职者要求的不同，招聘对象的来源与范围的不同，以及新员工到岗时间和招聘预算的限制，招聘信息发布范围、时间和对象也是不同的。

1. 信息发布的范围

信息发布的范围是由招聘对象的范围决定的。信息发布面越广，接收到信息的人

---

① 陈维政，程文文，廖建桥，刘善仕，张丽华. 人力资源管理与开发高级教程（第三版）[M]. 北京：高等教育出版社，2019.

就越多，应聘者也就越多，可能招聘到合适人选的概率就越大，相应地，招聘的费用则会增加。

2. 信息发布的时间

在条件允许的情况下，招聘信息应尽早发布，这样有利于缩短招聘进程，并使更多的人获取信息，从而使应聘人数增加。

3. 信息发布的对象

根据招聘岗位的要求与特点，向特定的人员发布招聘信息。

（五）招聘方法的选择

在招聘的计划阶段，需要对招聘的方法和途径进行安排和选择。具体而言，企业应根据招聘岗位人才供给的具体情况，对招聘方法进行选择和计划，比如可在线下招聘和网络招聘中进行选择，亦可在内部招募和外部招募中进行，或在校内招聘和社会招聘中进行。关于招聘的渠道等相关内容会在接下来的章节中进行详细介绍。

（六）招聘测试的实施部门

由于企业具体情况的差异，招聘测试的实施部门也存在一定程度的差异。因此在招聘的计划阶段，应该首先确定招聘小组成员，确定是由人力资源部门独立进行招聘测试工作，还是与其他部门，如用人部门、行政管理部门等配合一起来完成招聘测试的相关工作。

（七）招聘工作的预算

充足的招聘经费是招聘工作顺利进行的基本保障，因此需对招聘工作进行合理的预算和安排。招聘成本主要包括内部成本、外部成本和直接成本三个方面。其中，内部成本指企业招聘人员的工资、福利、差旅费支出及其他管理费用。外部成本指招聘人员参与招聘的劳务费、差旅费等。直接成本就是制作招聘广告、召开招聘会、员工推荐人才奖励金、招聘代理、校园招聘费用等方面的费用。

（八）招聘时间的安排

为避免造成因职位空缺导致的人才衔接方面的问题，企业应合理安排招聘的时间。首先，这一时间的确定要综合考虑劳动力市场人才流动的客观规律，比如校园招聘的时间比较固定，社会招聘的时间就比较灵活。其次，由于招募、甄选和录用流程以及岗前培训都要消耗一定的时间，因此，在安排招聘工作时，要合理规划招聘流程的时间安排，从而避免影响企业的正常运行。

第三节　员工招聘实施

一旦组织决定要对员工进行增减或重新配置，就面临制定如何招聘到合适人选的决策，即如何实施员工招聘。整个招聘实施过程分为以下三个阶段：招募阶段、甄选阶段和录用阶段。

一、员工招募阶段

员工招募是指组织为了发展的需要,根据人力资源规划、工作分析与胜任素质模型的要求,寻找、吸引有能力和兴趣的人员,并从中吸纳最适合职位的人员加入组织的过程。获取人力资源一般有两个渠道,即内部招募和外部招募。企业在招募工作中通过配合使用这两种渠道,从而在企业内部和劳动力市场挖掘更多适合的优质人才。

(一) 内部招募

内部招募是指从企业内部获得企业所需要的人才。一般而言,内部招募可以采用同部门或者跨部门间岗位上调、降职和轮换的方式来实现。最常见的方式是较低层级的员工通过职级晋升和跃迁的方式填补现有岗位,这种方式最大的优点是可以激发员工的工作动力,促使其不断进步,从而推动自身的职业发展。也可通过岗位轮换的方式,让一些同级别员工来互相轮换职位。这种方式使员工能够迅速掌握多方面的技能,并对企业的运营情况有更全面的掌握。不太常见的方式是通过较高层级人员的降职来实现内部员工获取,降职一般是对员工犯了一些不触犯底线的错误的惩罚。

内部招募主要有六种方法①,概括如下:

(1) 提拔晋升。这种方法能够给员工以升职的机会,使员工看见职业发展的前景,对于激励员工非常有效。

(2) 工作调换。也称作工作平衡,其主要目的是填补空缺,实际上还有很多其他的作用,一方面有利于员工未来的提拔与晋升,另一方面也可以促进不同职位直接的沟通和交流,为今后的工作安排提供信息。

(3) 工作轮换。与调换相比,轮换是有时间限制的,一般是在两个岗位以上有计划地进行,其主要目的是让内部员工有机会接触和了解不同的工作,为有潜力的员工提供可能晋升的机会。

(4) 人员重聘。企业出于一些特殊的原因,会出现一些不在岗的员工,如长期休假人员、下岗员工等。一方面,如果企业内部有空缺岗位,恰好需要这类人员填补,那么这些人员的重聘可以使他们能够再次为企业尽力工作;另一方面,因为这类人员对企业工作较为熟悉,培训与开发上往往可以有事半功倍的作用。

(5) 竞聘上岗。通过多种方式在企业内部发布招聘信息,采用比较客观公正的方法,选聘最合适的员工。

(6) 人才信息库档案。运用现有人才信息库档案中的信息,确定有合适人选后,招聘人员再与他们接触并向他们发出申请。

(二) 外部招募

外部招募是平衡企业人力资源短缺最常用的方法,往往当组织内部招募已然无法

---

① 王丽娟. 招聘与录用(第二版) [M]. 北京:中国人民大学出版社,2018.

满足组织的人力资源需要的时候，尤其是对于处在初创期、快速发展期和变革期的企业，或者希望得到能提供新思想和创新点的员工时，企业会把目光看向社会人力资源市场，并采用外部招募的方式，吸引所需的人员。

外部招募的方式相对较多，主要有以下两种：

（1）校园招聘。校园招聘是企业招聘入门岗位的重要来源，主要通过高校宣讲会、双选会、网络校招和实习留用来实现校园招聘。许多企业除了定期宣讲外，还会通过赞助扩大知名度，吸引人才的注意，另外一些知名企业还会通过设立奖学金、助学金，与学校建立长期稳定的关系，让学校为企业培养更多未来的高素质员工。

大学毕业生一般具有较高的胜任素质，具有活力和高度的工作热情，但是工作经验不够丰富，招聘时要注意大学生的群体特点，比如大学生群体一般会比较看重企业形象，所以应该选派形象较好、能力较强的招聘人员进行校园招聘的相关工作。

（2）社会招聘。社会招聘是针对社会人员进行的招聘，一般情况下，所招聘的岗位会需要一定的工作经验。在社会招聘中，常用的招聘方式有广告招聘、网络招聘、猎头公司、就业服务机构、员工推荐等，下面对前三种方法进行详细介绍。

◇广告招聘是企业常用的一种外部招募方法，主要是通过媒体广告的形式向社会公开招募人才。广告招聘主要需要考虑的是广告媒介的选择，下面几种媒介可供大家参考：

· 报纸：具有一定的时效性，但有效时间短，单调死板，适用于某一特定地区短期内有需要填补空缺职位的企业。

· 杂志：专题性强，有效时间长，但是广告周期性长，因此不够灵活，适用于某些专业性较强空缺职位的招聘。

· 广播电视：传播速度较快，覆盖范围较广，但是信息不易保存，适用于简单大量的空缺职位的招聘。

· 网络媒介：制作效果好，信息内容充实，网络传播迅速，招聘信息可单独发布，但是信息海量化，适用于大部分空缺职位的招聘。

· 微信：制作成本低，传播速度快，传播范围广，形式新颖，适用于特定人群的空缺岗位。

◇网络招聘是通过电子技术手段，帮助企业人力资源管理人员完成招聘的过程，通常是企业通过自己的网站、第三方招聘网站等机构，使用数据库等电子商务工具进行招聘。网络招聘最大的优势就在于节省开支，并且时间限定小、传播速度快；其缺点在于收到的求职信息多，简历筛选工作量大。

◇猎头公司是专门为企业招聘中高级管理人员或者核心专业人员的就业服务机构，是近些年逐渐发展起来的。猎头公司一般具有自己的人才数据库，因此猎头公司招聘的成功率一般较高，其招聘到的人才胜任素质也很高。但是猎头公司的服务费相应地比较高昂，一般是所招聘岗位年薪的25%~30%。在借助猎头公司招聘人才的过程中，需要注意以下几个关键点：

- 与有一定信誉和声望的猎头公司合作。
- 向猎头公司阐明人才需要的胜任素质，确保猎头公司充分了解企业的要求。
- 开始合作之前，要约定好双方的责任和义务，事先确定服务费用和支付方式。
- 确保猎头公司所推荐的人与原公司已经解除劳动关系。

（三）内部招募和外部招募的优缺点比较

内部招募和外部招募各有优缺点，具体如表5-4所示。

表5-4 内外部招募比较与总结

	优点	缺点	建议
内部招募	◇招聘风险较低，招聘成功可能性较高 ◇产生较好的激励效果，促进企业内部流动，促进员工忠诚度的提高 ◇招聘成本低，招聘效率高，员工可以很快适应工作环境，事半功倍	◇缺乏创新性，与外界联系减少 ◇可能因为调配不合理，导致员工内部矛盾 ◇会出现任人唯亲的腐败情况，出现不公正情况 ◇会失去选拔外部优秀人才的机会	◇内部招募规范化、透明化 ◇结合人力资源管理部门和职位所属部门共同合作参与招聘工作 ◇加强沟通，争取员工最大程度的配合
外部招募	◇选择覆盖面广，灵活性强 ◇带来新的思想观念，提高组织创新能力 ◇减少招聘过程中偏私情况的出现，便于管理 ◇树立公众形象，提高组织知名度	◇招聘成本高，新员工与企业需要磨合 ◇可能打击原有员工的工作积极性 ◇员工开发成本高，需要对其进行一段时间的培训才能满足组织的要求	◇为合理控制招聘成本，基层和中层管理人员可以在人才市场或通过网络媒介进行招聘，而高级管理和专业技术人员可以通过信誉和声望较好的猎头公司来进行招聘 ◇可以通过"老带新"的方式，或请内训师在企业内部开展相应的培训活动

二、员工甄选阶段

员工甄选是组织通过一些手段和方法，对应聘者进行区分、评估，最终层层选拔决定允许哪些应聘者可以加入组织，同时淘汰哪些应聘者的一个过程，一般包括客观标准与依据、甄选技术与手段两个方面。

正如前文所述，人力资源管理的两块基石是工作分析和胜任素质模型，两者除了对职位进行了基本要求和描述外，也是员工甄选的客观标准与依据。

解决了员工甄选是什么的问题后，接下来，我们将从员工甄选程序开始，进一步了解如何进行员工甄选。

（一）员工甄选程序

员工甄选的基本程序一般包括简历筛选、笔试、性格与心理测评、面试等步骤，大致流程如图5-3所示。

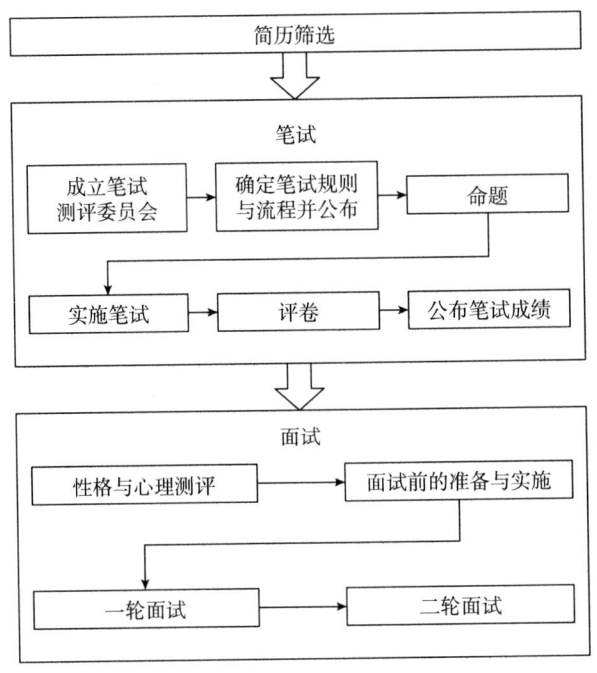

图 5-3 员工甄选程序

(二) 员工甄选工具

1. 笔试

笔试主要是考核应试者的专业水平的重要工具,一般包括对应试者基础知识、专业知识、表达能力、管理能力和综合能力等素质及能力方面的考察。其优点在于花费时间少、效率高、成本低,对应试者客观能力考察的信度和效度高,被广泛地应用于人员招聘的初级筛选阶段,能够客观清晰地展现应试者的基本情况,帮助组织高效地进行基本能力的筛选。

笔试的实施一般包括八个主要流程,如图 5-4 所示。从成立笔试测评委员会到最后得出笔试筛选结果是一个环环相扣、有始有终的系统过程。

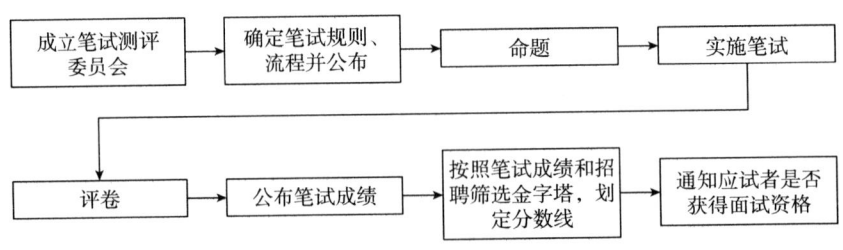

图 5-4 笔试的实施流程

（1）成立笔试测评委员会。为了最大程度使笔试的测评科学有效，企业可成立笔试测评委员会，专门负责笔试的整个策划和实施。委员会可结合企业实际情况，选定测评委员会成员，并制定相应的笔试规则和流程等，以确保笔试的顺利进行。

（2）确定笔试规则、流程并公布。此步骤重点在于确定笔试的细化规则和相关情况，如考试要求、测评内容范围、题型和注意事项等，让应聘者对笔试有一个较为全面的了解和准备。

（3）命题。命题是笔试最核心和重要的环节，直接决定笔试在甄选过程中的有效性。命题应该遵循以下四个原则[①]：

◇符合目标原则。命题应该根据之前划定好的范围，明确目标，确保试题能够有针对性地对相关基础和专业知识以及各方面综合能力进行考察。

◇综合运用原则。命题要注重各种知识的综合运用，把通识类知识和专业性知识相结合，在较短时间内更加全面地了解应试者各方面的水平。

◇重视运用原则。要与所招岗位的职责要求相结合，体现空缺岗位的特点和特殊要求，最好可以加以案例分析，考察应试者的实际运用能力。

◇难度适中原则。笔试的目的是在应试者中择优留选，题目太难或太过简单都不利于择优，因此要有选择性地控制难度在一个可以接受的适中范围内。

（4）实施笔试。这一阶段的重点在于考场的安排、监考与考试规则的制定、监考的培训和试卷的报酬。

（5）评卷。在评卷之前，应该组织有关专业人员进行必要的培训，使其能够明白公司对该岗位的需要，进而能够更加合理地使用参考答案，保障笔试的公平公正、客观统一。

（6）公布笔试成绩。组织应该按照规定时间及时向社会公布笔试成绩，一方面让应试者了解自己的笔试情况，另一方面也有助于树立良好的组织形象，展现组织对招聘人才的重视与工作的高效。

（7）划定分数线。组织应当根据招聘流程计划的比例和实际笔试情况划定相应的分数线，并且向社会公布，此环节不宜与上一环节间隔太久，应当注意及时发布。

（8）通知应试者是否获得面试资格。正规的笔试，无论是通过还是没通过都应当及时通知应试者，一方面是为了让进入面试的应试者有充足的时间进行面试准备，另一方面也能让不幸没有进入面试的应试者另谋出路，减少机会成本与不必要的浪费。

2. 性格与心理测试

作为笔试后的一个环节，性格与心理测试也往往作为面试的一个前置环节，其目的在于根据一定的规则和心理学原理，使用一些方法和工具，对应聘者的认知、行为和心理活动进行量化，让组织对应聘者个体有一个更为全面、准确的了解。

下面介绍几种重要的测验技术：

---

① 王丽娟. 招聘与录用（第二版）[M]. 北京：中国人民大学出版社，2018.

(1) 智力测试。智力测试是对人们的感觉和思考能力的测试,一般包括记忆、推理、逻辑等方面的测试,可以通过测试衡量人的智力水平。智商是衡量一个人智力程度的量数,一般包括观察力、记忆力、思维能力和想象力等相关智力测量的分数,一般有以下两种测量方式:

比率智商:IQ = 心理年龄÷生理年龄×100

离差智商:一个人在同年龄组中的相对位置,实质上是将个体的成绩和同年龄组被试的平均成绩比较而得出的相对分数。

这里为大家介绍几种比较常用的智力测验:

◇韦氏成人智力测试。韦氏成人智力测试最早由韦克斯勒(D. Wechsler)在1955年编制,后经不断修改,当今企业人员测评中用到的主要就是韦氏成人智力量表(WAIS-RC),这一测试在招聘中常用于高级人员的挑选工作中。这一量表分别考察了人员言语和操作等方面的能力,比如言语测试内容包括常识、背数、词汇、算数、理解、类同等;而操作测试则主要包括填图、图片排列、积木图、图形拼凑、数字符号等内容。

◇瑞文推理测验①。瑞文推理测验是由英国心理学家瑞文于1938年设计的图形规律智力测验。这一测试基于智力的二因素理论,通过图形的辨别、组合、排列关系等方法来测量人的智力水平,并在这个过程中考察人们的观察力、思维能力、发现和解决问题的能力以及适应社会生活的能力。瑞文推理测验具有跨语言、跨文化应用的优势,是国际上非常流行的智力水平测查量表之一,由A、B、C、D、E五个黑白色单元构成,每个单元包括12个测题,共60道题,适用于16岁以上、60岁以下年龄段的人员。其评分等级划分标准一般如表5-5所示。

表5-5 瑞文推理测验评分等级划分标准

百分位点(100%)	97.8	91.1	75.0	50.0	25.0	8.9	2.2
智力等级	超优	优秀	聪明	中等	迟钝	低能边缘	缺陷
相应IQ	130及以上	120~129	110~119	90~110	80~89	70~79	69及以下

(2) 人格测试。人格一般是指个体与他人有所区别的个人独有的思维逻辑和行为活动,是一个人整体的精神面貌,是具有一定倾向性的、较为稳定的个人特点。因为不同的职位所要求的行为方式不同,而人格在很大程度上决定着人们的行为方式,因此对应聘者的人格进行测试有助于判断他们是否胜任所应聘的职位。

人格和能力与职业性格一样,能够在很大程度上影响个人工作效率和工作绩效,人格测试的目的一般是测试个体在一定情境下一般会表现出来的个人特质和行为情况,

---

① 本小节测评二维码来源:在线工具网微信公众号。

如动机、兴趣、情感、气质和价值观等。通过人格测试，能够在一定程度上确保所招员工的稳定性和未来工作运营的高效运转。常用的人格测试主要包括两种：

◇卡特尔 16PF 测试①。卡特尔 16PF 测试是由美国的雷蒙德·卡特尔（R. B. Cattell）教授编制的，卡特尔采用系统观察法、科学实验法和分析统计法，经过几十年的研究和分析，确定出了 16 种人格特质，并据此编制了测验量表，如表 5 - 6 所示。

卡特尔16PF问卷

表 5 - 6　卡特尔 16 种人格特质

A 乐群性	高分者外向、热情、乐群；低分者缄默、孤独、内向
B 聪慧性	高分者聪明、富有才识；低分者迟钝、学识浅薄
C 稳定性	高分者情绪稳定而成熟；低分者情绪激动不稳定
E 恃强性	高分者好强固执、支配攻击；低分者谦虚顺从
F 兴奋性	高分者轻松兴奋、逍遥放纵；低分者严肃审慎、沉默寡言
G 有恒性	高分者有恒负责、重良心；低分者权宜敷衍、原则性差
H 敢为性	高分者冒险敢为，少有顾忌，主动性强；低分者害羞、畏缩、退却
I 敏感性	高分者细心、敏感、好感情用事；低分者粗心、理智、着重实际
L 怀疑性	高分者怀疑、刚愎、固执己见；低分者真诚、合作、宽容、信赖随和
M 幻想性	高分者富于想象、狂放不羁；低分者现实、脚踏实地、合乎成规
N 世故性	高分者精明、圆滑、世故、人情练达、善于处世；低分者坦诚、直率、天真
O 忧虑性	高分者忧虑抑郁、沮丧悲观、自责、缺乏自信；低分者安详沉着、有自信心
Q1 实验性	高分者自由开放、批评激进；低分者保守、循规蹈矩、尊重传统
Q2 独立性	高分者自主、当机立断；低分者依赖、随群附众
Q3 自律性	高分者知己知彼、自律谨严；低分者不能自制、不守纪律、自我矛盾、松懈、随心所欲
Q4 紧张性	高分者紧张、有挫折感、常缺乏耐心、心神不定，时常感到疲乏；低分者心平气和、镇静自若、知足常乐

大五人格测试

◇大五人格测试②。近年来，研究者们在人格描述模式上形成了比较一致的共识，提出了人格的大五模式，研究者通过词汇学的方法，发现大约有五种特质可以涵盖人格描述的所有方面，分别是：

·开放性（Openness）：具有想象、审美、情感丰富、求异、创造、智能等特质。

---

①② 本小节测评二维码来源：艾瓦科技公众号。

·责任心（Conscientiousness）：具有胜任、公正、条理、尽职、成就、自律、谨慎、克制等特点。

·外倾性（Extraversion）：具有热情、社交、果断、活跃、冒险、乐观等特质。

·宜人性（Agreeableness）：具有信任、利他、直率、依从、谦虚、移情等特质。

·神经质性（Neuroticism）：具有难以平衡焦虑、敌对、压抑、自我意识、冲动、脆弱等情绪的特质，即不具有保持情绪稳定的能力。

（3）职业兴趣和个性测试。职业兴趣测试一般用于测试一个人最感兴趣的以及最可能从中得到满足的工作是什么，这类测试通过把测试者的个人兴趣与数据库中在某项工作中较成功的员工的兴趣进行比较，借此在评议职业方面提供参考。下面为大家介绍两种常用的职业兴趣和个性测试。

霍兰德职业兴趣量表

◇霍兰德职业兴趣理论[①]。霍兰德（J. Holland）教授在1959年提出了具有广泛社会影响的职业兴趣量表——霍兰德职业兴趣量表，他认为兴趣是人们进行某项活动最重要的驱动力，从事感兴趣的职业，人们会有更高的积极性，并能够愉快、高效地完成工作，因此职业兴趣与人格特性有密不可分的联系。根据他的观点，人格可以划分为如下六种：

·社会型（S）：喜欢结交新朋友，善于言谈并与人交往，追求广泛良好的人际关系，看重社会义务和社会道德。

·企业型（E）：追求权利和物质财富，具有领导才能，喜欢竞争，做事有较强的目的性。

·常规型（C）：尊重权威和规则，喜欢按照计划办事，细心严谨有条理，不喜欢竞争，但是富有自我牺牲的奉献精神。

·实际型（R）：喜欢从事操作性的工作，有极强的动手能力，偏好具体任务，不善言辞，缺乏社交能力，通常喜欢独立完成任务。

·调研型（I）：知识渊博，有很强的抽象思考能力，求知欲强，喜欢思考，有不断探索和钻研的精神，喜欢逻辑分析和推理。

·艺术型（A）：有创造力，喜欢新鲜事物，追求与众不同，渴望展现个性，天马行空，追求完美，不着实际，善于表达，有很强的艺术细胞和才能，心思细腻复杂。

大多数人并非只有一种兴趣，霍兰德认为，当一个人的兴趣相似性和相容度较高的时候，他在选择职业时的内在冲突与犹豫就较少，当职业与个人兴趣契合度较高的时候，职工会产生较高的工作满意度和更低的离职倾向。

基于荣格理论职业性格测试

◇MBTI职业个性测试[②]。瑞士心理学家荣格（C. G. Jung）认为，感知和判断是大脑的两大基本功能。大脑做决定的瞬间可以慢

---

①② 本小节测评二维码来源：才储公众号。

动作分解为两个阶段：感知阶段（又分为触觉感知阶段和直觉感知阶段）和判断阶段（又分为感性判断阶段和理性判断阶段）。

MBTI 个性测试就是根据荣格的心理类型理论著成的性格测试，其全称为 Myers - Briggs Type Indicator，是一种迫选型、自我报告式的性格评估测试，用以衡量和描述人们在获取信息、作出决策、对待生活等方面的心理活动规律和性格类型，是由美国的心理学家 Katherine Cook Briggs 和她的女儿——心理学家 Isabel Briggs Myers 两人根据瑞士著名心理学家荣格的心理类型理论和她们对于人类性格差异的长期观察和研究而著成。经过了长达 50 多年的研究和发展，MBTI 已经成为了当今全球最为著名和权威的性格测试，如今已被翻译成 20 种世界主流语言，发展出了十多个版本，形成了一套具有样品流程和使用规范的个性测试量表，总共有 16 种性格类型，具体如图 5 – 5 所示。

图 5 – 5 MBTI 个性测试

3. 面试

通过了性格与心理测试，组织对应聘者又有新的了解，那么接下来就要进入下一个重要环节，即面试。面试选拔人才由来已久，自孔子"听其言，观其行"选拔弟子，到唐朝科举"殿试"提拔官员，面试演变至今，也在不断发展完善，到现代，众多专家学者对面试的研究也不在少数。

人员招聘面试，其实就是面试者通过与职位候选人面对面地沟通交流，或者把他们置于某一特定环境，观察他们的行为，并以此为基础更加深入地了解应聘者是否具备胜任某项工作的素质与能力，并预测其未来工作绩效的方法。

面试的主观性较强，一般比较强调过程中的素质评估，测评方法灵活，内容宽泛但是针对性强，注重组织与求职者之间的双向交流和直观印象。面试作为笔试和心理测评之后的环节，是为了获取在之前环节中难以获得的信息，对应聘者的求职动机等做出更加全面的了解，其最终目的在于评估应聘者的综合能力，为企业招聘能岗匹配程度更高的优秀人才。

面试的类型多种多样，大家最常接触到的就是以面试题目内容为标准划分出来的情景面试和行为面试。

（1）情景面试。情景面试的面试题目立足于工作分析后与工作行为高度相关的问题，其目的在于测试应聘者实际操作的能力，所以面试题目多为"面对……的情况，你会怎么处理？"之类的问题。例如，"一位年老的顾客拎着很重的购物篮来到收银台前付款，收银员发现部分食品散货未称，请问作为店长的你会怎么办？"情景模拟面试主要考察应试者的思维灵活性与敏捷性、语言表达能力、沟通技能、处理冲突的能力、组织协调能力、人际关系处理能力等。总体上看，这是一种低成本但很有效的模拟工作相关事件的面试类型。情景面试多采用评价中心的方法，稍后我们也会谈到。

总结下来，情景面试具有以下几个特点：

◇面试题目的针对性。情景面试的情景设置立足于招聘岗位的胜任素质要求，因而题目设置上有较强的针对性。

◇面试过程中的直接性。情景面试要注意避免让应聘者陷入被动的局面，要让应聘者进入角色，成为面试的主角，所以情景面试的过程具有直接性，可以直观地反映应聘者的面试情况。

◇面试结果的可信性。因为情景面试具有针对性，所以情景面试也会更加接近现实，情景面试的重点是应试者分析和解决实际工作问题的能力，便于考官根据自己丰富的工作经验观察、了解应聘者的素质情况，因此情景面试的结果更具有可信性。

（2）行为面试。行为面试是面试中非常流行的方法，也是市场上绝大多数面试官面试的依据。所以面试题目主要是应聘者过去已发生的事情，考察基于关键胜任素质的行为性问题，让应聘者回答诸如"请讲述你曾经……的一次经历"的问题，通过应聘者的叙述以了解其能力。例如，"你在鼓励团队成员为实现组织目标贡献个人力量时，所使用的最有效的技巧是什么？请举例说明你如何运用这些技巧？"行为面试中常用的一种技巧叫 STAR 法则，其四个要素就是情境（Situation）、任务（Task）、行动（Action）、结果（Result）。这是一种自己讲述自己故事的方法，既能够帮助面试小组了解被试者所叙述行为事例的背景、行动和结果等相关内容，也可以更加精确地预测面试者未来的工作绩效。

总结下来，行为面试主要具有以下特点：

◇面试题目的针对性。与情景面试相似，行为面试也是立足于招聘岗位的胜任素质要求，因而题目设置上有较强的针对性。

◇面试内容的有效性。行为面试可以反映出应聘者过去解决工作中类似问题的情况，可以有效反映其个人习惯和处理模式。所以在各种面试方法中，行为面试是效度较高的一种面试类型。

◇面试结果的预测性。行为面试的理论立足于评价一个人的好或不好、是否能胜任岗位，需要通过过去的行为来预测未来的行为，所以行为面试在一定程度上可以预测应聘者在未来工作中的绩效情况，具有较强的预测性。

总之，根据划分标准不同，面试的分类也各不相同，我们可以将面试的基本分类总结为表 5-7。

表 5-7 面试类型

划分标准	名称	定义	特征
标准化程度	结构化面试	依据职位胜任素质的要求进一步明确面试的内容维度，预先编制好标准化试题、权重和评分标准，依据特定程序，对应聘者进行客观评价	1. 依据工作分析和胜任素质模型确定面试内容和相关问题 2. 面试前提前确定好面试问题、面试内容以及提问顺序 3. 面试过程程序规范，评分采用标准化的方式
	非结构化面试	面试之前并没有对面试的形式和结构进行明确的规定，采用开放式的谈话，深入了解应聘者某方面的特征	1. 随意性较大，没有统一试题、流程和评分标准 2. 面试官主观性较强，凭借经验和主观判断评估候选人
	半结构化面试	在结构化面试的基础上，考官对应聘者答题中涉及的问题可以进行追问，问题数量可根据面试总时间进行适当调整	1. 形式更加灵活，可以较全面地了解应聘者的真实才能 2. 对面试构成中部分要素进行统一要求 3. 面试官可以提出一些随机性问题，在规定时间内进行追问
面试实施方法	单独面试	由面试小组分别对应聘者进行单独的面试，面试小组一般由 3~5 名考官组成，包括招聘专员与业务部专业人员	1. 其面试形式为一对多 2. 多角度考察应聘者，判断准确性较高
	小组面试	同时对多名应聘者进行集体面试的形式，可以通过情景模拟或角色扮演让应聘者在固定时间内对某个情景问题作答	1. 全面考察应聘者的领导能力、组织协调能力、倾听合作能力等综合能力 2. 对应聘者进行横向对比，较容易选出小组中的优秀者
面试题目内容	情景面试	面试题目主要是通过设定一些特殊的情境，让应聘者回答"面对……的情况，你会怎么处理？"之类的问题	1. 面试问题立足于工作分析后与工作行为高度相关的问题 2. 所有应聘者需要对同样的情景式问题进行回答 3. 对照职位胜任素质处理应聘者回答
	行为面试	面试题目主要是应聘者过去已发生的事情，考察基于关键胜任素质的行为性问题，让应聘者回答诸如"请讲述你曾经……的一次经历"的问题	1. 面试问题立足于工作分析后与工作行为相关且真实发生的问题 2. 对所有应聘者询问同样的过去行为问题 3. 对照应聘者自我评价，考察其是否善于总结经验
其他	压力面试	面试官有意制造紧张压迫的氛围，以了解应聘者在未来工作中的应变和抗压能力	1. 提问比较生硬刁钻，甚至有所冒犯，侧重于考察应聘者的心理素质 2. 题目设置较难，对面试者有较强的控场能力要求

续表

划分标准	名称	定义	特征
其他	远程面试	招聘者在简历筛选和线上笔试、心理测试后，借助网络或通信媒介，通过与符合岗位要求的应聘者交谈，初步了解应聘者的过程	1. 一般用于初步面试筛选，目的在于精简工作，提高招聘效率 2. 借助现代通信工具

面试的流程一般包括三个阶段，具体如图5-6所示。

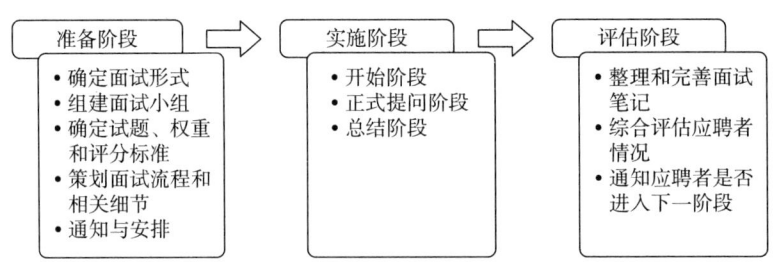

图5-6 面试的基本流程

（1）准备阶段。在面试准备阶段，主要需要完成以下五项工作：

◇确定面试形式，依据工作分析和胜任素质模型，选择适合此处面试的面试类型。

◇选择面试考官，成立面试小组。对于面试考官的选择关键在于其是否有能力控制面试进程，并通过对应聘者的全面观察做出正确的判断。面试小组一般由人力资源管理部门和业务部门的人员共同组成。

◇确定面试题目、权重和评分标准。面试试题的设计是面试准备阶段最为重要的步骤，面试题目的设置需要兼顾题目和内容的针对性、代表性、可行性和灵活性，对试题类型进行合理的权重分配，并制定给分标准。

◇策划面试流程和相关细节。该步骤重点在于策划面试的时间、地点等客观细节安排，权衡应聘者和面试小组的时间，并且按照面试形式与题目内容选择相适应的面试场所，以保障面试的顺利进行。

◇通知与安排。一般要提前发送面试相关流程和参与人员安排的通知，这样可以让应聘者提前做好准备，避免发生时间冲突；同时给面试小组留足时间，提前了解应聘者的情况，对应聘者有一个基本的了解，以便在面试中提出问题。

（2）实施阶段。做足了准备工作，就可以进入面试的阶段了，实施面试的阶段又可以细化为三个阶段：

◇开始阶段。这一阶段的主要目的是在应聘者和面试者之间建立与面试类型和题目相适应的关系和氛围。一般情况下，开始阶段可以从一些相对比较轻松的问题导入，比如讨论一下天气、环境等。这样可以缓解应聘者的紧张情绪，从而在接下来的过程中更加全面、真实地发挥。需要注意的是,开始阶段的长短和内容应该依据面试形式的选择灵活掌控。比如在压力面试的情况下,开始阶段可以相应缩减;而情景面试和行为面试的过程中,开始阶段则可以适当延长,与第二阶段对接。

◇正式提问阶段。营造好适合的氛围,面试就可以进入正题了。在这一阶段,面试者应按照事先准备的提纲对应聘者提问,同时对面试考评表中的各项评价要素做出简单记录。面试者还要注意自己提问时的态度举止,尽量避免异常的表情和形体语言,对应聘者造成暗示,从而影响正常的面试进程。

◇总结阶段。主要提问结束以后,面试小组可以在时间范围内对应聘者进行追问,或者让应聘者提出自己感兴趣的问题并予以解答。

(3)评估阶段。面试流程结束,并不意味整个面试结束,面试小组成员应该对整个面试进行回顾,并选择合适的应聘者进入下一环节,这一阶段主要包括三个环节:

◇整理和完善面试笔记。面试结束后,考官应该及时扩展面试时候的简单记录,及时填写面试评价表,如表5-8所示。

表5-8 ××公司面试评价表

应聘者姓名:		应聘单位(部室)及职位:				
面试要素	观察要点		优秀	良好	一般	差
态度仪表	衣着打扮得体,言行举止大方得体,态度诚恳					
言语及沟通	能够有效倾听,清晰流畅地表达自己的观点,内容有条理、富有逻辑性,用词准确、得当					
学历及工作经验	学历情况、专业概况、所受培训及工作经历契合岗位需求					
专业知识及技能	掌握本岗位所需要的一定的专业理论知识,能较好地应用所掌握的直接技能,并具备较为丰富的实际经验					
对企业的认知度	对行业以及本企业的了解程度,对企业文化的认可程度					
	综合评价					

◇综合评估应聘者情况。此阶段的重点在于选择哪一部分应聘者进入下一阶段的选拔,切记要避免一些诸如首因效应等主观偏差错误的发生,保障结果客观公正。

◇通知应聘者是否进入下一阶段。正规的面试,无论通过还是没通过都应当及时通知应聘者,一方面是为了让进入下一环节的应试者有充足的时间进行准备,另一方面也能让没有进入下一环节的应试者另谋出路,减少机会成本和不必要的浪费。

4. 其他人员甄选的工具

除了最基础的笔试、心理测试和面试以外,人员甄选的工具还有很多,在这里主要为大家介绍评价中心技术、工作抽样和履历分析三种甄选工具,我们可以根据空缺岗位的工作分析和胜任素质模型,选择合适的甄选工具进行人员的测评与选拔。

(1)评价中心技术。评价中心技术是一种综合性的人员甄选测评工具,是现代人员素质测评的一种重要方式，一般用于中高级管理人员的甄选测评。评价中心技术最大的特点在于情景模拟性，使用文件筐测试、案例分析、无领导小组讨论、模拟面谈、演讲、管理游戏和角色扮演等方式，通过多名有经验的面试者对个体在特定的测评情景中表现出来的行为做出评价，然后将所有面试者的评价结果汇总讨论，通过综合性的技术应用、动态性的评价过程和全面的测评内容，对应聘者行为表现进行综合评价。

评价中心技术的主要方式是无领导小组讨论和公文筐测验，我们可以通过表5-9进行学习总结。

表5-9 评价中心技术主要方式

方法	概述	目的	内容	流程
无领导小组讨论	将应聘者划分为几个小组，每组由5~8人组成临时工作组，对给定问题进行讨论 评价者对每组成员的行为进行观察和评价	考察应聘者的协调管理能力、领导能力、人际沟通能力、资源利用能力、应变能力、想象与创新能力、逻辑分析能力等综合能力，观察应聘者的自信心、责任感、灵活性等个人特质	1. 开放性问题：如提出一些没有标准答案的问题 2. 两难问题：如在互有利弊的答案中选择其一 3. 实际操作问题：如制作指定物体 4. 资源争夺问题：如分配有限资源	1. 策划安排，准备讨论内容和相关素材 2. 具体实施（一般在半小时到1小时之间） 3. 评价与总结，评价者撰写评价报告
公文筐测验	给定应聘者特定工作情景，进行模拟管理者文件处理工作，让其在规定时间做出决策	考察应聘者在管理方面的计划、组织、领导等方面的综合能力，尤其是计划、分析判断、分配与协调工作的能力	1. 涉及组织各项客观工作事件的公文 2. 涉及组织内部人物关系的公文	1. 策划安排，准备公文筐的指导语、测试材料和答题卡等 2. 正式测评（一般为1~3小时） 3. 评价与总结，评价者撰写评价报告

（2）工作抽样。工作抽样是由足够多的实际工作中真实或模拟的情景组成的一个工作样本，要求应聘者完成空缺职位实际工作中的一项或若干项任务，然后依据其行为操作情况、书面表达能力、思维口头汇报和情景模拟表现做出综合评价。这种方法强调在履行现实工作职责中衡量应聘者的工作绩效，具有较高的预测效度。

（3）履历分析。履历分析是一种常用的定性测评方法，一般包括基础信息、教育经历、工作经历、特长与兴趣几个方面，常用于简历筛选阶段，可以了解到应聘者的教育背景、专业、兴趣特长、技术能力和工作履历等基本内容，这些信息对人员的甄选有重要的参考作用。

(三) 员工甄选工具评估

员工甄选工具的评估主要是通过信度和效度这两个方面进行的。

信度就是可信程度，是指测试方法得到的测试结果的稳定性和一致性程度，主要体现在测试的可靠和客观性上。当我们在不同时间给同一测试对象采取同样的测试方法来进行实测，如果测试结果大概一致，则说明这种测试方法信度较好。

效度就是有效程度，是指招聘真正测评到的品质与预期的符合程度，简单来说就是测试方法测量出的所要测量内容的程度。当我们在相同时间给同一测试对象采取不同的测试方法来进行实测，如果结果大概一致，则说明这种测试方法效度较好。

在员工甄选的背景中，效度是指应聘者的测试成绩与今后的实际工作绩效之间的相关程度；而信度更多与应聘者的客观能力和某方面专业水平息息相关。如为了保证员工甄选的效率，测试方法必须同时具备高的信度和效度。

我们可以通过表5-10对信度和效度的具体内容进行进一步的学习。

表5-10 信度与效度

名称	定义	类　　型
信度	测试方法得到的测试结果的稳定性和一致性程度	重测信度：在不同时间给同一测试对象采取同样的测试方法来进行实测，结果大概一致，说明其信度较好
		对等信度：对同一测试对象使用两种内容性质相同的测试，结果大致一样，说明信度较好
		对半信度：对同一测评对象，采用同一份测试，分两次进行测评，比较前后两次测评结果的一致性，结果大致一样，说明信度较好
效度	招聘过程中测评到的应聘者特质与预期想要测评特质的相符程度	预测效度：对所有应聘者都进行某项测试，但依据其他的甄选手段录用人员，待所录人员工作一段时间后，再比较该测试与工作绩效的相关性，相关性越强，效度越高
		同侧效度：对现有员工进行某项测试，对比其测试结果与其实际工作绩效之间的关系，并考察两者间的相关系数，相关系数越大，效度越高
		内容效度：测试直接代表工作绩效的某些直接因素，多应用于知识测评和实际操作测试

三、员工录用阶段

(一) 录用决策

录用决策主要是基于甄选过程中产生的应聘者信息进行综合考评，对照预先设计的人员录用标准确定符合企业要求的最合适人选。企业做出录用决策后，应该通过正式信函、电话或邮件等方式通知录用者，并让录用者进一步了解具体的职位职责、薪酬等，还应该知会对方报到的注意事项。当然，企业也应该以礼貌的方式通知未录用者，让他们了解招聘结果。

录用决策的制定具体要求[1]如下：

（1）信息准确可靠。包括应聘者的全部原始信息和全部招聘过程中的甄选信息，所有信息都必须准确、可靠、真实，否则会极大地误导决策者。

（2）资料分析准确。注意对应聘者的能力、职业道德和品格、特长和潜力、个人社会资源、学历背景和成长背景以及面试表现的分析。

（3）招聘程序科学。招聘一定要经过层层筛选，程序的科学性要求步骤不能颠倒，但企业可以根据具体情况，对招聘程序进行适当调整。

（4）主考官和其他考官的素质。主考官的公正公平是必备的第一要素，同时主考官的能力和素质也至关重要。最好是在招聘前对考官进行相关培训。

（5）能力与岗位匹配。匹配度是招聘中十分重要的要求，把一个人放在不适合他的岗位，将会给企业造成巨大的损失。

录用决策的程序可以分为总结应聘者的信息、分析录用决策的影响因素、决策方法的选择和最后决定四个步骤。做出最后决定时可以让最有潜力的应聘者与用人部门主管进行诊断性面谈，最后由用人主管（或专家小组）做出决定（或向高层提出报批建议），并反馈给人力资源管理部门，由人力资源管理部门通知应聘者有关的录用决定，办理各种录用手续。

（二）背景调查

背景调查是指通过核查应聘者的背景信息从而进一步确认应聘者所提供的信息真实可靠且无隐瞒和造假的情况。主要调查以下三个方面：①应聘者的教育背景。由于许多招聘企业会对应聘者的学历或资格证书提出一定的要求，因此有些不符合相关要求的应聘者为获得相应的岗位可能会在学历、学位和资格证书上造假。如今学校的毕业证书和一些职业资格证书已经实现互联网系统管理，因此企业可以在互联网上查辨真伪。②应聘者的工作经历。在背景调查时还要了解应聘者以往的受聘经历，包括时间、岗位、职责、离职原因、业绩表现和薪酬等，这为企业进一步了解员工的信用情况和工作表现等提供了依据。③应聘者的不良记录。这方面的调查主要是为了了解应聘者过去是否有违法犯罪或违纪等不良行为。

背景调查有很多种方式，比如档案调查、电话调查、发函调查、网络查询、委托调查、公司调查等。在背景调查时需要采用多种方式或多个渠道来验证信息真伪，不能直接采用单一调查者或单一渠道的信息，必要时可以委托专业调查机构来获取信息。需要重点注意的是，组织在进行背景调查时应对被调查者的隐私进行保密，且调查不得涉及与工作无关的个人隐私信息。表5-11为某公司背景调查表的范例。

---

[1] 陈维政，程文文，廖建桥，刘善仕，张丽华.人力资源管理与开发高级教程（第三版）[M].北京：高等教育出版社，2019.

表 5-11　××有限公司背景调查表（一）

拟聘人姓名：　　　　　　　　　　　　　　　　　　　　　　　　　　拟聘任职位：

调查人		调查时间		调查方式	

Ⅰ 身份核实

身份证信息：□真实　□虚假
身份证验证网址：http://www.nciic.com.cn

Ⅱ 犯罪记录核实

犯罪记录情况	□有　□无	查询地	
受访人姓名		受访人职务	
受访人联系方式			

Ⅲ 学历背景验证

教育培训与职称资格	最高学历：□真实　□虚假	最高学位：□真实　□虚假
	技术职称：□真实　□虚假　□无	职业资格：□真实　□虚假　□无
	培训经历：□完全真实　□部分真实　□完全虚假　□无	

Ⅳ 工作情况验证

	公司名称		联系电话	
	受访人姓名		职位		与拟聘人关系	
	调查项目	与简历描述是否一致	调查项目	与简历描述是否一致
	单位情况	□是　□否　□部分	任职时间	□是　□否　□部分
最近工作单位①	担任职务	□是　□否　□部分	离职原因	
	奖励记录	□是　□否　□部分	奖励原因	
	惩处记录	□是　□否　□部分	惩处原因	
	是否曾晋升	□是　□否	最终薪资	（元/月）
	是否愿意重新雇用该员工（如果有机会）		□是　□否　□不清楚	
其他补充：				

	公司名称		联系电话	
	受访人姓名		职位		与拟聘人关系	
	调查项目	与简历描述是否一致	调查项目	与简历描述是否一致
	单位情况	□是　□否　□部分	任职时间	□是　□否　□部分
最近工作单位②	担任职务	□是　□否　□部分	离职原因	
	奖励记录	□是　□否　□部分	奖励原因	
	惩处记录	□是　□否　□部分	惩处原因	
	是否曾晋升	□是　□否	最终薪资	（元/月）
	是否愿意重新雇用该员工（如果有机会）		□是　□否　□不清楚	
其他补充：				

(三) 体检

企业要安排应聘者在规定的医院内配合接受全面体检。体检主要有三个目的：①鉴于不同职位对于应聘者身体素质有不同的要求，企业须确保应聘者的身体素质能满足相应的要求；②鉴于医疗保险和补偿投诉资料存档的要求，企业应详细记录应聘者的健康状况并建档；③通过体检鉴别应聘者可能的健康问题，用于减少缺勤、意外事故的概率，并进一步查明应聘者是否携带不适合工作岗位的传染病。

需要特别指出的是，企业不能随意给求职者增加体检项目或提高体检标准，以免引来法律纠纷。此外，企业应注意不要同时发放录用通知书和体检通知书，避免因员工健康问题无法入职而引起不必要的麻烦。

(四) 试用与正式录用①

人员录用过程主要包括试用合同的签订、员工的安排与试用、正式录用等环节。

◇试用合同的签订。试用合同应包括以下主要内容：试用职位、试用期限、员工在试用期的报酬与福利、员工在试用期应接受的培训、员工在试用期的工作绩效目标与应承担的义务和责任、员工在试用期应享受的权利、员工转正的条件、试用期组织解聘员工的条件与承担的义务和责任、员工辞职的条件与义务、试用期被延长的条件等。

◇员工的安排与试用。一般来说，员工的职位均是按照招聘的要求和应聘者的应聘意愿来安排的。人员安排即人员试用的开始，试用是对员工的能力与潜力、个人品质与心理素质的进一步考核。按照法律规定，用人单位与劳动者签订劳动合同时可约定试用期。对于新员工来说，试用期的工作岗位是他就职的第一个岗位，应该按照招聘要求与应聘者意愿来安排，引导新员工顺利适应新环境，进入新角色。

◇正式录用。经过试用期考核，如果员工表现出他已完成了适应企业工作的试用过程，合同双方互相满意并且能达到一致的意向，这时，应聘的应聘者顺利完成了应聘的全过程，被企业录用为正式员工。员工能否被正式录用关键在于试用部门对其的考核结果如何，应坚持公平、择优的原则进行录用。

正式录用过程中，用人部门与人力资源部门应完成以下主要工作：员工试用期的考核鉴定；根据考核情况进行正式录用决策；与员工签订正式的雇用合同；给员工提供相应的待遇；制订员工发展计划；为员工提供必要的帮助与咨询；等等。

第四节　员工招聘评估

招聘实施工作的结束并不意味着企业招聘工作的结束。因为缺乏招聘评估，很多

---

① 陈维政，程文文，廖建桥，刘善仕，张丽华. 人力资源管理与开发高级教程（第三版）[M]. 北京：高等教育出版社，2019.

企业会出现一个现象，即辛辛苦苦招聘到了适合的员工，花费大量时间、人力和物力进行培训，结果到需要用人的时候还是无人可用。从企业长期发展要求分析，企业需要在不断变革中进步，因此需要不断加入新鲜血液，而评估刚好能发挥这种作用。并且评估的作用还不限于此，更重要的作用在于节省了企业的额外开支，通过有效地清点，为之后的招聘活动提供了参考，大大降低了在招聘方面的试错成本，并且也有利于提高以后的招聘工作质量。那么，如何才能有效地进行评估呢？本节将从招聘成本、录用情况两个方面对招聘评估活动进行介绍。

一、招聘成本评估

招聘成本主要可以从非货币性和货币性两个方面进行评估。非货币性成本主要是时间成本，它产生于整个招聘过程中，我们可以通过各个阶段所用的时间与计划中的时间加以对比，对招聘计划的时间准确性进行评估和分析。而货币性招聘成本主要包括四个方面：获得成本、培训成本、离职成本和重置成本。

（1）获得成本：即企业为了录用到合适人员到具体岗位上工作而产生的一系列费用。其计算公式和元素介绍如表5-12所示。

表 5-12　获得成本

	获得成本 = 招募成本 + 选拔成本 + 录用成本 + 安置成本	
获得成本	招募成本：吸引人力资源的费用	招募成本 = 直接劳务费 + 直接业务费 + 间接管理费 + 预付费用
	选拔成本：测评与选拔过程中的费用	选拔成本 = 资料费 + 考试费 + 测试评审费 + 体检费
	录用成本：录用人力资源产生的费用	录用成本 = 手续费 + 调动补偿 + 搬迁费 + 差旅费
	安置成本：安置已录用员工到具体岗位的费用	安置成本 = 安置行政管理费 + 必要装备费

（2）新员工培训成本：指新员工上岗前，对员工进行企业文化、规章制度、基本知识技能等方面的培训过程中所产生的成本费用。

（3）离职成本与重置成本：离职成本是指因为招聘不慎，导致员工离职给企业带来的损失；重置成本是指企业重新组织一次招聘所产生的一系列新的成本。

二、招聘录用情况评估

对录用情况的评估主要是对录用人员数量和质量两个方面进行评估。

对录用数量方面的评估，其目的在于从数量上分析招聘能否满足需要的原因，有利于找出各个招聘阶段中的薄弱环节，为之后的招聘工作提供改进的参考。数量方面的评估可以参照表5-13。

对录用质量方面的评估则是从质量角度对招聘工作录用情况的评估，主要从员工的工作绩效行为、实际能力、工作潜力等方面对录用的员工进行考察。我们在进行录用情况评估时应该把质量和数量评估相结合，进行全面的评估与分析。

表 5-13 录用情况数量评估

项目	公式	指标含义
录用比	录用比 =（录用人数÷应聘人数）×100%	录用比越小，录用者素质越高；录用比越大，录用者素质越低
招聘完成度	招聘完成比 =（录用人数÷计划招聘人数）×100%	招聘完成比≥100%表示全面完成计划
应聘比	应聘比 =（应聘人数÷计划招聘人数）×100%	应聘比越大，招聘信息效果越好，录用者素质越高

第五节 员工招聘的发展趋势

领英大数据显示，2016~2019 年，全球经济回暖，就业情况有所好转，企业招聘需求持续增长；然而受新冠肺炎疫情影响，2020 年全球招聘需求急转下降 35%，亚太地区招聘趋势下降 37%。但同期中国地区逆势上扬，2020 年招聘需求仍然呈现上升趋势，较 2019 年增长 26%[①]。

谁拥有了一流人才、拥有了一流科学家，谁就能在科技创新中占据优势。千秋基业，人才为本。企业如何获取这些人才？又应该获取哪些人才？这些问题等待着我们去探索和发现。当今世界正在经历百年未有之大变局，新冠肺炎疫情的催化作用，更使世界之变局加速推进，企业要想在这样变化的环境中求得长期稳定的发展，就必须要跟随时代，把握趋势，通过把员工招聘与时代发展趋势相结合，促进人才高效合理的流动，提高能岗匹配，带动企业发展与产业升级，促进人力资源的合理配置。

一、招聘网络化逐渐普及

随着新技术的进步、新市场的出现，招聘媒介网络化程度逐渐普及，促使招聘方法越来越科学化。以前，企业的主要招聘手段是内部推荐或发放招聘广告等，此后逐渐发展成在报纸、杂志等媒介上刊登招聘广告或举办各种层次、各种规模的人才招聘会。21 世纪以后，越来越多的企业开始在互联网上进行网络招聘、使用猎头服务等。很多招聘网站如前程无忧、智联招聘、猎聘王、Boss 直聘、LinkedIn 领英等已拥有大量用户，特别是在 2020 年新冠肺炎疫情的影响下，线上招聘工作成为企业招聘活动的首选，腾讯会议和 Zoom 会议等异军突起，成为很多企业线上招聘的有效途径。此外，微

---

① 2021 未来招聘趋势报告：拥抱数字化，企业与员工协同成长，领英。

信招聘已成为利用圈内资源进行招聘的有效方法。

不得不承认的是，网络招聘的普及性、全天候、即时性大大提高了招聘工作的速度和效率，使企业可以在短时间内找到所需的人才，因此已成为一种越来越普遍的招聘模式。同时，基于网络技术的社交网络招聘平台也日益兴起。社交网络招聘平台可以提高一次性面试的成功率。

二、招聘多样化与时俱进

时代在发展，技术在进步，进入21世纪以来，新一轮的科技革命与产业更新带来了科技人才向着多样化的趋势发展，推动世界版图和经济结构的多样化程度与时俱进地发展，人工智能、量子信息、生物工程等一系列的信息技术进一步突破应用，产生了跨专业、跨领域的全方位、多角度的纵深发展，诸如再生医学、合成生物学、高端芯片等新型专业的出现，更是人才多样化趋势的直接表现。正如习近平总书记在中国科学院第十九次院士大会中所说："功以才成，业由才广。世上一切事物中人是最可宝贵的，一切创新成果都是人做出来的。硬实力、软实力，归根到底要靠人才实力。"一个优秀的企业，离不开人才的支持，人才的获取离不开有效的招聘，在企业人员的招聘中，我们更应该尊重人才发展的多样化，做到知人善任，与时俱进。

企业唯有与时俱进，方能持续发展，只有不断创新，才能跟上时代的步伐。创新之道，唯在得人，得人之要，必广其途以储之。一方面，企业应采用多样的方式和方法获取新型人才，比如在人员吸引方面，许多企业开发了自己的微信招聘小程序，比如星巴克招聘和华为招聘等，应聘者只需在微信小程序上上传自己的简历和信息即可完成简历投递的工作，这为许多应聘者提供了便利；再如在面试方面，某地建设银行通过让面试者在一定时间内阅读短文撰写读后感来面试人才；还有许多企业提出"讲笑话""模拟面试练兵""招聘会群面"等面试的要求。总体来说，近年来企业招聘方式呈现多元化，大有"不拘一格降人才"之势。另一方面，企业应该拓展多样化的招聘渠道，获取多样化的各界人才。许多企业在进行招聘时试图采用一些个性化招聘渠道来进行人才的获取，比如一些食品连锁专卖企业在招聘食品制作师时会通过供应商专业培训班的定期输送来吸纳人才，一些手机分销商招聘业务经理会通过企业人才库搜寻或离职员工召回的方式，而电子公司则可通过公交车厢广告、人才租赁（人才派遣、人事外包）来招聘普工等。海纳百川，有容乃大，唯有开放包容，方能铸造企业的辉煌未来；和羹之美，在于合异，唯有把握多样化的趋势，方能成就企业的美好明天。

三、招聘数字化势在必行

数字化招聘有助于招聘效率的提升，最关键的是可以确保有效地存储和分析招聘数据，进而为未来数字化人力资源管理工作的相关决策任务提供参与依据。

比如连续四年获得"中国杰出雇主"认证的全球十强欧洲医药巨头企业赛诺菲

(Sanofi)，自 2017 年开始就利用统一的数据库和数字平台来对企业员工进行管理。这种数字化的内部管理模式使企业内部员工可以清楚地在企业微信上看到除高层之外的所有职位空缺，因而可以通过自行申请新职位的方式实现更好的职位跃迁。2021 年相关调查显示，目前该企业 51% 的职位晋升都来自于内部，这很大程度上得益于数据驱动和数字化建设。此外，从 2019 年开始赛诺菲就与麦肯锡进行了数字化计划的合作，以期让应聘者在应聘过程中获得较好的移动端数字化体验。截至 2020 年年中，该企业已经较好地实现了从职位发布、面试到新员工入职的招聘全程数字化模式。

此外，未来数字化招聘能够有效地帮助企业进行数字化人才画像，根据人才画像和岗位胜任力的相关要求，进而对该人才是否适合某个岗位进行判断。以往企业人才画像的形成多是建立在以往成功用人经验的基础上的。具体来说，通过访谈或研讨的方式，企业可以对特定类别或有代表性的员工进行能力分析和提取，结合企业具体业务和战略要求再加上企业对人才的特殊要求，具体的人才画像就形成了。但此类人才画像很难在后续应用中进行较好的跟进，在数字化时代，面向未来的人才画像是动态的、丰富的、灵活的。借助各类科学的评估工具和技术，企业可以对优秀的员工从能力到潜力全面科学评估量化，联动各类业务或绩效数据来丰满人才画像，应用于未来的人才或业务决策。

同时，随着人工智能、虚拟现实等新技术的发展，越来越多的企业将其运用到招聘过程中。比如 AI 面试可以减少面试官主观因素的影响，帮助企业进行大规模简历筛选，通过数据挖掘算法，迅速对人岗进行匹配。以某大型多元化集团为例，随着集团业务板块的极速扩张和招聘需求的不断增大，在招聘人才中不可避免遇到效率和标准统一的阻碍。据统计，2018 年在管培生招聘时简历收集超过 15 万份，而参与到校招项目的 HR 不到 50 人，平均一名 HR 就要处理 3000 份简历。如何提升效率而又不影响精准性，成为 HR 团队急需解决的问题。因此，HR 团队开始借助人工智能的力量，自动识别更符合集团目标管培生画像的候选人，最终实现劣汰不使用人工筛选和群面，终面可以给予面试官针对性的面试建议[①]。AI 机器人还可以进行语言或视频面试，通过分析求职者的语音、视频来对候选人完成该工作的信心和能力进行基本的判断。例如，通用电气在校园招聘会上，让学生戴上虚拟现实头盔，参观公司石油和天然气回收设备。在雇主点评网站、社交网站监听企业以及竞争对手公开评论的社交平台等。这些技术利用已存在的社交数据和信息，应用高级认知能力对应聘者进行甄选。

但是，数字断层仍是现阶段许多企业存在的普遍性问题。如很多企业基础数据离散，与企业当前数据系统衔接难度大；另外，数字化技术开发成本高，开发难度大。因此，在进行数字化招聘的过程中仍存在很多问题。

---

① 数字化人才管理：从现在到未来/2021 中国人力资源管理年度观察，北森人才管理研究院。

四、基于胜任素质的招聘稳步前进

胜任素质模型就是为了完成某项工作，达成相应的绩效目标，要求任职者所具备的一系列有轻重之分的胜任素质的组合，包括完成工作所需要的各项特质和取得高绩效的直接影响行为。胜任素质模型与职位管理系统并称人力资源管理系统构建的两大基石，是确保企业招聘与录用到合适人才的基础。胜任素质模型可为企业招聘提供具体的甄选标准，设计招聘流程和评估方案的依据，以及对面试人员在专业上的明确要求。通常基于胜任素质模型的招聘更适用于企业管理岗位、关键技术岗位、关键生产作业、营销及关键客服岗位等的招聘甄选。

近几年，越来越多的企业开始依靠胜任素质模型开展其招聘工作。比如，在招聘某软件工程师的过程中，首先根据软件工程师的胜任素质模型，我们可从客观公正、诚实守信、务实认真、创新能力、逻辑思维能力、学习和知识更新能力等方面对应聘者的素质提出要求。在开展相应的面试甄选的过程中，可以分别针对这几个方面的胜任素质来对应聘者提出问题。比如，若考察其创新能力，可以询问其"对于改善公司现有的流程、开发工具，你提过改进的意见吗？（如数据库转换）""作为一个技术人员，你有没有做出过哪些革新？取得了怎样的效益？"若要考察其逻辑思维能力，则可以询问其"你在处理一个问题时，是否考虑到以前做过的相关事情？如何判断其相关性？能否举个例子？"这些都是基于胜任素质进行面试的典型案例。而今许多评价中心技术也很好地与胜任素质模型结合起来，通过角色扮演、无领导小组讨论和公文筐测验等对不同素质的人才进行甄选。为满足对不同素质人才的甄选，胜任素质模型在许多公司中的普及对企业的招聘工作也提出更高的要求。

本章小结

员工招聘可以给一个企业带来新鲜血液，使企业永葆青春与活力，成功地招聘到企业所需人员是企业长远发展的基础。本章的主要内容包括员工招聘概述、准备、实施、评估和发展趋势五大部分。在概述部分详细介绍了员工招聘的含义、流程、影响因素、原则及作用。员工招聘准备阶段主要包括招聘需求分析和拟定招聘计划两个环节。员工招聘实施包括三个阶段，即招募阶段、甄选阶段和录用阶段。其中，招募阶段需要选择招募的渠道和方法；甄选阶段需要选择合适的程序和测评方法；而录用阶段主要包括四个步骤，即录用决策、背景调查、体检、试用与正式录用。员工招聘评估阶段则需要对招聘成本和录用情况进行相应的评估。员工招聘的五个发展趋势中，网络化和数字化的发展使招聘方法越来越科学；招聘的多样化趋势使企业有能力借助多种手段和方法超前储备人才，建立内部人才库；而基于胜任素质的招聘使企业能够找到更多符合企业素质要求的人才。

【本章思考题】

1. 员工招聘的过程是什么？
2. 员工招募的渠道有哪些？不同渠道有何利弊？
3. 员工甄选的工具有哪些？如何对员工进行甄选？
4. 可以从哪几个方面对员工招聘工作进行评估？
5. 你认为未来的招聘工作还有哪些可能的新趋势？

【拓展阅读】

A 公司的营销经理素质测评选拔

A 公司是国内知名的医药广告代理公司，由于其业务的不断扩展，现需要招聘 3 名营销经理。为了完成这一招聘任务，公司按照如下的流程与步骤进行相关人员招聘与甄选：

1. 组建招聘团队

公司按照知识互补、能力互补、性格互补以及年龄互补原则组建招聘团队。招聘团队的成员包括公司营销总监 1 名、资深营销经理 1 名、优秀营销成员 2 名、人力资源管理人员 2 名、外部测评专家 1 名，总共 7 名成员。在进行正式招聘工作之前，对小组成员进行了培训。

2. 应聘者筛选

公司通过网络渠道、内部竞聘以及人员推荐等方式总计收到 40 余份应聘者的简历和应聘申请表。由招聘小组对简历和应聘申请表进行初步筛选，从中筛选出了 20 名应聘者进入初步面试环节，简历和应聘申请表初步筛选环节中剔除的主要标准是工作经验、工作业绩、行业经历等要素。然后再根据初步面试评分的高低筛选出 10 名候选人员，进行素质测评。流程如图 1 所示。

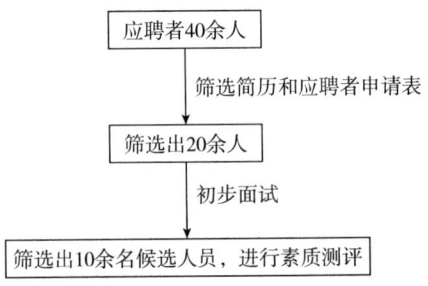

图 1　A 公司营销经理应聘者的初步筛选

3. 设计素质测评内容和评分标准

招聘小组利用营销经理岗位说明书，同时通过访谈、问卷调查与查阅历史资料等方法收集相关资料，并由人力资源部和测评专家进一步整理，从而得到表1所示的营销经理选拔性素质测评模型。

表1　A公司营销经理的选拔性素质测评模型

序号	测评内容	测评要素	测评权重（%）
1	战略管理能力	战略思考能力、人际洞察力、决策能力、风险意识、全局观念、规划能力	15
2	团队管理能力	沟通协作、组织能力、监控、培养与指导他人、激励下属、绩效导向	15
3	自我意识	正直、心胸开阔、敬业、自律、自信	10
4	领导技能	领导动机、影响力、授权、展示能力	10
5	分析式思考	系统思维、概括力、判断能力	10
6	自我管理能力	内省、应变能力、时间管理、创新	10
7	成就需求	成就导向、坚韧性	15
8	市场意识	市场拓展能力、市场导向	15

对上述各个能力，建立分级评分标准，以团队管理能力为例进行说明。首先对团队管理能力进行定义，团队管理能力是以团队绩效为导向，善于掌握团队成员不同的心态和需求，帮助并激励下属达成团队目标，完善制度，规范员工行为，加强协作与沟通，营造气氛，实施有效的监控能力。然后，根据不同行为表现进行A、B、C、D四个等级定义，对每个等级设置不同的评价分数（具体见表2）。

表2　A公司营销经理的素质测评指标分级定义（以团队管理能力为例）

测评指标	指标等级	指标等级定义	等级分数
团队管理能力	D级	不能做好沟通协调工作，团队的凝聚力较差	1
	C级	分析团队成员不同的心态，可以组织开展一些团队活动	2
	B级	能够树立团队目标，制定规章制度，并监控执行过程	3
	A级	分析团队成员差异，帮助他们树立目标，制定规章制度，在团队营造积极向上的工作氛围，强化团队的沟通与协作	4

4. 选择测评工具

根据营销经理素质模型中八项测评内容，由外部测评专家选定合适的测评工具，如表3所示。

5. 具体实施方案

根据测评的指标选择不同测评工具，按照顺序测评，具体如图2所示。

表3　选择测评工具

序号	测评指标	测评工具
1	战略管理能力	文件筐
2	团队管理能力	文件筐
3	自我意识	无领导小组讨论
4	领导技能	无领导小组讨论
5	分析式思考	文件筐
6	自我管理能力	结构化面试
7	成就需求	心理测试
8	市场意识、营销知识	笔试

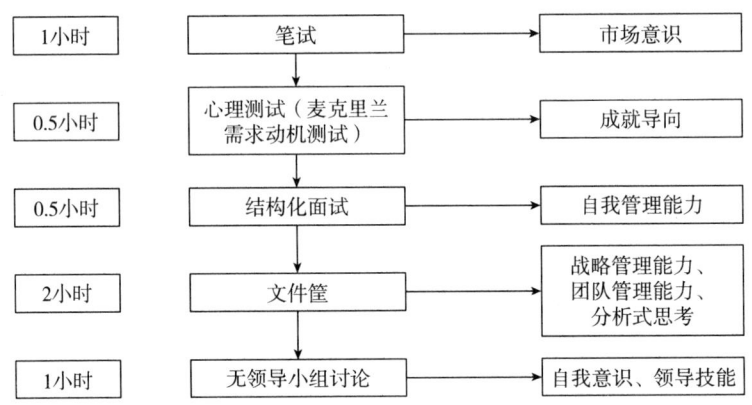

图2　A公司营销经理素质测评实施方案

其中，对于自我管理能力采用结构化面试，对于其中应变能力的评价，主要包括的问题是：①您为何要离开目前服务的这家公司？②您觉得您在以前类似我公司提供的这个岗位上的工作经历中存在哪些方面做得不足？③讲讲您曾经改变工作方法来应对复杂工作情况的经历。④讲讲这样一个工作经历：您的老板让您承担非您本职工作的任务，而接下任务的话，您就无法按时完成自己的本职工作，这种情况下，您是怎样办的？

6. 分析测评结果与录用

对候选者每一项指标进行评分，并且按照不同的权重进行分数加总，汇总如表4所示。对10名候选者测评得分排列名次，选择得分较高的前5名，参加最后一轮的选拔。

招聘小组以公司文化和发展战略为出发点，由营销总监分别和各位候选人进行面谈，根据各候选人在面谈中的表现做出最终的决策，对于给予录用的，发放录用通知，其他人员的信息则存入后备员工信息库。

表4　候选人测评结果汇总

指标 候选人	1	2	3	4	5	6	7	8	得分	名次
1										
2										
3										
4										
5										
……										
权重	15	15	10	10	10	10	15	15		

资料来源：陈维政，程文文，廖建桥，刘善仕，张丽华．人力资源管理与开发高级教程（第3版）［M］．北京：高等教育出版社，2019．

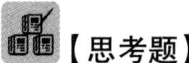
【思考题】

1. A公司在营销经理选拔中有哪些方面值得其他企业借鉴学习？为什么？
2. A公司的营销经理选拔过程中有哪些方面需要改进？为什么？应如何改进？

第六章　培训与开发

培训与开发是人力资源管理的一个重要职能。其主要目的是为企业绩效的提升做出重要贡献，在匹配组织战略和经营规划下，确保组织成员学习和完善当前工作所要求的知识、技能等，以此通过提升个人绩效最终作用于组织绩效。培训开发的终极目标是要实现个人发展与组织永续的和谐统一。同时，培训也是组织成员学习和传承企业文化的重要途径之一。由此可见，培训与开发在企业人力资源管理中扮演着重要的角色。

【学习目标】

通过本章的学习，应掌握：
1. 培训与开发的概念
2. 培训与开发的意义
3. 培训与开发应当遵循的原则
4. 培训与开发工作的具体实施过程和内容
5. 培训与开发的主要方法
6. 培训与开发的发展趋势

【关键词】

培训与开发；学习型组织；高阶培训；内部培训局域网

【思维导图】

```
培训与开发
├── 培训与开发概述
│   ├── 培训与开发的概念
│   │   ├── 培训与开发应针对全体员工
│   │   ├── 培训与开发的内容应与工作密切关联
│   │   ├── 培训与开发要有明确的目标
│   │   └── 培训与开发的主体是企业
│   ├── 培训与开发的意义
│   │   ├── 提高员工队伍素质
│   │   ├── 改善企业的绩效
│   │   ├── 增进企业的竞争优势
│   │   ├── 提高员工的满意度、忠诚度
│   │   ├── 培育企业文化的平台
│   │   └── 维持企业良好的形象
│   └── 培训与开发的原则
│       ├── 服务企业战略和规划的原则
│       ├── 学以致用原则
│       ├── 差异化原则
│       ├── 奖惩明确原则
│       └── 讲究效益原则
├── 培训与开发的实施
│   ├── 培训需求分析阶段
│   │   ├── 培训需求分析的层次
│   │   └── 培训需求调查方法
│   ├── 设计与实施阶段
│   │   ├── 设定培训目标
│   │   ├── 设计培训计划
│   │   └── 实施培训计划
│   ├── 培训迁移阶段
│   │   ├── 成果转化的三种理论
│   │   ├── 培训成果转化的模型
│   │   └── 成果转化的条件
│   └── 培训评估阶段
│       ├── 评估模型
│       ├── 培训效果的衡量
│       └── 评估方式
├── 培训与开发的方法
│   ├── 适宜知识类培训的直接传授培训方法
│   │   ├── 课堂讲授法
│   │   ├── 专题讲座法
│   │   └── 研讨法
│   ├── 以掌握技能为目的的实践性培训方法
│   │   ├── 工作指导法（教练法或实习法）
│   │   ├── 工作轮换
│   │   ├── 特别任务法
│   │   └── 个别指导法
│   ├── 适宜综合性能力提高和开发的参与式培训方法
│   │   ├── 模拟训练法
│   │   ├── 敏感性训练
│   │   └── 管理者训练（商业游戏和案例研究法）
│   └── 适宜行为调整和心理训练的培训方法
│       ├── 角色扮演法
│       ├── 行为模仿法
│       └── 冒险性学习法
└── 培训与开发的发展趋势
    ├── 创建学习型组织促进培训与开发
    ├── 培训内容不断延伸、高阶化
    ├── 内部局域网成为培训的新载体
    └── 胜任素质模型在培训与开发中的应用
```

【引导案例】

Sony：培训"走在前面"

Sony 进入中国后在短短的三年时间内，由北京一个城市迅速扩展到全中国，现在已分别在20多个城市设立了分公司或办事处，其产品销售与服务覆盖了几乎全部的大中城市和部分小城市。在这么短的时间内，Sony 公司依靠的就是强有力的培训方式，使众多中方职员迅速成长起来，担负起大部分地区负责人的要职，成为公司经营管理的中坚力量。Sony 一再强调的是"走在前面"的培训模式。每位新上任的中方职员都会接受"角色转化"课程的专项培训，使新员工从一名"超级销售员"向"职业经理人"过渡。人事、财务、传媒公关、物流、法务甚至总务部门都会派出专业人员集中为他们做相关业务指导，使其全面提高作为一名"指挥员"所应具备的各项素质。

为了便于各地业务经验的交流，以及提高职员的综合业务水平，Sony 建立了有效的流动机制，通过不同城市间员工的调动和不同业务间的轮换，好的工作经验被推广到其他城市，使一批批精通多项业务的员工也随之成长起来。

与许多新业务的开展一样，远在新的分公司或办事处成立半年之前，公司的业务部门领导与人事部门已经开始了对外派人员的培训工作。通过岗位的调动或是临时性派往相关地区工作，使候选人得以有机会全面接触未来所要担负的业务以及责任。同时，人事部门制定出相应的培训计划使其能从理论上达到一定的业务水平和管理水平。这种"走在前面"的培训不仅对企业来说是必要的，为中方职员的个人发展也奠定了很好的基础。

资料来源：搜狐网 https：//www.sohu.com/a/218608907_100005565。

【思考题】

如果你是 Sony 的员工，你如何看待其培训工作？

第一节 培训与开发概述

20世纪60年代，人力资源理论的创始人西奥多·舒尔茨在通过大量的实证分析后得出突破性结论：现代社会中，人的素质（诸如知识、才能和健康）的提高，对社会经济增长所起的作用，比物质资本和非技术性劳动的增加所起的作用要大很多，而人的知识、才能基本上是通过投资获得，特别是教育投资的产物。为了能不断地给企业和社会创造财富，个体需要持续地更新和提高自己的知识和技能。企业也希望个体能不断地提升自我,因此,培训和开发成为了实现该目标的重要手段。培训和开发在新员工入职时,帮助其顺利地完成社会化的过程,尽快通过培训与开发学习企业文化、制度和战略等。除此之外,新员工也能通过培训与开发缩小与当前工作所要求的技能之间的差距。而对于现有员工来说,组织也通过培训和开发不断地促进员工积极提升当前或未来工作所要求的知识和技能,提升未来的竞争力。面对日益变化的内外部环境,企业和员工都要保持不断学习的状态才能实现可持续的发展。因此,培训和开发是人力资源管理的重要职能之一。

一、培训与开发的概念

培训与开发是指企业通过各种方式使员工具备完成现在或将来工作所需要的技能、知识并改变他们的工作态度,以改善员工现在或者将来职位上的工作业绩,并最终使企业整体绩效得以提升的一种连续性或计划性的活动①。培训与开发的终极目标是要实现个人发展与组织永续的和谐统一。

培训与开发是两个相互联系又有区别的概念。联系在于培训与开发的实施主体都是企业,接受者都是企业内部的员工;两者的目标都是通过提高员工的知识和技能来提升员工的工作业绩,进而提高企业的整体绩效;此外,两者使用的方法也是相同的。两者的区别在于培训侧重于帮助员工学习与当前工作有关的综合能力;而开发则注重帮助员工为未来工作做好准备。表6-1显示了培训与开发的主要区别。虽然培训与开发存在一定的区别,但是从实施过程来看,并没有明显的差异。

表6-1 培训与开发的比较

	培训(Training)	开发(Development)
侧重点	着眼于当前	着眼于未来
工作经验的运用	低	高
目标	获得与当前工作相关的知识和技能	有益于未来职业的变化
员工参与	必须参与	自愿参与

资料来源:李燕萍,李锡元. 人力资源管理(第二版)[M]. 武汉:武汉大学出版社,2012.

理解培训与开发时需注意:

(一)培训与开发应针对全体员工

企业培训与开发的对象应该是企业的全体员工而不是部分员工,当然这并不意味着全体员工必须在同一时间参与培训,而应该将全体员工都纳入培训与开发的体系,不能将部分员工排斥于培训与开发体系之外。

(二)培训与开发的内容应与工作密切关联

培训与开发应该把与工作有关的内容都包含进来,如员工的工作态度、企业文化、

---

① 董克用,李超平. 人力资源管理概论(第五版)[M]. 北京:中国人民大学出版社,2019.

相关知识、技术技能以及企业的战略规划、规章制度等。与工作无关的内容不在培训与开发的范围之内。

（三）培训与开发要有明确的目标

企业进行培训与开发的初衷和根本原因就是通过提高员工素质去改善员工工作业绩从而提升企业的整体绩效。因此，培训的目标要准确且有针对性，能切实改善和提高员工的知识、技能和工作态度。

（四）培训与开发的主体是企业

培训与开发的实施主体一定是企业。比如，员工自行在互联网上学习与工作相关的知识或技能，虽然在客观上进行了培训与开发的活动，也提高了员工的工作绩效，但是此活动并不是由企业组织的，因此并不能算作培训与开发。但是如果该项自学活动是由企业组织进行的，就属于培训与开发。

二、培训与开发的意义

现如今，企业越来越重视培训与开发工作，是因为它具有非常重要的意义和作用，主要表现在以下几方面：

（一）提高员工队伍素质

对员工来说，参加培训与开发，可以通过学习和训练获得个人业务能力、综合素质的提高。新员工参加培训，可以在短时间内迅速熟悉工作环境，掌握所在岗位需要的知识和工作技能，了解企业的经营目标、企业文化价值观、组织结构、工作制度及流程标准，使其能够尽快地进入工作角色；对于参加培训的老员工而言，新技能和新知识的输入可以带来全新的工作方式和工作理念，帮助员工跟上时代的发展和知识、技能的更新换代，保持活力，及时适应新环境，有效防止自身知识和技能的老化和退步，进而提高工作能力。

（二）改善企业的绩效

通过培训与开发，员工有效提升与工作相关的知识和技能以此提高个人绩效，个人绩效的提高是企业绩效提升的必要条件。培训与开发是员工对企业战略、目标、规章制度、工作要求等学习的重要途径，也是作为人力资源管理职能最为重要的功能。

（三）增进企业的竞争优势

在科技和知识迅猛发展的当代，面对日益激烈的竞争，企业的内外部环境复杂多变，创新和学习成为企业生存的保命符。培训与开发让企业员工不断地学习，掌握更多及更新的知识和技能，拥有积极的工作态度，并创造良好的学习环境。学习型组织也强调当今企业不断学习才能提升自己的核心竞争力。阿里巴巴提倡员工要不断学习，今天的最好表现是明天的最低要求。因此，培训和开发让企业能保持学习能力，拥有高质量的人员队伍，才能在残酷的市场竞争中立于不败之地①。

---

① 董克用，李超平. 人力资源管理概论（第五版）[M]. 北京：中国人民大学出版社，2019.

（四）提高员工的满意度、忠诚度

员工的满意度与忠诚度是现代企业管理的重要考量因素，随着服务性行业的崛起，员工从事以服务为主的工作内容增多，只有员工对企业拥有较高的满意度和忠诚度时，员工才会提供优质的服务。例如，海底捞的微笑服务，只有员工对当前工作拥有较高满意度，才能满足企业的"微笑"服务要求。培训与开发让员工能感受到企业对其的重视和关心，还帮助他们提升自我，知识和技能的提高让员工对当下工作更有胜任感，由此带来更多的成就感。培训与开发有助于提高员工的满意度和忠诚度。

（五）培育企业文化的平台

培训与开发是企业文化宣传和学习的重要途径。它能够传达和强化企业的意愿、价值观、态度和行为等，新员工在进入企业时，领导者可以通过培训与开发的各种活动与新员工进行沟通交流，宣传企业的价值观，让新员工能尽快接受和认可企业的文化，有效地完成新员工入职的社会化。由此，让整个企业能相互沟通，不断学习，提升组织的凝聚力，同时也能促进企业文化的传承，形成在企业内高度认可的企业文化。

（六）维持企业良好的形象

培训与开发能不断地促进员工及企业保持不断学习的状态，塑造一个稳健、不断进取的良好企业形象。当代员工更加在乎个人的职业生涯发展，对企业是否给予自己学习和发展的机会尤为看重，因此培训与开发也是一种重要的员工福利。提供更多培训与开发机会的企业会获得员工更多的青睐和社会的好评。①

三、培训与开发的原则

企业在实施培训与开发活动时，为了保证并充分发挥培训与开发的效果，应当遵循以下几项基本原则。

（一）服务企业战略和规划的原则

企业的战略和规划是企业发展的指导方针，企业的各项工作都应该遵循战略的发展，因此，培训与开发要服务企业的战略和规划，帮助组织实现战略目标。从企业的长期发展来看，培训与开发是一种长期的投资行为，收益可能无法在短期收到，但是也要正确理解培训与开发对企业战略实施带来的益处。

（二）学以致用原则

培训与开发应该具有明确具体的目标，要根据实际的工作内容、职位特点、员工情况等设定培训要达到的效果。在培训之前为学员提前制定好培训的目标，明确其努力的方向，能提高培训的效率，保证培训效果②。

（三）差异化原则

培训与开发的实施对象虽然是企业的全体员工，但是并不意味着每次培训与开发

---

① 余凯成，陈维政. 人力资源开发与管理 [M]. 北京：企业管理出版社，1996.
② 陈维政，余凯成，程文文. 人力资源管理与开发高级教程 [M]. 北京：高等教育出版社，2019.

的内容和形式对所有人都一样。企业的员工所从事的工作内容不同，导致所要求的知识和技能也不同。因此，培训与开发也要有所差异。培训内容要有针对性，提供员工个性化的培训内容，有效地提高不同员工的知识和技能。培训对象也要有所区别，对企业的关键职位，应该给予更多的培训机会和内容，让其为企业创造更多价值。

（四）奖惩明确原则

培训与开发是企业对人力资源进行投资的一种行为，因此企业应关注投资后的产出，培训与开发是否达成了预期的目标。为保障目标的达成，应该在培训前明确培训奖惩制度，调动员工学习的积极性和主动性，这也是监督员工能按质按量提高自己的技能和知识，保证培训与开发的效果的一种方法。对于表现良好的员工，企业应该给予相应的奖励。对于学习态度不认真的员工，培训效果不明显，应该给予相应的警示和处罚，增加其学习的压力。

（五）讲究效益原则

培训与开发的最终目的是提高个人和企业的绩效。因此，在进行培训与开发设计时应该注意追求效益，讲究实用性。企业的培训与开发要能真正提高员工的个人绩效，而不是追求外在的形式和过程。培训与开发也是需要企业进行投资的。投资讲究投资回报，追求经济效益，因此要考虑成本和收益，不能盲目地进行无法产生效益的培训与开发活动。

第二节　培训与开发的实施

培训与开发工作是非常复杂的，为了保证顺利实施，应当遵循一定的步骤来进行。通常来说，培训与开发工作分为以下几步：首先要进行培训需求分析；其次就是培训设计，包括制订培训计划和做好培训前的准备等；再次是培训的具体实施，其中有很多项工作内容需要完成；最后是培训转化和培训评估（整个过程如图6-1所示）。

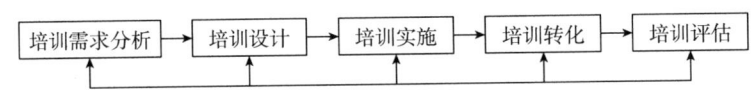

图6-1　培训与开发实施过程

资料来源：董克用，李超平. 人力资源管理概论（第五版）[M]. 北京：中国人民大学出版社，2019.

一、培训需求分析阶段

企业的培训与开发活动不是盲目进行的，当企业存在相应的需求时，培训与开发才有必要实施，否则都是进行无意义的培训。因此，在实施培训与开发之前，必须要对培训的需求做出分析，这是整个培训与开发工作的起点，它决定了培训活动的方向，也决定了培训的质量,如果前期的培训需求分析出现了偏差,那么培训工作的实施可能就达不到预期的目的。然而大多数企业在进行培训时并没有注意到培训需求分析的意义,这也是导致培训工作效果不佳的一个重要原因。

(一)培训需求分析的层次

对于培训需求的分析,最有代表性的观点是由麦吉和塞耶于1961年提出的,即通过组织分析、任务分析和人员分析这三种分析来确定培训的需求。其中每个层次的分析目的与具体方法都有所差异(见表6-2)。

表6-2 培训需求分析层次的目的与具体方法

分析	目的	具体方法
组织分析	决定组织中哪里需要培训	1. 对企业发展战略进行分析来确定培训的重点、内容和方向 2. 将企业目前的整体绩效与目标绩效进行比较分析评估来确定企业培训的重点
任务分析	决定培训内容应该是什么	分析特定工作岗位的工作业绩评价标准(工作说明书为基础),要完成的任务,成功完成任务所需的知识、技能、行为和态度(确定新员工的培训需求)
人员分析	决定谁应该接受培训和他们需要什么培训	1. 通过个人绩效评估,分析造成差距的原因、是否采取培训或采取什么样的培训 2. 基于员工的职位变动计划进行,将员工目前职位与将来职位进行比较,确定培训需求 3. 员工培训准备分析

资料来源:张德. 人力资源开发与管理(第四版)[M]. 北京:清华大学出版社,2012.

1. 组织分析

组织分析着重于确定员工培训在整个组织范围内的需要,并为其提供可利用的资源及各方面的支持,因此就需要分析组织的目标和战略及资源和环境。组织的长期目标和短期目标决定了培训的内容以及强度。一般来说,长期目标对培训的要求较高,而且时间比较持久。具体来说,组织需求分析需要注重三个问题。第一,从战略角度预测企业在未来发展中可能遇到的变化,包括技术、销售以及内部结构等方面的内容。根据这些变化,对组织的人力资源数量和质量的需求状况进行分析,了解现有员工的能力和未来需要的能力之间的差距,从而估计哪些员工需要哪些方面的培训。第二,分析组织成员对于培训的支持态度。这主要是因为企业培训的成功与否将直接由组织成员的态度决定,包括了接受培训人员的上级、同事对其受训活动是否支持,是否同意向受训者提供培训所需的相关信息。第三,分析企业的培训费用、培训时间以及与培训相关的专业知识等培训资源。在条件允许的情况下,可以利用企业内部资源(包括培训导师和培训预算)对相关的员工进行培训。企业如果缺乏必要的培训资源,也可以委托专门的培训机构。

2. 任务分析

任务分析是以对各项工作的任务要求和能力要求的分析为基础来确定培训项目内容的过程。任务分析首先是详细列出所有工作中包含的任务和职责,其次是列出员工完成每项工作任务的具体步骤，最后确定完成工作的类型与所需的知识和技能。任务的需求分析可以让每个成员都认识到接受并完成一项工作的最低要求。只有满足了这个最低要求，人员才能上岗，否则就必须接受相关培训。任务需求分析的结果应该准确、规范，并由此来确定相应的培训标准[①]。

3. 人员分析

人员分析主要确定哪些人需要培训、哪些人不需要培训。通过对员工的素质和技能的分析以及对员工当前工作绩效的评价发现，通常有三种人需要接受培训：第一种是可以改进目前工作的人，目的是让他们能够更加熟悉自己的工作和技能；第二种是有能力且组织要求他们掌握另外一门技能的人，一般考虑在培训后安排他们到更重要、更复杂的工作岗位上；第三种是有潜力的人，组织期望他们掌握各种不同的技能或更复杂的技能，目的是让他们进入更高层次的岗位。由此可见，员工需求分析主要是通过绩效评估来进行的，但员工工作绩效的好坏是由多种因素，如员工本身的能力、组织的激励措施、员工的工作内容等造成的，因此，培训只对那些由于本身能力问题而引起绩效差的人起作用，而对其他因素引起的绩效差的员工往往没有效果。

(二) 培训需求调查方法

进行培训需求分析的方法有很多，最为常用的方法有观察法、问卷调查法、资料查阅法和访问法等。这几种方法都有各自的优缺点，在实践中，企业要根据实际情况来选择合适的方法，通常，企业会综合使用几种方法来确定培训需求。表6-3是对这几种方法优缺点的一个简单比较。

表6-3 培训需求分析方法的优缺点比较

方法	优点	缺点
观察法	可以得到有关工作环境的信息；将分析活动对工作的干扰降至最低	需要高水平的观察者；员工的行为方式可能因为被观察而受到影响
问卷调查法	费用低；可以从大量人员中收集信息；易于对信息进行归纳总结	耗费时间；回收率可能很低，有些信息可能不符合要求（虚假或隐瞒）；不够具体
资料查阅法	有关工作程序的理想信息来源；目的性强；有关新的工作和在生产过程中新产生的工作所包含任务的理想信息来源	材料可能过时；需要具备专业知识
访问法	有利于发现培训需求的具体问题及其产生的原因和解决方法	耗费时间；分析难度大；需要高水平的专家
面谈法	双向交流，充分了解信息；激发培训对象的学习动力和参加热情	需要时间长；需要培训者面谈技巧高
工作任务分析法	结论可信度高	花费时间和费用较多

资料来源：冯光明等. 人力资源开发与管理 [M]. 北京：机械工业出版社，2013.

---

① 董克用，李超平. 人力资源管理概论（第五版）[M]. 北京：中国人民大学出版社，2019.

二、设计与实施阶段

在完成培训需求分析之后,组织就可以明确以下几个方面的问题:谁需要接受培训?需要接受什么样的培训?是应当从培训公司或咨询公司购买培训服务,还是利用内部资源自行开发和实施培训计划?等等。通常情况下,培训需求明确之后,组织往往需要制订一个比较完备的培训计划,然后按照培训计划书的指示逐步实施。

(一)设定培训目标

培训的目标指明了培训工作或培训活动需要达到的总体效果和具体效果,目的越清晰,目标越具体、明确,对于后面培训效果评估工作的开展就越有利,有些组织甚至直接在培训计划中列明培训所要达成的可衡量的效果。设定培训目标需要注重以下三种要素:一是内容要素,即企业期望员工做什么事情,它可以分为知识的传授、技能的培养和态度的转变三大类;二是标准要素,即企业期望员工以什么样的标准来做这件事情;三是条件要素,即在什么条件下要达到这样的标准[①]。此外,培训方法的选择也很重要,正确的培训方法不仅有助于受训者掌握培训内容,而且有助于培训成果的转化,甚至还能帮助组织减少培训成本。关于各种不同类型的培训方法和培训效果评估方法以及这些方法的适用性,我们将会在下文详细介绍。

(二)设计培训计划

培训计划必须从企业战略出发,满足企业及员工两方面的要求,考虑企业资源条件与员工素质基础,以及培训效果的不确定性和人才培养的超前性,确定员工培训的目标,选择合适的培训方式、内容。不同的企业,培训计划的内容可能会有所不同,但是一般来说,一个比较完备的培训计划应当涵盖 6 个 W 和 1 个 H 的内容,即 Why,培训的目标;What,培训的内容;Whom,培训的对象;Who,培训者;When,培训的时间;Where,培训的地点及培训的设施;How,培训的方式方法以及培训的费用。制订企业培训计划一般可按以下步骤进行:

1. 培训的目标

培训的目标是指培训活动所要达到的目的,从受训者角度进行理解就是指在培训活动结束后应该掌握什么内容。培训目标的制定不仅对培训活动具有指导意义,而且也是培训评估的一个重要依据。前文已经提到,设置具体的培训目标包括内容、标准和条件三大构成要素。如在对机器设备操作员的培训中,培训目标就应当这样设置:培训结束之后,员工应当能够在不求助他人情况下(条件要素),在 10 分钟之内(标准要素),准确地完成机器设备的全套操作流程(内容要素)。

2. 培训的内容

培训的内容是指应当进行什么样的培训,培训内容应该参照培训需求分析后产生的结果来具体制定。通常的培训会将培训的内容按一定的格式编制成培训手册或教材

---

① 董克用,李超平. 人力资源管理概论(第五版)[M]. 北京:中国人民大学出版社,2019.

发放于受训者，以便受训者能有效地了解和学习培训内容。根据不同的培训内容，培训手册的形式也多样化，但所有的编制都应该紧贴此次培训的内容。

3. 培训的对象

培训的对象呈现多样化的状态：初级、中级、高级的企业管理人员，不同水平的工程技术人员，政工人员以及其他专业人员。这种多样化又是与复杂性交织在一起的：各种人员的年龄、岗位、文化水平及要求不同，发展趋势不同等。即使在专业内部也有许多差异，例如同属经营管理人员，销售管理人员和生产管理人员不同，财务管理人员与技术管理人员不同。这种复杂性决定了企业培训的多形式性、多层次性和多专业性。

通常情况下，组织内有三种人员需要培训：

（1）可以改进目前工作的人，使他们更熟悉自己的工作和技术。

（2）有能力而且组织要求他们掌握另一门技术的人，考虑培训后安排到更重要、更复杂的岗位上。

（3）有潜力的人，经过培训让他们进入更高层的岗位。

培训对象确定后，最好能立即列出该对象的相关资料，如平均年资、教育背景、共同特质、曾参加过的培训等。

4. 培训者

员工培训的成功与否与培训者有很大的关系。现在的员工培训，讲师已不仅仅是传授知识、态度和技能的人，还是受训者职业探索的帮助者。企业应选择那些有教学愿望，有广博的理论知识、丰富的实践经验、扎实的培训技能，表达能力强，热情且受人尊敬的人作为培训者。培训者选择的原则是"能者为师"，其来源一般来说有两个渠道：一是外部渠道，二是内部渠道。从这两个渠道选择培训者各有利弊（见表6-4）。

表6-4 培训者来源渠道优缺点

	外部渠道	内部渠道
优点	选择范围大，可获得高质量的培训者资源；带来全新的理念；对培训对象有较大吸引力；可提高层次，引起企业重视；容易酿造气氛，促进培训效果	对各方面了解，培训具有针对性，容易增强培训效果；与培训对象熟，培训中交流顺畅；培训相对易于控制；成本低
缺点	对企业缺乏了解，加大培训风险；对培训对象缺乏了解，培训适用性降低；可能缺乏实际工作经验，纸上谈兵；成本高	不易在培训对象中树立威望，可能影响培训对象的参与度；内部选择范围小，不利于开发高质量的讲师队伍；内部讲师看待问题易受环境影响，不易上升到新的高度
适用范围	中小型企业，较深的专业理论方面问题或前沿技术问题的培训	已经处于成熟期的企业，一些需要定期开展的培训

资料来源：刘善仕，王雁飞等. 人力资源管理 [M]. 沈阳：辽宁大学出版社，2016.

由于依据这两个渠道的任何一种培训者都存在一定问题，因此企业应当根据培训的对象和内容等具体情况，选择恰当的培训者。一般来说，通用性的培训可以从外部选择培训者，而专业性的培训则要从内部选择培训者。当今社会很多企业将两种渠道结合使用，具体做法就是长期从外部聘请相对固定的培训者，这样就在一定程度上弱化了从单一渠道选择培训者的缺点。

5. 培训的时间

培训的时间选择也是非常重要的。通常，培训时间的选择要综合考虑培训的需求和受训人员。培训时间选择不当，受训者无法安心进行培训，则会影响培训的效果。例如，新员工入职的培训应该选择在新员工开启正式工作之前就帮助其获得新工作所需要的知识和技能，且有机会学习企业文化，能在正式工作之前做好充分的准备，提高员工的自信心和自我效能感。在确定好培训时间后，还需要及时告知受训者，让受训者做好时间安排和心理准备，提高学习的效果。

6. 培训的地点及培训的设施

在设计培训时，应该结合培训内容及形式确定其培训地点。根据培训的内容和方法考虑是在企业内部地点还是需要到外部地点。如采用冒险性学习法，则要根据培训项目选择恰当的外部实施场地。同时，还要注意营造良好的学习环境。在培训时还应该考虑准备好相应的设施，如涉及角色扮演时，相关的场景布置、道具等应该提前做好准备。

7. 培训的方式方法以及培训的费用

培训的方法可以根据培训内容来进行选择，方法多种多样。在本章的第三节将会具体介绍培训的方法。培训的经费也要提前做好预算，如培训者的费用、教材费用、场地费用及相关管理费用等，在计划时都要提前做好测算，保证培训能顺利进行。

(三) 实施培训计划

培训是一种双向活动，受训人员也是影响培训效果的一个重要因素，因此，在培训准备阶段，除了要制订培训计划之外，还要采取各种措施来确保受训人员对培训做好充分的准备，通常包括以下几个方面的工作：

一是使受训人员明白为什么要参加培训以及参加培训所能够带来的收益，这有助于强化他们的学习动机。

二是使受训人员具备进行学习的一些基本能力，例如认知能力、阅读能力等。

三是使受训人员相信自己能够学会培训的内容，也就是说要让员工建立起充分的自信。研究表明，自信与受训者在培训中的表现是有关系的。

在确定了培训项目、时间、地点以及参与者以后，就进入了培训的实施阶段。针对不同的培训项目，会有不同的实施工作。通常来说，授课类的培训项目的实施都包括如下几个方面的工作：第一步，接待培训师，不管是企业内部的培训师还是外部的培训师，在授课的当日最好都能够提前做好准备，这样可以使授课过程更加从容。第二步，由工作人员做好签到表，请参加培训的员工签字，一方面更好地管理培训，另一方面为以后的培训效果评估收集信息。第三步，由工作人员向学员简要介绍培训师和培训项目，帮助大家从整体上把握培训，有助于增强培训效果。第四步，向受训者发放相关培训教材。第五步，培训者开始授课。第六步，在培训课程快要结束的时候，向学员发放并回收培训效果的评价问卷。第七步，培训收尾工作，主要包括向培训者支付培训费用、教室打扫、设备整理、培训资料归类整理等。培训工作人员在培训过程中要随时准备处理各种应急突发状况，并且要做好课间的服务工作等，耐心解答学员的各种疑问。

对于室外类培训项目，如户外拓展之类，具体的实施步骤与室内培训项目有一定的区别。首先要统一安排员工抵达拓展目的地，然后请专业的培训者详细介绍拓展项目和活动的地区范围，向受训者强调安全注意事项，以防出现意外对企业造成负面影响；在开始实施户外活动或比赛时，确保参与者按要求进行活动；在学员活动过程中，要有培训者随时对学员的行为进行监控和保护；活动结束后，由受训者进行感受描述，总结启发和感悟，并与所有受训者进行沟通和交流；最后护送学员安全返回。

总之，培训过程的实施需要根据不同的培训内容、不同的培训方法等采取相应的步骤调整以保证培训的顺利实施。

三、培训迁移阶段

培训迁移实际上就是培训成果的转化，主要是指企业的管理者和受训员工在接受培训后及时将在培训中学到的知识、技能、方式方法等运用到实际工作中。这样培训的目标才能有效实现，培训才有现实意义，否则企业对培训的成本支出就没有得到应有的回报，就会造成培训资源的浪费。企业只有将公司的政策方针、总体目标、组织结构等与培训内容相结合，并创造培训效果迁移的条件，才能使培训与开发的结果有效地转移到实际工作中，以帮助企业达到预期的目标。

(一) 成果转化的三种理论[①]

培训迁移有三种主要的理论（见表6-5），即同因素理论、刺激概化理论和认知理论。其中，同因素理论认为完成与培训期间所学内容完全相同的工作是受训者培训成果顺利转化的必要条件。而培训成果能否得到转化，还取决于培训过程中的任务、材料、设备和学习环境与真实的工作环境是否一致。不同于同因素理论，刺激概化理论认为只要在培训过程中强调一些最重要的特征和一般性的原则，同时告诉受训者这些特征和一般原则的使用范围，受训者就可以将培训所学到的知识和技能运用在适用这些特征和原则的工作环境中。前两种理论看重培训环境和实际工作环境的一致性，而认知理论则更关注受训者自身的能力，该理论认为培训成果转化的可能性取决于受训者快速掌握新技能、新知识的能力。即企业可以在培训过程中向受训者提供有价值的材料、指导等，帮助他们更加牢固地掌握培训内容，从而提高受训者灵活运用所学知

[①] 董克用，李超平. 人力资源管理概论（第5版）[M]. 北京：中国人民大学出版社，2019.

识的能力。受训者转化能力的提升也更好地促使培训成果的转化,达到培训迁移的目的。

表6-5 成果转化的三种理论

理论	强调重点	适用条件	转化的类型
同因素理论	培训环境与工作环境完全相同	主要适合封闭的技能,工作环境及其特点是稳定与可预测的,例如设备使用培训	近
刺激概化理论	可运用于多种不同工作环境的一般原则	主要适合开放的技能,工作环境不可预测并且多变,例如人际技能的培训	远
认知理论	可增强培训内容存储和回忆的有意义的材料与编码方案	各种类型的培训内容和环境	近和远

资料来源:[美]雷蒙德·诺伊等. 雇员培训与开发[M]. 北京:中国人民大学出版社,2015.

（二）培训成果转化的模型

培训成果能否顺利转化并且长久保持这种转化效果受培训设计、受训者特点、工作环境等因素的影响。受训者的个人特点,如学习能力、动机和在实际工作中运用新技能的情况都会对转化效果产生影响;在培训过程中是否能给员工提供相似的实践机会、情节、反馈等都能够帮助员工学习并维持培训成果。另外,是否能得到来自上级、同事的支持,受训者的自我管理机会及运用新技能的机会等也都会加速培训效果转化过程。图6-2为一个培训转化过程模型。

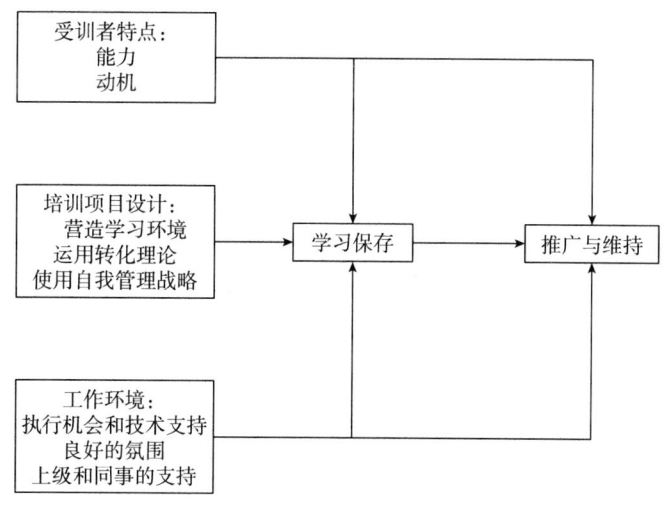

图6-2 培训转化过程模型

资料来源:[美]雷蒙德·诺伊等. 雇员培训与开发[M]. 北京:中国人民大学出版社,2015.

1. 受训者特点

不同受训者对同一培训项目的评价不同，其培训转移程度也不同，这是因为他们在学习能力、学习积极性、理论联系实际的能力、运用所学的主动性方面都不相同。

2. 培训项目设计

其包括培训内容是否符合受训者的需求、培训的形式是否有助于受训者掌握培训的内容、培训师在多大程度上帮助受训者把培训内容和实际工作联系起来等。

3. 工作环境

受训者在工作中运用所学需要具备若干客观条件，包括机会、物质和技术条件、上级和同事的支持等。培训不是孤立的活动，组织应该把它和其他人力资源管理职能协同考虑，如人员调配、考核等。组织一方面要为受训者提供应用所学的条件；另一方面要对其应用所学的效果进行考核评价，考核不仅可以督促受训者有意识地应用所学，而且可以为是否继续举办或参加该培训项目提供依据。

（三）成果转化的条件

促进成果转化的重要条件在于构建培训成果转化氛围。所谓培训成果转化氛围，是指受训者在组织中所感知到的有助于或有碍于自己把培训过程中获得的知识技能或行为运用于实际中的各种工作环境特征的总和。其具体包括上级和同事对自己运用培训内容的支持程度、组织中是否存在运用所学技能或行为的机会以及运用这些技能之后可能会产生的效果等。研究表明，培训成果转化的氛围与员工受训后行为方面是否会表现出积极变化显著相关。培训成果转化氛围主要包括以下几个方面：

1. 上级的支持

上级的支持是指受训者的上级明白让下属参加培训的重要性，同时鼓励员工将在培训中学到的知识与技能运用到实际工作中。一般情况下，上级对受训者的支持程度越高，培训成果有效转化的可能性就会越大，反之则越小。上级能够提供的最低层次的支持就是允许员工参加培训，最高层次的支持就是以一名指导者的身份亲自参与培训。在作为指导者参与员工培训的情况下，上级可以与受训者讨论培训进展情况，为他们提供练习的机会，促进受训者运用在培训中所学到的知识和技能等。此外，上级还可以通过与受训者共同制定行动计划来协调培训成果的转化。为了确保培训成果的转化，组织应该主动向受训者的上级解释培训的目的与作用，并且让他们知道组织期望他们积极鼓励员工参加培训、为受训者提供实际练习和运用培训内容的机会；另外，还应当对受训者进行追踪，以评价受训者在培训内容运用方面所取得的进展。

2. 同事的支持

通过在受训者之间建立一种支持性的网络也会有助于强化培训成果的转化。所谓支持性的网络，是指由两名或两名以上的受训者自愿组成的一个小群体，他们同意通过定期会面来讨论在培训成果方面取得的进展。会面的方式既可以是面对面的会议讨论，也可以是通过电子邮件进行的沟通。组织还可以通过编印时事通讯的方式，让大家知道受训者是怎样处理各种培训成果转化问题的，比如，刊载对某位在培训成果转化方面较为成功的受训者进行的访谈,然后将其分发给其他受训者。组织还可以考虑将参加过同样的培训并且工作经验更为丰富的其他员工配备给受训者做导师,向受训者提供建议和支持,告诉他们应当怎样将培训的内容成功地转化为自己的工作实践。

3. 运用培训内容的机会

运用培训内容的机会是指受训者在多大程度上得到了将培训中所学到的新知识技能以及新行为运用到实际工作中的机会。与那些很少有机会在工作中运用培训内容的人相比,那些有较多机会的受训者往往能够更为长久地保持所学的内容,将培训的效果最大化。运用所学内容的机会受工作环境和受训者的动机两方面因素的影响。要想让受训者应用在培训中所学习到的内容,途径之一是安排他们从事那些需要运用所学内容的工作任务或解决相关问题。在这方面,受训者的上级通常起着关键作用。此外,运用培训内容的机会还取决于受训者是否愿意承担培训成果转化的责任,即是否愿意积极寻找使他们能够运用刚刚获得的新技能的工作任务。

4. 受训者的自我管理能力

组织的培训系统还应该为受训者在工作中运用新技能和实施新行为做好自我管理方面的准备。在培训过程中就应当让受训者制定在工作中运用培训内容的目标,明确在何种条件下可能无法达到既定目标,说明运用新技能和实施新行为的积极和消极后果,确定监督整个新技能和新行为运用过程的方案。在运用培训内容的过程中遇到一些困难是在所难免的,因此受训者自身不能轻易放弃转化培训成果。最后,由于大多数时间受训者的同事或上级不能对受训者运用培训内容的行为给予奖励或提供反馈,因此受训者需要创建一个自我奖励系统,并且积极寻求同事和上级提供反馈。

四、培训评估阶段

(一) 评估模型

在实践中,大多数组织都采用比较简单的方法对培训活动的有效性进行评估,即在培训结束时让受训者通过调查问卷来反映自己对培训的满意度。但是,大多数专家却认为,使用多重评价标准对培训的效果进行衡量不仅必要,而且更为有效。目前国内外应用最广泛的是科克帕特里的四级评估模型(见表6-6)。

表6-6 科克帕特里的四级评估模型

层次	评估内容	评估方法	评估时间	评估单位
反应评估	衡量学员对培训课程、讲师及培训组织的满意度	问卷调查、面谈观察、综合座谈	课程结束	培训单位
学习评估	衡量学员对培训内容、技巧和概念的吸收掌握情况	提问法、笔试法、口试法、模拟练习与演示、角色扮演、演讲、心得报告、发表文章	课程进行到课程结束	培训单位

续表

层次	评估内容	评估方法	评估时间	评估单位
行为评估	衡量学员在培训后的行为改变是否是培训所致	问卷调查、行为观察、访谈法、绩效评估、管理能力评鉴、任务项目法、360度评估	课程结束的3个月或半年以后	学员直接主管上级
结果评估	衡量培训给个人或组织绩效带来的影响	个人与组织绩效指标、生产率、缺勤率、离职率、成本效益分析、组织气候资料分析、客户与市场调查、360度满意度调查	课程结束的半年或一年后	学员单位主管

资料来源：刘善仕，王雁飞等．人力资源管理［M］．沈阳：辽宁大学出版社，2016.

（二）培训效果的衡量

科克帕特里模型虽然应用广泛，但仍然存在一些问题，其中最主要的问题是没能够结合培训的目的和战略目标来对培训效果进行评估。为此，最终形成了一个从五大方面对培训的效果进行评估的体系，即将培训可能产生的效果划分为认知性结果、技能性结果、情感性结果、组织成果及投资回报率。

1. 认知性结果

认知性结果所要衡量的是受训者在多大程度上掌握了培训项目力图传授的原则、事实、技术、程序或流程，即要衡量受训者在培训中学到了哪些知识。一般情况下，主要采用书面测验对认知性结果进行评估。

2. 技能性结果

技能性结果是一种主要用来评价受训者的技术能力以及行为是否发生改变的培训效果指标。技能性结果包括技能的获得及应用两个方面。一般可以通过考察受训者在工作样本中的绩效表现来实现对受训者的技能获得情况进行评价；而要对受训者在实际工作中的技能转化情况进行评价，则需要让受训者的同事以及上级对受训者在之前工作中的行为表现进行观察，然后再进行评价。

3. 情感性结果

情感性结果包括受训者的态度和动机两个方面。受训者对培训项目做出的反应或评价也是一种培训效果评估方面的情感性结果。它反映了受训者对培训项目中的设施、内容、培训者等的感知情况。这种情感性结果信息通常是在培训结束时以调查问卷的形式收集的，这些情感反应性结果有利于确定哪些因素有助于或有碍于受训者学习，但和培训成果转化之间的关系较弱。

4. 组织成果

组织成果是培训项目给企业带来的回报总和。如培训可以降低员工的流动性，减少生产事故，从而帮助企业节约成本、增加产量、改善产品或客户服务质量等。例如，某出租车公司会定期对驾驶员进行安全驾驶培训。为了评价这一培训项目的效果，该公司在培训结束之后的 3 个月内,对受训司机出现的事故和伤残情况进行了跟踪记录,以判断培训项目所产生的效果如何。

5. 投资回报率

投资回报率是一种运用会计学的方法从经济收益的角度对培训效果所做的评估,它关注的是培训所带来的货币收益和培训所产生的货币成本之间的数量关系。培训成本由直接成本和间接成本两部分组成,其中直接成本是与开展培训项目直接有关的开支,主要包括培训项目的设计与开发费用,聘请外部培训者的费用,内部讲师的授课补贴费用,培训过程中需要的各种原材料、设备、教室的租赁或购置费,参训员工的差旅食宿费用等;间接成本包括受训人员的薪酬福利费用、培训部门工作人员及其他培训支持人员的薪酬福利费用等。收益是指组织从某个培训项目中获得的经济利益总量。而投资回报率是培训的经济收益与培训的货币成本的比值。

当然,组织在对培训的效果进行评估时,未必需要同时对这五个方面的效果都进行评估。到底使用哪一种或哪几种培训效果评估内容,关键还是要看当初设计培训项目时准备达到的目标。不过,由于情感性结果和认知性结果都是在培训刚刚结束时收集的信息,不能反映培训成果的实际转化或运用情况,因此,组织应当更多地关注培训是否导致受训者在实际工作中的行为、技能或态度出现了有利的变化,同时更要关注培训在组织层面到底带来了哪些方面的积极效果。

(三) 评估方式①

1. 培训后测试

培训后测试指直接对刚结束培训的受训员工进行测试,如测试某个经过培训的员工是否能达到 95% 的产品合格率要求,如果达到了则说明培训目标已达成,反之则没有。这种比较简单的测试方式一般只能用来反映培训目标的达成程度,而不容易说明培训的改进程度。

2. 培训前后对比测试

培训前后对比测试,顾名思义,这种方式需要进行两次测试:受训员工需要在接受培训之前就进行一次相关测试,然后到培训结束后再接受一次相同的测试。将前后两次测试的结果进行比较分析,进而得出培训效果的测试评估结果。在测试中,被测试的员工可能会受到一些其他因素的影响,从而对测试结果的准确性造成一定的干扰。因此,在进行评价时应综合权衡那些额外的影响因素。

3. 实验组/控制组的前后对比测试

这种方式是将受训员工作为实验组,将没有接受培训的员工作为控制组,然后同时对两个组的测试结果进行对比。与上一种测试方式相比,这种方式能更好地反映出培训的效果。为了保证测试结果的有效性,两个组在进行测试时除培训这个因素外的所有测试条件必须完全一致。当然,虽然这种测试方式相对前两种方式能够更好地测

---

① 董克用,李超平. 人力资源管理概论(第五版)[M]. 北京:中国人民大学出版社,2019.

试培训效果，但是也有不足之处。比如，两个组的对比测试会增大测试人员的工作量，且员工的绩效会受到多种因素的影响，而这些因素有的很难控制，因此要想精确地衡量两组员工的绩效也是比较困难的。

4. 时间序列法

评价者在培训前后的一段时间里，按照一个既定的时间周期来收集培训效果相关的信息。这种方法的优点之一就是能够分析一段时间内培训效果的稳定性。

第三节　培训与开发的方法

培训方法是为了培训目标有效实现而采取的一些手段和方法。无论采取什么样的手段和方法，都必须与培训的内容、目标、成本费用及受训者特征等相匹配。

一、适宜知识类培训的直接传授培训方法

此类培训方法的普遍特征是信息交流的单向性和培训对象的被动性，其应用范围较广，主要适用于知识类的培训。目前主要有以下三种形式：

（一）课堂讲授法

课堂讲授一般是指由培训者面对面地对受训者进行培训的课堂授课培训方法。培训者常常会在课堂讲授的过程中穿插提问、讨论或案例研究等其他培训形式。尽管各种新型的培训方式和技术层出不穷，但是传统的课堂讲授法仍然无法被替代。原因之一是这种培训方法可以一次性地面向一定规模的受训人群来提供相关培训，成本相对较低，性价比高。原因之二是如果培训者在相关领域中有较为丰富的知识和经验，且掌握了良好的授课技巧，同时在授课的过程中能够较多地引用与受训者的工作相关的例子，适当穿插一些练习，则可以提高受训者的参与积极性。当然这种培训方法也存在一些不足之处，即它对培训者和受训者有严格的时间和空间要求，对于那些所属机构分布在各个不同地区（尤其是相互之间的地理距离比较远）的组织来说，这种培训方式可能会产生较高的交通成本和住宿成本。

（二）专题讲座法

与前者内容有所不同，专题讲座法更加适合管理人员了解专业技术发展方向及当前热点问题。这种培训方法一方面有利于教学活动根据培训目的有计划地进行；另一方面适用面广，可根据团体的大小组织不同规模的讲座；此外还能在有限的时间内，传递大量系统的知识。其缺点主要表现在受训者较多时，培训者无法顾及所有听众对培训内容的反应，从而无法与受训者进行良好的沟通，达不到想象的培训效果；另外培训效果较依赖培训者个人的语言素养，不利于受训者主动学习。

开展专题讲座有以下注意事项：讲座开始前就应对参与人数及他们的受教育程度、

职业等基本资料有基本了解，然后有针对性地备课；营造良好的讲授环境，尽量提供安静、光线充足、温度适宜和教学音响设备良好的讲座地点；讲授的内容应科学、严谨，里面涉及的一些概念、原理和事实等必须真实可靠；讲授的语言应生动、艺术，一方面要求条理清楚、重点分明、通俗易懂，另一方面也应随时注意调动参与者的积极性和热情；讲授的方法应灵活多样，为便于理解，最好配有文字资料、幻灯片、图片等；合理控制讲授时间，一般以 30~60 分钟为佳；在演讲结束后积极和参与者互动并鼓励他们提问，搭建双向沟通渠道。

（三）研讨法

研讨法是一种倾向于让培训者和受训者在同一空间共同讨论并解决问题的培训方法，该方法致力于寻求解决问题的方案，看重参与者学习知识的能力，适用于人数较少的培训。其优点之一是提供了一个双向讨论的机会，如果受训者比较主动，他们的问题就可以得到比较充分的讨论和解答；优点之二是受训者不仅可以向培训者学习，也可以彼此之间互相学习，取长补短；优点之三是培训者可以及时准确地把握受训者对培训内容的理解程度。因此，这种方法对于解决具体问题、提高受训者的责任感或改变其工作态度比较有效。

二、以掌握技能为目的的实践性培训法

此类培训方法在员工培训中应用最为普遍，其特征是让受训者在实际工作岗位亲身操作、体验，掌握工作所需的知识、技能从而提高其知识、技能，有以下四种主要形式：

（一）工作指导法（教练法或实习法）

工作指导法指受训者在工作指导人员（管理者或培训师）明确工作要求、内容和程序后，按照指导人员的示范和指引，遵循步骤进行实际操作的一种培训方法。指导人员需要确认好每一个工作程序的关键点，认真观察员工的实际情况，如果受训员工的操作达到工作标准，则可以继续进行；否则就要立刻给予纠正并令其重复操作，直到符合要求。工作指导这种培训方式直观并且实际操作性强，通常用于企业对初级职员和技术操作工的培训。

（二）工作轮换

工作轮换是一种在职培训方法，目的在于除了增加工作的挑战性和乐趣外，还要拓展受训者的知识和技能，使其胜任多方面的工作，对企业的了解更加全面深入；组织也能因此在人员调配上获得更大的灵活性。工作轮换制度一般是针对管理人员设置的。管理人员进行工作轮换可实现以下三个方面的目的：一是管理人员逐渐有了全局观，学会按照管理的基本原则从大局而不是从某一具体职务方面来思考和处理问题；二是有利于管理人员确定他们本身乐意进行管理的职务范围，同时也便于上级因岗择人；三是企业的高级职务可以由对企业不同部门都了解的人来胜任，达到岗得其人、人适其岗的效果。

应用工作轮换制度，企业应注意以下问题：让参加轮换的人员明确轮换的目标，特别是在每项工作上要培养的技能；掌握适当的轮换频率，在达到轮换目标的同时尽可能降低因为轮换影响工作而增加的成本；把工作轮换作为员工职业发展的一个环节，系统规划。

（三）特别任务法

特别任务法是指给团队或工作小组布置一个实际工作中面临的难题，并让他们合作一起想出解决问题的办法，且制订出相应的行动计划，最后再由他们共同实施。由于任务是真实的，当任务完成时，该实际工作中遇到的难题也得到了解决，因此可以实现一举两得、学习效果最大化的目的，同时也可以在这个过程中发现并解决那些不利于团队有效解决问题的阻碍因素。

（四）个别指导法

个别指导法也叫学徒培训法，适用于新员工上岗培训。通过选择经验丰富、技术娴熟的老员工（培训者）与新上岗的新员工（受训者）进行配对，根据工作性质或条件安排一个师傅带一个徒弟边工作边培训。该方法主要是师傅给予徒弟工作所需技能的理论传授，对徒弟进行工作行为示范，然后指导徒弟进行实际操作，徒弟在此过程中反复实践和强化，从而达到培训的目的。这种培训方法大多用于那些需要技能性较强的行业，如美容美发行业、程序员等。学徒培训的时间因岗、因人而异，一般由行业标准和学徒的学习能力决定。学徒的薪水也和技能水平的高低挂钩，技能越高，薪水越多。

个别指导法适用范围广、培训数量大，同时能够在培训中解决企业生产对人力资源的需求问题，这也是古今中外学徒培训制度长盛不衰的原因。其优点是成本低、培训过程直观、有利于工作技能的迅速掌握。这种方法也有两方面的缺点：一是培训效果受师傅的个人因素影响很大，且其相对固定的工作思路不利于工作创新；二是师傅一般只对徒弟进行其自身目前所掌握技能的培训，难以适应新技术的更新变化，同时这种方法更为偏重技术操作而非理论方面的训练，对学习的深度有一定限制。

三、适宜综合性能力提高和开发的参与式培训方法

此类培训方法的特征是让受训者从亲身参与中获得知识、技能和正确的行为方式，开拓思维，转变观念，可以调动其积极性，让其在与培训者的互动中学习。主要形式有以下三种：

（一）模拟训练法

模拟训练，即让受训者在仿照商业竞争规则的情境下收集信息并进行分析、做出决策，主要用于管理技能的培训与开发。这种培训方法能够激发受训者的学习兴趣，使其在轻松的氛围中学习和掌握各种知识和技能，拓宽思路，提高解决问题的能力，即让参与者按照既定的计算机模拟出来的规则进行模拟训练，以达到学习目的。受训者在此过程中被分为不超过6人的若干小组，每个小组根据给定的场景和条件收集各

个方面的管理活动信息并分析，最终给出决策。每个小组的行为会影响整个市场环境进而影响其他小组的决策制定。计算机根据整个过程中各种信息的变化最终得出模拟训练结果。整个模拟训练过程控制在半小时至 3 小时之间。模拟训练与课堂讲授相比具有更强的吸引力，能够使团队成员迅速形成有凝聚力的群体，但是开发成本相对较高，且实施过程中应该注意以下几个问题：一是选择的模拟训练要恰当，培训者选择的模拟情境应该符合培训目标和培训内容的需要；二是培训者在模拟训练过程中要充分履行自己的职责，扮演好组织者和观察者的角色。作为组织者，培训者要保证模拟情境按既定规则执行，还要根据现场情况适当调整活动的进程，能处理突发事件以及控制模拟训练时间等。作为观察者，培训者要在模拟训练的过程中认真观察每个团队及个人的表现和反应，并在结束后对整个过程进行总结和评价。因此，培训者的表现对整个模拟训练的顺利进行起着至关重要的作用。

（二）敏感性训练

敏感性训练法以讨论的方式进行，注重训练参与者的团队行为。该方法比较看重群体内人与人相处的行为表现和个人感受，它鼓励受训者自由讨论，尽情表达自己的观点与想法。通过群体内成员之间的相互评价和反馈，大家都能了解对方的感受，因此群体内的每一个个体都懂得认识自我、理解其他员工的行为并虚心倾听别人对自己的评价。总之，敏感性训练法可以提高参与者的沟通技巧、决策能力、领导能力以及快速学习并掌握知识的能力。

（三）管理者训练（商业游戏和案例研究法）

在管理技能开发类培训中，培训者常常会设计一些场景、案例或商业游戏来让受训者进行分析和讨论，以此考察受训者收集信息并对这些信息进行分析处理的能力。由于商业游戏能够模拟商战的竞争性质，且具有一定的趣味性，因此可以激发受训者的参与积极性。此类游戏往往会涉及管理实践中各方面的问题，如人力资源管理的绩效加薪决策、市场营销的新产品定价决策以及财务管理的企业并购所需资金的筹集方案决策等。对于像高级管理人员这样一些受训者来说，游戏比课堂讲解更有意义，因为游戏更加真实，还能够帮助团队成员迅速构建信息框架并培育一个凝聚力很强的群体。

而对于开发管理人员及其他一些专业人员必备的高层次脑力技能（比如分析问题的能力和解决问题的能力等）而言，案例讨论式的培训可能更适合。在这种培训中，培训指导者会要求受训者研习案例材料，找出存在的问题，分析问题的重要性和难点，寻找各种可能的解决方案。这种学习过程更多地发生在受训者与培训指导者进行的各种交互式活动之中。在这个过程中，培训者应当起到激励和促进作用，让每一位受训者都能参与到解决问题的过程中。至于在案例研讨中所使用的案例，既可以是现成的案例，也可以是根据组织中实际发生的情况自行编写的案例，这些案例必须能够反映在本组织或其他组织的决策中出现的某种真实情况或者场景。如果准备使用的是别人编写的现成案例，培训指导者必须对案例进行审查，以确定它们对于受训者是有意义的。

案例法的运用十分广泛。例如，在研究商业对策时，使用案例法比其他僵硬的结构化培训方法会更有成效。在拥有优秀的培训者和很好的案例的情况下，案例研讨法对于提高管理者的决策能力十分有效。不过，在使用案例研讨法时，培训者应当注意避免一些情况的发生，比如培训者本人支配整个讨论过程、允许一部分人支配讨论过程，或者引导讨论朝着培训者本人事先预想的解决方案转移等。作为一个推动者，培训者应该鼓励受训者提出各种不同的见解，引导他们发现可能遗漏的问题，并且在事前做好充分的准备。

四、适宜行为调整和心理训练的培训方法

此类培训方法的特征是可以从一定程度上重塑人的身心，有三种主要形式：

（一）角色扮演法

角色扮演法就是指让受训人员在指定情景中分别扮演不同的角色，根据角色的人设做出他们认为合适的行为和情感，培训者在扮演过程中随时加以指导，扮演结束后组织大家讨论，分别发表各自对扮演角色的看法和意见。简而言之，就是让受训者学会换位思考。通过角色扮演，受训人员可以感知到与自己工作有关的其他角色的心理活动，从而有助于改正过去工作中的不良行为，以建立良好的人际关系。例如，让一个驾驶员扮演乘客的角色，让其体会乘客受到冷落或言语攻击时的心理感受，从而改善自己的服务态度。这种方法的缺点在于操作起来比较麻烦，不太适用于知识和技能类的培训。

（二）行为模仿法

行为模仿是指让受训者学习被大众广泛认可的正确行为，给予他们实践的机会并加深印象。该方法主要适用于技能和行为类的培训，培训者先要进行行为演示，找出完成一项工作的关键行为，进行正确的行为演示（通过播放视频或真人现场演示）并解释原因；随后带领受训者进行行为实践，即让受训者将培训者的行为照做一遍；紧接着对受训者进行行为强化，即肯定学员正确的行为，予以正强化；最后进行行为转化，帮助学员将正确的行为转化为工作中的行为，找出学员实际行为与正确行为之间的差距并给予反馈。

（三）冒险性学习法

冒险性学习法也称为户外培训或野外培训，主要是组织户外活动来开发团队协作和领导技能的一种培训方法。冒险性学习对员工的身体素质要求较高，而且在整个培训过程中常常让受训者相互接触，培训项目如攀岩、高空跳台、翻越3米高墙、徒步负重跑等具有挑战性的体育活动，以团队合作的方式达成培训目标。在开展具有挑战性的培训活动时会给受训者带来一定的风险，所以，考虑在什么情况下使用冒险性学习、使用什么形式的冒险性学习是非常重要的。要使冒险性学习获得成功，练习要和参与者希望开发的技能类型有关。一般开展冒险性学习都要由有专业经验的辅导人员

组织，并且全程指导、监管，防止意外事件的发生造成企业不必要的损失。因此，训前的教授和讨论显得非常重要，探讨在练习中发生的事情、学到的东西，联系与工作情况的关系，及如何设置目标并将所学知识应用于工作当中，保证受训者能明白正确的操作方式及项目风险，保证顺利操作完所有项目。训后也要进行有效的团队讨论，将所训内容结合工作实际。冒险性学习的关键是要坚持让整个工作群体一起参与这种培训过程，这样才能有效培养团队协作和领导能力。

第四节　培训与开发的发展趋势

一、创建学习型组织促进培训与开发

创建学习型组织的热潮始于麻省理工学院斯隆管理学院的彼得·圣吉1990年出版的《第五项修炼——学习型组织的艺术与实务》一书。该书认为，建立学习型组织需要进行五项修炼：自我超越、改善心智模式、建立共同愿景、团队学习和系统思考。自我超越明确了个人的愿景，使个体能清晰地认识到理想与现实之间的差距，这种差距会促发个体去做出积极的创造性改变。改善心智模式是深层次的假设、形象等，这些深层次的假设影响个人对世界的认知，以及影响对事件的反应行为。建立共同的愿景提倡个体视自己为团队的一部分，在乎团队能力而不是个人能力，培养为组织牺牲奉献的精神。团队学习中，个体暂停思考自我，积极融入团队，团队成员寻找共同的假设及追寻团队利益。系统思考强调个体持续的学习过程，善于观察周围事件及相互关系。斯蒂芬·罗宾斯概括了学习型组织的五大特征：组织成员都认同的共同愿景；在解决问题与开展工作时能够摒弃旧的思维方式和常规程序；能够对所有的组织活动、功能及与环境的相互作用进行全面分析；组织成员之间能坦率地沟通；组织成员能摒弃个人和部门私利，能够为实现组织的目标而共同努力（董克用，2019）。因此，学习型组织就是指通过在组织中培养浓厚的学习氛围，使其充分发挥员工的创造性思维能力而建立起来的一种有机的、扁平化的、有韧性的、人性化的、具有可持续性的组织。这种组织具有较高的且持续性的学习的能力，具有高于个人绩效总和的综合绩效的效应（张润彤等，2009）。在全民学习的氛围之下，结合培训与开发的本质，即促进员工学习以提升工作所需的知识、技能等，帮助企业创造学习氛围的同时，也提供全员学习的一个平台，因此培训成为了建立学习型组织的一条有效途径。

二、培训内容不断延伸、高阶化

从传统情况看，培训一般只关注员工完成本职工作所需要的基本技能。然而，知识经济的到来意味着越来越多的工作要求员工具备一定的综合能力，既能够快速吸收

新的知识并创造性地运用知识来改进产品或向客户提供服务，同时对产品或服务的开发系统有更好的理解等。在这种情况下，21世纪的组织要想通过培训赢得竞争优势，就必须将培训视为创造智力资本的一种途径，将其作为不断提高员工的基本技能、高级技能，强化他们对客户或生产系统的理解，以及激发他们的创造性的一种战略性活动来看待。正因为如此，近年来，培训所关注的重点正从教会员工掌握某些具体的技能转向强调一种更广泛的目标，即知识的创造和分享。这种视野更为开阔的培训称为高阶培训。高阶培训是一种将培训与组织的战略性经营目标联系在一起的培训管理实践，它能够得到组织高层管理人员的支持，依靠一个具有指导性的设计模型来进行培训设计，并且将本组织的培训方案与其他组织进行比较。高阶培训有助于营造一种鼓励员工持续学习的工作环境，也有利于推动员工了解自己所处的整个工作系统，其中包括他们目前所从事的工作、他们所在部门内部的关系以及公司的各种内部关系。这种培训显然有助于组织最终发展成为学习型组织。

三、内部局域网成为培训的新载体

网络技术的发展和新兴多媒体工具的研发为组织的培训工作提供了更新的、便捷的方法与手段。组织可开发内部网，将文字、图片、音像等培训资料放在网上，从而形成一个网上资料馆、网上课堂。这种方法的优点首先是不受时空限制，即一方面不需要统一时间，员工可以选择方便的时间随时上网学习；另一方面也突破了地域限制，通过网络手段把身处五湖四海的员工联系在一起，即使地处偏远，也可学到同样的内容。其次，培训成本较低，除了课件制作外，几乎不增加任何成本。事实上，内部网具有网络所具有的几乎所有优势。正因如此，这种方法近些年来得到了长足的发展。

四、胜任素质模型在培训与开发中的应用

基于胜任素质模型的培训就是明确培训目标及在培训过程中学员所要达到的能力的培训体系。它将胜任素质和胜任素质模型与企业培训结合起来。传统的培训体系基于工作分析，探究培训需求，随之开展培训的设计、实施及评估等环节，而基于胜任素质模型的培训则根据胜任力理论中提及的鉴别性胜任素质，即区别工作中绩效表现优秀者和表现平平者，通过强调绩效差异来进行培训需求的分析，以此改善培训需求的分析方法、培训实施的方法等（杨虹和杨怀珍，2009）。基于胜任素质模型的培训的一般操作步骤为培训启动（建立胜任素质模型）、培训需求分析、培训设计与实施、培训效果评估及培训记录（彭剑锋等，2003；杨虹，2009）。培训启动时应该根据岗位要求的胜任素质，区别出不同绩效表现，在培训需求分析时重点找出现实的胜任素质与理想的胜任素质之间的差距，为之后的培训设计明确方向。基于胜任素质模型的培训不仅能为员工提供清晰的评判标准，明确自身的不足，而且为员工个人绩效的提高提供了深入且有针对性的帮助。

本章小结

培训与开发是指企业通过各种方式使员工改变他们的工作态度并具备完成现在或者将来工作所需要的知识、技能,以改善其在现有或将来职位上的工作业绩,并最终提升企业整体绩效的一种计划性和连续性的活动。培训与开发的意义在于有助于改善企业的绩效,提高竞争优势,提高员工的满意度,以及培育企业文化。因此,做好培训工作,对企业具有重要的意义。培训的具体实施过程一般包括以下四个方面:一是要进行培训需求分析;二是培训设计,包括制订培训计划和做好培训前的准备等;三是培训的具体实施;四是培训转化和培训评估与反馈。做好培训工作,应当遵循以下基本原则:服务企业战略和规划的原则、学以致用原则、差异化原则、奖惩分明原则、讲究效益原则等。培训的方法本章重点从适宜知识类培训的直接传授培训方法、以掌握技能为目的的实践性培训方法、适宜综合性能力提高和开发的参与式培训方法、适宜行为调整和心理训练的培训方法等方面进行介绍。未来的培训发展将围绕学习型组织、高阶培训、内部局域网及基于胜任素质的培训的发展方向为企业绩效的提升提供有力的保障。

【本章思考题】

1. 培训与开发对于企业有什么意义?
2. 培训与开发应当遵循的原则是什么?
3. 培训与开发工作的具体实施过程是什么?
4. 培训与开发的主要方法有哪些?
5. 什么是学习型组织?
6. 什么是高阶培训?
7. 什么是内部网?

【拓展阅读】

云南白药"花儿朵朵"培训体系的迭代之路
——新零售业务的培训风波

2019年春,空气中还渗透着一丝丝寒意,梅经理端着一杯热茶站在窗前,脑海中梳理着最近待办的工作。人力资源中心总经理顾总的敲门声打断了梅经理的思绪。顾总说道:"梅经理啊,公司的中药资源事业部最近新开展了一项新零售业务,刚刚开设了几家门店,新上岗的员工需要你们尽快配合事业部安排针对性的培训,这项工作就交给你啦,我相信你的能力,一定没问题的。"梅经理爽快地接受了顾总的任务。送走顾总后,梅经理重新端起茶杯,喝了一口热茶,心里已然有了想法。公司在培训人才方面早已有了一套成熟实用的体系,所以此时拿出一套培训方案并不是难事。

梅经理正想了解中药资源事业部新零售业务的员工培训需求时,"铃铃铃……",电话响了,电话是新业务中药资源事业部培训专员小王打来的:"梅经理,最近事业部'白药生活+'门店新招店员较多,这些店员都是之前没有任何销售经验的新员工,为了让新员工更快地适应岗位要求,能否给我们安排一些集团销售类的内训师,为门店新员工讲授如何提升销售技巧的课程。"梅经理心想:"销售类的内训师……这还不简单,此类的培训我们不知做了多少,可以借用传统'云南白药大药房'的内训师或是从'三七花后备人才'里面找相应人选,那经验可是足足的。"想到此,梅经理信心大增,开始着手进行培训需求分析、设计培训计划……

新零售业务培训需求的误区

梅经理本以为培训需求分析、培训计划制订会很简单顺利,可事不遂人愿,进一步和中药资源事业部培训专员小王电话沟通后,才发现不是简单地只对新员工进行销售技巧之类的培训。因为是新零售业务,小王可能自己都还不能完全描述清楚事业部真正的培训需求到底是什么。梅经理双手扶额,眉头紧锁,觉得只通过电话了解情况不能弄清楚中药资源事业部目前的培训需求,因此她决意要到事业部的现场去进行培训需求调研。

梅经理了解到中药资源事业部"白药生活+"门店为事业部新业务,目前共有3个门店,计划在今年开到10家。业务快速扩展需要对人员的业务能力及门店运营管理能力提出了挑战。

在与中药资源事业部相关负责人深度沟通后,梅经理发现其潜在的真正培训需求并不仅仅是提升新员工销售技能那么简单。如何让目前的运营体系快速地支持新门店的开设、如何提升店长的业务能力及人员管理能力、如何培养新员工等问题成为了关键。通过对需求的深度调研及挖掘,梅经理发现不是仅仅靠举办一次销售技能提升培训就能解决以上问题的。提升现有运营管理人员的管理能力,尽快优化运营体系,建立零售门店新员工培训体系,快速为新人赋能,让新人快速上手,缩短新人培养周期,提升店长的门店管理能力,从中培养一批优质的内训师,对业务及人员培养都有很大的帮助。

然而这些问题,事业部的培训专员小王并没有深入地分析过。小王由于进入公司时间不长,从事培训工作时间较短,且客观地说,没有接受过相关专业的培训,所以很难发现其中的真正问题,这才导致最初的培训需求误区。意识到这是一个系统工程后,梅经理开始带领团队进行培训需求深度分析,并对现状进行调研,开始对项目进行设计。

新零售业务内训师选拔之路

梅经理制订的培训计划中最初选拔的内训师,基本上是借用传统"云南白药大药房"的内训师或是从"三七花后备人才"里面找的相应人选。因为她认为这些传统内训师有一定的培训经验,会做PPT,擅长讲课。于是梅经理就安排了两位优秀的内训师对"白药生活+"门店的新员工进行了初期的培训,但是许多新员工在培训后反映,他们所学习的内容并不能很好地应用到工作当中,培训效果并不理想。

梅经理通过与新员工交流发现,这次培训失败的原因有三:一是并不是每个门店都能准备好相应的讲课教室、电脑和投影仪等设备,导致只会按照PPT在教室讲课的内训师无法正常发挥,加之新门店刚刚开业,人手不足,新员工很难腾出相应时间,同时很多新员工更希望接受"干中学"的一些实践性培训;二是"白药生活+"门店所卖的产品和提供的服务与传统的"云南白药大药房"虽有少量产品重叠,但服务方式完全不一样,因此,有着药房培训经验的内训师并没有真正了解新零售业务,所讲的销售技巧根本不适应新业务的开展;三是因为两种门店可能会有业务上的竞争关系,导致借用的"云南白药大药房"内训师不愿讲或者不敢讲一些真正的"干货"。

这也造成了第一期的培训基本以失败而告终。梅经理陷入沉思,思考到底是哪里出了问题:为什么从人才后备池中精心选拔的内训师在输送到新零售业务时并不能很好适配呢?在新的业务形态下,如何做到人才队伍建设对业务最大程度的支持呢?

天气渐渐热起来了,梅经理像是热锅上的蚂蚁,内训师选拔仍旧毫无头绪,梅经理思虑再三,决心打破传统的培训体系,为新业务赋能,重新打造适合新业务的人才培养模式。前进的路上一旦有了光亮,就要紧紧跟着它走下去。梅经理召集团队从零开始,沉下心来慢慢琢磨这种"按需学习"的人才培训体系,根据员工实践需求快速搭配学习资源,强调员工个体把所学快速迁移到专业和业务中去。

梅经理认为,从现有集团的内训师中很难找到完全匹配的,还不如有针对性地选择新零售业务的相应人员进行培训后,成为新零售业务的内训师。在以往内训师人选方面,店长往往作为第一人选,公司认为店长作为一店之首是最应该接受培训的,受训后的店长可以在第一时间将培训中学习到的开店和销售技巧传授给新人,担当一个统筹全局的角色。

但门店的需要却大相径庭,内训师培训人选最适合的应该是日常销售运营骨干,对他们进行培训后再让他们回到岗位上,他们将会结合以往工作中积累的销售经验,萃取和创新独有的销售技巧,因为在培训新员工时,实用性的销售技巧往往比统筹全店的大局观更为有用。在时间和模式方面,传统讲授式培训模式周期长且受到场地和设备的制约,不如抛弃传统思路,不再局限于PPT讲解的传授式培训,而采用实践性教学,这比讲授式更加适合新员工的技能培训。新人在介绍产品、陈列产品、服务客户的过程中遇到瓶颈时,这些销售运营骨干可以立即上前帮助,以亲身示范和口口相传的方式将自己的经验见解告知新员工,让新员工在第一时间解决问题、掌握技巧。除了口口相传,下班后还采取线上"授课"的方式,通过微信群聊面对面交流,每周一次线上答疑,新人提出自己的疑虑由老店员解答,一些开店经营的新思路、新建议也可以提出来由大家共同商讨,好的建议意见就予以采纳。这样一来,就巧妙地化解了传统培训模式的时间冲突问题,真正做到"让培训随时随地,让规模可大可小",总算解决了新零售业务的内训师问题。

梅经理靠在椅子上反思复盘为什么精心打造的"花儿朵朵"培训体系、开发的"三七花后备人才"中的内训师不能匹配新业务的培训需求,这让梅经理很困惑……

资料来源:节选自2020年中国管理共享中心的"百优案例"《云南白药"花儿朵朵"培训体系的迭代之路》,也属教材编写组自编案例。

【思考题】

1. 中药资源事业部的新业务培训流程中存在哪些问题?
2. 中药资源事业部的新业务培训过程中的培训需求分析出了什么问题?梅经理采取了哪些办法?你如何看待梅经理的做法?

第七章 绩效管理

绩效管理作为人力资源管理的核心职能，与组织战略相互匹配的趋势越发明显，需求日益强烈。绩效管理的目标是根据企业的战略来制定的，通过将企业的战略目标层层分解变为部门和员工的目标，在此基础上确定部门和个人的绩效目标，通过绩效监控、绩效评价，对员工的工作结果进行反馈，及时发现工作中存在的问题并进行修正，通过提升员工的业绩从而达成企业的业绩，实现企业的战略目标，使企业进入良性循环。对此，如何以一种科学的方法设计出既能够有效整合各种管理理论和工具，又能与组织战略达成无缝对接的绩效管理系统，成为管理者亟须应对的挑战。

【学习目标】

通过本章的学习，应掌握：
1. 绩效的概念与性质
2. 绩效管理与绩效考核的区别
3. 绩效管理的概念
4. 战略性绩效管理系统的三大目的、四大环节和五项关键决策
5. 绩效管理的实施过程
6. 绩效考核方法
7. 三个流行的战略性绩效管理工具
8. 绩效管理的发展趋势

【关键词】

绩效；绩效管理；战略性绩效管理工具；绩效考核方法

【思维导图】

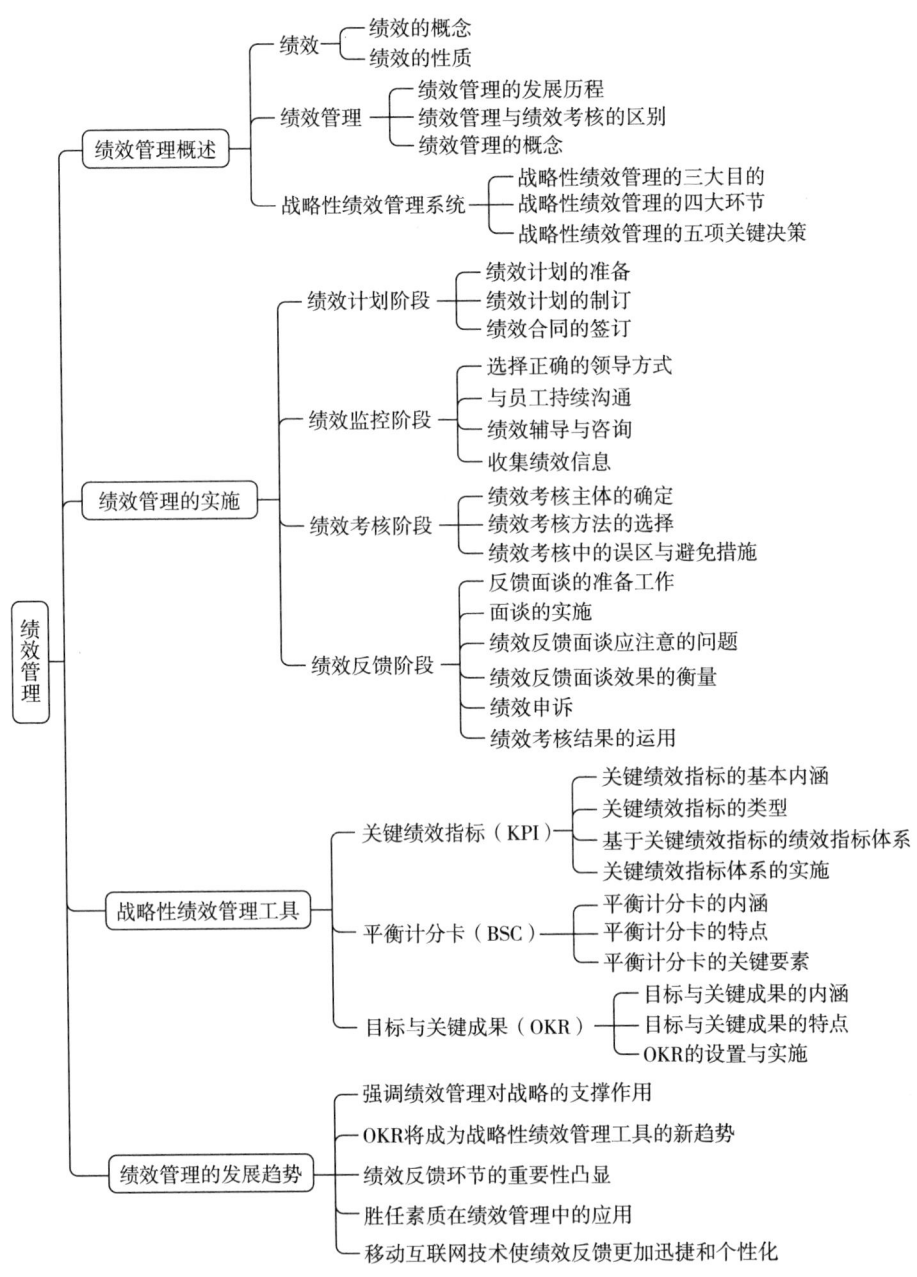

【引导案例】

王君最近情绪糟糕透了，坐在办公室，望着墙上那张××年度销售统计表不断生气，这也难怪，全公司23个办事处，除自己负责的A办事处外，其他办事处的销售绩效全面看涨，唯独自己办事处的销售绩效不但没升，反而有所下降。

在××公司，王君是公认的销售状元，进入公司仅五年，除前两年打基础外，后几年一直荣获"三连冠"，可谓"攻无不克、战无不胜"。也正因为如此，王君从一般的销售工程师，发展到客户经理、三级客户经理、办事处副主任，最后到了办事处最高长官——办事处主任这个宝座，王君的发展和他的销售绩效一样，成了该公司的神话。王君担任A办事处主任后，深感责任重大，上任伊始，身先士卒，亲率20名员工摸爬滚打，决心再创佳绩，他把最困难的片区留给自己，经常给下属传授经验，但事与愿违，一年下来，绩效令自己非常失望！

烦心的事还没完。临近年末，除了要做好销售总冲刺外，公司年中才开始推行的"绩效管理"还要做。王君叹了一口气，自言自语道："天天讲管理，天天谈管理，市场还做不做，管理是为市场服务，不以市场为主，这管理还有什么意义。又是规范化，又是考核，办事处哪有精力去抓市场，公司大了，花招也多了，人力资源部的人员多了，总得找点事来做，考来考去，考得主管精疲力竭，考得员工垂头丧气，销售怎么可能不下滑。不过，还得要应付，否则，公司一个大帽子扣过来，自己吃不了还得兜着走。"好在绩效管理也是轻车熟路了，通过内部电子流程系统，王君给每位员工发送了一份考核表，要求他们尽快完成自评工作，同时自己根据员工一年来的总体表现，利用排队法将所有员工进行了排序，排序是件非常伤脑筋的工作，时间过去那么久了，下属又那么多，自己不可能都那么了解，谁好谁坏确实有些难以区分。不过，好在公司没有什么特别的比例控制，特别好与特别差的，自己还是可以把握的。排完队，员工的自评差不多也结束了，王君随机选取6名下属进行了5~10分钟考核沟通。问题总算解决了，考核又是遥远的下个年度的事情了，每个人又回到了现实工作中。

资料来源：https：//wenku.baidu.com/view/f21c8164f8d6195f312b3169a45177232e60e432.html。

【思考题】

看到这桩案例，不知道你有何感想，但有一点恐怕大家都会想到："这样的绩效考核到底有什么好处？这算不算是绩效管理？"请你对此案例做出评价并提出可行建议。

第一节 绩效管理概述

一、绩效

（一）绩效的概念

随着管理实践的不断拓展和深入，人们对绩效概念的认识也在不断变化和发展。不同的人对绩效有不同的理解。著名管理学家彼得·德鲁克认为："所有的组织都必须思考'绩效'为何物。"对绩效概念的探索起源于对个人绩效的界定,学者对"个人绩效"这一概念的认识仍然存在分歧,主要分为两大类观点:

1. 从工作结果的角度理解:"绩效"="结果"或"产出"

伯纳迪恩等(1995)认为:"绩效应该定义为工作的结果,因为这些工作结果与组织的战略目标、顾客满意感及所投资金最密切。"凯恩(1996)认为:"绩效是一个人留下的东西,这种东西与目的相对独立存在。"绩效是结果的观点认为:绩效是一个人工作成绩的记录,是工作所达到的结果。

2. 从工作行为的角度理解:"绩效"="行为"

默菲(1990)认为:"绩效是与一个人在其中工作的组织或组织单位的目标有关的一组行为。"坎贝尔(1990)认为:"绩效是行为,应该与结果区分开,因为结果会受系统因素的影响。"伯曼和莫特维多(1993)提出了将行为绩效分为"关系(周边)绩效—任务绩效"的二维模型。其中,关系绩效指自发性的行为或超工作职责有关的行为;任务绩效指所规定的工作行为或与工作有关的行为。绩效是行为的观点认为:绩效是可以观察得到的人们实际的行为表现。

然而,无论是从工作结果的角度还是从工作行为的角度来理解绩效都有一定的局限性。把绩效作为结果,会导致行为过程缺乏有效监控和正确引导,不利于团队合作、组织协同及资源的合理配置。把绩效作为行为,容易导致员工行为短视化,拘泥于具体工作,缺乏长远规划,最终难以实现预期结果(如表7-1所示)。所以有学者提出,应当采用更为宽泛的概念来界定个人绩效,将其定义为"行为与结果的统一"更为恰当。因此,本书最终将个人绩效定义为个体表现出来的能够被评价的与组织及群体目标相关的工作行为及其结果,也就是指员工在工作过程中所表现出来的与组织目标相关的并且能够被评价的工作业绩、工作能力和工作态度。其中,工作业绩就是指工作的结果,工作能力和工作态度则是指工作的行为。

表7-1 注重行为与结果考核方法的优缺点

考核方法	优点	缺点
注重结果	具有鼓舞性和奖励性	在未形成结果之前难以发现不正当的行为; 当出现责任人不能控制的外界因素时,考核失效; 无法获得个人活动信息,不能进行指导和帮助; 容易导致短期效益
注重行为/过程	能获得个人有效信息; 有助于进行指导和帮助	管理难度增大; 成功的创新者难以容身; 过分地强调工作的方法和步骤而忽视实际的工作成果

3. 绩效的含义延伸

随着管理研究和实践探索的深入,绩效的内涵和外延获得了新的发展。组织内的行为主体按层次不同可以分为组织、群体（主要包含部门和团队两类）和个人三个层次，三个不同层次的行为主体将产生不同的绩效。按被衡量行为主体的多样性，绩效可以从层次角度划分为组织绩效、群体绩效和个人绩效三个层次，如图7-1所示。

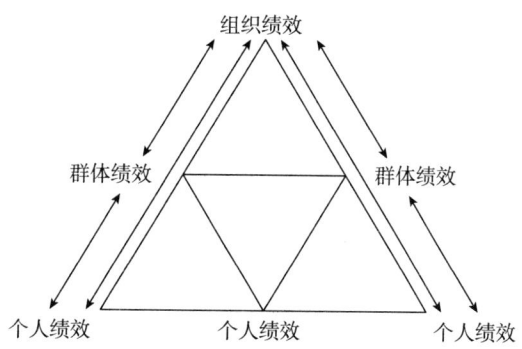

图7-1 绩效的分类

组织绩效就是组织的整体绩效，指的是组织任务在数量、质量及效率等方面完成的情况；群体绩效是组织中以部门或团队为单位的绩效，是群体任务在数量、质量及效率等方面完成的情况；个人绩效是个体所表现出的、能够被评价的、与组织及群体目标相关的工作行为及其结果。

组织绩效、群体绩效和个人绩效这三个层次是自上而下层层分解的关系。组织绩效具有最高的战略价值，是绩效管理系统的最高目标。组织绩效和群体绩效是通过个人绩效实现的，离开个人绩效，也就无所谓组织绩效和群体绩效。个人绩效则是绩效管理系统的落脚点，是组织绩效的基础和保障。在本章中，我们讨论的主要是个人绩效。

（二）绩效的性质[①]

绩效的性质体现在三个方面：多因性、多维性和动态性。

1. 多因性：KAME

多因性是指影响绩效的因素有很多，绩效的好坏不由单一因素决定，而是受到员工及组织内外部因素共同作用的影响，既有员工个体的因素（如知识、能力、价值观等），也有企业环境的因素（如组织的制度、激励机制、工作的设备和场所等）（如图7-2所示）。

以下公式可以表现绩效和影响绩效的因素之间的关系：

$P = f(K, A, M, E)$

式中，f表示一种函数关系；P（Performance）是绩效；K（Knowledge）是知识，指与工作相关的知识；A（Ability）是能力，指员工自身所具备的能力；M（Motiva-

---

① 冯光明. 人力资源开发与管理[M]. 北京：机械工业出版社，2013.

tion）是激励，指员工在工作过程中所受的激励；E（Environment）是环境，指工作的设备、工作的场所等。

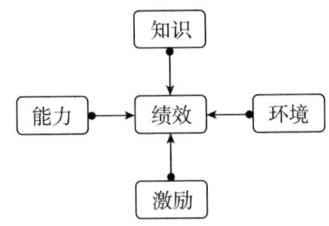

图7-2 绩效影响因素

以一个售货员的绩效实例来说，首先，售货员必须了解一定的销售技能以及产品的相关信息（K）；其次，售货员的语言表达能力和社交能力（A）也会直接影响他的绩效水平；再次，售货员对于他每卖出一件产品所能得到的具体回报（M），同样也会影响他的销售绩效；最后，卖场的地理位置、人员流动率和卖场环境等（E）也与售货员的绩效相关。

2. 多维性：任务绩效、周边绩效（多角度）

多维性是指绩效可以分解为多个维度，因此在考核员工绩效时需要从不同角度和层面分析和评价绩效，通常要考虑员工的工作业绩、工作能力和工作态度，例如一名设计师的绩效，除了设计产品的数量、质量外，原材料的消耗、出勤情况、与同事的合作、纪律的遵守等都是绩效的表现。因此，对员工的绩效评估要从多方面进行考察。通常来说，我们可以从工作业绩、工作能力和工作态度三个维度来评价员工的绩效。不同的维度在整体绩效中的重要性是不同的。

3. 动态性：变化发展过程（绩效周期）

动态性是指员工的绩效会随时间的推移而发生变化。主观因素和客观因素的变化都可能导致员工绩效的变化。打个比方，某员工的绩效会随时间的推移而不断地发生变化，原来较差的业绩有可能好转，或者原来较好的业绩也有可能变差。这种动态性就决定了绩效的时限性，绩效往往是针对某一特定的时期而言的。这向我们解释了为什么绩效管理中存在一个绩效周期的问题。因此，不能持僵化的态度来对待员工的绩效考核。无论组织还是个人，都要以系统和发展的眼光来认识和理解绩效。

二、绩效管理[①]

（一）绩效管理的发展历程

绩效管理从早期的萌芽阶段发展到现在，经过了一个较长的酝酿、产生、发展和

---

① 方振邦. 战略性绩效管理（第五版）[M]. 北京：中国人民大学出版社，2018.

完善的过程。对其发展轨迹进行梳理，有利于深入、全面和准确地理解绩效管理。绩效管理工具是管理实践与管理理论之间的纽带与桥梁，起源并应用于管理实践。绩效管理工具的不断发展与创新也间接反映了绩效管理内涵的不断延伸。

19世纪初，被誉为"人事管理先驱"的罗伯特·欧文在苏格兰的新拉纳克进行了最早的绩效管理实验。他将工人的工作绩效分为恶劣、怠惰、良好和优质四个等级，并分别用黑、蓝、黄、白四色的木块表示。每个工人的前面都有一个不同颜色的木块，部门主管考核工人的表现，并且每个工人都可以查看有关自己行为方面的表现记录，如有不公正，可以提出申诉。考核结果摆放在工厂里的显眼位置，所有员工都可以看到个人木块的颜色，从而知道表现如何。刚开始实行时，工人大多表现恶劣，只有极少数表现良好。然而，在自尊心的驱使和众人的注视下，表现恶劣的频次和人数越来越少，表现良好的工人不断增多，因此后面的学者将这种绩效考核称为表现性评价。欧文开创了企业建立工作绩效考核系统的先河。

20世纪50年代，彼得·德鲁克提出目标管理的思想，强调员工参与目标制定和充分尊重员工意愿以激发其内在动力。德鲁克的"目标管理和自我控制"管理思想促使目标管理发展成为一种卓越的管理工具。目标管理的起点是制定目标，其重要节点是目标完成情况的考核，以绩效反馈为终结；工作成果是评定目标完成度的标准，也是考核管理工作绩效的最重要的标准。总之，德鲁克的目标管理理论为绩效管理发展做出了重要的贡献。

20世纪70年代后期，学者们在总结绩效考核局限性的基础上进一步丰富了绩效管理的工具。1979年，美国施乐公司首创标杆管理法（Benchmarking）。进入20世纪80年代，管理学界开始关注将绩效管理与企业战略相结合，在这种背景下，关键绩效指标（Key Performance Indicators，KPI）应运而生。所谓关键绩效指标，是指将组织战略目标经过层层分解而产生的、具有可操作性的、用以衡量组织战略实施效果的关键性指标体系。20世纪90年代以来，时代特征与竞争环境发生巨大变化，传统预算存在淡化战略意识、难以促进企业绩效持续提高以及编制成本高等缺陷，企业开始重视对客户、质量、技术、品牌、文化等非财务指标的考核，出现了把财务指标考核与非财务指标考核、过程考核与结果考核紧密结合的趋势，出现了平衡计分卡（Balanced Scorecard，BSC）。1999年以后，目标与关键成果（Objectives and Key Results，OKR）的出现更是将绩效管理与组织战略紧密相连，成为当下最流行的绩效管理工具之一（如图7-3所示）。

（二）绩效管理与绩效考核的区别

在理解绩效管理发展历程中，搞清楚绩效管理和绩效考核这两个概念具有重要意义。人们在管理实践中经常混淆这两个概念。从发展历程上看，绩效管理是在绩效考核的基础上产生的，是绩效考核的拓展，绩效考核是绩效管理思想发展的一个重要阶段。从管理实践上看，绩效考核仅是绩效管理的一个关键环节，不等同于绩效管理。绩效考核与绩效管理的比较如表7-2所示。

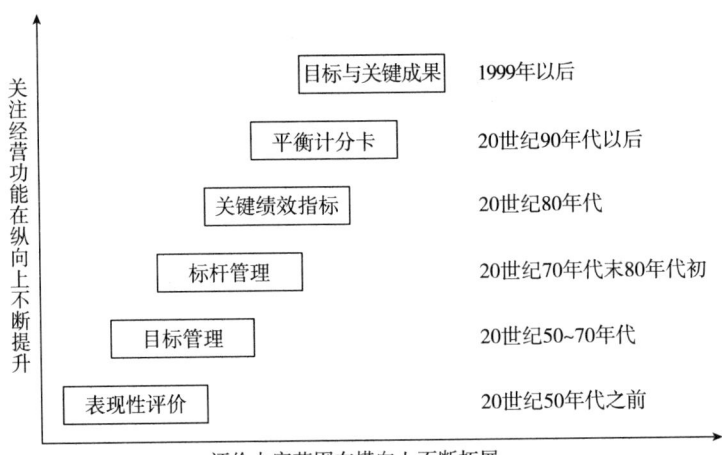

图7－3 绩效管理工具的发展

表7－2 绩效考核与绩效管理的比较

绩效考核	绩效管理
管理工程中的局部环节	一个完整的管理过程
侧重于判断和评估	侧重于信息的沟通与绩效提高
只出现在特定的时期	伴随管理活动的全过程
事后的评估	事先的沟通与承诺
滞后性	战略性和前瞻性

绩效管理与绩效考核既紧密联系又相互区别。如果一个组织只注重绩效考核而忽略了绩效管理的其他环节，那么其绩效目标将很难达成。绩效考核成功与否不仅取决于绩效考核本身，而且在很大程度上取决于与绩效考核相关联的整个绩效管理过程。同时，绩效管理的关键决策都围绕绩效考核展开，包括考核内容、考核主体、考核周期、考核方法以及考核结果的应用，这些决策贯穿绩效管理过程的不同环节，但都基于绩效考核来进行。因此，我们需要发展、全面和系统地看待绩效考核和绩效管理两者的关系，只有将绩效考核纳入绩效管理体系之内，才能对绩效进行有效的监控和管理，保障绩效目标的顺利实现。

（三）绩效管理的概念

关于绩效管理的内涵，很多学者都进行了不同的论述。雷蒙德·A. 诺伊等认为，绩效管理是指管理者确保雇员的工作活动以及工作产出能够与组织目标保持一致的过程，是企业赢得竞争优势的中心环节。石金涛认为，绩效管理是指为了达到组织的目标，通过持续开放的沟通，推动团队和个人做出有利于目标达成的行为，形成组织所期望的利益和产出的过程。彭剑锋认为，绩效管理的根本目的是持续改善组织和个人

第七章 绩效管理

的绩效，最终实现企业战略目标。从总体上看，目前绩效管理已经发展到战略性绩效管理的阶段。本书认为，战略性绩效管理（Strategic Performance Management，SPM）是指组织及其管理者在组织的使命、核心价值观的指引下，为达成愿景和战略目标而进行的绩效计划、绩效监控、绩效考核以及绩效反馈的循环过程，其目的是确保组织成员的工作行为和工作结果与组织期望的目标保持一致，通过持续提升个人、部门以及组织的绩效水平，最终实现组织的战略目标和满足员工的个人发展。要理解战略性绩效管理的内涵，应该把握如下几个方面：

第一，战略性绩效管理是在组织使命和核心价值观的指引下，对愿景和战略直接承接的管理系统。组织的使命和核心价值观应该指引绩效管理实践的全方位的工作。愿景和战略必须通过绩效管理系统来落地，战略目标是战略性绩效管理系统的最终目标。绩效管理系统就是化战略为日常行动的系统。

第二，战略性绩效管理是一个由绩效的计划、监控、考核及反馈四个环节构成的持续改进的封闭循环系统。这个系统中任何一个环节出现问题，都会影响到组织绩效水平。

第三，战略性绩效管理是对组织绩效、部门绩效和个人绩效的全面管理。组织绩效是绩效管理系统的最高层次的目标，个人绩效是战略性绩效管理系统的落脚点。战略性绩效管理通过确保个人绩效和部门绩效的提升为组织绩效的提升服务，全面协同三个层次的绩效，最终推动组织战略目标的达成。

第四，战略性绩效管理应该坚持全员绩效管理，但是主要管理责任由直线管理者承担。直线管理者需要保证下属的行为和结果与组织期望保持一致，而不能认为绩效管理仅是人力资源部门管理者的任务。

三、战略性绩效管理系统

20世纪80年代以后，关键绩效指标、平衡计分卡和目标与关键成果等绩效工具的问世，标志着绩效管理逐渐与组织战略挂钩，成为战略性绩效管理。为了更加准确、全面地理解战略性绩效管理，掌握战略性绩效管理的运行机制，本书借鉴了方振邦老师的《战略性绩效管理》一书，在组织使命和核心价值观的指引下，通过对组织的愿景和战略的全面承接，提出战略性绩效管理系统模型——"三四五模型"，即三大目的、四大环节和五项关键决策，如图7-4所示。

（一）战略性绩效管理的三大目的

战略性绩效管理的目的是设计战略性绩效管理系统的基础和出发点，是检验组织绩效管理系统设计和实施有效性的指南。组织内一切绩效管理活动都是围绕绩效管理的目的展开的，没有目的，绩效管理就失去了存在的意义和价值，最终失败。归纳起来，战略性绩效管理的目的包括战略目的、管理目的和开发目的，只有同时实现这三大目的，才能确保组织绩效管理活动的科学性、有效性和合理性。

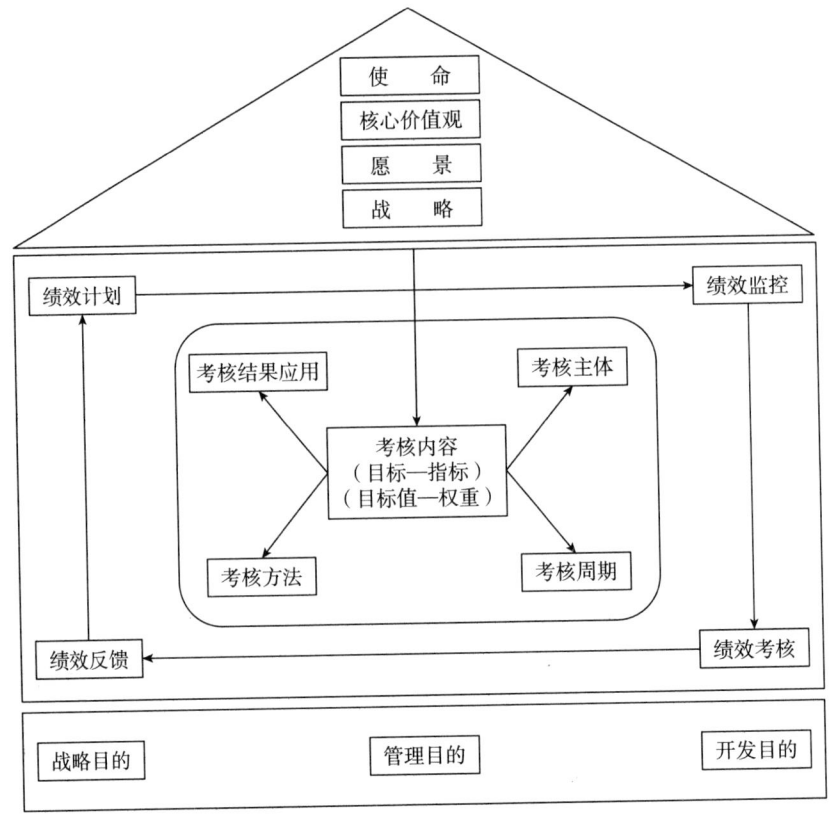

图7-4 战略性绩效管理系统

资料来源：方振邦.战略性绩效管理（第五版）[M].北京：中国人民大学出版社，2018.

1. 战略目的

绩效管理的战略目的是将员工具体的工作活动与组织的战略目标联系起来，通过采用先进的管理工具，如关键绩效指标、平衡计分卡等，把组织、部门和个人的绩效紧密地联系在一起，在员工个人绩效提高的同时促进组织整体绩效的提升，确保组织战略目标的实现。

2. 管理目的

绩效管理的管理目的是指通过考核员工的绩效表现并给予相应的奖惩，激励和引导员工不断提高自身的工作绩效。最初设计的绩效表现性评价基本实现了此目的。其考核的结果是企业进行薪酬管理、做出晋升决策以及保留或解雇员工的决定等重要人力资源管理决策的重要依据。

3. 开发目的

绩效管理的开发目的是指管理者在实施绩效管理过程中发现员工存在的不足，在此基础上有针对性地进行改进和培训，从而不断提高员工的素质，促进员工个人的发展，达到提高员工绩效的目的。

（二）战略性绩效管理的四大环节

管理者在进行绩效管理时，需要严格遵循绩效计划、绩效监控、绩效考核和绩效反馈四个环节来开展工作。为了确保绩效管理的有效性，管理者除了保障四个管理环节的完整性外，还需注意到各个组织的具体情况和需求不同，决定了每个组织在运用战略性绩效管理系统的四个环节时有不同的侧重点。本章第二节绩效管理的实施就是按照这四个环节为主线展开的。在这里先做一个简要介绍，之后的第二节将会进行详细的阐述。

1. 绩效计划

绩效计划作为绩效管理的第一个环节，是指当新的绩效周期开始时，管理者和下属依据组织的战略规划和年度工作计划，通过绩效计划面谈，共同确定组织、部门以及个人的工作任务，并签订绩效目标协议的过程。然而，绩效计划并不是固定僵化的，由于环境是一直变化的，因此在计划实施过程中往往需要根据实际情况及时修正或调整绩效计划。

2. 绩效监控

绩效监控作为绩效管理的第二个环节，是整个绩效周期中历时最长的环节，是指在绩效计划实施过程中，管理者与下属通过持续的绩效沟通，采取有效的监控方式对员工的行为及绩效目标的实施情况进行监控，并提供必要的绩效辅导与咨询的过程。

3. 绩效考核

绩效考核作为绩效管理的第三个环节，是指根据绩效计划所约定的考核指标、考核标准和周期，选定相应的考核主体，借助有效的考核方法，对组织、部门及个人的绩效目标完成情况进行考核的过程。

4. 绩效反馈

绩效反馈是指在绩效考核结束后，管理者与下属通过绩效反馈面谈，将考核结果反馈给下属，共同分析绩效不佳的方面及其原因，并和员工一起制订绩效改进计划的过程。为了保证绩效的改进，还要对绩效改进计划的执行效果进行跟踪。此外，还需要将绩效考核的结果运用到相应的人力资源管理决策当中。

综上所述，战略性绩效管理系统是由绩效计划、绩效监控、绩效考核和绩效反馈四大环节构成的一个循环往复的闭循环。这些环节在发生的时间和方式上既具有一定的连续性，也存在许多交叉的地方，其目的在于即时管理，以确保组织的弹性。

（三）战略性绩效管理的五项关键决策

为了实现三大目的，组织在实施战略性绩效管理四大环节时，必须把握考核内容（指标、标准、权重）、考核周期、考核主体、考核方法以及考核结果应用这五项关键决策。具体来说，考核内容主要在绩效计划环节中确定，主要包括绩效目标、绩效指标、目标值及指标权重的制定等；考核周期、考核主体和考核方法在绩效计划制订的时候就应当明确，但是应用则体现在绩效考核环节；考核结果应用主要体现在绩效反馈部分，但是绩效计划通常都是基于前一绩效周期的考核结果制订的。

第二节　绩效管理的实施

绩效管理的实施应当贯穿管理者的整个管理过程以达到绩效管理的目的，某种意义上，管理者的管理工作就是一个绩效管理的过程。绩效管理不仅仅是在绩效周期结束时对员工的绩效做出评价，还要成为一种经常性的工作，贯穿于管理者的日常工作中。因为个人绩效是绩效管理系统的落脚点，绩效管理的四大环节主要是围绕个人层面的管理。完整的绩效管理是由绩效计划、绩效监控、绩效考核和绩效反馈这四个环节组成的，如图7-5所示。

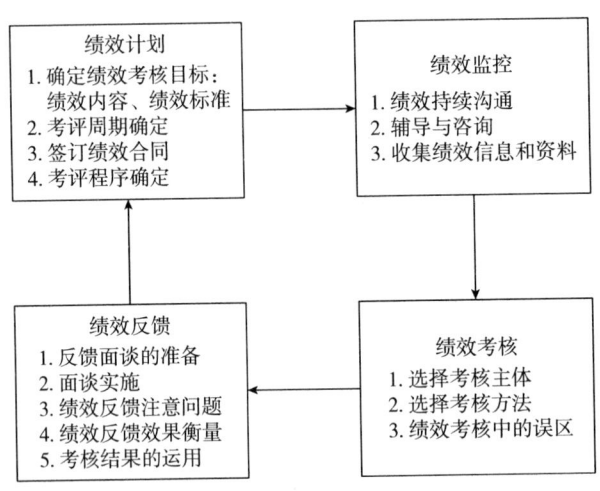

图7-5　绩效管理的四个环节

一、绩效计划阶段

绩效计划阶段可细分为绩效计划的准备、绩效计划的制订及绩效合同的签订。

（一）绩效计划的准备

绩效计划的制订是管理者和下属双向沟通的过程，绩效计划的准备阶段的主要工作是动员员工和交流信息，使各层次绩效计划为实现组织的战略目标服务。其主要工作是组织信息、部门信息、个人信息以及绩效沟通四个方面的准备。

1. 组织信息的准备

为了使战略性绩效管理成功实施，需要准备充分的组织信息，其核心就是让组织内部所有人员熟悉组织的使命、核心价值观、愿景和战略，使其日常行为与组织战略保持一致。组织信息的相关内容包括组织战略、组织结构、职位说明书和工作流程等，信息要及时传递给所有成员。

2. 部门信息的准备

部门绩效信息主要指制订部门绩效计划所必需的各种信息。首先，需要准备部门战略规划相关材料。其次，需要准备部门职责相关材料。部门职责所规定的很多事项都不是战略性的，但却是部门执行战略所必需的，各部门在制订计划时也要考虑这些因素。再次，需要准备部门上一绩效周期的绩效情况。绩效计划的制订是一个连续的循环过程，新绩效周期的计划都是在已有的上一绩效周期完成情况基础上制订的。最后，需要准备部门人力资源配置的基本情况。在制订部门绩效计划时，要考虑到部门的分工，以尽快达成每一个绩效目标。

3. 个人信息的准备

除了组织信息和部门信息之外，个人信息的准备也决定了绩效计划的制订。个人信息的准备主要包括所任职位的工作分析和前一周期的绩效反馈。当一个新绩效周期开始时，环境和目标可能发生改变，个人的职位要求也需要重新定位和思考，旧的职位说明书很可能已经过时，因此管理者需要将最新的要求和信息准确地传递给员工。在制订新的绩效计划的时候还需要明确上一绩效周期的绩效改进计划，这也是很重要的信息。

4. 绩效沟通的准备

为了制订具有科学性和可操作性的绩效计划，在组织内部需要进行各种形式的绩效计划面谈。绩效计划的制订是一个充分沟通的过程，也是管理者与下属就绩效计划的内容达成一致，通过绩效协议做出绩效承诺的过程。绩效沟通的准备主要包括沟通形式和沟通内容。根据绩效管理的实际需要确定绩效沟通的形式，可以召开全员动员大会，也可以召开小型动员会或讨论会，还可以进行一对一的绩效计划面谈。不同发展阶段的组织的沟通内容也不同，因此管理者要做到具体情况具体分析。

（二）绩效计划的制订

绩效计划制订工作具有重要的意义和作用，绩效计划的质量决定了整个绩效管理系统的成功与否。在绩效计划制订时，需考虑绩效计划能否有效执行、是否便于有效地监控、是否面向绩效考核，以及计划成功执行后结果能否被有效应用等。绩效计划制订的过程就是一个持续沟通的过程，要在充分沟通的基础上，制订切实可行的绩效计划，并保障个人绩效计划和部门绩效计划对组织绩效计划的有效支持，最终实现组织战略目标。目前，基于战略制定各层次绩效计划的工具有关键绩效指标（Key Performance Indicators，KPI）、平衡计分卡（Balance Scorecard，BSC）、目标与关键成果（Objectives and Key Results，OKR）等工具，在第三节将会进行相应阐述。

1. 绩效目标①

绩效目标由绩效内容和绩效标准组成，界定了员工在绩效考核期间的工作任务和工作要求，是对员工进行绩效考核时的参照系。

---

① 董克用，李超平. 人力资源管理概论（第5版）[M]. 北京：中国人民大学出版社，2019.

(1) 绩效内容。绩效内容界定了员工的工作任务，即员工在绩效考核期间应该做什么，包括绩效项目和绩效指标两个部分。绩效项目是指绩效的维度，即要从哪些方面来对员工的绩效进行考核，员工主要从工作业绩、工作能力和工作态度三方面来进行考核。

绩效指标则是指绩效项目的具体内容，可以理解为对绩效项目的细化和分解，比如说，对于某一职位，工作能力这一考核项目就可以细化为分析判断能力、沟通协调能力、组织指挥能力、开拓创新能力、公共关系能力以及决策行动能力这六项具体的考核指标。

对于工作业绩，设定指标时一般要从数量、质量、成本和时间这四个方面进行考虑；对于工作能力和工作态度，则要根据各个职位不同的工作内容和任职资格要求来设定。绩效指标的确定，有助于保证绩效考核的客观性。

(2) 绩效标准。设定了绩效指标之后，要确定绩效指标达成的标准。绩效标准是对员工工作要求的进一步明确，即对员工绩效内容做出明确的界定，例如"产品的合格率达到90%"，"接到投诉后两天内给客户以满意的答复"等。绩效标准的确定，有助于保证绩效考核的公正性。

(3) 绩效目标的SMART原则。通常可以用以下五个原则来体现绩效目标的设计要求，简称"明智（SMART）原则"：

第一，目标明确具体原则（Specific）。每位员工的具体情况不同，所以绩效目标要明确、具体地体现出管理者对每一位员工的绩效要求，以保证其明确的牵引性。

第二，目标可衡量原则（Measurable）。可衡量，就是指员工的实际绩效表现与绩效目标之间可以进行客观比较，所以要求绩效考核标准尽可能量化。

第三，目标可达成原则（Attainable）。绩效目标可以具有挑战性，努努力能够实现，但也不能因指标的无法达成而使员工产生挫败感。

第四，目标相关原则（Relevant）。绩效目标必须是相关的，须与公司的战略目标、部门的任务及职位职责相联系。

第五，目标时间原则（Time - based）。绩效目标必须是以时间为基础，即必须有明确的时间要求。

2. 绩效考核周期

绩效考核周期，即多长时间对员工进行一次绩效考核。由于绩效考核需要耗费一定的人力、物力，因此考核周期过短，会增加企业管理成本的开支，考核周期过长，又会降低绩效考核的准确性，不利于员工工作绩效的改进，从而影响到绩效管理的效果。因此，应当确定出恰当的绩效考核周期。

绩效考核周期的确定，要考虑到以下几个因素：

(1) 职位的性质。不同职位的工作内容不同，因此绩效考核的周期也不同。通常来说，职位的工作绩效比较容易考核，考核周期相对要短一些，比如说，基层员工的考核周期相对管理人员考核周期要短，生产一线员工职位的绩效考核周期相对研发员工职位的绩效考核周期要短。一般来说，职位的工作绩效对企业整体绩效的影响比较大，考核周期尽量要短一些，有助于及时发现问题并进行改进，但也要考虑绩效考核周期短就意味着绩效管理的成本高，在绩效管理系统成熟后可以逐渐延长绩效考核周期。

（2）指标的性质。不同的绩效指标，性质不同，考核的周期也不同。通常来说，性质稳定的指标，比如能力指标，考核周期相对要长一些。能力是长期形成的成果，评价周期较长，一般以半年或1年以上为宜。业绩指标要根据绩效反映出来的时间长短决定。态度指标中态度的真正转变也需要很长时间。可以通过缩短态度指标的评价周期来引导员工关注工作过程中的态度问题，比如考勤指标一般就设计为短期指标。

（3）标准的性质。确定考核周期时，还应考虑绩效标准的性质，即考核周期的时间应当保证员工经过努力能够实现这些标准，要和绩效标准的适度性联系在一起。例如，"销售额为50万元"这一标准，按照经验需要2周左右的时间，如果将考核周期定为4周，非常容易实现，如果定为1周，员工根本就无法完成，这两种情况下，对员工的绩效进行考核都没有意义。

（三）绩效合同的签订

根据社会心理学家多伊奇和杰勒德的研究，做出公开承诺和较强私下承诺的人非常倾向于坚持最初的意见。研究表明，人们坚持或改变某种态度的可能性主要取决于两种因素：一是他在形成这种态度时的卷入程度，即是否参与了态度形成的过程；二是他是否为此进行了公开表态，即做出正式承诺。埃德温·洛克的目标设置理论表明，员工的参与和承诺对于绩效目标的实现是至关重要的。人们对于自己亲自参与做出的选择投入程度更大，增加了行动方案的可执行性和实现目标的可能性。在绩效计划阶段，通过沟通，管理者和下属对绩效目标达成共识，签订正式的绩效计划合同，是为了让下属对自己的绩效计划内容做出很强的公开承诺，促使他们履行自己的工作计划，同时，管理者也通过向下属做出承诺，提供必要的支持、帮助和指导，从而实现管理者和下属上下一心，共同推动组织目标的达成。

绩效合同是关于工作目标和标准的契约。管理者与下属根据组织和部门的目标共同制定并修正个人绩效目标以及实现目标所需的步骤。绩效合同的主要内容包括绩效目标、绩效指标、绩效标准、指标权重和行动方案等。管理者和下属经过充分沟通，对绩效合同的内容达成共识，签订了绩效合同，就标志着绩效计划工作的完成。

二、绩效监控阶段

管理者和员工经过沟通达成一致的绩效目标之后，需要不断地对员工的工作行为和表现进行监督管理，监控过程中的绩效，才能帮助员工获得最终的优秀绩效。在整个绩效监控期内，管理者用恰当的领导方式，与下属进行持续的绩效沟通，指导下属工作，预防或解决实现绩效时可能发生的各种问题，更好地完成绩效计划，这个过程就是绩效监控，也称为绩效跟进。在绩效监控阶段，管理人员需要选择适合自己的领导方式，与员工持续沟通、辅导与咨询，收集绩效信息等，这几个方面也是决定绩效监控过程中的监管是否有效、跟进是否成功的关键点。① 下面我们将对这几个关键点进行简要介绍。

（一）选择正确的领导方式

在绩效监控阶段，领导者要选择恰当的领导方式，指导下属的工作、与下属进行沟通。在这一过程中，管理者的行为方式和处事风格会影响下属的工作状态，因此要求管理者能在适当的时候采取恰当的管理方式。涉及领导方式的权变理论主要有领导情景理论、路径—目标理论、领导者—成员交换理论等，下面我们简要介绍获得广泛认可的领导情景理论和路径—目标理论。

1. 依据下属成熟程度选择领导方式

领导情景理论是由保罗·赫塞和肯·布兰查德于1969年开发的，该理论获得了大家的广泛认可。情景理论认为，领导的成功来自于选择正确的领导方式，而领导方式的有效与否还与下属的成熟度相关，下属的成熟度是指员工完成某项具体任务所具备的能力和意愿程度。赫塞和布兰查德根据任务行为和关系行为两个维度将领导风格划分为四种，分别是指示型（高任务低关系）、推销型（高任务高关系）、参与型（低任务高关系）、授权型（低任务低关系）。根据阿吉里斯的员工成熟度理论，下属的成熟度有两个维度，即工作成熟度，用能力表示；心理成熟度，用意愿表示。可将员工分为四种不同的成熟度：无能力无意愿、无能力有意愿、有能力无意愿、有能力有意愿。

领导情景理论就是领导者的风格应适应其下属成熟的程度。在下属渐趋成熟时，领导者的领导行为要做出相应的调整，这样才能实现有效的领导，如图7-6所示。

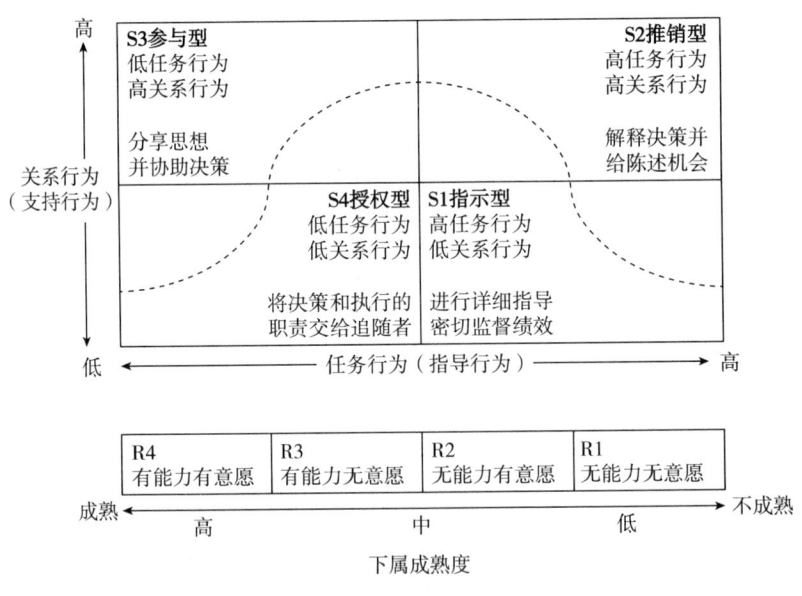

图7-6 领导情景理论

资料来源：罗宾斯，库尔特. 管理学（第7版）[M]. 北京：中国人民大学出版社，2004：497.

---

① 董克用，李超平. 人力资源管理概论（第5版）[M]. 北京：中国人民大学出版社，2019.

当下属对于完成某项任务既没有能力又无意愿时，管理者需要给他们明确的指示行为，告知他们该如何去做；当下属不具备能力但却愿意从事该工作时，上级应表现出高任务高关系的推销风格；当下属具备相应的能力但工作意愿不高时，上级表现出高关系低任务的参与风格最为有效；当下属既有能力又有意愿的时候，管理者则不需要做太多的事情，只要授权即可。

2. 依据环境和下属的权变因素选择领导方式

管理者在帮助下属实现绩效目标的过程中，需要充分考虑下属的特点和环境权变因素，然后提供有针对性的绩效辅导。罗伯特·豪斯提出的路径—目标理论认为，领导者的工作是在确保员工的目标同组织目标相一致的条件下，帮助员工去实现他们的目标，指明他们达到目标的途径，消除途径上的各种障碍和危险。该理论为管理者提供了相关的实践指导。有效的领导是以员工绩效和工作满意度来衡量，豪斯指出，领导者恰当的领导方式选择应当根据下属和环境的权变因素的组合来考虑，如果领导者能够弥补下属或工作环境方面的不足，会提升下属的工作绩效和满意度（如图7-7所示）。

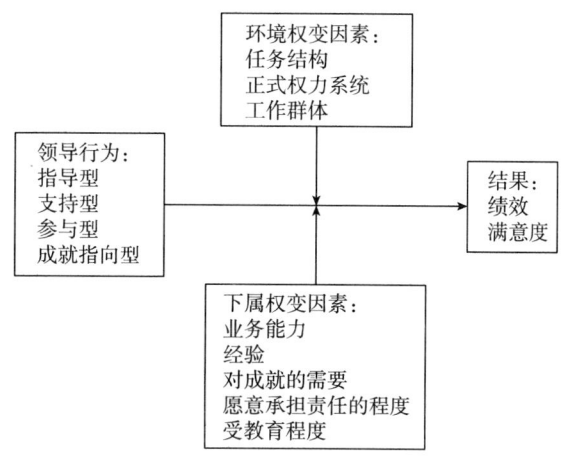

图7-7　路径—目标领导理论模型

豪斯提出了四种领导方式：一是指导型领导，明确告诉下属他们承担的任务和时间安排，并对如何完成任务给予具体指导，下属不参与决策。二是支持型领导，充分考虑下属的需要，努力营造愉快的组织气氛，在他们受挫时提供支持，更多地考虑下属的要求。三是参与型领导，在做决策时征求下属的建议，让他们参与决策，以此提高激励效果。四是成就指向型领导，设定富有挑战性的目标，希望下属尽量发挥潜力，达到自己的最高水平。

路径—目标理论同时提出了两种权变因素作为领导者行为与业绩结果之间的调节变量：一种是环境权变因素，包括任务结构、正式权力系统、工作群体等；另一种是下属个性特点中的一部分，如业务能力、经验、对成就的需要、愿意承担责任的程度、受教育程度等。

（二）与员工持续沟通

绩效管理的根本目的是通过改善员工的绩效来提高企业的整体绩效，因为企业整体目标的实现要依托于每个员工都实现了各自的绩效目标。因此，在确定好绩效目标后，管理者还应当保持与员工的持续沟通，帮助员工实现目标。

在绩效监控的过程中，管理人员需要通过与员工的持续沟通来对现行绩效计划进行调整；及时向员工提供最新的绩效信息，为员工绩效计划的完成奠定基础；让管理人员自身了解相关信息，以便日后对员工的绩效进行客观的评估，同时也在绩效计划执行发生偏差的时候及时采取相应的调整措施。

在沟通时，管理人员应该重点关注的内容有：工作的进展情况如何？绩效目标和计划是否需要修正？如果需要，如何修正？工作中有哪些方面进展顺利？为什么？工作中出现了哪些问题？为什么？员工遇到了哪些困难？应如何帮助他们克服困难？

一般来说，管理人员与员工的持续沟通有两种形式：正式的沟通与非正式的沟通。正式的沟通有：书面报告，比如工作日志、周报、月报、季报、年报等；正式面谈，比如管理者与员工一对一定期会面、管理者参加的员工团队会谈；开展各种主题会议等。常用的非正式沟通方式有：走动式管理、开放式办公室、闲暇时间的沟通。与正式的沟通相比，非正式的沟通更容易营造轻松的沟通氛围，让员工开放地表达自己的想法，因此管理人员应该充分利用各种各样的非正式沟通机会。

（三）绩效辅导与咨询

1. 绩效辅导

绩效辅导是指领导者选择正确的领导方式，在进行充分的绩效沟通的基础上，根据绩效计划，针对下属工作进展中存在的问题和潜在的障碍，激励和指导下属，以帮助其实现绩效目标，并且确保其工作不偏离组织战略目标的持续过程。管理者在绩效辅导中所扮演的是教练的角色。

绩效辅导的具体流程为：领导者采取合适的监控方法，对下属绩效计划的执行情况进行监控，如果发现问题，就应该提供及时的绩效辅导与帮助，以协助下属解决存在的问题。领导者提供辅导与帮助有两种情况：一种情况是领导者只需要直接提供指导就能解决问题；另一种情况是领导者不能提供直接的指导，需要为下属提供培训机会，以帮助其达到绩效目标。绩效辅导的过程也是绩效信息的收集过程，绩效辅导工作结束的时候，对绩效信息汇总就获得了完整的绩效信息，如图7-8所示。

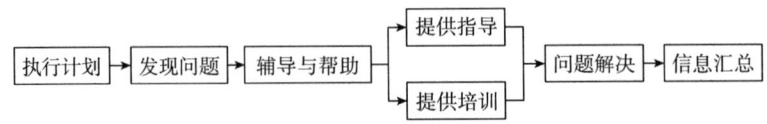

图7-8 绩效辅导过程

资料来源：方振邦. 战略性绩效管理（第五版）[M]. 北京：中国人民大学出版社，2018.

辅导的主要目的是：第一，及时帮助员工了解自己的工作进展情况如何，确定哪些工作需要改善、需要学习的知识和掌握的技能；第二，必要时指导员工完成特定的工作任务；第三，使工作过程变成学习过程。好的辅导应具有以下特征：辅导是学习过程，而不是教育过程；管理者应对学习过程给予支持；反馈应该具体、及时并集中在好的工作表现上。

2. 绩效咨询

当员工没能达到预期的绩效标准时，管理者通过绩效咨询来帮助员工解决工作过程中遇到的问题和障碍。在进行咨询时，首先应做到及时，即问题出现后应立即进行咨询。其次要做好计划，即咨询应在安静、舒适的环境中进行。再次要明白咨询是双向的交流，管理者应该扮演"积极的倾听者"的角色，并鼓励员工多发表自己的看法。另外，谈到好的绩效时，应具体并说出事实依据，对不好的绩效应给予具体的改进建议，不能只集中在消极的问题上。最后还要共同制订改进绩效的具体行动计划。

总而言之，咨询过程包括三个主要阶段：确定和理解所存在的问题；帮助员工确定自己的问题，鼓励他们表达这些问题，思考解决问题的方法并采取行动；驾驭问题，提供资源，确定员工可能需要的其他帮助。

（四）收集绩效信息

在绩效监控阶段，有必要对员工的绩效表现做一些观察和记录，收集必要的信息。这些记录和信息的主要作用体现在：

1. 为绩效考核提供客观的事实依据

收集到这些信息以后，在下一阶段对员工绩效进行考核时就有了事实依据，有助于对员工的绩效进行更客观的评价。

2. 为绩效改善提供具体事例

进行绩效考核的一个目的就是不断提升员工的能力水平。通过绩效考核，可以发现员工还有哪些地方需要进一步提升。而这些收集到的信息则可以作为具体事例，用来向员工说明为什么他们还需要进一步改进与提升。

在绩效监控阶段，管理人员需要收集的信息有能证明目标完成情况的信息、能证明绩效水平的信息和关键事件。收集绩效信息常用的方法有观察法、工作记录法及他人反馈法。其中，观察法是指管理人员直接观察员工在工作中的表现并如实记录。工作记录法是指员工的某些工作目标完成情况（如销售额、废品数量）是可以通过工作记录体现出来的。他人反馈法是指从员工的服务对象或者在工作中与员工有交往的人那里获取信息，比如客户满意度调查就是通过这种方法获取信息的典型方法。不管采用哪种方法收集信息，管理人员都需要注意做到客观，只是如实地记录具体事实，而不应收集对事实的推测。

三、绩效考核阶段

绩效考核是绩效管理的第三个环节，绩效考核就是要在绩效周期结束时，根据绩效目标协议书所约定的绩效考核周期、绩效指标和绩效标准，由绩效管理主管部门选定的考核主体，采用有效的考核方法，对组织、部门及员工的绩效目标完成情况进行考核的过程。

（一）绩效考核主体的确定

考核主体是指对员工的绩效做出考核的人员。由于企业中岗位复杂，仅凭一个人的观察和评价很难对员工做出全面的绩效考核。为了确保考核的有效性和全面性，在考核过程中，应该从不同层次、不同岗位的人员里，抽出相关成员组成考核主体并参与到具体的考核中，考核主体一般包括五类成员：上司、同事、下属、员工本人和相关顾客（如表7-3所示）。

表7-3 不同考核主体优缺点

考评主体	优点	缺点
上司	对评价内容熟悉；易获得考核对象的工作业绩；有利于发现员工优缺点，使员工培训、能力开发、职业生涯设计等更符合实际	易造成以偏概全；受个人心理影响，易产生偏松或偏紧的倾向
同事	接触频繁，评价更加客观全面；有利于提高工作热情和协作精神；易发现深层次问题，提出改进方向	工作量大，耗时多；易受私信、感情和人际关系因素影响
自我	对自身有更加清楚的认识，评价客观；有利于增加参与意识，提高工作热情；有利于问题达成共识，降低抵触情绪	易于高估自己；易夸大成绩，隐瞒失误；寻找借口，积极开脱
下属	使员工有认同感，增强工作积极性；发现上级工作不足，改进工作；对上级进行监督，使其行权时有所制衡	受自身素质限制，拘泥于细节；担心上级打击报复；只讲好话不讲缺点；可能导致上级放松管理
相关顾客	所受干扰少，评价客观；有利于强化服务意识；有利于发现自身优劣及潜在需求	操作难度大；耗时久，成本高；考评资料不易取得

考核主体与考核内容相匹配是一个非常重要的原则。选择什么样的考核主体在很大程度上与所要考核的内容相关。绩效考核主体选择的一般原则有以下两条：一是知情原则。绩效考核主体所评价的内容必须基于他可以掌握的情况；绩效考核主体应对所评价职位的工作内容有一定的了解，不同的考核主体收集信息的来源不同，对员工绩效的看法也不同，因此为了保证绩效考核的客观公正，应当根据考核指标的性质来选择考核主体，例如"协作性"由同事进行考核，"培养下属的能力"由下级进行考核，"服务的及时性"由客户进行考核等。二是360度原则。应该采取多元化的考核主体来体现评价的民主性与公平性。当不同的考核主体对某一个指标都比较了解时，这些主体都应当对这一指标做出考核，尽可能地消除考核的片面性。

（二）绩效考核方法的选择

绩效考核方法一般可分为行为导向型主观考核方法即相对考核、行为导向型客观考核方法和结果导向型考核方法,后两种都是绝对考核。相对考核又称比较法,是通过在部门或团队内对人员进行相互比较得出考核结论。绝对考核则是根据统一的标准尺度衡量相同职位的人,将个人的工作情况与客观工作标准相比较,通常使用量表法来进行考核。这种利用客观尺度进行的绝对考核是绩效考核发展的大趋势。还有一种比较特殊的考核方法,即描述法,又称事实记录法、叙述法、鉴定法等,顾名思义,就是指考核主体用描述性的文字对考核对象的工作能力、工作态度、工作业绩、优缺点、发展的可能性、需要加以指导的事项和关键事件等做出考核,由此得到对考核对象的综合考核。表7-4所示为考核方法的分类。

表7-4 考核方法分类

类型	考核方法	主要特点
行为导向型主观的相对考核（比较法）	排序法 配对比较法 强制分布法	是最方便的考核方法,简单易行;但不适合用来对员工提供建议、反馈和辅导,因无法找到具体的绩效差距;很难为奖金分配决策提供令人信服的依据,当员工有争议时,考核主体很难为自己的结论提出有力的证据
行为导向型客观的绝对考核（量表法）	图尺度量表法 行为锚定量表法 混合标准量表法 行为观察量表法	考核结果更为客观准确,并可以在不同员工之间进行横向比较;具有良好的反馈功能;考核结果能够方便地运用于各类人力资源管理决策（如奖励、薪酬等）;量表设计需要花费的时间长、成本高
结果导向型考核方法	目标管理法 直接指标法 工作业绩记录法	考核结果可以量化,客观准确,一般用时间、数量、质量、成本、效率等来表示工作业绩的客观标准,考核结果通常作为绩效薪酬发放的依据,争议少
描述法	态度记录法 指导记录法 关键事件法	主要用于观察并记录考核所需的事实依据,能够向员工提供指导和信息反馈,为工作改进提供依据;一般不单独使用,只作为其他考核方法的辅助方法

1. 行为导向型主观的相对考核——比较法

（1）直接排序法。直接排序法是最简单的排序法。评价者以自己对考核对象工作绩效的整体印象为依据进行评价,将本部门或一定范围内需要评价的所有人从绩效最高者到绩效最低者排出一个顺序。表7-5是直接排序法的一个简单例子。

表7-5 直接排序法

顺序	等级	员工姓名
1	最好	赵
2	较好	钱
3	一般	孙
4	较差	张
5	最差	李

（2）配对比较法。这种方法就是根据考核指标，把每一位员工与其他员工一一进行配对比较；每一次比较时，给表现好的员工记"＋"，另一个员工就记"－"，用"0"表示两者绩效水平一致。所有员工都比较完后，计算每个人"＋"的个数。得到的"＋"越多，这个人的考核分数越高，如表7-6所示。

表7-6 配对比较法

	赵	黄	孙	王
赵		＋	－	－
黄	－		－	＋
孙	－	－		－
王	＋	＋	－	
对比结果	1	2	0	1
评价结果	黄的评价等级最高			

（3）强制分布法。这种方法是将评价对象分成几类（最好、较好、中等、较差、最差），每一类强制规定一个百分比，按员工的绩效情况将其归入某一类中，因此又称为硬性分布法。最简单的强制分布法就是由评价主体通过主观判断将评价对象归于特定的等级。实际上，强制分布法往往与各种各样的绩效考核方法结合使用。如某部门有10名员工，公司强制规定考核时该部门绩效最高的只能占10%、较高的占20%、一般的占40%、较低的占20%、最低的占10%，那么表7-7为该部门强制分布法示例。

表7-7 强制分布法

考核项目	整体绩效				
比例	绩效最高（10%）	绩效较高（20%）	绩效一般（40%）	绩效较低（20%）	绩效最低（10%）
姓名	张某	李某 黄某	郭某 聂某 肖某 赵某	魏某 刘某	王某

2. 行为导向型客观的绝对考核——量表法

量表法就是将一定的分数分配到各个考核指标上，使每项考核指标都有一个权重，然后由考核主体根据考核对象在各个考核指标上的表现情况，对照标准对考核对象做出判断并打分，最后计算出总分，得到最终的评价结果。

（1）图尺度量表法。图尺度量表法（Graphic Rating Scale，GRS）是最简单且应用最广泛的评价方法之一，就是在示意图的基础上使用非定义式的评价尺度的一种量表法。考核主体在熟悉量表法各个考核指标的含义后，根据标准结合下属的日常表现给出每个考核指标的得分,如表 7-8 所示。

表 7-8　图尺度量表法

评价要素	评价尺度	权重	得分	事实依据及评语
专业知识:经验以及工作中的信息知识	30　24　18　12　6 s　a　b　c　d 　　　✓	30%	a	(略)
计划能力:对要完成工作的有效设计	15　12　9　6　3 s　a　b　c　d 　　　　✓	15%	b	(略)
沟通能力:以书面和口头方式清晰、明确地表达思想、观念或者事实的能力	10　8　6　4　2 s　a　b　c　d 　　✓	10%	a	(略)
……	……	……	……	……
s:极优 a:优 b:良 c:中 d:差	最终得分:62 分 最终档次: s　a　b　c　d 　　✓	档次划分		s:80 分及以上 a:65~79 分 b:49~64 分 c:33~48 分 d:16~32 分

资料来源:方振邦. 战略性绩效管理(第五版)[M]. 北京:中国人民大学出版社,2018.

(2) 行为锚定量表法。行为锚定量表法(Behaviorally Anchored Rating Scale Method,BARS)是由美国学者史密斯(Patricia Cain Smith)和肯德尔(Lome Kendall)于 1963 年在美国护士联合会的资助下研究提出的考核方法。它由传统的图尺度量表法演变而来,是图尺度量表法与关键事件法的结合,这种评价法是行为导向型客观量表法的最典型代表。在这种评价方法中,每一水平的绩效均用某一标准行为来加以界定,在一定程度上克服了行为类型考核指标经常是主观评价的缺点。下面我们通过一个例子来看一下行为锚定量表法是如何实际操作的。图 7-9 所示为巡逻警官的绩效考核指标巡逻前的准备。

行为锚定量表法是典型的行为导向型客观考核法。这种考核方法所使用的考核尺度是行为导向的,要求考核主体对正在执行任务的员工进行评价,而不是针对预期的工作目标进行评价。这在实际操作中往往会造成一定的困扰。行为锚定量表法的最大问题可能在于考核主体在尝试从量表中选择一种代表某员工绩效水平的行为时往往会有困难,因为有时一个员工的行为表现可能出现在量表的两端,科学的设计过程有助于尽量避免这种情况,但实践中难免会有这种情况发生。

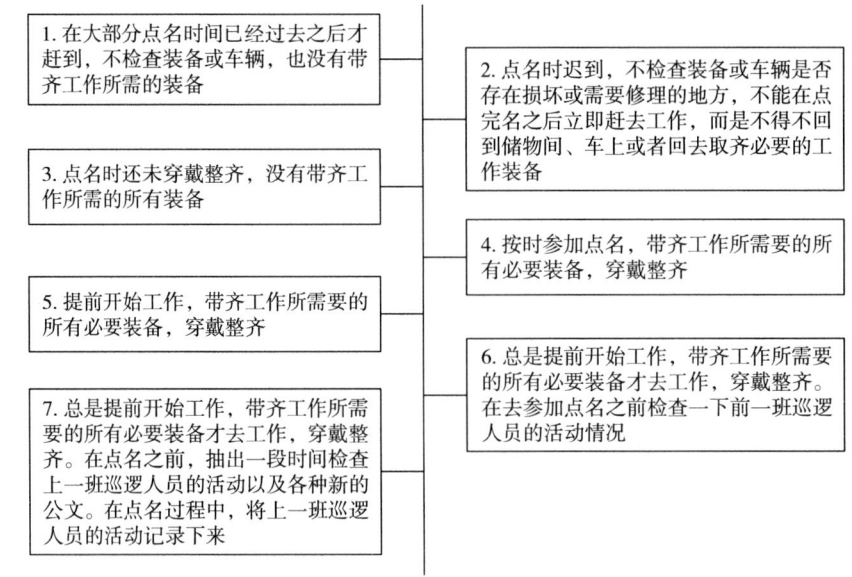

图 7-9 行为锚定量表法

资料来源：董克用，李超平．人力资源管理概论（第 5 版）[M]．北京：中国人民大学出版社，2019.

（3）混合标准量表法。混合标准量表法（Mixed Standard Scales）是美国学者布兰兹（Blanz）于 1965 年创立的。这种考核方法也属于行为导向型客观考核法。混合标准量表法最主要的特征在于这些行为描述在测评量表中是随机排列的，考核主体只需指出考核对象的表现是"好于""相当于"还是"劣于"描述句中所叙述的行为即可。具体做法是：在确定考核指标之后，分别对每一个维度内代表好、中、差绩效的标度用行为和结果描述相结合的方式加以阐明，最后在实际评价表格中将所有指标的三个标度混合在一起供考核主体选择。为了更好地理解混合标准量表法，在表 7-9 的左侧给出了与描述相对应的考核指标。这在正式的表格中是不必给出的。另外，我们可以从表 7-10 中看到赋分的标准以及计算最后得分的过程，这些不给考核主体看，而是供后台人员核算用。

表 7-9 混合标准量表法（1）

被评价的三个维度		绩效等级说明	
主动性；智力；与他人的关系		高；中；低	
说明：请在每一项陈述后面标明雇员的绩效是高于陈述水平的（填"＋"）、相当于陈述水平的（填"0"），还是低于陈述水平的（填"－"）			
主动性	高	该雇员确实是个工作主动的人。个人一贯都是积极主动地做事，因此从来不需要上级来督促	＋
智力	中	尽管这位雇员可能不是一个天才，但是他确实比我认识的许多人都更聪明	＋

续表

与他人的关系	低	这位雇员有与别人发生不必要冲突的倾向	0
主动性	高	虽然通常来说工作还是积极主动的,但是有时需要由上级来督促其完成工作	+
智力	中	尽管这位雇员在理解问题的速度方面比某些人要慢一点,在学习新东西方面也比别人要花更长的时间,但他还是具有一般的智力水平	+
与他人的关系	低	这位雇员与每一个人的关系都不错,即使是与别人意见相左的时候,也能够与其他人友好相处	−
主动性	高	这位雇员有坐等指挥的倾向	+
智力	中	这位雇员非常聪明,学东西的速度非常快	0
与他人的关系	低	这位雇员与大多数人相处都比较好。只是在少数情况下偶尔会与他人在工作上发生冲突,这些冲突很可能要受到监督	−

表7−10 混合标准量表法(2)

赋分标准:

	陈述			得分
	高	中	低	
	+	+	+	7
	0	+	+	6
	−	+	+	5
	−	0	+	4
	−	−	+	3
	−	−	0	2
	−	−	−	1

根据上述评价等级确定分数的过程举例:

	陈述			得分
	高	中	低	
主动性	+	+	+	7
智力	0	+	+	6
与他人的关系	−	−	0	2

资料来源:李燕萍,李锡元.人力资源管理[M].武汉:武汉大学出版社,2012.

混合标准量表法打散了各种考核指标的各级标度,能够避免人们受到等级规定的影响而不能客观地根据标度的描述进行评价;混合标准量表法采用了特殊的评分方式,可以通过寻找评价结果中是否有自相矛盾的情况来判断考核主体是否认真地进行了评价;量表排列顺序的变更在一定程度上避免了考核主体受惯性思维的影响。

(4)行为观察量表法。行为观察量表法(Behavioral Observation Scale,BOS)也是

行为导向型客观考核法,针对不同行为考核指标列出一系列有关的有效行为的方式来进行绩效考核。在使用行为观察量表法时,考核主体通过指出考核对象表现出各种行为的频率来评价他的工作绩效,将员工在每一种行为上的得分相加得到相应考核指标得分,最后根据各考核指标的权重得出员工的行为考核指标的总得分,如表7-11所示,考核指标为工作的可靠性。

表7-11 行为观察量表法

有效地管理工作时间						
几乎没有	1	2	3	4	5	几乎总是
能够及时地符合项目的截止期限要求						
几乎没有	1	2	3	4	5	几乎总是
必要时帮助其他员工的工作以符合项目的期限要求						
几乎没有	1	2	3	4	5	几乎总是
必要时情愿推迟下班和周末加班工作						
几乎没有	1	2	3	4	5	几乎总是
预测并试图解决可能阻碍项目按期完成的问题						
几乎没有	1	2	3	4	5	几乎总是
结果的等级划分:0~13分为很差;14~16分为差;17~19分为一般;20~22分为好;23~25分为很好						

资料来源:董克用,李超平.人力资源管理概论(第5版)[M].北京:中国人民大学出版社,2019.

假设现在有一名员工,他在第一个行为上得了3分,在第二个行为上得了4分,在第三个行为上得了3分,在第四个行为上得了4分,在第五个行为上得了4分,那么他在"工作的可靠性"这个项目上就得了18分,属于"一般"这个等级。

行为观察量表法能够将企业发展战略和它所期望的行为结合起来,因此能够向员工提供有效的信息反馈,指导员工如何得到高的绩效评分。管理人员也可以利用量表中的信息有效地监控员工的行为,并使用具体的行为描述提供绩效反馈。

3. 结果导向型考核方法

(1) 目标管理法。目标管理法是指目标设置理论在绩效考核中的运用,也可以理解成一种量表法。目标管理法主要包括两方面的内容:一是与员工共同制定一套便于衡量的工作目标,二是定期与员工讨论目标的完成情况。只是在这个量表中使用的评价尺度是特殊的目标。目标管理评价法是最典型的结果导向型量表法,见图7-10。在目标管理法中,人们考核员工绩效时的关注点从员工的工作态度转移到工作业绩上,强调工作的结果。

(2) 直接指标法。采用可监测、核算的指标构成若干考核要素,作为评估的主要依据。一般对非管理人员,衡量其生产效率、工作数量、工作质量、时间、成本、费用等。

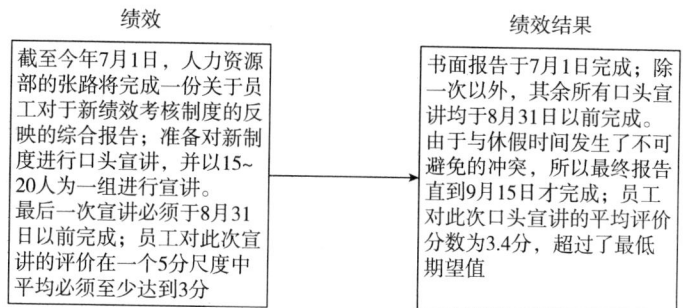

图 7-10　目标管理法

（3）成绩记录法。该方法比较适合于从事科研教学工作的人员，因为他们每天的工作任务内容是不同的，无法用完全固化的指标进行考量。员工把自己与工作职责有关的成绩记录在表上，供考评主体和外部专家验证。

4. 描述法

描述法（Essay Method）一般来说提供了对员工进行考核和反馈的事实依据，往往是作为其他考核方法的辅助方法来使用的。这种方法在设计和使用上比较容易，实用性很强，因而适用于对任何人的单独评价。根据记录事实的不同，描述法可以分为态度记录法、指导记录和关键事件法等，下面我们选取关键事件记录法来进行具体的解释。

关键事件法是由美国学者弗拉纳根（Flanagan）和巴拉斯（Baras）联合创立的。所谓关键事件（Critical Incidents），是指会对部门的整体工作绩效产生积极或消极重大影响的事件。关键事件一般分为有效行为和无效行为。关键事件法要求考核主体通过平时观察，及时记录考核对象的各种有效行为和无效行为，是一种最为常见的典型的描述法。美国通用汽车公司在 1955 年运用这种方法获得了成功。通用汽车公司一位一线领班对他的下属杰克的工作协作性的记录如下：

（1）有效行为：虽然今天没有轮到杰克加班，但他还是主动留下加班到深夜，协助其他同事完成了一份计划书，使公司在第二天能顺利地与客户签订合同。

（2）无效行为：总经理今天来视察，杰克为了表现自己，不与同事协商，擅自加快工作进度，造成工作无法衔接。

通用汽车公司采用关键事件记录法之后，出现了令人吃惊的结果：员工的有效行为越来越多，公司的效益也直线上升。通过使用关键事件法，考核主体通过绩效反馈能够更清晰地使考核对象明白要想在下一期获得高评价，应该如何去行动，为工作改进提供依据。员工参与性强，容易被接受。但记录关键事件是一件非常烦琐的事，需要大量时间，应用成本很高，而且容易造成上级对下级的过分监视，造成关系紧张。

（三）绩效考核中的误区与避免措施

1. 绩效考核中的误区

由于绩效考核是一种人对人的评价，在这一过程中往往会出现一些错误或者不当的行为，从而影响到考核的效果。为了避免这些错误，我们首先应当知道这些错误是什么。绩效考核中容易产生的误区如表7-12所示。

表7-12 绩效考核的误区

晕轮效应	当我们以个体的某一种特征形成对个体的总体印象时，就会受到晕轮效应的影响。在绩效考核的过程中，晕轮效应具体就是指由于个别特性考核而影响整体印象的倾向
逻辑误差	逻辑误差指的是考核主体在对某些有逻辑关系的考核指标进行考核时，使用简单的推理而造成的误差。在绩效考核过程中产生逻辑误差是由于两个考核指标之间的高相关性
宽大化倾向	宽大化倾向是最常见的考核误差行为。受这种行为倾向的影响，考核主体对考核对象所做的考核往往高于其实际成绩
严格化倾向	严格化倾向是与宽大化倾向相对应的另一种可能的考核主体行为倾向，是指考核主体对考核对象工作业绩的考核过分严格的倾向
中心化倾向	中心化倾向是指考核主体对一组考核对象做出的考核结果相差不多，或者都集中在考核尺度的中心附近，导致考核成绩拉不开差距
首因效应	首因效应亦称第一印象误差，是指考核对象在初期的绩效表现对考核主体考核其以后的绩效表现会产生延续性影响
近因效应	与首因效应相反，近因效应是指考核主体只凭考核对象的近期行为表现，即对绩效考核期间的最后阶段绩效表现的好坏进行考核
考核主体个人偏见	考核主体个人偏见是指考核主体在进行各种考核时，可能在考核对象的个人特征，如种族、民族、性别、年龄、性格、爱好等方面存在偏见，或者偏爱与自己的行为或人格相近的人，造成人为的不公平
溢出效应	溢出效应是指因考核对象在考核周期之外的绩效失误而降低其考核等级

2. 避免误区的方法

第一，建立完善的绩效目标体系，绩效考核指标和绩效考核标准应当具体、明确。清晰界定绩效考核指标，以避免晕轮效应、逻辑误差以及其他各种错误倾向的发生。在考核指标界定清晰的情况下，考核主体能够根据所要考核的指标的含义有针对性地做出考核，从而避免对考核对象某一方面绩效的看法影响了考核结果。此外，界定考核指标时还要界定各考核指标之间的关系，避免评价者主观臆断地找到所谓的逻辑关系，影响考核的准确性。

第二，选择恰当的考核主体，考核主体应当对考核对象在考核指标上的表现最为了解。因此，要使考核主体有足够的时间和渠道，加强对考核对象的了解，在必要的时候甚至可以延期进行考核。

第三，必要时，综合使用强制分配法、排序法等，以避免宽大化倾向、严格化倾向和中心化倾向。强制分配法又叫硬性分布法，是按事先确定的比例，将考核对象分别分配在各个绩效等级上。某些情况下，为了做出管理决策，绩效考核的结果必须将考核对象分出所谓的"三六九等"。这时，在其他考核方法的基础上结合使用强制分配法能够达到这一目的，同时也能避免上述三种误区。在实际应用中，一般都是先使用某种考核方法对考核对象进行考核，然后将结果综合计算，按强制分配法确定的比例分配到相应的绩效等级上。

第四，通过培训使考核主体学会收集资料并作为考核依据，以避免由于作为考核依据的事实依据不充分或不准确造成的首因效应、近因效应和溢出效应。此外，相关的管理部门还应该通过各种宣讲和培训的方式，要求考核主体从组织发展的大局出发，进行公正的考核，避免严格化倾向和考核主体个人偏见的不良影响，确保整个绩效考核制度得到所有成员的认同。

需要注意的是，在这里我们有一个重要的假设前提，即绩效考核本身是科学的。如果绩效考核本身存在问题，那么上述种种解决考核主体误区的手段就无法保证考核结果的科学性。上面谈到的方法并不能解决所有的考核主体误区问题，只是为解决考核主体误区提供了一些思路。管理部门应该通过各种手段了解考核对象对于考核结果的看法，及时找到考核中存在的各种问题，有的放矢地逐一解决。

四、绩效反馈阶段

大多数企业的绩效管理过程只进行到绩效考核即告一段落，各式各样的表格在花费了大量时间和精力填写完成后被束之高阁。管理者觉得很累而且没有成果，员工也觉得很累而且充满疑惑。心理学家发现，反馈是使人产生优秀表现的最重要的条件之一。如果没有及时、具体的反馈，人们往往会表现得越来越差。缺乏具体与频繁的反馈是绩效不佳的最普遍原因之一。

绩效反馈是绩效管理的第四个环节。也就是说，考核主体要就绩效考核的结果和考核对象进行面对面的沟通，就考核对象在绩效考核周期内的绩效情况进行反馈，在肯定成绩的同时，找出工作中存在的问题，并一起制订出绩效改进的计划。考核对象可以在绩效反馈过程中，对考核结果予以认同或提出申诉，最终使绩效考核结果得到认可。

首先，绩效反馈有利于提高绩效考核结果的可接受性。绩效反馈在绩效考核结束后为考核双方提供了一个良好的交流平台。一方面，管理者要告知考核对象绩效考核的结果，使其真正了解自身的绩效水平，并就导致考核结果出现的原因进行深入的探讨，使考核对象能够充分地接受和理解绩效考核结果；另一方面，考核对象也可以就自己的想法或一些具体问题与管理者交流，指出考核过程中或绩效管理存在的问题，解释自己超出或没有达到预期目标的主要原因，并对今后的工作进行计划与展望。

其次，绩效反馈有利于考核对象了解自身取得的成绩与不足。绩效反馈还是一个对绩效水平进行全面分析的过程。当考核对象取得成绩时，管理者给予的认可和肯定可以起到积极的激励作用；此外，管理者也要让考核对象认识到自身在知识、技能等影响绩效水平的方面存在的缺点与不足，并提出改进建议。

再次,绩效反馈有利于绩效改进计划的制订与实施。绩效反馈的一个重要目的是实施绩效改进,即针对考核对象当前绩效存在的不足提出改进计划,为下一个绩效管理周期的工作开展提供帮助和指导。

最后,绩效反馈能够为员工的职业规划和发展提供信息。为员工提供更好的职业规划和发展是建立战略性绩效管理系统的目的之一,因此在绩效反馈阶段,管理者应当鼓励员工讨论个人发展的需要,以便建立起有利于达成这些发展的目标。①

(一)反馈面谈的准备工作

在绩效反馈之前,无论是管理者还是员工均要做好充分的准备,否则很可能出现长时间但是无效率的谈话,或者谈话不会很顺利地进行。

1. 管理者应做的准备

(1)选择适当的面谈主持者。面谈主持者应该由高层管理人员、员工主管或人力资源专员组成,之前可以进行相关面谈技能的培训。最好选择高层管理人员作为面谈的主持者,因为他们能够代表企业组织的整体利益,而且可以适应员工吐露心声的需要,员工也觉得受到了企业的重视,从而有助于提高面谈的质量和产生很好的效果。

(2)选择适当的面谈时间和地点。由于面谈主要是针对员工绩效结果来进行的,所以一般情况下,选择在员工的绩效考核结束后,得出了明确的考核结果且准备较充分的情况下及时地进行面谈,时机最佳。具体的面谈地点,可以根据情况需要灵活地掌握。建议在一些小型的会议室或者是安静的场所里进行面谈。同时,在面谈过程中还要营造良好的面谈氛围,尽量避免面谈时遇到访客或接到电话。

(3)熟悉被面谈者的相关资料。这些资料包括绩效考核表、员工日常工作表现的记录和总结、绩效计划、员工的绩效考核结果等。在与员工进行绩效面谈之前,管理者必须对有关的各种资料十分熟悉,当需要的时候随时可以找到相关的内容。

(4)对准备面谈的考核对象有所准备。这种准备是一种心理上的准备,也就是要充分估计到考核对象在面谈中可能表现出来的情绪和行为。要做好这种准备,就必须很好地了解考核对象的个性特征,以便在面谈过程中帮助自己与员工之间建立信任感和认同感。

(5)计划好面谈的程序和进度。首先,要计划好如何开始,这取决于谈话对象和情境。其次,要计划好面谈的过程中要谈哪些内容、先后顺序如何安排、各个部分所花费的时间等。最后,要计划好在什么时候结束面谈以及如何结束面谈。如果双方就某些问题争执不下,可建议双方回去继续思考,而不一定非得要在当时得出结论。

2. 员工应做的准备

(1)准备表明自己绩效的资料或证据。对自己在一个绩效周期内的业绩、能力和态度进行重新回顾,员工需要充分地准备好表明自己绩效状况的一些事实依据,收集

---

① 刘善仕,王雁飞. 人力资源管理[M]. 北京:机械工业出版社,2016.

准备好能证明自己相关绩效的数据材料。

（2）对自己的职业发展有一个初步的规划。管理者除了想听到员工对个人过去的绩效的总结和评价，也希望了解到员工个人的未来发展计划，特别是针对绩效中不足的方面如何进一步改进和提高的计划。因此，员工应当积极地准备好个人的发展计划。

（3）准备好想问管理者的问题。绩效反馈面谈是一个双向的交流过程，不但管理者可以问员工一些问题，员工也可以主动地向管理者提出一些自己关心的问题。因此，员工需要总结并准备好在工作过程中遇到的相关的疑惑问题，以便在面谈中向管理者提出，请求组织的理解、帮助和支持。

（4）将自己的工作安排好。由于绩效反馈面谈可能要占用较长的时间，这段时间员工无法在自己的工作岗位上，因此应事先安排好工作时间，在这段时间应避开一些重要的事情。如果有非常紧急的事情，应交代给同事，由同事帮忙处理一下。

（二）面谈的实施

绩效反馈面谈的过程主要包括开场白、面谈的实施和面谈的结束。

（1）面谈的开场白。在绩效反馈面谈的开始阶段，管理者先"破冰"，可以从一个轻松的话题入手，帮助下属放松心情，以使下属能够在面谈中更好地阐明自己的看法。当然，如果下属能够很好地了解面谈的目的，已经为面谈做好了充分的准备，那么开门见山就是最好的选择。

（2）面谈的实施。在绩效反馈面谈的实施阶段，管理者和面谈对象要就绩效考核结果、绩效改进计划深入交换意见，达成共识。面谈的内容主要是讨论员工绩效目标考核完成情况，并帮助分析工作成功与失败的原因及下阶段的努力方向，同时提出解决问题的意见和建议，求得员工的认可和接受。对于员工的缺点或不足的面谈，一定要对事不对人，最大限度地维护员工的自尊，使员工保持积极的情绪，从而使面谈达到增进信任、促进工作改善的目的。如果员工对绩效考核结果有异议，管理者要耐心倾听，并就存在争议的问题给出合理的答复。紧接着，管理者和面谈对象要就导致绩效不良的原因进行分析，找出问题所在并共同制订绩效改进计划和符合员工自身实际情况的个人发展计划。最后，管理者要与员工就下一个绩效管理周期的工作任务、绩效目标及其衡量指标等进行商定，并签订绩效计划协议。

（3）面谈的结束。为了将面谈的结果有效地运用到员工的工作实践当中，在面谈结束后，要做好两方面的工作：一是对面谈信息进行全面的汇总记录。就是将此次面谈的内容信息列出，如实地反映员工的情况，同时绘制出一个员工发展进步表，帮助员工全面了解自己的发展状况。二是采取相应对策提高员工绩效。面谈的结果应该是有助于员工绩效的提高。经过面谈，一方面，对于员工个人来说，可以正确了解到自己的绩效影响因素，提高改进绩效的信心和责任感受；另一方面，企业全面掌握了员工心态状况，据此进行综合分析，结合员工的各方面原因，有的放矢地制订员工教育、培养和发展计划，真正地帮助员工找到提高绩效的对策。

（三）绩效反馈面谈应注意的问题①

在反馈绩效时，应当注意以下几个问题，以确保绩效反馈面谈的效果：

1. 绩效反馈应当及时

绩效反馈的目的是要指出员工在工作中存在的问题，从而有利于他们在以后的工作中加以改进。因此，在绩效考核结束后，上级应当立即就绩效考核的结果向员工进行反馈，如果反馈滞后，那么员工在下一个考核周期内还会出现同样的问题，无法达到绩效管理的目的。

2. 绩效反馈要指出具体的问题

绩效反馈时不能只告诉员工绩效考核的结果，而是应当指出具体的问题。例如，反馈时不能只告诉员工"你的工作态度不好"，而应该告诉员工到底怎么不好，比如说"你的工作态度很不好，在这一个月内你迟到了10次；上周开会时讨论的材料你没有提前阅读"。

3. 绩效反馈要指出问题出现的原因和改进建议

除了要指出员工的问题外，绩效反馈还应当和员工一起找出造成这些问题的原因并有针对性地制订出改进计划，帮助员工确定目标，提出员工实现这些目标的措施和建议。

4. 绩效反馈不能针对人

在反馈过程中，针对的只能是员工的工作绩效，而不能是员工本人。如果针对员工本人，容易伤害员工，造成抵触情绪，影响反馈的效果。

5. 注意绩效反馈时说话的技巧

说话的技巧会影响到反馈的效果。在进行绩效反馈时，要消除员工的紧张情绪，建立融洽的谈话氛围；在反馈过程中，应当以正面鼓励为主，不指责、不批评、不评价员工的个性与习惯，同时语气要平和，不能引起员工的反感；面谈时要给员工说话的机会，让他们解释，绩效反馈是一种沟通，不是在指责员工；当然，也要控制好面谈时间，一般掌握在20~40分钟为宜，该结束的时候一定要结束，否则就是在浪费时间。

（四）绩效反馈面谈效果的衡量

在绩效反馈面谈结束以后，管理者还必须对面谈的效果加以衡量，以提高绩效反馈面谈效果。可以从以下几个方面衡量反馈效果：

（1）此次反馈是否达到了预期的目的？
（2）下次反馈时，应当如何改进谈话的方式？
（3）有哪些遗漏必须加以补充？又有哪些无用的内容必须删除？
（4）此次反馈对员工改进工作是否有帮助？
（5）反馈是否增进了双方的理解？

---

① 董克用，李超平. 人力资源管理概论（第5版）[M]. 北京：中国人民大学出版社，2019.

(6) 对于此次反馈,自己是否感到满意?

(7) 此次面谈的总体评价如何?

对于得到肯定回答的问题,在下一次反馈中就应当坚持;对于得到否定回答的问题,在下一次反馈中就必须加以改进。

(五) 绩效申诉

由于绩效考核的过程会受到诸如考核标准模糊不清、考核主体的个人偏见、绩效信息收集不全面和不准确等主客观因素的影响,考核结果可能存在不准确或不公平的情况。为了尽可能避免这种情况的出现,有必要建立绩效申诉与争议处理制度。

绩效申诉是指由于考核对象对考核结果持有异议,依照法律、法规或规章制度向有权受理申诉的机构提出申诉申请,受理部门依照规定的程序对相应的考核过程和结果进行审查、调查并提出解决办法的过程。在绩效申诉中要符合以下原则:

第一,合理原则。组织内部受理绩效申诉的部门要本着负责的态度,深入细致地查明相关事实,做出准确的认定。受理部门做出的决定要严格依据组织的相关规定,做到合理合规,不能徇私舞弊。

第二,公开原则。在处理绩效申诉的过程中应尽量公开进行,以使各方了解有关情况,监督申诉处理过程,消除误解。所涉及的申诉信息,除规定必须保密外,应尽量公开。此外,申诉处理结果也要公开,让申诉各方知晓处理结果。必须保证绩效申诉处理全过程公开透明。

第三,及时原则。绩效申诉作为一种有效的绩效改进手段,不能拖延推诿。这就要求绩效申诉的各个步骤都必须在限定的期限内完成,申诉机构要尽快完成对申诉事件的审查,及时做出处理决定。

(六) 绩效考核结果的运用

绩效考核结果能否被有效利用关系到整个绩效管理系统的成败,但是目前却有很多企业不重视对绩效考核结果的运用。如果绩效考核结果没有得到相应的应用,在企业中就会出现绩效管理与人力资源管理其他环节脱钩的情况,产生绩效管理空转现象。久而久之,员工会认为考核只是例行公事,对自己没有什么影响,绩效管理就失去了应有的作用,还容易在企业内部造成一种流于形式和不公平的企业文化,不利于企业的良性发展。绩效考核结果的运用包含以下两种:一是改进作用,即对绩效考核的结果进行分析,诊断员工存在的绩效问题,找到产生问题的原因,制订绩效改进计划,帮助员工提高绩效;二是管理作用,即根据绩效考核结果做出相关的人力资源管理决策。

1. 绩效改进

(1) 绩效诊断和分析。在绩效改进过程中,最初要进行绩效诊断和分析。在绩效反馈面谈中,主管和员工通过分析和讨论评价结果,找出关键绩效问题和产生绩效问题的原因,这是绩效诊断的关键任务。一般有两种常用的诊断员工的绩效差距的方法:一是三因素法,从员工、主管和环境三个方面来分析绩效问题;二是四因素法,从知识、技能、态度和环境四个方面着手分析绩效不佳的原因。不管是用哪种方法,都要全面地分析导致员工绩效不佳的可能原因,究竟是员工个人能力或经验的不足,还是外界环境等因素造成绩效不佳。这一点也证实了前文所讲述的绩效的多因性的特点。表7-13以三因素为例进行说明。

表7-13 绩效反馈面谈与改进计划书

面谈对象		职位编号	
面谈者		面谈时间	

面谈地点:

绩效考核结果(总成绩):

工作业绩		工作能力		工作态度	

本期不良绩效陈述

本期不良绩效的原因分析

影响绩效的维度(三因素法)	具体问题	原因分析	备注
员工	知识		
	技能		
	态度		
主管	辅导		
	其他		
环境	内部		
	外部		

绩效改进计划

计划采取的措施	预期目标	执行者/责任人	执行时间

面谈对象签字: 面谈者签字:

(2)制订绩效改进计划。绩效改进计划是关于改善现有员工绩效水平的计划。制订绩效改进计划包括改进什么、应该做什么、由谁来做、何时做以及如何做的过程。以员工层面的绩效改进计划为例,其主要内容包括:

◇个人基本情况、直接上级的基本情况以及该计划的制定时间和实施时间。

◇根据上一个绩效考核周期的绩效考核结果和绩效反馈情况,确定在工作中需改进的方面。

◇明确需要改进和发展的原因,并附上前一个考核周期中个人在相应考核指标上的得分情况和考核主体对该问题的描述或解释。

◇明确写出个人现有的绩效水平和经过绩效改进之后要达到的绩效目标。

（3）绩效改进计划的监控与指导。在制定绩效改进计划之后，管理者应该通过绩效监控和沟通，实现对绩效改进计划实施过程的控制。这个控制的过程就是监督绩效改进计划能否按照预期的计划进行，并根据考核对象在绩效改进过程中的实际工作情况，及时修订和调整不合理的改进计划。在制定绩效改进计划后，员工进入下一个绩效考核周期，管理者在这个过程中要与员工保持沟通，适时向员工提供指导，帮助员工克服改进过程中遇到的困难，避免员工再次出现偏差，以确保在下一个绩效考核周期中，员工的绩效能够顺利实现提升。

2. 根据绩效考核结果做出相关的人力资源管理决策

（1）绩效考核结果用于人力资源规划。绩效考核结果是进行人员需求和供给预测的重要依据，通过对员工工作业绩、工作能力和工作态度的评价，企业可以判断员工是否符合职位的要求、是否进行相应的职位调整，这就构成职位需求预测的重要来源；同时，对于具体的职位来说，通过绩效考核结果可以发现企业内部有哪些人能够从事这一职位，这也是内部供给预测的一个重要依据。

（2）绩效考核结果可以评估招聘的有效性，检验招募与甄选的预测效度。新员工经过试用后的绩效考核结果可以检验企业招聘的质量。另外，如果某人的绩效考核结果比较优秀，那么说明招募与甄选的预测效度较好，是有效的；反之，就说明招募与甄选的预测效度不佳，需要在方法技术上进一步完善。

（3）绩效考核结果用于培训与开发。通过绩效考核结果和绩效诊断分析，组织在进行培训需求分析时可以找出员工在工作中知识、技能和能力等方面存在的不足，进而有针对性地确定培训内容。另外，通过柯氏评估模型中的行为层和结果层绩效评估，可以衡量培训的效果。

（4）绩效考核结果用于薪酬的调整与分配。一方面，绩效考核结果是基本薪酬调整的依据，例如考核结果优秀的员工，调整的比例会高一点；另一方面，根据赫茨伯格双因素理论，要有效地发挥薪酬的激励作用，考核结果需要和个人绩效薪酬挂钩。

（5）绩效考核结果是做出职位调整的依据。职位调整包括纵向的晋升或降职和横向的工作调换。如果考核的结果表明某些人员无法胜任现有的工作岗位，就需要进行职位调整，将他从现有的岗位上换下，安排到其他能够胜任的岗位或者解聘，绩效考核结果还可以减少解聘时不必要的纠纷。同时，通过绩效考核还可以发现优秀的员工，是进行培养、轮换或晋升等人事决策的依据。

第三节 战略性绩效管理工具

自20世纪50年代以来，绩效管理作为人力资源管理的重要职能之一，逐渐上升到了战略高度，学者们先后研究提出了目标管理（Management By Objectives，MBO）、关键绩效指标（Key Performance Indicators，KPI）、平衡计分卡（Balance Scorecard，BSC）和目标与关键成果（Objectives and Key Results，OKR）等工具。其中以 KPI、BSC 和 OKR 为基础的战略性绩效计划工具所构建的绩效考核指标体系，一方面能够很好地将组织的战略目标和具体的考核指标相结合，另一方面也具有较强的可操作性，通过企业的实践获得了大家的认可，成为越来越受欢迎的战略性绩效管理工具。绩效管理工具的演变如表 7-14 所示。

表 7-14 绩效管理工具演变

工具名称		目标管理	关键绩效指标	平衡计分卡	目标与关键成果
时代		20 世纪 50~70 年代	20 世纪 80 年代	20 世纪 90 年代以后	1999 年以后
性质		管理思想：重视工作与人的结合	指标分解的工具与方法、将战略与考核指标结合	集大成的理论体系 将战略管理与绩效管理有机结合	提供一种目标管理和自我管理的方式，重点不是考核，关注真正重要的事情
特征		员工参与管理 体现"我想做" 自我管理与自我控制	战略导向 指标的承接与分解 指标层层分解、层层支撑	战略导向 目标的共享与分享、承接与分解 强调因果关系、平衡	OKR 的透明化管理，把公司的目标、每个人的目标都公开、可视化出来，相互监督，共同努力实现目标
要素		目标 指标 目标值	战略 关键成功领域 关键绩效要素 关键绩效指标	使命、核心价值观、愿景、战略 客户价值主张、四个层面 目标、指标、目标值、行动方案	目标 Objective ——展现出野心、很困难 关键成果 Key Results ——能让目标明确地实现
指标	设计	根据组织目标由上下级协商确定	根据战略 自上而下层层分解	根据使命、核心价值观、愿景、战略、客户价值主张等依据目标分层分别制定	从个人、团队、企业出发层层设置 OKR 所有 OKR 都在整个公司内公开
	关系	指标之间基本上独立 彼此没有联系	指标之间基本上独立 彼此没有联系	因目标的因果关系导致四个层面的指标之间有关联性	保持上下层组织机构运作协调高效，每一个成员都以可见的方式支撑着整个公司
	类型	侧重定量指标	无前置指标和滞后指标之分 强调客观指标	有前置指标和滞后指标之分 客观指标、主观判断指标	关键成果一定可量化 ——关键结果完成度的评估可导向最终对目标完成度的评级

一、关键绩效指标（KPI）[①]

20世纪80年代后，随着管理实践的持续发展，绩效管理作为人力资源管理的重要职能之一，逐渐上升到了战略高度，受到了前所未有的关注。通过探索，管理学界开始采用各种评估方法将绩效管理与企业战略相结合，并将结果导向与行为导向的评估方法的优点相结合，强调工作行为与目标达成同样重要。因此，关键绩效指标（Key Performance Indicators，KPI）应运而生。

（一）关键绩效指标的基本内涵

关键绩效指标是指将组织战略目标经过层层分解而产生的、具有可操作性的、用以衡量组织战略实施效果的关键性指标体系。作为一种战略性绩效管理工具，其核心思想是根据"二八"原则，认为抓住组织的关键成功领域（Key Result Areas，KRA），洞悉组织的关键绩效要素（Key Performance Factors，KPF），有效管理组织的关键绩效指标，就能以少治多、以点带面，实现组织战略目标，进而打造持续的竞争优势。此工具以建立一种机制，将企业战略转化为内部过程和活动，不断增强企业的核心竞争力，使企业能够得到持续的发展为目的。

（二）关键绩效指标的类型

根据不同的标准，可以将关键绩效指标分为不同的类型。本书的分类标准主要包括绩效指标层次和指标性质。

1. 按照关键绩效指标的层次划分

与绩效相同，关键绩效指标体系也可以按不同的层次划分为组织关键绩效指标、部门关键绩效指标和个人关键绩效指标。其中，组织关键绩效指标来源于对组织战略的分解；部门关键绩效指标来源于对组织关键绩效指标的承接和分解；相应地，个人关键绩效指标则来源于对部门关键绩效指标的承接和分解。关键绩效指标体系的建立强调在组织战略的牵引下，将组织的战略规划和目标通过自上而下的层层分解落实为组织、部门和个人的关键绩效指标，并通过在组织系统内推行关键绩效指标，将组织战略规划转化为内部管理过程和具体行动，从而确保战略目标的有效实施。

2. 按照关键绩效指标的性质划分

根据指标性质的不同，关键绩效指标可以分为财务指标、服务指标、经营指标和管理指标四类。其中，财务指标注重衡量组织创造的经济价值；服务指标注重衡量利益相关者对组织及其所提供的产品和服务的态度；经营指标注重衡量组织经营运作流程的绩效；管理指标注重衡量组织日常管理的效率和效果。这四类指标的目标、范例和作用如表7-15所示。

[①] 彭剑锋.人力资源管理概论[M].上海：复旦大学出版社，2003.

表 7-15 关键绩效指标

类别	目标	关键绩效指标范例	作用
财务指标	侧重与公司会计职责一致的价值创造	公司投资资本回报、业务单元损益	确保创造财务价值
经营指标	侧重在日常经营运作流程以及跨职能/跨业务辅助流程中创造价值	新产品收入占总收入的份额、细分市场的份额、新渠道的收入份额	确保近期和远期的侧重点
服务指标	提供客户对公司经营注意度/满意度的看法	客户满意度指数,例如服务质量、购买价值、公司形象	确保近期和远期的侧重点
管理指标	培养与保留人才	员工满意度指数、关键人才流失率、员工培训与发展	包括对公司业绩的内部和外部评判

(三) 基于关键绩效指标的绩效指标体系

虽然关键绩效指标根据不同的分类依据可以分为多种不同的类型,但是在实际构建以关键绩效指标为基础的绩效管理系统的时候,通常是以组织关键绩效指标、部门关键绩效指标和个人关键绩效指标为主体,其他分类方式为补充。在管理实践中,除关键绩效指标外,还有一类来源于部门或个人的工作职责的绩效指标,这类体现了组织不同层次具体工作职责的基本要求,通常被称为一般绩效指标。如图 7-11 所示,一般在设计基于关键绩效指标的绩效管理体系时,组织层面的绩效指标全都是关键绩效指标,而部门和个人层面的绩效指标则由关键绩效指标和一般绩效指标共同构成。当然,不同部门两种指标的构成不同,有的部门承担的关键绩效指标多,有的部门少,有的部门甚至不承担。如对于人力资源部而言,它们的绩效指标更多的是来自部门的职能而不是组织战略的分解,因此这类部门的主要指标构成是一般绩效指标而非关键绩效指标。

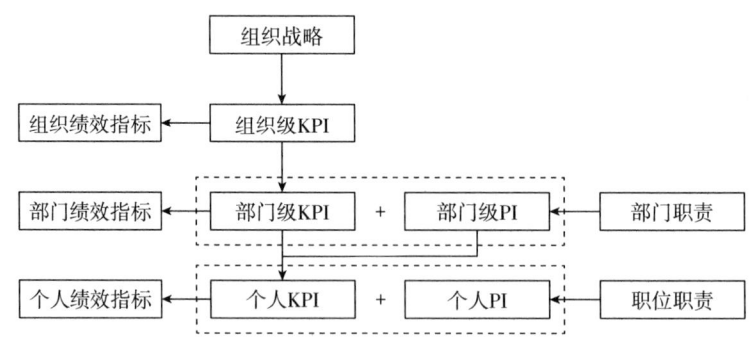

图 7-11 基于 KPI 的绩效指标体系

(四) 关键绩效指标体系的实施

企业通常采用画鱼骨图的方法来建立关键绩效指标体系。基本思路是通过对组织战略的分析,找出组织取得成功的关键成功领域,再将其层层分解为关键绩效要素,为了便于对这些要素进行量化考核和分析，又进一步将要素细分为各项指标，即关键绩效指标。设计一个完整的基于关键绩效指标的绩效管理系统通常包含以下六个步骤：确定关键成功领域、确定关键绩效要素、确定关键绩效指标、构建组织 KPI 指标库、确定部门 KPI 和 PI 以及确定个人 KPI 和 PI，如图 7-12 所示。其中，前面四步是设计关键绩效指标体系的核心内容。

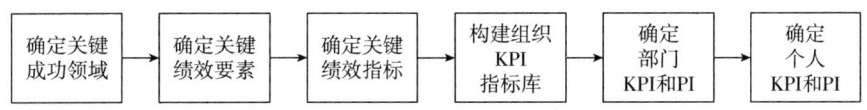

图 7-12　关键绩效指标体系的实施

1. 确定关键成功领域

建立关键绩效指标体系的第一步就是，通过鱼骨图分析，寻找组织实现战略目标或保持竞争优势所必需的关键成功领域。而确定组织的关键成功领域，必须明确三个方面的问题：一是这个组织为什么会取得成功，成功依靠的是什么；二是在过去那些成功因素中，哪些能够使组织在未来持续获得成功，哪些会成为组织成功的障碍；三是组织未来追求的目标是什么，未来成功的关键因素是什么。这实质上是对组织的战略制定和规划过程进行审视，对所形成的战略目标进行反思，并以此为基础对组织的竞争优势进行剖析。如某制造企业通过访谈和头脑风暴法，确定了该企业能够有效驱动战略目标的关键成功领域：优秀制造、市场领先、技术支持、客户服务、利润与成长和人力资源，如图 7-13 所示。

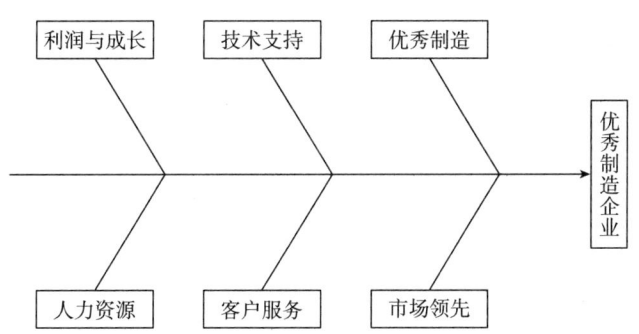

图 7-13　某制造企业关键成功领域的确定

2. 确定关键绩效要素

关键绩效要素提供了一种描述性的工作要求，可以对关键成功领域进行解析和细化。完成这一步需要解决以下几个问题：第一，每个关键成功领域包含的内容是什么；第二，如何保证在该领域获得成功；第三，达成该领域成功的关键措施和手段是什么；第四，达成该领域成功的标准是什么。还是以上述制造企业为例，它的关键绩效要素如图 7-14 所示。

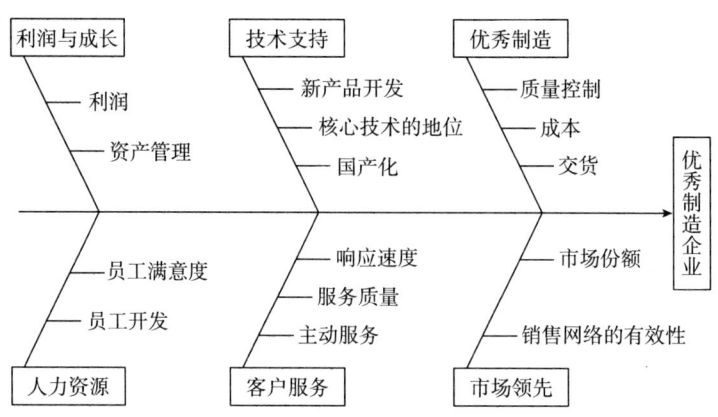

图 7-14 某制造企业关键绩效要素的确定

3. 确定关键绩效指标

关键绩效指标即通过进一步细化关键绩效要素，经过筛选确定的。选择关键绩效指标应遵循三个原则：

（1）指标的有效性。即所设计的指标能够客观地、最为集中地反映要素的要求。

（2）指标的重要性。即通过对组织整体价值创造业务流程的分析，找出对其影响较大的指标，以反映其对组织价值的影响程度。

（3）指标的可操作性。即指标必须有明确的定义和计算方法，容易取得可靠和公正的初始数据，尽量避免凭感觉主观判断的影响。以优秀制造和市场领先为例，该企业确定的关键绩效指标如图 7-15 所示。

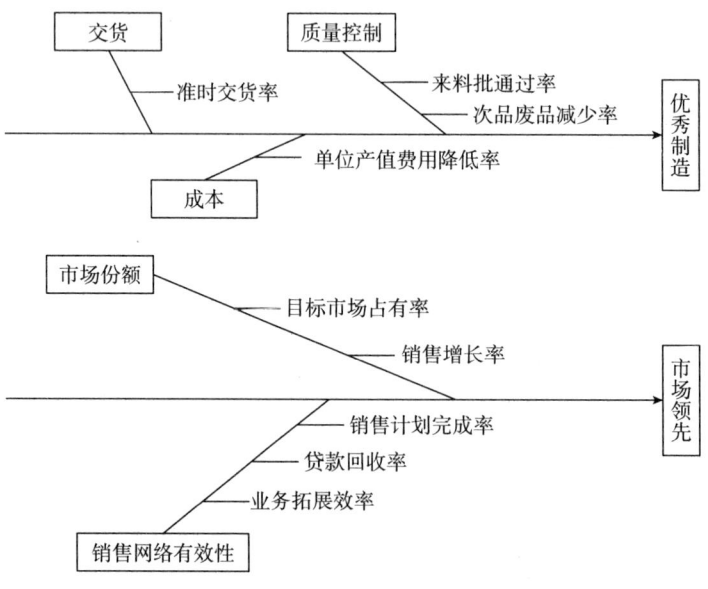

图 7-15 某制造企业关键绩效指标的确定

4. 构建组织 KPI 指标库

在确定了组织关键绩效指标之后,就需要按照关键成功领域、关键绩效要素和关键绩效指标三个维度对组织的关键绩效指标进行汇总,建立一个完整的关键绩效指标库,作为整个组织进行绩效管理的依据。上述制造企业汇总后的关键绩效指标库如表7-16所示。

表7-16 某制造企业关键绩效指标库

关键成功领域	关键绩效要素	关键绩效指标
优秀制造	质量控制	来料批次通过率 次品废品减少率
	成本	单位产值费用降低率
	交货	准时交货率
市场领先	市场份额	目标市场占有率 销售增长率
	销售网络有效性	销售计划完成率 贷款回收率 业务拓展效率
技术支持	新产品开发	新产品开发计划完成率 新产品立项数
	核心技术定地位	设备维修平均时间 与竞争对手产品对比分析
	国产化	国产化费用节约率 国产化率
客户服务	响应速度	服务态度 问题及时答复率
	主动服务	客户拜访计划完成率 客户拜访效率 产品售后调查及时性
	服务质量	质量问题处理及时性 质量问题处理成本
利润与成长	资产管理	资产负债率 应收账款周转率 存货周转率 净资产收益率
	利润	销售利润率 成本费用利润率 销售毛利率

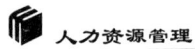

续表

关键成功领域	关键绩效要素	关键绩效指标
人力资源	员工满意度	员工满意度综合指数
	员工开发	优秀员工流动性 绩效改进计划完成率 员工培训满意度

资料来源：方振邦. 战略性绩效管理（第五版）[M]. 北京：中国人民大学出版社，2018.

5. 确定部门 KPI 和 PI

部门绩效指标一般由关键绩效指标和一般绩效指标共同构成。其中，关键绩效指标大部分来自于对组织关键绩效指标的承接或分解，剩余的便是部门自身独有的指标；而一般绩效指标通常来源于流程、制度或部门职能。

6. 确定个人 KPI 和 PI

所有部门关键绩效指标最终都需要有个人来承担，以确保组织战略能够有效指导员工的工作行为。同部门关键绩效指标的设计思路一样，个人绩效指标体系同样包括关键绩效指标和一般绩效指标两类指标。其中，关键绩效指标是通过对部门绩效指标的分解或承接来获得的；一般绩效指标通常来源于员工所承担职位的职责。然而，不同岗位承担的关键绩效指标的数量有很大的差异，有的岗位承担的多，有的岗位承担的少，甚至有的岗位承担的全是一般绩效指标，没有关键绩效指标。

二、平衡计分卡（BSC）[①]

传统绩效衡量模式重财务指标而轻非财务指标的弊端在20世纪80年代末期日益明显。20世纪90年代初，由于知识经济和信息技术的兴起，无形资产的重要性日益凸显，人们对这种模式提出了质疑。然而，管理实践中还没有一个可以将财务指标与非财务指标有机结合起来，并能协调好各个指标之间关系的系统框架。在此背景下，美国哈佛大学商学院教授罗伯特·卡普兰（Robert Kaplan）和 RSI 公司总裁戴维·诺顿（David Norton）在研究基础上撰写了一篇论文《平衡计分卡——驱动业绩的衡量体系》（*The Balanced Scorecard：Measures that Drive Performance*），发表于1992年1~2月的《哈佛商业评论》。该文的发表标志着最初用于衡量组织绩效的平衡计分卡正式问世。

（一）平衡计分卡的内涵

卡普兰和诺顿两位创始人用了20多年对平衡计分卡进行不断的发展、丰富和完善，最终形成了一批极具价值的研究成果。平衡计分卡理论体系全面深入地介绍了组织获得高绩效的基本原则，即衡量战略、管理战略、描述战略、协同战略以及整合战

---

① 张德. 人力资源开发与管理[M]. 北京：清华大学出版社，2012.

略（连接战略与运营）。这些理论成果集中反映了两位创始人的思想轨迹，也体现了平衡计分卡的理论演变脉络，如图 7-16 所示。其中，战略地图是对战略的一个描述框架，它使战略清晰化，并且清楚描述了战略目标和驱动因素之间的因果逻辑联系。而平衡计分卡则是对战略的衡量，平衡计分卡将战略地图目标转化为指标和目标值，并为每一目标制定行动方案，通过执行行动方案，战略得以实现。所以，平衡计分卡和战略地图是一脉相承的关系，先用战略地图对公司的战略进行描述，然后利用平衡计分卡从四个层面对战略进行衡量。正是由于战略地图和平衡计分卡的结合，使这套工具由绩效衡量工具上升为战略性绩效管理工具。

图 7-16 平衡计分卡的理论演变脉络

资料来源：教材组根据网络资源改编。

1. 绘制战略地图以描述战略

"突破性的成果 = 描述战略 + 衡量战略 + 管理战略"，该公式很好地描述了卡普兰和诺顿的管理学思想。战略地图通过四个层面目标之间的因果关系来描述战略，它提供了一种战略可视化的表示方法，从而为人们提供了一种清晰、逻辑性强并且经得起考验的描述战略的工具。图 7-17 就是一个通用版的战略地图。该战略地图从财务、客户、内部流程、学习与成长四个层面出发，详细描述了企业的战略目标以及各层目标之间的相互关系。总而言之，战略地图就是战略制定和战略执行的鸿沟之间的一座桥梁。

2. 用平衡计分卡衡量战略

平衡计分卡依托战略地图中描述的企业战略，对每项战略进行分解，制定相应的战略目标、衡量指标和目标值，同时配备相应的行动方案，由此形成一套对战略进行全面衡量的考核指标体系。平衡计分卡从财务、客户、内部流程和学习与成长四个层面来衡量企业的绩效，这四个层面的指标和目标都来源于组织的使命、愿景和战略，是对使命、愿景、战略的分解、细化和现实支撑。四个层面内部存在层层支撑、层层传递的内在联系，构成了一个紧密联系、有机统一的整体，将财务指标和非财务指标

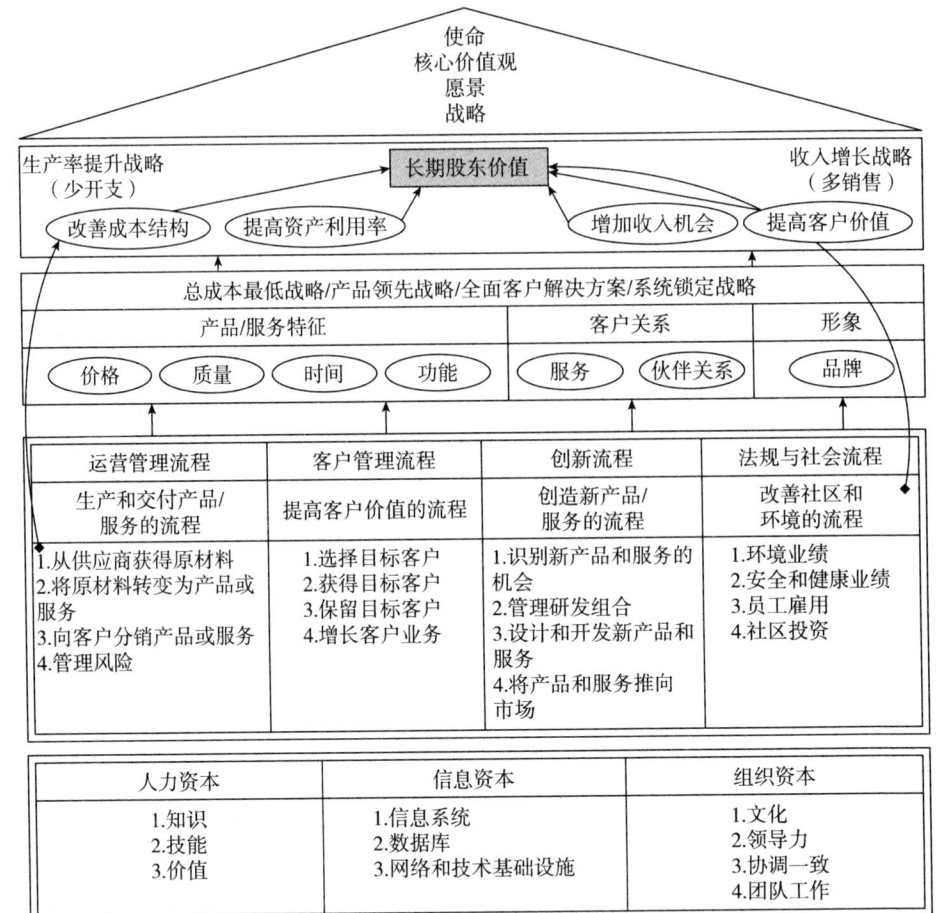

图 7-17 通用战略地图

资料来源：方振邦．战略性绩效管理（第五版）[M]．北京：中国人民大学出版社，2018.

有机结合在一起，打破了以财务指标为核心的传统的绩效管理系统框架。平衡计分卡将企业的战略目标和绩效考核指标紧密联系起来，对员工的行为起着更明确的导向作用，有助于企业战略目标的实现。同时，平衡计分卡实现了财务指标和非财务指标的平衡、组织内外部指标的平衡、前置指标和滞后指标的平衡、长期指标和短期指标的平衡。表7-17为平衡计分卡样例——某航空公司示例。

（二）平衡计分卡的特点

作为一个新的战略管理体系，平衡计分卡具有鲜明的特点。了解这些特点有助于我们发挥这一管理工具的比较优势，在平衡计分卡的设计与实施过程中准确把握其内在本质，从而设计出科学有效的战略性绩效管理体系。

1. 始终以战略为核心

平衡计分卡以提升战略执行力为出发点，结合时代背景和环境特征弥补了当前组织在战略管理中的漏洞,先后探讨了如何对战略进行衡量、管理、描述、协同以及如何实现战略管理与运营管理的有效结合等难题。

表 7-17 某航空公司平衡计分卡

战略地图		平衡计分卡		行动计划	
流程:运营管理 主题:地面周转	目标	衡量指标	目标值	行动方案	预算
财务层面: 利润和RONA ← 收入增长、减少飞机	·盈利性 ·收入增长 ·减少飞机	·市场价值 ·座位收入 ·飞机租赁成本	·30% CAGR ·20% CAGR ·5% CAGR		
客户层面: 吸引和保持更多的客户 ← 服务准时、最低票价	·吸引和保持更多的客户 ·航班准时最低票价	·回头客数量 ·客户数量 ·FAA 准时到达评比 ·客户评比	·70% ·每年提高12% ·#1 ·#2	·实施 CRM 系统 ·质量管理 ·客户忠诚项目	·$×× ·$×× ·$××
内部层面: 快速地面周转	·快速地面周转	·降落时间 ·准时起飞	·30 分钟 ·90%	·周转期最优化	·$××
学习与成长层面: 战略工作舷梯管理、战略系统员工排班、地面员工协调一致	·开发必要的技能 ·开发支持系统 ·地面员工与战略协调一致	·战略工作准备度 ·信息系统可用性 ·战略意识 ·地面员工持股比率	·Yr. 1% ~70% Yr. 3% ~90% Yr. 5% ~100% ·100% ·100% ·100%	·地面员工培训 ·完成员工排班系统 ·沟通项目 ·员工持股计划	·$×× ·$×× ·$×× ·$××
			预算总额		·$××

资料来源:教材组根据网络资源改编。

2. 重视协调一致

为了将企业战略化为具体的行动,平衡计分卡将协调一致提升到了战略的高度,认为协同不仅是创造企业衍生价值的根本途径,也是实现客户价值主张的必要保障,有必要形成一套严谨的协同机制以确保战略目的的实现。这种协同机制的建立要求我们从逻辑上明晰协同思路、从体系上整合协同主体、从机制上保障协同效果。

3. 强调有效平衡

平衡计分卡强调的平衡不是平均主义,也不是为了平衡而平衡,而是一种有效平衡。这种有效平衡是指在战略的指导下,通过平衡计分卡各层面内部以及各层面之间的目标组合和目标因果关系链,合理设计和组合财务与非财务、长期与短期、内部群体与外部群体、客观与主观判断、前置与滞后等不同类型的目标和指标,实现组织内外部各方力量和利益的有效平衡。

(三) 平衡计分卡的关键要素

平衡计分卡的基本构成要素包括目标、指标、目标值、行动方案和预算等内容。

1. 目标及其类型

目标是组织在一定时期的特定绩效领域内所希望取得的理想成果,是战略的重要组成部分。目标是对组织使命、愿景和战略的展开和具体化,它指出了有效实施战略所必须做好的事情,比战略的内容具体,但比绩效指标抽象。通过战略地图,组织的战略在组织、部门和个人三个层次均被具体化为一整套财务目标、客户目标、内部业务流程目标、学习与成长目标。这些目标围绕战略主题协同起来,形成若干个战略绩效领域,共同支撑组织战略的实现。

2. 指标及其类型

指标是衡量目标实现程度的标尺,是对绩效因子或绩效维度进行提炼后形成的评判绩效状况的媒介。通常对单个指标进行评价所形成的结果只能反映绩效的某个方面,只有从工作的数量、质量、时间、成本、效率、效果等不同维度进行指标设计和组合,才能得到综合的评价结果,从而真实地反映目标的预期绩效与实际绩效的吻合程度。因此,在平衡计分卡中,指标也被划分为不同类别,包括财务指标与非财务指标、客观指标与主观判断指标、前置指标与滞后指标、计分卡指标和仪表盘指标、评价指标和监控指标。

3. 目标值

目标值是组织所期望的绩效结果,一般用一个带有时间限制和具体数值的表述,将目标和指标转变成在今后一段时期内所期望达成的状态,其作用在于确立既定目标在相应指标上的期望标准。如果说目标描述了实现战略所需做好的事项,指标显示了如何追踪和评价目标的实现程度,那么目标值则规定了衡量目标的指标应该做到何种程度。通过有时间限制和量化的目标值,我们就可以把笼统的、描述性的目标转变为明确具体的绩效任务。如同目标一样,目标值既提供了前进的方向,指明了需投入的资源规模和应有的努力程度,又能对员工产生内在的激励作用。但是,激励作用的形成取决于目标值设置的合理性。也就是说,目标值要具有一定的挑战性,员工必须经过一定的努力才能达成;同时,目标值也不宜过高,以免使员工望而生畏,产生过大的压力。如果目标值定得过高而使员工无法达成,将会影响员工的绩效考核结果,从而对其薪酬和个人发展产生影响。久而久之,就会使员工产生焦虑,不满意感上升,甚至导致员工流失。

4. 行动方案

战略行动方案是指有时间限制的、自主决定的项目或计划,旨在确定达成战略目标的途径,从而帮助组织实现目标绩效,应该与组织的日常运营计划和活动区分开来。一般来说,每个非财务目标至少有一个行动方案来支撑。行动方案的制定要兼顾目标、指标、目标值的要求,因为目标界定向度,指标描述维度,目标值说明力度,行动方案则将具有时间限制的、量化的目标值转化为具体的行动。至此,组织的战略经过目标、指标、目标值和行动方案的步步阐述，已经从静态的、笼统的战略思维转变成组织在某一个时间段内必须完成的若干具体的计划或项目。不同目标的行动方案通过战略主题捆绑起来，形成一个整体性的行动方案组合，基于同一个战略主题的所有行动方案必须同步实施。需要注意的是，组织中存在数量众多、形式多样的行动方案，管理者必须对行动方案进行筛选、管理和评估，确保所选择的行动方案能够有效支撑战略目标并切实得到有效执行。

三、目标与关键成果（OKR）①

OKR 的起源最早可以追溯到德鲁克的目标管理理论，其核心思想是倡导由命令驱动式的管理向目标驱动式的管理转变。OKR 提供一种目标管理和自我管理的方式，重点不是考核，而是关注真正重要的事情。其由英特尔公司创始人安迪·葛洛夫（Andy Grove）发明，并由约翰·道尔（John Doerr）引入到谷歌使用，1999 年 OKR 在谷歌发扬光大，在 Facebook、LinkedIn 等企业广泛使用。2014 年，OKR 传入中国。2015 年后，百度、华为、字节跳动、佐佳咨询等企业都逐渐使用和推广 OKR。

（一）目标与关键成果的内涵

目标与关键成果（Objectives and Key Results，OKR）是一套定义和跟踪重点目标及其完成情况的管理工具和方法，是企业进行目标管理的一个简单有效的系统，能够将目标管理自上而下贯穿到基层。OKR 的主要目标是明确公司和团队的"目标"以及明确每个目标达成的可衡量的"关键结果"，旨在确保员工紧密协作，把精力聚焦在能促进组织成长的、可衡量的目标与关键成果上。其中，Objectives 是目标，是对驱动组织朝期望方向前进的定性追求的描述。目标主要回答的问题是"我们想做什么"。Key Results 是关键成果，其为产出导向，而不是做事导向（所谓产出导向就是关注做事情的成果，而不是仅仅关注事情做了没有）。关键成果是用于衡量特定目标达成情况的定量描述。关键成果主要回答的问题是"我们如何知道自己是否达到了目标的要求"。OKR 要求公司、部门、团队和员工不但要设置目标，而且要明确完成目标的具体行动。OKR 在谷歌成功实施后已逐渐被各国的企业认识和接受，成为战略性绩效管理的重要工具。

（二）目标与关键成果的特点

与传统的绩效管理工具相比，OKR 工具在操作层面有着以下几个方面的特点：

1. OKR 强调基层群策群力，重视员工主观能动性、创造性

OKR 的目标是由个人提出，然后由组织确定，这点与常规的 KPI 自上而下的方式不同。这种思想与德鲁克在 1954 年就提出的目标管理法十分类似，核心思想就是"目标管理与自我控制"。通过目标设置理论的应用，对员工进行内在激励，员工从"要我做"变成"我要做"，发挥了员工的主观能动性、创造性。

---

① 百度百科：https://baike.baidu.com/item/OKR/2996251？fr=aladdin。

2. OKR 特别强调适应互联网时代的外部环境变化

互联网时代的信息互联技术首先彻底打破了沟通壁垒，从而加快了外部市场、消费者需求等环境的演进与变化速度；同时，外部环境变化频率的加速，不仅仅体现在市场信息互换上，还体现在沟通方式甚至科学技术上（例如信息技术与物理技术的融合）。外部环境的这一特性，要求互联网时代的战略性绩效管理必须能够提高针对外部环境快速变化的适应能力，在战略目标与绩效指标的设定上做好长、中、短期的平衡。OKR 根据公司中长期战略分解年度目标（O），首先实现长期、中期目标的联动，同时为了确保年度目标的实现，OKR 可以结合外部环境的短期变化，以季度为单位调整季度目标（O），并讨论支持季度目标实现的关键工作成果（KRs）。

3. O 必须是具有挑战性的，根据不同组织层级设计年季 OKR

在 OKR 的操作规程中，无论是年度目标还是季度目标，目标务必是具体的、可衡量的，具体到时间段、数量、金额等，最好是量化的可以用计算公式计算的数字。同时，目标要有野心、有一些挑战、有些让你不舒服。一般来说，1 为总分的评分，达到 0.6~0.7 是较好的，这样你才会不断为你的目标而奋斗，而不会出现期限不到就完成目标的情况。如果能够顺理成章或没有太大挑战即可达成的目标是不能作为 O 的。这种可以具体的、可衡量的、有野心的、有挑战的目标可以分解在组织的各个层级，包括公司、部门、主管及基层员工的 OKR；如前所述，目标（O）的设定一般是年度、季度分解，关键工作成果（KRs）则以每季度研讨设定。

4. 60% 的 O 来自底层

OKR 认为，60% 的 O 最初应当来源于底层：下面的人的声音应该被听到，这样大家工作会更有动力。因此，在制定战略目标，分解年度目标、季度目标的时候要集思广益，广泛收集广大员工的意见，在实践中还可以尝试召开 OKR 的底层员工座谈会。一旦 60% 的目标设定得到了底层员工的广泛理解、认可，在执行过程中也很容易实施。

5. 每个层级每个人的 OKR 在全公司都是公开透明的

OKR 一旦制定，将进行公开，以保证透明度和公平性。OKR 的透明化管理，把公司目标、部门目标、团队目标及每个人的目标都公开、可视化出来，相互监督，共同努力实现目标。例如，每个人的介绍页里面就放着他们的 OKR 的记录，包括内容和评分等。

6. OKR 并不是绩效考核的工具

OKR 不是绩效考核工具，结果不进行奖优罚劣。对个人来说，OKR 主要起到很好的回顾作用，能快速明了地让自己看到自己做了什么、成绩怎么样。

7. OKR 并不是与 BSC、KPI 等工具非此即彼、水火不容

任何一家公司都可以运用 BSC 实现战略解码，一部分员工使用 OKR，一部分员工使用 KPI。但是我们应该看到，BSC、KPI 思路是自上而下的，首先确定组织目标，然后对组织目标进行分解直到个人目标，然后对个人目标进行量化。而 OKR 的思路是一定程度上的自下而上，个人提出目标，然后汇总成公司的目标。因此，操作中要做好自上而下、自下而上的结合。

8. OKR 对员工能力素质提出更高的要求

在很多企业的日常工作中，绝大多数员工并不具备 OKR 所要求的主动、客观地提出自身目标的能力素质。所以，BSC 分解 KPI 式的自上而下管理对绝大多数企业、常规性的普通岗位更有效。佐佳咨询在实践中发现，很多企业推进 OKR 自下而上设定目标的愿望是美好的，但是实践价值并不太大，尤其是目标（O）的设定，有些企业让员工自己提出目标（O），结果令人失望甚至让人哭笑不得。但是 OKR 让员工参与的思想却是好的，我们可以在战略制定、目标分解、KRs 制定等环节让员工充分参与进来。同时，实践也表明 OKR 对于研发、IT 等强调创造性及项目运行制的部门似乎更加有效。

（三）OKR 的设置与实施

1. 设定目标

从战略开始确定年度目标、季度目标。OKR 的设置也需要符合 SMART 原则。

（1）目标（O）设定要做到少而精。目标（O）的数量需要控制，不能设置太多，太多了就导致年度无法有效地聚焦，一般情况下 OKR 操作建议目标（O）最多不要超过 5 个。

（2）每季度通过评价 KRs 来检验目标的完成情况。每个季度末对 KRs 进行评价，完成 60%~70% 就算好，如果 100% 完成，说明目标（O）设定过于简单。

（3）遵循"自下而上再自上而下"的程序。首先要群策群力，充分听取底层员工对目标（O）的意见，再滚动修订战略并确定年度目标、季度目标。

（4）目标务必是具体的、可衡量的。例如，不能笼统地说"我想让我的网站更好"，而是要提出诸如"让网站速度加快 30%"或者"融入度提升 15%"之类的具体目标。

（5）目标（O）要有野心、具有挑战性并让人不舒服。目标（O）设定不能是做成什么样就是什么样，一定要可实现并具有挑战性。这样你才会不断为你的目标而奋斗，而不会出现期限不到就完成目标的情况。员工通常每季度会制定 4~6 个目标，目标太多也会令人焦头烂额。

（6）目标（O）必须充分沟通达成共识。目标（O）必须是在管理者与员工直接充分沟通后的共识。没有达成共识的目标不能算作目标，目标的设定以达成共识为终点。

2. 明确 KRs

从季度目标到 KRs 的分解，所谓的 KRs 就是为了完成这个目标我们必须做什么。KRs 是必须具备以下特点：

（1）必须是能直接实现目标的。

（2）必须是具有进取心、敢创新的，可以不是常规的。

（3）必须是以产出或者结果为基础的、可衡量的，设定评分标准。

(4) 不能太多,一般每个目标的 KRs 不超过 4 个。

(5) 必须是和时间相联系的。

目标既要有年度 KRs,也要有季度 KRs。年度 KRs 统领全年,但并非固定不变,而是可以及时调整,调整要经过批准。在这里要切记,可以调整的是 KRs,而不是目标。目标不能调整,KRs 可以不断完善。同样,KRs 的设定也必须是管理者与员工直接充分沟通后的共识。

3. 推进执行

从 KRs 到行动计划,当有了 KRs 后,就要围绕这个具体的目标来分解任务了。所以,每项 KRs 就会派生出一系列的任务,交给不同的员工执行。执行过程中通过月度会议复盘,时时跟进 OKR,在月度会议上需要确定如何去达到目标。通过季度会议复盘,及时调整 OKR,互联网的变化非常快,每季度有一个 OKR 的复盘会议,调整的原则是目标(O)不变,只允许调整 KRs。

4. 定期回顾

每个季度做回顾。到了季度末,员工需要给自己 KRs 的完成情况和完成质量打分,这个打分过程只需花费几分钟时间,分数的范围在 0~1 分,而最理想的得分是在 0.6~0.7 分。每个员工在每个季度初需要确定自己本季度的 OKR,在一个季度结束后需要根据自己这个季度的工作完成情况给 OKR 打分。所有的个人绩效考核结果都是全公司共享公开的,一方面可以做到更为公平和透明,另一方面也给每位同事提供了更好的学习和成长机会。表 7-18 所示为某公司几种不同职务的 OKR。

表 7-18 不同职务的 OKR

职务	目标(O)	关键结果(KRs)
副总裁 (工程师)	确保新版本高质量、及时发布	在 3 月底/迭代之前,确保工程师团队完成 200 个 Story Points 在 3 月底/迭代之前,完成数据迁移 在 3 月底/迭代之前,工程师团队完成 750 行代码审核 在 3 月底/迭代之前,增加 100 次自动的前端测试
	评估和激励工程师团队	在一季度末之前面试 50 位候选工程师 在一季度末之前雇用 5 名工程师 在 3 月 10 日之前为开发者实施流畅的产品计划流程 在 3 月 15 日之前策划二季度的编程马拉松赛
首席 架构师	扩展平台战略	在 3 月底之前实施 Salesforce 接口 在 3 月底之前完成架构图和平台白皮书
	确保产品的延展性	在一季度末,重新架构我们的产品以处理每秒 200 的平均负载 在一季度末,维持亚马逊 AWS 云服务的费用占用公司应收的 5%
数据 科学家	实施修复后的仪表盘并进行内部数据平台分析	在 1 月底实施新的组群分析仪表盘 在 1 月底改进销售和市场的仪表盘

第四节 绩效管理的发展趋势

一、强调绩效管理对战略的支撑作用

战略性是指确保组织绩效管理系统纵向各个层次的绩效能形成一个有机整体,尽可能推动组织战略目标的实现。战略性绩效管理系统体现了组织对战略的全面谋划,通过战略性绩效管理使整个组织管理系统与组织战略保持高度一致,确保绩效管理系统伴随组织战略的调整而调整,确保个人的绩效目标能够与组织及部门的战略目标紧密结合。目前,我国许多组织的绩效管理系统之所以不能很好地支撑组织的战略,主要原因在于绩效管理系统不能根据组织战略的变化及时地做出调整。因此,战略性绩效管理系统应时刻保持敏锐的灵活性,能够根据组织战略的变化进行及时的调整,以便更好地实现组织、部门和个人三个层次的绩效在纵向上保持一致,从而实现组织绩效系统与发展战略保持动态的一致性。总而言之,绩效管理是组织达成战略目标的一种手段,只有对战略形成有效支撑并高度匹配才有实际意义。

二、OKR 将成为战略性绩效管理工具的新趋势

OKR 是一套明确和跟踪目标及其完成情况的管理工具和方法,由英特尔公司创始人安迪·葛洛夫(Andy Grove)发明,随后约翰·道尔(John Doerr)将其引入谷歌使用并于 1999 年将其发扬光大,在 Facebook、LinkedIn 等企业广泛使用。2014 年,OKR 传入中国。2015 年后,百度、华为、字节跳动、佐佳咨询等企业都逐渐使用和推广 OKR。与传统的绩效管理工具相比,OKR 特别强调适应互联网时代的外部环境变化。互联网时代的信息互联技术彻底打破了沟通壁垒,从而加快了外部市场、消费者需求等环境的演进与变化速度;同时,外部环境变化频率的加速,不仅仅体现在市场信息互换上,还体现在沟通方式甚至科学技术上(例如信息技术与物理技术的融合)。外部环境的这一特性,要求互联网时代的战略绩效管理必须能够提高针对外部环境快速变化的适应能力,在战略目标与绩效指标的设定中做好长、中、短期的平衡。OKR 可以根据公司中长期战略分解年度目标,首先实现长期、中期目标的联动,同时为了确保年度目标的实现,OKR 可以结合外部环境的短期变化,以季度为单位调整季度目标并讨论支持季度目标实现的 KRs。综上所述,OKR 在未来企业绩效管理中的运用将成为一种不可逆的趋势。

三、绩效反馈环节的重要性凸显

绩效反馈实质上就是将绩效考核的结果反馈给被考核对象,并对被考核对象的行为产生影响的过程。即由员工和管理人员一起,回顾和讨论考评的结果,在肯定成绩

的同时，找出工作中的不足并加以改进。如果不将绩效考核的结果反馈给被考评的员工，员工就无法得知自己在上一个绩效周期的表现到底合不合格，若不合格，又该从哪些方面进行改进，从而致使绩效考核失去其极为重要的激励、奖惩和培训的作用。因此，绩效反馈是绩效管理工作的最后一环，也是最关键的一环，有效的绩效反馈对绩效管理起着至关重要的作用，绩效管理是否有效、能否达到预期目的等都取决于绩效反馈的实施。管理者的焦点将从绩效考核转向绩效反馈当中的对话与辅导，帮助员工分析绩效周期中的优点与不足，制定员工绩效改进和能力提升计划，更加关注了人才发展，而非简单的对目标值的考核。只是在过去，有太多的公司为了短期的业绩把考核与排名放在首位，经常把绩效考核等同于绩效管理，现在这种观念正在慢慢转变。当员工有机会获得持续的反馈时，他们会备受鼓舞，这反过来又提升了员工的业绩。普华永道的研究表明，72%的30岁以下的员工需要每天或每周的反馈。员工需要反馈和沟通。反馈也促进信任，因为它们显示，管理者不仅帮助员工超越，而是他们将尽一切力量帮助他们达到目标，提高业绩，并与公司共同成长。

四、胜任素质在绩效管理中的应用

在绩效管理中应用胜任素质有以下几个方面的优点：一是战略导向与文化价值传承。有效的胜任素质模型需要体现企业战略所要求的核心能力以及企业文化价值观，因而在绩效管理中就成了企业战略与文化的有力"指挥棒"。二是潜能评估。胜任素质模型说明了产生高绩效的内在胜任素质源泉，并且其开发过程也提供了有效评估被评估者潜能的工具。三是为不易量化的职位提供了可操作的考评办法。例如对咨询顾问的考评，除了量化的目标外，再加上评价体现胜任素质模型的行为，可以更客观、全面并且更经济地区分贡献水平。四是绩效改进与提升。胜任素质模型不仅明确了产生绩效水平高低的内在原因，为绩效诊断提供了清晰的指导，并为绩效改进指明了正确的方向，同时也让管理者与员工的绩效沟通有了共同的语言基础。五是绩效考评结果的使用。胜任素质模型提供了人力资源管理各职能与企业战略紧密联系的共同基础，从而可以把绩效考评后提出的绩效改进与提升需求有效地传递给其他职能，进而通过人力资源管理各职能的协调互动强化绩效管理的战略功能。因此，在绩效管理中应用胜任素质将成为一种不可阻挡的趋势。

五、移动互联网技术使绩效反馈更加迅捷和个性化

移动互联网技术可以使绩效反馈更加迅捷和个性化。新技术的使用使采集的员工行为数据可以及时上传给相应主管，主管的及时反馈对员工产生了及时的激励，提升了员工的业绩。反馈直接、实时，打破时空限制，随时随地进行反馈，越直接、越具体的反馈越有效。GE推出的名为PD@GE的APP就是最好的证明，PD为Performance Development的缩写，可以简单称之为绩效发展。每个员工在这个APP平台上设立自己的工作重点；直属经理可随时多次就工作重点与其快速交流；同时，不仅直属经理，团队内的任何人都可以随时通过这个 APP 平台给予该员工反馈；该员工可以主动邀请某人提意见。这是一种完全打破时间限制、打破团队限制、打破传统自上而下模式的一种全新的绩效文化。相信这个技术趋势对绩效管理发展也是一个很好的推动。

本章小结

绩效管理的重要性，无论从组织的角度，还是从管理者和员工的角度，都有所体现。首先，绩效管理能为物质激励（工资调整、奖金分配）、人员调配和日常精神激励提供依据与评判标准，有效地激励员工；其次，通过绩效计划的设定、绩效考核和反馈工作，提高管理者的管理能力和成效，促进考核对象工作绩效的改进，最终实现组织整体绩效的提升，使绩效管理成为管理者有效的管理手段；最后，通过层层目标分解，绩效管理成为保证组织战略目标实现的重要手段。本章首先简要阐述了绩效的概念与性质、绩效管理的概念、绩效管理与绩效考核的区别、绩效管理的发展历程和战略性绩效管理系统等内容；其次详细介绍了绩效管理的实施过程、考核方法和当下较为流行的三个战略性绩效管理工具——关键绩效指标（KPI）、平衡计分卡（BSC）和目标与关键成果（OKR）；最后对绩效管理的发展趋势进行了总结，强调绩效管理对战略的支撑作用，OKR 将成为战略性绩效管理工具的新趋势，绩效反馈环节的重要性日益凸显，绩效管理中应用胜任素质将成为一种不可阻挡的趋势，移动互联网技术使绩效反馈更加迅捷和个性化。

【本章思考题】

1. 什么是绩效？组织绩效和个人绩效之间存在何种区别与联系？
2. 绩效管理是什么？它与绩效考核有何区别与联系？
3. 请阐述什么是战略性绩效管理系统？
4. 绩效管理的 SMART 原则是什么？
5. 平衡计分卡与关键绩效指标有何异同？
6. 你认为绩效管理还可能有哪些发展趋势？

【拓展阅读】

乾坤未定，你我皆是黑马
——九机游戏化绩效管理的衍变之路

一、传统 KPI 绩效管理

九机 2006 年创立之初，便基于关键业绩指标（KPI）绩效管理体系，实现一月一考，考核结果关联月度绩效薪酬的模式。图1为传统的绩效管理流程。

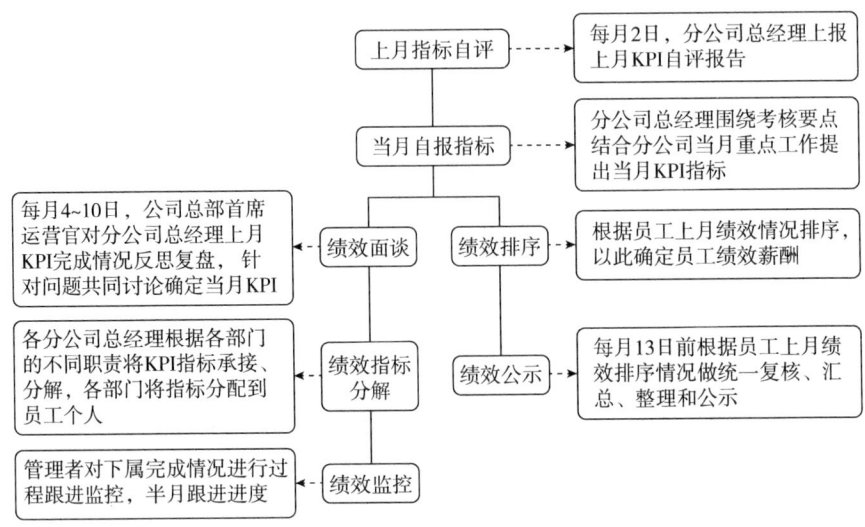

图1　九机传统绩效管理流程

此外，分公司还给员工制定了一些非量化的考核指标，比如员工的工作态度、工作能力类型的指标。非量化考核指标的制定主要是由各分公司HRBP根据岗位工作说明书的内容制定，以门店员工为例，员工必须按时上下班、工作期间面带微笑、仪容举止得当、要有良好沟通能力等，若出现客户投诉情况，就会直接通过绩效管理系统对最后的绩效得分产生一定影响。但很多态度和能力类型的非量化指标，因为考核主体不愿意得罪人，考核方法又较为主观，所以评价结果经常会引起争议。

2018年末的某个工作日早上，M区分公司城市经理小钱来到了人力资源中心总监夏总的办公室一脸怨气地说："夏总啊，咱们公司现在实行的KPI考核指标太单一了，考核指标长期一成不变，每个月做来做去就那几个指标，公司那群年轻人都快没有工作的积极性了，天天跟个提线木偶似的，一点儿活力都没有。而且本来我们的工作量就大，公司还经常给我们安排许多不在KPI指标之内的工作任务，即便做好了，绩效考核也不会因此得高分。以至于现在的员工都只盯着那几个KPI指标工作，其余的不管是我安排的工作还是公司各种政策的推行都不放在心上，最近还有人因为不习惯咱们这里的工作氛围而辞职了，您可得想想办法完善一下公司的绩效管理制度，不然我手底下员工都要走光了！"夏总安慰道："小钱啊，你先别急。你说的这些我或多或少也都了解了，问题肯定是要解决的。前几天刚推行了一项新的人力资源管理政策，但发现大家对这件事的关注度和反馈都很低；绩效指标分解和绩效面谈也越来越趋于形式，现在大家的意识和积极性真的很需要提升啊，公司正准备对绩效管理方案进行一些变革，马上就有结果了。"小钱离开后，夏总不禁扶额，长期以来，在员工的分配制度上，大锅饭、平均主义的现象非常严重，员工干多干少、干好干坏一个样，不能科学合理地拉开收入分配差距，究其原因就是没有建立起一套科学、量化的绩效考核体系，看来公司绩效管理变革的确已经刻不容缓了。

小钱走后，夏总将赵主管叫到了办公室："小赵啊，最近经常有分公司的员工来我这儿抱怨咱们公司的绩效管理制度，公司对这个问题也很重视，多次开会都提及这个问题，现在到了必须进行整改的时候了。就由你来负责公司绩效管理变革的相关事宜吧，有需要公司支持的地方你尽管提，公司一定全力配合。虽然我对公司目前的绩效管理问题已经有了一个大致的了解，但不够具体和详细，你先去收集一下大家对现在的绩效管理方案的反馈，根据大家反馈的信息再对绩效管理方案进行调整和优化。"赵主管领命离开，一星期后，一份收集到的问题报告就安静地躺在夏总的办公桌上。

首先，公司员工总体呈年轻化，传统的KPI绩效指标单一，无法激发他们的积极性和工作热情，公司仅在月中跟进业绩情况，其实不利于给大家营造一种以业绩为导向的考核观念，大家的内部竞争意识不强，只关注自己的指标完成情况，内部缺少"赶、学、比、超"的良性竞争氛围。特别是当自己的考核指标完成时，就开始有松懈，管理强度开始下降，很难有突破自我和创造新高的自驱力，导致员工的工作效率低下。其次，员工工作量大，每月还有很多KPI考核之外的工作任务需要完成，且这些工作不与考核结果、奖励挂钩，因此每个月在完成既定任务后，存在很多的"磨洋工"现象。再次，在分公司层面KPI指标提取采用自上而下的指定分解原则，缺少与各个部门主管和员工的沟通，员工参与不积极，制定的KPI指标以及指标的分配方式过于僵硬，主管和员工只能被动接受，分解时较为随意，为了图省事，分解时并不结合部门职责而直接进行了平均分配，导致有的部门人数很多且分到的指标与工作内容一致，完成起来很轻松，有的部门人数少且分解指标与日常工作内容不一致，完成起来就非常困难。各个部门主管对KPI指标的排名意见不统一，经常引发内部矛盾。此外，因为业绩复盘周期较长，不利于总部对分公司经营做及时试错、改善、优化，不利于及时进行业务痛点分析、业务精细化管理，造成的影响是业务痛点发生了一段时间，改善措施才跟进，改善效果也需要一段时间来检验，造成对业绩的抓手不够牢固。最后，由于员工对绩效管理体系的不满，公司推行的各项政策很难得以执行，员工对于公司推出的政策以及制度基本不会关注，执行力很弱。各个绩效管理环节也是越来越形式化，无法通过绩效管理促进公司目标的实现。看完报告，夏总很忧心，没有想到公司的绩效管理问题已经如此严重了。

二、赛马方案 v1.0

常言道："马不打不奔，人不激不发。"传统的绩效考核形式呆板、指标单一，且没有竞争性可言，以至于员工没有危机意识，养成了一股懒散、得过且过的不良风气。要想改变现状，赵主管的第一要务便是在考核方式中加入竞争元素，先让马跑起来。在制订绩效管理变革计划前，赵主管对分公司的绩效管理现状做了简单分析：首先，公司主营业务之一为手机零售，故总部对分公司业绩的重视度极高，对业绩改善和提升需要

"快、准、狠";其次,公司员工年轻化,传统 KPI 考核的"可玩性"不高,激励作用没有真正发挥出来;最后,公司自主研发的 OA 智慧管理系统功能丰富,可根据各中心业务需求进行快速开发上线使用。对业绩的跟进可以做到实时更新、实时反馈,新业务的上线和推广也比较迅速。变革就从分公司城市经理切入,目前考核的关键指标——手机销量、利润目标、市场拓展等,都是可数据化的指标,公司自主研发的 OA 系统已经能够实现实时查看各项业务的利润和完成率,如果聚焦业务增长和利润提升,把业务的完成和城市经理的薪酬关联起来,同时可以给他们匹配一定额度的激励,或许能够让他们更加具有目标导向和互相竞争的意识。是骡子是马,拉出来遛遛。基于此,赵主管做出了有关公司绩效变革的第一个试点:公司前端管理层的绩效管理由之前的传统 KPI 变为"赛马"。

首先,公司每月会给前端管理层一定数额的奖金作为赛马金;其次,前端管理层适用同样考核指标的员工都会参与其中,如手机销量、门店增量等;最后,月末按照考核结果的排名给每个参与者配比一个系数 X_n(n 为参与考核的人数,$X_1 + \cdots + X_n = 1$,$X_n > 0$),赛马金 × 系数 X_n 就等于其本月的额外奖励,由于所有系数都为正数,因此哪怕获得最后一名,也能得到相应的奖励,只是跟前面几名相比少一些而已。

实行赛马的 3 个月后,赵主管明显发现当赛马考核指标定下来后,大家的目标更加清晰了,也开始有了竞争意识,公司给大家做考核结算也更简单了。之前一直找他反映问题的小钱现在也不怎么抱怨了,反而干劲十足。这不,在一月一度的绩效面谈复盘会上,小钱慷慨陈词:"上个月赛马得了最后一名,才多赚了 300 块钱,要是我在手机销量上面努把力,说不定就可以拿第一名了,有 3000 元的奖励呢。这个月我得加把劲儿了!"其他分公司城市经理纷纷附和。看到这种景象,夏总甚是欣慰,在会上公开表示了对赵主管这次绩效管理改革试点的肯定:"现在各分公司接收和反馈总部各项政策的速度比以前快多了,市场部每日公示任务完成率的做法使大家都会自觉想方设法地去挖掘业务需求,提升自己的业绩,这个月公司的整体业绩与上年同期相比获得了 10% 的提升,赵主管真是功不可没呀。"一切都向着美好的方向发展……

资料来源:教材编写组自编案例。

【思考题】

1. 通过案例阅读,分析九机在传统 KPI 绩效管理流程中存在哪些问题?为什么夏总要进行绩效管理变革?

2. 通过案例阅读,请分析九机赛马方案 V1.0 的优点和不足?对于不足之处,你认为应该如何做?

第八章　薪酬设计与管理

有效的企业薪酬管理能起到重大的激励作用，对员工的工作态度、行为和绩效可以产生正面的影响。薪酬管理需要和企业的经营战略与文化相互配合才能有效。薪酬管理可以说是在人力资源管理活动中，个体最为关切、议论最多的部分，因此也常常是最受重视的部分。

【学习目标】

通过本章的学习，应掌握：
1. 薪酬与报酬概念上的区别与联系
2. 影响薪酬的内外部因素
3. 3P1M 薪酬设计各要素的含义
4. 薪酬管理的原则
5. 岗位评估的方法
6. 绩效薪酬设计的方法
7. 法定福利的种类
8. 企业自主福利的种类
9. 薪酬设计的三种组合策略
10. 薪酬管理的发展趋势

【关键词】

薪酬；薪酬管理；基本薪酬；绩效薪酬；福利管理

【思维导图】

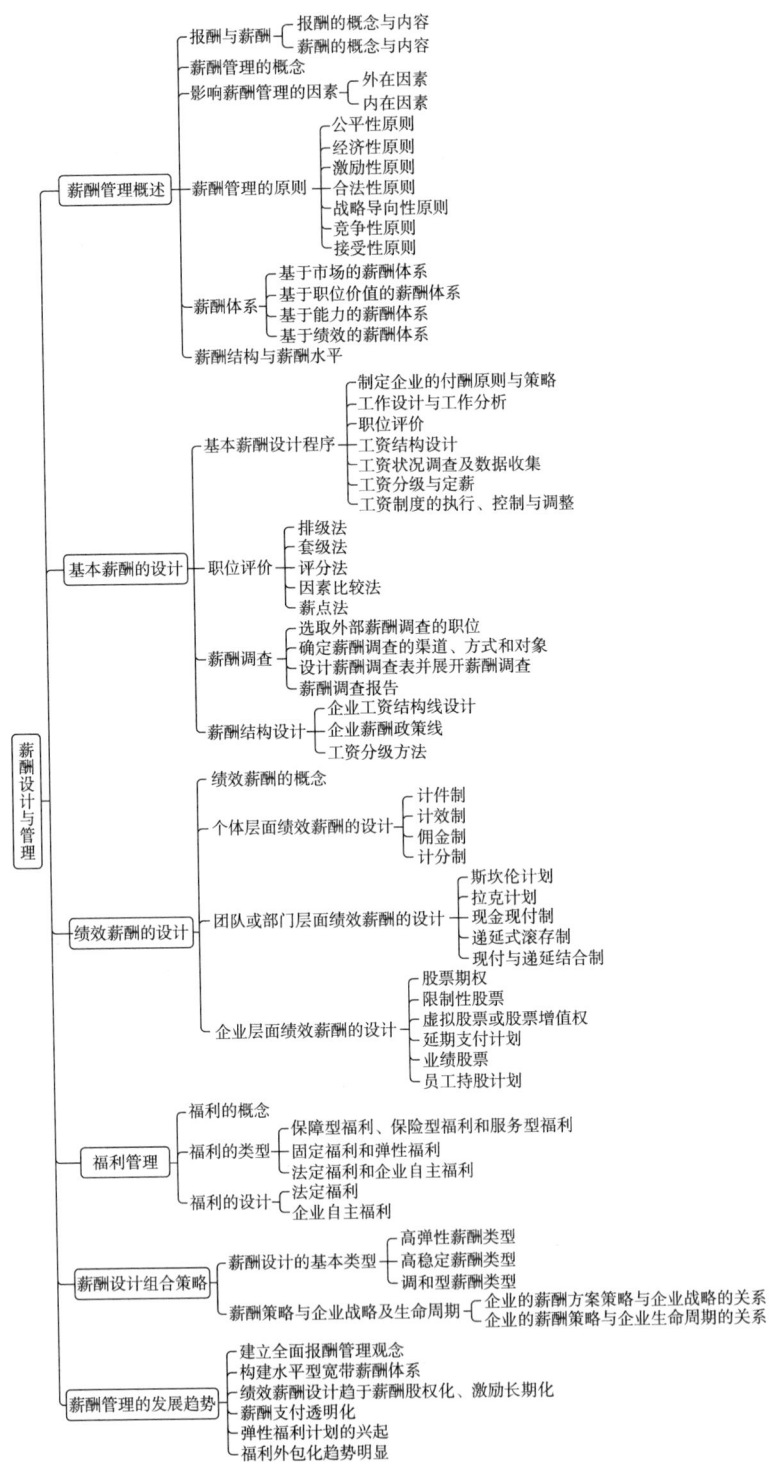

【引导案例】

牛肉面馆的薪酬难题

某个小区边上,一家"老兰州牛肉面馆"改成了"陕西面馆",招牌换了,但老板没变。经常来这里吃饭的客人很奇怪,问老板为什么日进斗金的牛肉面生意不做,反而更换了门面做起了油泼面?

老板感慨颇多,很无奈地说:"这年头,人心坏着呢,当时雇了个会做拉面的师傅,但在工资上总也谈不拢,那就按照销售提成吧,一碗面师傅提两块钱,可是师傅发现自己的收入与销售数量直接相关,于是就在每碗里多放牛肉来吸引客人。"老板狠抽了一口烟,继续说:"一碗面才10块,我本来靠的就是薄利多销,他每碗多放几片牛肉,我还赚什么?"

老板继续说:"后来看着这样实在不行,钱全被拉面师傅赚去了,这店面日常运营的费用他又不用愁。"老板又抽了一口烟说:"这样可能行不通,就换了另一种分配方式,给他每月较高的固定工资,国家也不是高薪养廉嘛!我猜想这样他不至于多加牛肉了吧?因为销售量与他的收入没有直接关系。"

"但你猜他怎么着,"说到这里老板显然有点激动了,"自从改了工资,师傅居然在碗里少放牛肉,甚至只有牛肉碎末,把客人都赶走了!牛肉的分量少,客人肯定就不满意,回头客少嘛,生意肯定就清淡。他拿固定的工钱巴不得你天天没客人才清闲,哪里还管你赚不赚钱呢!"

【思考题】

如果你是该牛肉面馆的老板,你是否会改做油泼面?如果不,又会采取哪些措施激励面馆师傅?

第一节 薪酬管理概述

一、报酬与薪酬

(一)报酬的概念与内容

报酬(Rewards)是一个广泛的概念,指的是作为个人劳动的回报而得到的各种类型的酬劳①。

报酬根据支付主体可以分为内在报酬和外在报酬两大部分（见表8-1）。内在报酬是针对员工由工作本身所获得的满足感而言的，如参与决策、有趣的工作、挑战性的任务、多样化的活动、个人成长机会、工作自主权等。外在报酬则是组织或由他人所给予的各种类型的报酬，包括加班费、津补贴、奖金、利润分享、股票所有权、福利等。

另外，根据报酬支付形式可以区分为经济报酬与非经济报酬（见表8-1）。经济报酬主要指组织提供的薪酬与福利（主要是货币或实物形式）。非经济报酬则是指为个体提供理想的工作地点、良好的办公环境、工作地位以及富有挑战性的工作任务等。

表8-1 报酬的分类与内容

	外在报酬	内在报酬
经济报酬	薪酬：基本薪酬、加班费、津补贴、各种奖金、利润分享、股票所有权等 福利：各类法定保险和企业自定保险、员工服务、带薪休假、学费报销及其他福利	无
非经济报酬	理想的工作地点 良好的办公环境 私人秘书 诱人的头衔	参与决策 具有挑战性的工作 感兴趣的工作或任务 上级和同事的认可与组织内的地位 学习与成长的机会 多元化活动 工作保障性

资料来源：刘昕. 薪酬管理（第三版）[M]. 北京：中国人民大学出版社，2011.

（二）薪酬的概念与内容

薪酬（Compensation）是报酬的一部分，是员工作为雇佣关系中的一方所得到的各种货币收入及各种福利之和，主要指员工获得的各种形式的经济报酬②。从构成来看，薪酬主要包括以下三个部分：

1. 基本薪酬

基本薪酬（Basic Compensation）又称固定薪酬，是薪酬的主要形式，是指组织依据国家法律规定和劳动合同，以货币形式直接支付给员工的劳动报酬。员工只要在企业中提供劳动，就能在一定期限内拿到一个固定数额的劳动报酬。基本薪酬多以时薪、月薪、年薪等形式出现。企业可根据员工的职位或员工本人的能力等确定基本薪酬，

---

① 陈维政，程文文. 人力资源管理与开发高级教程（第三版）[M]. 北京：高等教育出版社，2019.
② 乔治·米尔科维奇，杰里·纽曼，巴里·格哈特. 薪酬管理（第十一版）[M]. 北京：中国人民大学出版社，2014.

一旦确定即具有一定的稳定性。基本薪酬在企业里常常称为基本工资、岗位工资或职位工资等。

2. 可变薪酬

可变薪酬（Variable Compensation）是薪酬体系中与工作绩效直接挂钩的经济性报酬，随实际工作绩效的变化而上下浮动，也被称为浮动薪酬、绩效薪酬、绩效奖励或奖金。实行可变薪酬的目的是在绩效与薪酬之间建立一种直接的联系，而这种绩效既可以是员工个人的业绩，也可以是企业中某一业务单位、员工群体、团队甚至整个公司的业绩。由于在绩效与薪酬之间建立起了直接的联系，因此，可变薪酬对于员工具有很强的激励性，对于企业绩效目标的实现起着非常积极的作用。它有助于企业强化员工个人、员工群体乃至公司全体员工的优秀绩效，从而达到节约成本、提高产量、改善质量以及增加收益等目的。

根据奖励的侧重点和目的的不同，可变薪酬又可分为绩效工资和激励工资。绩效工资是对过去工作行为和已取得成就的认可，常常与员工的绩效考评结果挂钩。激励工资往往针对的是员工未来的业绩，通过支付工资的方式影响员工将来的行为。衡量业绩的标准有成本节约、产品数量、产品质量、投资收益、利润增加等。可变薪酬可以是短期的，也可以是长期的，可以与员工个人绩效挂钩，也可以与团队甚至整个企业的绩效挂钩。可变薪酬在我国很多企业里常常表现为计件工资、绩效工资、奖金、佣金等。

3. 福利

从本质上讲，福利是一种补充性报酬，但往往不以货币形式直接支付，而多以实物或服务的形式支付，如带薪休假、子女教育津贴、廉价住房、优惠价购买本企业股票、保险。从支付对象上看，福利可分为：全员福利，即所有职工都能享受的福利；特种福利，即针对企业中的特殊人才设计的福利，如高层经营管理人员或具有专门技能的高级专业人员等，是对这类人员的特殊贡献的回报。常见的特种福利有高档轿车服务、出差时高级宾馆住宿、股票优惠购买权、高级住宅津贴等。特困补助，即为有特殊困难的职工提供的福利，如公伤残疾、重病等补助。图8-1所示为某电力企业的薪酬构成。

二、薪酬管理的概念

薪酬管理在广义上是指一个组织为了实现组织战略和经营目标，维护企业文化，以及吸引、留住、激励和开发员工，制定组织的薪酬战略、薪酬政策和薪酬制度，并且实施各项薪酬管理任务的整个过程。从狭义的角度来说，薪酬管理主要是组织针对员工提供的服务确定其薪酬体系、薪酬水平、薪酬结构、薪酬支付方式以及付诸实施的过程[1]。广义的薪酬管理实际上强调的是战略性薪酬管理，而狭义的薪酬管理更多是

---

[1] 刘昕. 薪酬管理（第三版）[M]. 北京：中国人民大学出版社，2011.

指各种薪酬事务的处理。

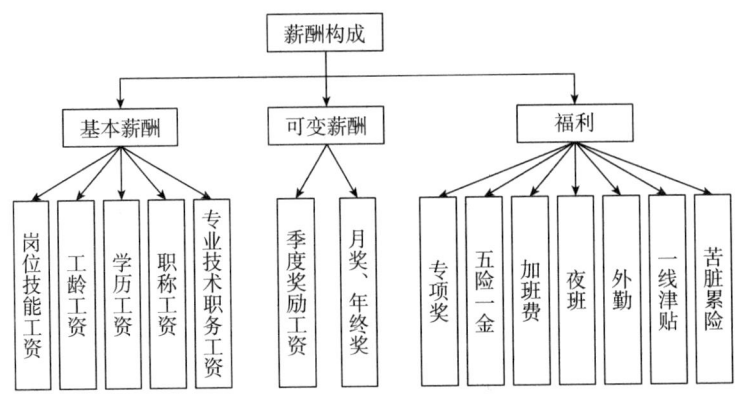

图 8-1　某电力企业的薪酬构成

在日常薪酬管理过程中，企业必须就薪酬体系、薪酬水平、薪酬结构以及特殊员工群体的薪酬等具体的薪酬管理问题做出决策并予以实施。同时，作为一种持续的组织过程，企业还要持续不断地制订薪酬计划，拟定薪酬预算，就薪酬管理问题与员工进行沟通，同时对薪酬体系本身的有效性做出评价，并不断完善。薪酬管理过程涉及的四个方面最为重要的决策，即薪酬体系决策、薪酬水平决策、薪酬结构决策以及薪酬管理政策决策。

三、影响薪酬管理的因素

（一）外在因素

1. 劳动力市场的供需关系与竞争状况

本地区、本行业、本国的其他企业，尤其是竞争对手对其职工所制定的薪酬政策与水准，对企业确定自身员工薪酬的影响非常大。倘若市场上竞争对手众多，成本控制就变得特别重要，竞争激烈使企业不能将增薪的成本转嫁到消费者身上，使产品价格大幅提升。在此情况下，非经济报酬（如晋升和培训机会等）便比实际增薪更为务实。

2. 地区及行业的特点与惯例

地区及行业的特点包括基本观点、道德观与价值观等方面。沿海与内地、基础行业与高科技新兴行业、国有大中型企业密集地区与三资企业集中地区等之间的差异，必然会反映到其薪酬政策上。

3. 当地生活水平

这一因素从两层意义上影响企业的薪酬政策：一方面，生活水平高了，员工们对个人生活的期望也高了，无形中对企业造成一种制定偏高薪酬标准的压力；另一方面，生活水平高也可能意味着物价指数要持续上涨，为了保持员工生活至少不致恶化及购买力不致降低，企业往往也不得不考虑定期地向上适当调整工资。但这一因素对决定基本工资并无关键作用，只在调整时需要考虑。

4. 国家的有关法令和法规

我国目前有关各类员工权益保护的正式法律还不算太多，但对禁止使用童工和保护妇女、残疾人及最低工资等方面，已有若干规定。随着我国法制的日趋完备，这类法律必然会日益增多，这些法律法规是企业的薪酬政策必须遵守的。

（二）内在因素

1. 企业主营业务类型

如果企业是传统型的、劳动力密集型的，则员工们从事的主要是简单的体力性的劳动，劳动力成本可能占总成本的很大比重；若是高技术的资本密集型企业，高级专业人员占比很大，他们从事的是复杂的、技术成分很高的脑力劳动，相对于先进的技术设备而言，劳动力成本在总成本中的比重却不大。显然，这对企业的薪酬政策有不同的重大影响。

2. 公司的经营状况与财政实力

在劳动力成本增加，而生产量和其他输入量不变的情况下，生产率会降低，因此企业应仔细考虑如何平衡增薪与生产率的关系，同时也要考虑企业的财政能力。

3. 公司的管理哲学和企业文化

这方面的核心要素是指企业领导对员工本性的认识及态度。那种认为员工们所要的就是钱，只有经济刺激才能让他们好好干活的企业领导，与那种认为员工们不仅从本性上有多方面的追求，钱绝非唯一的动力，他们喜爱有趣的挑战性工作，而且有自觉性的企业领导相比，两者在薪酬政策上显然是会大相径庭的。

四、薪酬管理的原则

（一）公平性原则

公平性是薪酬体系的基础，员工的积极性不仅受绝对报酬的影响，还受到相对报酬的影响。员工只有在认为薪酬系统是公平的这一前提下，才可能产生对企业的认同感和满意感，薪酬的激励作用才能发挥出来。公平原则包括横向公平、纵向公平和外部公平三种。横向公平是指企业所有员工之间的薪酬标准、衡量尺度应该是一致的。纵向公平是指员工过去的投入产出比和现在乃至将来的投入产出比应该基本上是一致的，其获得的报酬应与劳动付出成正比。外部公平是指同一行业、同一地区及同等规模企业的相似岗位的报酬应该基本相等。

（二）经济性原则

企业在设计薪酬时必须充分考虑企业的实际情况：一方面，要保证薪酬水平有一定的竞争性和激励性；另一方面，要保证留存企业追加和扩大投资的资金，以确保企业的可持续发展。

（三）激励性原则

简单的高薪并不能有效地激励员工。企业内部各级职位之间的薪酬水平，应在合理的基础上适当拉开差距,以此来鼓励员工提高业务能力,激发员工的学习潜能,使其创造出优良的工作业绩。

(四) 合法性原则

企业的薪酬制度必须符合国家的政策与法律,如国家在最低工资标准、工作时间、经济补偿金、加班加点付薪等方面的有关规定。

(五) 战略导向性原则

企业在进行薪酬设计时,必须从企业战略的角度进行分析。要分析薪酬体系中哪些因素相对重要、哪些因素相对次要,并赋予这些因素相应的权重,从而确定各岗位价值的大小。在此基础上进行薪酬制度设计能较好地体现企业战略发展的要求。

(六) 竞争性原则

企业要想获得优秀人才,就必须制定出对人才具有吸引力并在行业中具有竞争力的薪酬体系。企业在设计薪酬体系时必须考虑到同行业整体薪酬水平和竞争对手的薪酬水平,保证企业的薪酬水平在市场上具有一定的竞争力,以便充分地吸引和留住企业发展所需的战略性、关键性人才。

(七) 接受性原则

薪酬制度只有被员工们广泛接受才会有成效。组织应认真设计、全面考虑后再谨慎地做出薪酬决策,并在整个决策过程中不断地听取和采纳员工们的意见和建议,向员工解释组织的意图和目的,在良好的沟通中确定本组织的薪酬制度。在实施中还应根据实际情况和员工的反馈意见不断地加以修正和改进。

五、薪酬体系

薪酬体系是企业整体人力资源管理体系的重要组成部分,是指薪酬的构成和分配方式,其中薪酬构成是指薪酬由哪些要素构成、各要素间的比例关系等。在薪酬体系设计中,主要是贯彻3P1M设计理念。3P1M薪酬体系是以职位价值(Position)、工作绩效表现(Performance)、个人能力要素(Person)以及人力资源市场价格(Marketing)为依据进行分配的薪酬体系,它能解决公司内部公平和外部公平问题,使员工和企业获得双赢(具体见图8-2)。

(一) 基于市场的薪酬体系

基于市场的薪酬体系往往是根据行业标准与劳动力市场的供求状况确定员工的薪酬水平。薪酬的决定因素主要是员工的经历、稀缺性、独特性等。采用这种薪酬体系时,关键点在于进行市场薪酬调查,依据调查结果和企业的薪酬水平战略决定员工的薪酬水平,且在确定具体员工的薪酬水平时企业和员工要进行谈判。这种薪酬体系一般适用于企业的特殊人才以及可替代人才。

(二) 基于职位价值的薪酬体系

基于职位价值的薪酬体系是依据职位对组织战略与目标实现的贡献程度大小、承担职位职责的人所需具备的能力(包括知识、技能和经验等)和工作本身的特性(包

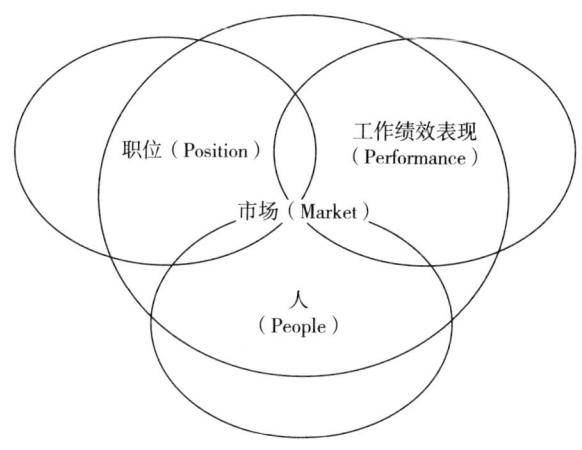

图 8-2　3P1M 薪酬体系设计

括岗位应负责任、解决问题的难度等)来确定支付给员工的薪酬水平。基于职位价值的薪酬体系设计的基础是职位分析与职位评价,不同岗位的工资差别主要是由工作评价结果的不同决定的。采用这种薪酬体系的关键点是要基于企业的战略进行职位价值的排序。

(三) 基于能力的薪酬体系

基于能力的薪酬体系是根据特定职位员工的胜任能力高低(知识、技术、能力的广度、深度和类型)及员工对公司忠诚度的高低来确定薪酬支付水平。基于能力的薪酬体系的设计基础是对员工的工作胜任能力进行评价,即通过衡量与高绩效相关的素质与行为以及基于职业发展通道的任职资格与职业化行为评价来替代对工作产出(绩效)的衡量。这种薪酬体系适合于研发、市场等特殊的专业人员。

(四) 基于绩效的薪酬体系

基于绩效的薪酬体系是根据任职者在特定岗位上产生的业绩水平和价值贡献大小确定其薪酬水平,薪酬的组成部分主要包括与年度工作业绩、目标达成有关的中期奖励计划以及与长期工作绩效、目标有关的长期激励计划(股权、奖金等)。采用基于绩效的薪酬体系时,关键点在于经营者激励与核心人才激励体系(如员工持股方案、股票期权等)设计、利润分享计划、经理人杠杆收购(Management Buyouts,MBO)、绩效年薪制设计以及核心人才的薪酬设计等。这种薪酬体系一般适用于企业的高层管理者和职业经理人。

六、薪酬结构与薪酬水平

薪酬结构是指在组织内部员工的薪酬差异性,包括不同职等薪酬差别、同一职等不同岗位薪酬差别、同一岗位不同任职者薪酬差别三个层次。薪酬结构由薪酬等级的多少和不同等级薪酬差别两个方面来决定。一般情况下,薪酬等级是两个维度的,包括职等数目和薪级数目。薪酬等级差别包括职等差别和薪级差别两个方面：职等差别反映相邻职等薪酬的差别，这个差别一般比较大；薪级差别则反映同一职等、相邻薪级薪酬的差别，这个差别往往比较小。

薪酬水平指的是企业支付给不同职位的平均薪酬。薪酬水平决策对组织的总费用会产生重大影响。在其他条件相同的情况下，薪酬水平越高，劳动力成本就越高。

第二节 基本薪酬的设计

一、基本薪酬设计程序

基本薪酬在企业内主要是指职位工资或岗位工资，制定健全合理的岗位工资政策与制度，是企业人力资源管理中的一项重大决策。图8-3表示了典型的岗位工资制度建立的过程。它由七个环节或步骤构成，图中的实线框表示了各步骤的名称，虚线框则说明了各步骤对应的主要内容和活动，箭头线指出了各步骤依次进行的顺序。下面对这一过程逐一做简要介绍。

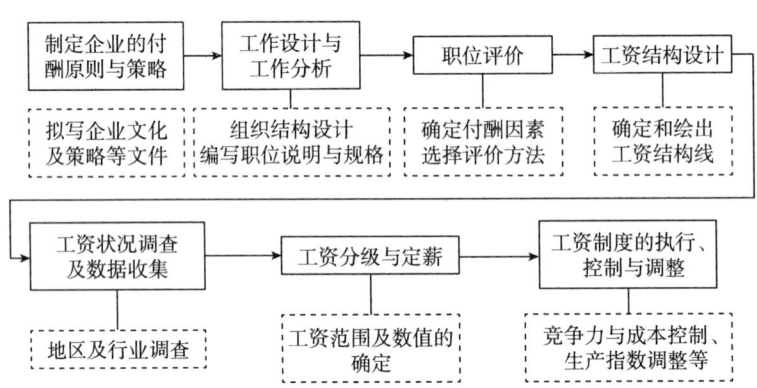

图8-3 工资制度的建立过程

（一）制定企业的付酬原则与策略

这是企业文化的一部分内容，是以后诸环节的前提，对后者起着重要的指导作用。它包括对员工本性的认识（人性观）、对员工总体价值的评价、对管理骨干及高级专业人才所起作用的估计等核心价值观。企业对其员工福祉承担有义务，真正实现了按贡献分配才是现阶段的最大公平道德观，以及由此衍生出了有关工资分配的政策与策略，如工资拉开差距的分寸差用标准、工资、奖励与福利费用的分配比例等。

(二) 工作设计与工作分析

这是工资制度建立的依据,这阶段的主要工作成果是形成企业的组织结构系统图及其中所有的岗位说明书与任职资格说明书等文件。

(三) 职位评价

职位评价也常常被称为岗位评价或岗位测评,这是工资制度建立过程中保证内在公平的关键一步,要以必要的精确性、以具体的金额来表示每一职位对本企业的相对价值,这个价值反映了企业对各该职位占有者的要求。需要指出的是,这些用来表示职位相对价值的金额,并不就是各该职位占有者真正的工资额,职位工资额是经过第五个步骤,融入了外在公平性后,在第六个步骤分级与定薪的。职位评价的具体方法将在后面专门说明。

(四) 工资结构设计

经过职位评价这一步骤,无论采用哪种方法,总可得到表明每一职位对本企业相对价值的顺序、等级、分数或象征性的金额。职位工作的完成难度越大,对企业的贡献也越大,对企业的重要性也就越高,也就意味着它的相对价值越大。使企业内所有职位的工资都按统一贡献率原则定薪,便保证了企业工资制度的内在公平性,但找出了这样的理论上的价值后,还必须据此转换成实际的工资值,才能有实用价值。这便需要进行工资结构设计。

所谓工资结构,是指一个企业的组织结构中各项职位的相对价值及其对应的实付工资间保持着什么样的关系。这种关系不是随意的,是服从以某种原则为依据的一定规律的。这种关系和规律通常多以"结构线"表示,因为这种方式更直观、更清晰、更易于分析和控制、更易于理解。

(五) 工资状况调查及数据收集

这一步骤其实并不应列在上一步骤之后,两者应同时进行,甚至应在考虑外在公平性而对工资结构线进行调整之前。这项活动主要需研究两个问题:一是调查什么;二是怎样调查和收集数据。调查的内容,当然首先是本地区、本行业,尤其是主要竞争对手的工资状况。参照同行或同地区其他企业的现有工资来调整本企业对应职位的工资,便保证了企业工资制度的外在公平性。

数据来源渠道首先是公开的资料,如国家及地区统计部门、劳动人事机构、工会等公开发布的资料,图书及档案馆中年鉴等统计工具书,人才交流市场与组织、有关高等学府、研究机构及咨询单位等;其次则是通过抽样采访或散发专门问卷进行收集,但目前在我国,这些手段很难奏效,许多企业都不愿公开这些情况。

另外,通过新招聘的员工和前来应聘的人员,也能获得有关其他企业的薪酬情况。各企业发布的招聘广告和招聘信息中也常常披露其薪酬和福利政策,不失为资料来源之一。

(六) 工资分级与定薪

这一步骤是指在职位评价后,企业根据其确定的工资结构线,将众多类型的职位工资归并组合成若干等级,形成一个工资等级(或称职绩)系列。通过这一步骤,就可以确定企业内每一职位具体的工资范围。具体工资分级方法将在后面专门讲述。

(七)工资制度的执行、控制与调整

企业工资制度一经建立,如何投入正常运作并对其实行适当的控制与管理,使其发挥应有的功能,是一个相当复杂的问题,也是一项长期的工作,对此,后面也将开辟专节讨论。

二、职位评价

职位评价(Job Evaluation)是为帮助组织确定其内部职位之间的薪酬级差而设计的一种系统化程序。职位评价包括职位分类、职位价值比较、测量、调整等。

职位评价是找出企业内各种职位的共同付酬因素,根据一定的评价方法,按每项职位对企业贡献的大小,确定其具体的价值。职位评价方法主要有五种,各有利弊,需视企业的具体情况选用。这些评价方法或是通过不同职位间的横向比较,或是对照一个预先制定作为标准的尺度来进行的。这些方法若从比较范围来考察,又有综合整体比较(即将整个职位的总体做评价与比较,所用的方法不能量化)及因素分解比较(按主要付酬因素分解后,分别进行定量评比)之分。表8-2将这种方法从比较基础与范围两维度做了对照。四种职位评价方法是排级法、套级法、评分法及因素比较法,其中应用最广泛的是评分法。

表 8-2 职位评价方法间的比较

比较的基础	比较的范围	
	综合整体比较(定性式)	因素分解比较法
职位对职位	排级法	因素比较法
职位对预设标尺	套级法	评分法、薪点法

下面对此五种职位评价方法分别进行介绍:

(一)排级法

这是最老、最原始也是最简单的一种方法,通常是以职位说明与规格作为基础,把全企业的所有职位逐一配对比较,按各职位对企业相对价值或重要性,排出顺序以确定职位的高低。此方法的优点在于简单,不必请专家参与,因为无需复杂的量化技术,主管可自己操作,因而成本较低。然而,此方法的缺点也是很明显的:因为没有详细具体的评价标准,主观成分很大,尤其在职位较复杂时,如一位会计科科长与一位信息中心主任,何者价值更高、更重要,无精确的度量手段可用;特别是评价是把职位作为一个整体来综合进行的,评级者对职位某一个别方面印象的好坏,极易影响到对它总体的排序。各职位的现有工资水平及职称等,都易使评级者产生先入为主的片面性。加之此法不采用量化手段,只能找出各职位的相对价值,并不能确定它们之间价值差异的具体大小，给据此确定具体工资额带来困难。由于此方法并不能准确地用金额去标定各职位的相对价值，严格来说，它实际上算不上是一种职位评价法。因此，此方法一般只为那些规模小、结构简单、职位类型较少而员工对本企业各项职位都甚为了解的小型企业所采用。

（二）套级法

此方法也属较简单易行的一种，没有比排级法复杂难行多少。两方法所不同者，主要在于此方法需预先制定一套供参照用的等级标准（即所谓"标尺"），再将各待定级的职位与之比照（即所谓"套级"），从而确定该职位的相应级别。

标准的制定，通常是先将企业所有职位大体划分为若干类型（所以此方法也偶有称为"分类法"的），如管理干部类、工技人员类、销售人员类、文秘办事员类等。每类职位再分为若干等级，等级数的多少取决于职位的复杂性，即所要承担的职责轻重、要掌握的技能繁简等要求的范围的宽窄，越复杂，分级越多。对每类级职位，要挑选一个有典型性的关键职位，附上相应的职位说明与职位规格（可比正式的简化一些）。这些关键职位及其相应说明与规格便构成了供套比用的等级标准。表 8-3 以某企业为其文秘类职位所设的分级标准为例来说明。

表 8-3 文秘类职位分级标准

等级	描述
一级	简单工作，无监管下属的职责，不需要接触外部公众
二级	简单工作，无监管下属的职责，需要接触外部公众
三级	中等复杂性工作，无监管下属的职责，需要接触外部公众
四级	中等复杂性工作，有监管下属的职责，需要接触外部公众
五级	复杂性工作，有监管下属的职责，需要接触外部公众

把待定职位与这些列入既定标准的关键职位对照，不难使大部分职位找到对应的级别，未掌握定量评级技术的人也能做到。不过，此方法在进行关键职位分级及各待定职位套级时，只做整体的综合性评价，不做因素分解，难以进行精确评比，相邻等级间难免有重叠之处，而且使评级者判断时难免掺入较多的主观成分，因为这些局限性，影响了此方法的广泛采用，主要适用于小型的、结构较简单的企业。与排级法一样，套级法也只能按各职位对企业相对价值（或重要性）的大小，将它们的级别或顺序排出，却不能指出各级间差距的具体大小（显然各级之间的等距不大），更不等于明确赋予它们对应的数值（分数）。这是这两种方法的重大缺陷。后面两种方法采用定量分析，可弥补此不足。

（三）评分法

评分法又称为要素计点法，这是运用得最普遍的一种职位评价法，大中小型企业都可用。此方法与套级法的相同之处在于，不做职位间的相互比较，而是先开发出一套供作为比较评价标准用的尺度。它与套级法的不同之处在于，不是对各待评职位做总体评价,而是找出这些职位中共同包含的"付酬因素"(或成分、要素),即与履行指派的职责有关,因而企业认为应当并愿意为之支付报酬的因素,这些因素反映了企业对职位占有者的要求。例如,典型的主要付酬因素有学历(职位专业知识)、年资(工作经验)、要求花费的体力及智力上的功夫(难度)、所承担的责任(风险)、劳动条件等。

不同类型的职位会有不同的付酬因素。例如,"工作中的危险"这一因素,对于一线从事体力劳动的蓝领员工,尤其是在井下、高空、强辐射、有毒介质等环境中工作的员工,当然是不可少而且很重要的付酬因素;但对于在有空调而且宽敞明亮的办公室中工作的白领员工,则显然是无须考虑的。同理,科研、开发、设计、广告、经销等类职位,"独创性"这一因素十分重要,但对必须按严格的既定规程来工作的岗位,如机场航行控制员的工作来说,这个因素便有些无关宏旨了。所以,上述"标尺"必须根据企业具体特点及职业类型来制定,虽可参考一定的已有典型,却切忌照搬,以免误事,必须做具体分析。付酬因素最少时仅两三种,最多时可达20余种。表8-4是某企业中某一类特定职位的付酬因素,共包含五种主要因素,它们又进一步分解为不同数量的次级因素。这个例子是典型的,适用性较广。

表8-4 职位付酬因素等级划分及分数分配举例

付酬因素		权重(%)	1级	2级	3级	4级	5级
一、所需技能	职位专业知识	14	14	28	42	56	70
	专业工作经验	22	22	44	66	88	110
	主动性与独创性	14	14	28	42	56	70
二、所付努力	体力上的要求	10	10	20	30	40	50
	智力或视力上的要求	5	5	10	15	20	25
三、所负责任	对设备	5	5	10	15	20	25
	对材料或产品	5	5	10	15	20	25
	对别人的安全	5	5	10	15	20	25
	对别人的工作	5	5	10	15	20	25
四、工作条件	工作环境	10	10	20	30	40	50
	危险性	5	5	10	15	20	25

付酬因素应是在衡量职位对企业的价值中较重要的。次要的、关系不大的、意义重叠的、不易明确界定的、待评职位不含有的及不是职位性而是个人性的因素,应避免纳入"标尺"中。

确定了付酬因素,还不足以构成完整的评分标准。下一步必须把因素适当地分为若干等级,但这并非必需。等级的多少应取决于赋予各该因素的相对权重及各等级界定与相互区分的难易,因素越重要、权重越大、等级越易界定、相互间越易区分,则级数应越多。例如，表8-4中的"专业工作经验"一项，虽也只划为5级，但不同职位所含有的该因素可能较悬殊，变化范围就较大，可以分为8级。"工作环境"因素据同一理则可以只分为3级。

找出付酬因素并各自分好等级后，就必须对每一因素总体及各等级分别以简要的说明予以界定，这样才便于职位评价的操作过程中据此评定每项职位在一定因素方面的等级。表8-5是职位的专业工作经验说明的一个例子。

表8-5 专业工作经验

本因素测试的是以特定专业知识从事给定职位的时间长度，这个时间是取得和培养出有效从事此职位必需的技能所需求的。在需要事先的工作经验时，无论在本企业还是在其他企业里从事相关工作的时间，也应视作对胜任本职位所需的总体经验的贡献和补充	
1级：3个月或以下	4级：3年以上至5年
2级：3个月以上至1年	5级：5年以上
3级：1年以上至3年	

制定评级标准的最后一步，就是决定对每一付酬因素应指派多少总分及这些分数应在各该因素的各等级间如何分配，最常见的是一种评分标准的总分取500分，但定为400分、800分、1000分或其他总分都可以。

至于总分在一种因素的各等级之间应如何分配，也并无一定之规，不同标准会有不同规律。例如，表8-4中的各因素的等级差都是等距的，如体力要求这个因素的五个等级的分数便是10分、20分、30分、40分、50分。但也可按恒定百分比或几何级数分配，如2分、4分、8分、16分、32分等。这一步很重要，最好由职位评价专家按统计学方面的考虑来制定。

经过这一步，评分标准就完成了。现在可以看出，评分法与套级法相比，不是仅仅作为总体性综合评价，而是需要分解为付酬因素并逐一评价，还要请专家利用定量技术来为每一因素划分等级和分配分数，因此成本较高，过程复杂。但一旦标准制备，职位评价即评级的操作却较简单而容易，只要将待评的诸职位就评级标准中每一付酬因素逐一对照每一等级的说明，评出相应分数，并将各因素所评分数小计值求出，此小计分便代表了该职位对本企业的相对价值。最后利用一张转换表或转换线，便能据此将分数转换为相应的工资金额了。表8-6是此种转换表的例子。评分时较可取的程序是将所有待评职位就同一因素先依次评完分，再转而评另一因素，直至所有因素都评完，而不要将一项职位的诸因素都评完，再转去评下一项职位。

表8-6 评分数与工资率转换表举例

工资职位	分数范围（分）	月薪（元）
1	101~150	1600~2100
2	151~200	2000~2500

续表

工资职位	分数范围（分）	月薪（元）
3	201～250	2400～2900
4	251～300	2800～3300
5	301～350	3200～3700
6	351～400	3600～4100
7	401～450	4000～4500
8	451～500	4400～4900

通常较常见的，不是给每一职位都确定一个与其总计分相对应的工资额，而是将所有的职位合理组合，划分成一些职级，给每一职级指派与其价值相当的工资或工资范围，在同一职级中的诸职位按这同一工资付酬或在指定的那一工资范围内付酬，详情在下面再予讨论。

（四）因素比较法

此方法与评分法的相同之处也是需首先找出适当的付酬因素，这些因素的选择应根据本企业特点进行，而且同一企业内，对不同类型职业也得选择不同的因素。

两种方法的不同之处，首先在于因素比较法无须预先开发出一个"评比标尺"，而是先在本企业中找出若干有代表性的关键职位作为职位评价时的参照物。这些职位的数量应有较大涵盖面，足以代表本企业内各种类型的职位，因而通常需多达15～20个。它们都是员工们普遍熟悉和了解并为企业外部公认具有典型性的。当然，这些关键职位本身也可视为构成了一个评比标尺，不过还是与评分法的标尺不同，其是由一些具体的职位所构成，不是标尺上的标准刻度，只是一些参照点。

此外，因素比较法舍弃了代表职位相对价值的抽象分数，而直接用相应的具体工资值来标示各职位的价值，从而省略了"分数—工资"的转换过程。这当然简化了评价的操作过程，但由于这个因素赋值过程影响重大而技术复杂，通常需由经验丰富的专家们组成的工作小组和定薪委员会来进行。然而，此方法也如评分法一样，先难后易，一旦选出关键职位并经分解、排序、赋值，将其余非关键性的待评职位逐一按因素对照评比再相加，便可直接得出工资值。而且随着被评定职位的增多，参照点也随之增加，比照起来，更趋容易，又无须做分数—工资转换，甚至比评分法还简便了。用因素比较法做职位评价的典型过程，通常包括如下六个环节：

（1）选择付酬因素。最典型的是所需"技能"、所费"智力"、所耗"体力"、所担"轻重"与"条件"优劣五种因素。

（2）确定关键职位。这些职位涵盖面要广，足以代表不同难度的同类型职位，并各自附有简要而准确的职位说明与职位规格。下面举五个具体的关键职位（都是机械加工类的）作为例证来说明此过程，但要知道，实际上五个关键职位所提供的参照点是不够的，通常需15～20个。我们举例所用的五个关键职位是模具工、机修工、装配工、叉车司机与搬运工，分别以"模""修""装""叉"及"运"五个字来代表（见表8-7）。

表8-7 工资按职位与因素分配及按薪额与因素价值排序（a）

付酬因素		技能			智力			体力			责任			工作条件		
关键职位	现有月薪（★）	因素月薪（★）	按薪额排序	按因素排序	因素月薪（★）	按薪额排序	按因素排序	因素月薪（★）	按薪额排序	按因素排序	因素月薪（★）	按薪额排序	按因素排序	因素月薪（★）	按薪额排序	按因素排序
模具工	3680	1480	1	1	960	1	1	360	3	3	580	1	1	300	5	5
机修工	3480	1360	2	2	920	2	2	320	4	4	540	4	4	340	3	3
装配工	3260	1140	3	3	730	3	3	520	2	2	550	3	2	320	4	4
叉车司机	2710	810	4	4	690	4	3	290	5	5	560	2	3	360	2	2
搬运工	2100	410	5	5	340	5	5	550	1	1	340	5	5	400	1	1

表8-7 工资按职位与因素分配及按薪额与因素价值排序（b）

付酬因素		技能			智力			体力			责任			工作条件		
关键职位	现有月薪（★）	因素月薪（★）	按薪额排序	按因素排序	因素月薪（★）	按薪额排序	按因素排序	因素月薪（★）	按薪额排序	按因素排序	因素月薪（★）	按薪额排序	按因素排序	因素月薪（★）	按薪额排序	按因素排序
模具工	3680	1480	1	1	960	1	1	360	3	3	580	1	1	300	5	5
机修工	3480	1360	2	2	920	2	2	320	4	4	540	4	4	340	3	3
装配工	3260	1140	3	3	720	3	3	520	2	2	560	2	2	320	4	4
叉车司机	2710	810	4	4	700	4	4	290	5	5	550	3	3	360	2	2
搬运工	2100	410	5	5	340	5	5	550	1	1	340	5	5	400	1	1

（3）依次按所选各付酬因素，将各关键职位从相对价值最高到最低排出顺序。表8-7中各付酬因素栏中都列有"按因素排序"一栏，便是所举五种关键职位的这一顺序号，不难看出，各职位在不同因素方面的排序是不同的，例如，搬运工在技能、智力、责任三方面都居最低，在体力与工作条件上却是最高。

（4）为各关键职位按各付酬因素分配薪酬值。这一步就是要决定各职位月薪总值中分多少份额给各因素。例如，从表8-7中可以看出机修工月薪为3480元，分配给五因素的依次是：技能1360元，智力920元，体力320元，责任540元和工作条件340元。据此，可以排出五项职位在同一因素上的高低顺序（见表中各因素的"按薪额排序"栏）。这样，模具工在技能上按薪额排在第一而搬运工排在第五，在工作条件上两者的位置却颠倒了过来，搬运工第一，模具工第五。

（5）比较按薪额及按因素价值排出的两种顺序。当按这两种不同基础，各自独立地排出顺序时，会发现两者不一定完全吻合。出现这种差异时，就必须进行调整，或者重新排列按因素价值列出的顺序，或者将各职位的因素月薪成分重作分配。如果无法符合逻辑地做到这一点，该职位便不能留作供参照用的关键职位，需予以放弃或更换。

从表 8-7（a）中可以看到，装配工与叉车司机两职位在"智力"及"责任"两因素上，按薪额与按因素价值的排序不一致。经过专家分析认为，装配工在"智力"因素上应略高于叉车司机，因此将两者的因素价值排序调整为装配工 3、叉车司机 4 [见表 8-7（b）]；而且装配工在"责任"因素上也略高于叉车司机，因此将薪额顺序调整为装配工 2、叉车司机 3。由于薪额顺序做了调整，因此应将装配工和叉车司机的因素月薪重新分配，如表 8-7（b）所示，将装配工的"责任"月薪从 550 调整为 560，将"智力"月薪从 730 调整为 720；将叉车司机的"责任"月薪从 560 调整为 550，"智力"月薪从 690 调整为 700，使两职位的月薪不变，两种顺序不变。经过上述调整重排后，两顺序就吻合了。表 8-7 的形式常称为顺序比较表，是检查两种排序是否一致的有效工具。

（6）对非关键待评职位进行职位评价。例如，评价"钻床操作工"这一职位（用"钻"字来代表）按它的职位说明与规格，找出对钻工的技能方面的要求略低于对装配工的要求但却稍高于对叉车司机的。这样，钻工在技能上就处在技能这一因素的 880 元的刻度上。这一职位在其余诸因素上都可以这样定位。仍以钻工为例，分别在比较表上为此职位定位后，技能、智力、体力、责任及工作条件五因素的月薪份额分别为 880 元、840 元、380 元、460 元和 300 元，相加后所得的 2860 元便是钻工职位评价所得的价值。

因素比较法在上述四种方法中当属最系统化而较完善的一种，不但可靠性高，且可由职位内容直接求得具体的价值金额；又因每一因素并无赋值上下限，故较灵活，可根据各企业特点乃至具体待评职位的特殊情况（如某一因素反常的高，或某职位有某种特别要求，像品酒师的味觉、服装模特的外貌与风度等）做相应的特殊处理，这是其余诸方法所不能做到的。

不过，因素比较法开发初期很复杂而且难度大，只有专家才能胜任，导致成本升高，而且由于员工不易理解，对它的准确与公平性易生怀疑；而且它也确实有主观成分。实际上，如今用得最广泛的还是评分法。

（五）薪点法

薪点工资制是在岗位评价和员工素质评价的基础上，用点数和点值来决定薪酬的一种分配模式。薪点法将劳动的四大制约要素，即技能、负荷、责任、条件，再分解为若干子因素，按其对职工劳动提供量的不同制约程度量化为不同的点数，再将不同员工制约劳动效果的个人因素按相同标准量化成不同的点数，然后根据员工绩效浮动点值，累计点数计付薪酬。薪点法实施的具体步骤如下：

（1）确定付酬的岗位因素和个人因素。一般来说，岗位因素由岗位所需的技能、负荷、责任、条件分解而成，如工作责任可以分解为决策对公司的影响、对其他部门或员工的影响、管理幅度、对外交往对公司效益的影响等子因素。个人因素则由积累贡献、学历、应会技能、技术职称、兼会工种等组成。

（2）确定每个员工的岗位薪点和个人薪点。岗位薪点原则上应首先确定每个付酬因素的薪点标准，例如管理幅度为 0~50 人，计 20 点，51~100 人计 40 点等，然后通过专家评价每个岗位的标准。但在实际运作中，企业往往采用将岗位工资转换为薪点的做法。

个人薪点则可分为技能点、责任点、兼会工种点、职称点、学历点、累积贡献点等。其中，技能点是只要应会岗位技能考评合格就按给定的薪点标准计点；责任点可对项目负责人、组长、工会主席、团支部书记等适量加点；兼会工种点指对能从事除本职工作外其他工种工作的员工，根据相应工种的复杂程度和相应工种的多少，增加"兼会工种点"；职称点根据职称高低计点；学历点也是根据学历高低计点（如表 8-8、表 8-9 所示）。

表 8-8 职称点

序号	职称		点数
1	正高级		100
2	副高级	高级技师	70
3	中级	技师	50
4	助理级		40
5	员级	高级工	30
6		中级工	20
7		初级工	10

表 8-9 学历点

序号	学历	点数
1	初中	3
2	高中	5
3	中专	10
4	大专	20
5	本科	30
6	双学位	40
7	硕士	70
8	博士	100

累积贡献点主要根据员工在企业工作的年限确定，如上海浦东钢铁（集团）有限

公司的累积贡献点分为工龄点、考评升级点和奖励晋级点。工龄点的计算方法是工龄满5年的员工按连续工龄年限，1年折合1点；考评升级点是指在岗位工资动态考评中岗位工资上调一级的员工可将升级差额折合薪点（该岗位工资可能不在薪点工资内）；奖励晋级点指对有突出贡献的员工，经分厂推荐可增加奖励晋级点，一般为10~20点每次。

（3）确定员工薪点的浮动方式并计算点值。员工收入的浮动方式有两种：一是先计算薪点基值（=企业工资总额÷员工薪点总和），再通过绩效考评浮动每点工资；二是先通过绩效考评浮动点数，再计算每点薪值［=企业工资总额÷员工薪点总和（浮动后）］。后一种可事先确定企业工资总额占利润或销售收入的比例，有利于准确控制工资成本。

（4）计算员工个人工资，员工实发工资=本人薪点和×点值。

综上所述，薪点法的特点用一句话概括便是：用点因素测评劳动，按绩效浮动点值，累计点数计付薪酬。其优点体现在以下几个方面：

◇薪点法使工资分配直接与企业效益和职工个人的劳动成果挂钩，体现了效率优先的原则，符合市场取向。

◇薪点工资能客观地反映员工的劳动差别，实现按劳分配。

◇薪点法根据员工个人因素，如技能、学历、职称等确定其薪点，可以促进员工学习和成长，一专多能，为企业多做贡献。

◇通过绩效浮动薪点，拉开员工收入差距，使工资发挥激励作用。

◇薪点法将各类津贴和奖金纳入职工的薪点数中，逐步做到收入工资化，职工容易接受。

以上五种方法都是基本类型，现在已有人开发出它们的变化型和混合型。它们各有利弊，总的说来，即使在发达国家，职位评价法仍不算成熟，还有待探索与完善，然而，现有方法虽不算很科学，但有一套正规的职位评价程序，能对职位的价值进行较客观和系统的评定，总比凭个人主观感觉及成见去确定误差要少一些，便于员工了解他们的工资是怎样确定的，从而对工资满意一些，抱怨也会少一些。

以上五种方法都是以工资正比于员工的职位与资历为基础的。在当今的知识经济时代，不少企业开始考虑以每位员工的能力，也就是直接以劳动力的市场价值为基础来定酬，其具体方法还在探索阶段，还未成熟完善，但看来是未来工资设计的新发展方向。

三、薪酬调查

外部薪酬调查及运用职位评价的最终结果是得到职位等级，并对职位等级进行定价。这将通过把职位的内部价值（用职位评价点值来表示）与职位的外部价值（用劳动力市场工资来表示）进行系统的比较来完成。在这一部分，就将讨论完成工作内部价值与外部价值的系统性比较所必须做出的决策，最终结果得到薪酬政策线。薪酬政策线表达了职位评价点值与劳动力市场之间的关系,它是开发工资结构的基础。具体来说,薪酬调查主要包括以下几个步骤。

(一)选取外部薪酬调查的职位

首先是选取需要进行调查的关键职位,然后从外部市场调查中获取这些关键职位的薪酬信息。之所以要选取关键职位,而不是针对所有职位进行调查,一方面是因为有些职位是企业所独有的,要得到这些职位的市场工资调查数据是不可能的;另一方面,即使能够获得组织中所有职位的市场薪酬数据,往往会因为成本高昂而没有必要,并且很多与在本组织中工作类似的职位其外部市场价值也很相似,只需要对这类职位的一个代表职位进行调查,其他相似职位则可以参照这个职位做出薪酬决策。

选取关键职位的一般标准如下:

(1)作为整个组织结构的一个子集,关键职位必须代表组织中职位的所有范围(即职位结构中的最高、中等和最低等级的职位)。

(2)关键职位应是普遍存在的,而非本企业所独有。

(3)关键职位的工作内容、职责容易清楚界定,不会出现理解的偏差和误解。

(4)关键职位的工作内容相对稳定,否则没有太大的价值和意义。

(5)关键职位应该为薪酬结构提供良好的关于职位价值各方面因素的参考点数,也就是要求它们在各项职位评价维度上(如职责大小、教育程度、经验和其他薪酬因素)的表现应该多样化。

(6)能通过外部的人力资源填补职位空缺,而非完全依靠内部培养。

(7)在这类职位上,不同企业之间应该存在着人才竞争。

(8)组织中有问题的职位(如无力雇用或过多的变换)常常不作为关键职位。

(二)确定薪酬调查的渠道、方式和对象

企业可以根据自己的需要展开薪酬调查,也可以聘请专业咨询公司专门为本企业进行薪酬调查,还可以直接购买专业薪酬调查机构(比如咨询公司、网站等)的薪酬数据库或者调查报告。企业自行薪酬调查往往会面临成本高昂的问题,而购买专业机构的薪酬数据库或者调查报告又会面临难以与本企业的薪酬实践和职位特点相匹配的缺点。因此,如何在调查成本和效果之间进行折中考虑,将是一个难题。在中国的现实状况下,由于缺乏行业协会和企业间心理契约的支持,企业往往难以组织自己的薪酬调查,因此,聘请专业咨询公司从相对中立的立场来展开薪酬调查,实现企业之间薪酬数据的共享,能够大幅度提高薪酬调查所获得信息的真实性和准确性。对于那些没有足够的预算来聘请专业机构进行专门调查的企业而言,购买公开出售的薪酬调查报告也是一个很好的选择。但是,企业对薪酬报告所提供的数据应该进行有选择性的使用。另外,企业也可以根据几个不同的薪酬调查报告所提供的综合信息来做出决策。

薪酬调查存在着很多不同的方式,其中最为典型的方式包括问卷调查、访谈调查、电话调查和网络调查。目前,网络调查作为一种新兴的调查方式,由于其保密性大幅度提高了调查结果的可靠性,正受到越来越多的青睐。

薪酬调查的对象是指企业将要向哪些企业进行薪酬调查，这个问题可以归结为对相关劳动力市场的界定。企业的相关劳动力市场是指与本企业竞争员工的其他企业。米尔科维奇将相关劳动力市场的标准界定为：①与本企业竞争从事相同职业或者具有相同技术的员工的企业；②与本企业在同一地域范围内竞争员工的企业；③与本企业在同一产品或服务市场展开竞争的企业。Belcher 和 Atchison 建议，在决定哪些组织应包括在薪酬调查中时，可以采取以下标准：①同一行业中的公司；②雇用技能类似的员工的组织；③不同大小的组织要进行平衡，但不包括过分小的企业；④如果可能的话，应包括有专业的薪酬管理员来进行薪酬管理的组织。Hills、Bergmann 和 Scarpell 建议，"同一行业市场的公司"要满足三个标准：①近似的地理范围；②利用相同的技术；③具有用雇员数量来衡量的同等的规模。

决定哪些组织应包括在薪酬调查中的最简单的定律是："我们失去的员工流到了什么地方"和"我们从谁那里获得我们所需要的人"。

（三）设计薪酬调查表并展开薪酬调查

不论采用何种薪酬调查方式（比如问卷调查、电话调查等），都要设计一个薪酬调查表来收集或者记录所获得的信息。为有效地获取竞争对手的薪酬信息，并将竞争对手的薪酬信息与本企业的相关职位进行准确的匹配，薪酬调查表往往包括以下内容：

（1）调查职位的基本信息（包括职位名称和基本工作特征）。

（2）调查对象的组织信息（包括规模、行业、地域、企业性质等，从而判断调查对象和本企业之间的匹配程度，这一因素将影响调查结果的可用性）。

（3）调查职位的职位描述（即需要在调查表中用通俗的语言来罗列该职位的主要工作职责和内容，以便被调查者能够准确识别该职位，并使调查信息的分析者能够准确获得调查对象的职位和本企业对应职位之间的匹配关系）。

（4）调查职位的任职者个人信息（包括性别、年龄、学历、专业和资历等，以判断从事相同工作的任职者是否会由于个人因素差异而导致薪酬差异，从而对薪酬调查的数据进行调整）。

（5）调查职位的总体薪酬的构成和薪酬水平（包括基础工资、奖金、福利等）。

（四）薪酬调查报告

薪酬调查的结果表现为薪酬调查报告，不同薪酬调查方式和渠道所得到的调查信息存在着较大差异，因此，薪酬调查结果的表现形式往往也不尽相同。如从事薪酬调查的网站所给出的薪酬调查报告一般涵盖的调查范围十分广泛，通用性强，但往往难以满足企业的个性化需求，难以实现调查职位和本企业需求职位之间的准确匹配。

四、薪酬结构设计

（一）企业工资结构线设计

经过职位评价这一步骤，无论采用哪种方法，总可得到表明每一职位对本企业相对价值的顺序、等级、分数或象征性的金额。职位的完成难度越大，对企业的贡献也越大，对企业的重要性也就越高，就意味着它的相对价值越大。但找出了这样的理论上的价值，必须能转换成实际的工资值才有实用价值。这便需要进行工资结构设计。

工资结构线是一家企业的工资结构的直观表现形式，它清晰地显示出企业内各个职位的相对价值与其对应的实付工资之间的关系。工资结构线是两维的，即绘制在以职位评价所获的表示其相对价值的分数为横坐标、以所付工资值为纵坐标的工资结构图上。图8-4便绘有a、b、c、d、e、f六条典型的工资结构线。

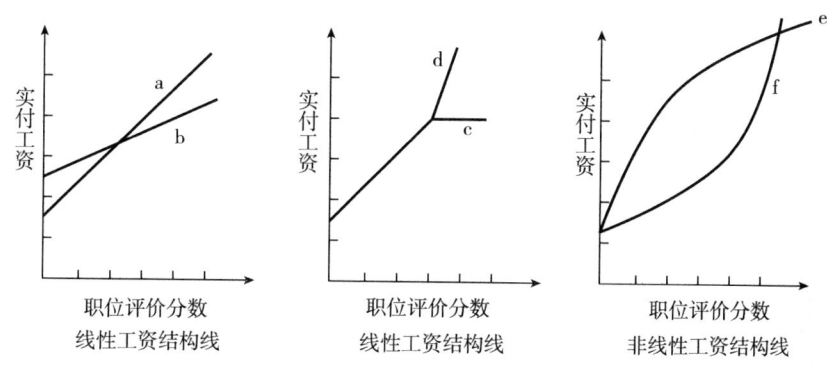

图8-4 典型的工资结构线

理论上，工资结构线可呈任何一种曲线形式，但实际上它们多呈直线或由若干直线段构成的一种折线形式。这是因为工资结构首先要求具有内在公平性，这是指企业各个职位的工资是按某种一致的分配原则确定的，是可以清晰地加以说明的，在市场经济中这种原则便是等价交换，也就是谁的贡献越大，对企业的价值相对越高，所获报酬应越多。因为报酬正比于贡献，正比的关系是线性的，其对应的关系线便会呈直线形式。

图8-4中的a与b两条工资结构线都是单一的直线，说明采用此线的企业中所有职位都是按某个统一的原则定薪的，工资值是严格正比于职位的相对价值的。但a线较陡，斜率较大，而b线较平缓，斜率较小。这说明采用前者的企业偏向于拉大不同贡献员工的收入差距；采用后者的企业则偏向于照顾大多数，避免收入悬殊。

至于c与d两例则都是折线，d是至某点后尾端上翘，即后段斜率增大；c则相反，后段斜率减小。前者可能是基于自某一级别以上干部属骨干精英，对企业成败影响很大，是企业最宝贵的人力资源，故应重赏以激励他们的考虑；后者则可能是着眼于不让高层骨干太脱离群众，以平息中、下层员工的不公平感与抱怨，至于那些高层骨干，则可用加强教育、启发自觉及辅以非工资形式的其他薪酬来补偿。

各企业还可能有其各自不同的特殊考虑，因而设计出具有其特征的工资结构线。因此，工资结构线无所谓何者最优，何者较劣，因为每一企业内外条件不同，须做权变处理。可见，不同性质的职位系列，可根据其性质差异及市场供需状况采用不同的工资政策，只是每种政策都得有一定的"说法"。

从以上分析已看到工资结构设计的第一种用途，即开发出企业的工资系统，使每一职位的工资都对应于它的相对价值，因而具有一定的内在公平性，并反映了企业的薪酬政策与管理价值观。

工资结构设计的另一常见用途，是用来检查已有工资制度的合理性，供作改进的依据。有的企业在工资制度建立之初，可能未采用这种合理的、系统化的设计程序，因而工资的确定是无序的、随意的；或者建立之初本是有规律的、有内在公平性的，但运作多年，经历多次升降调整，变得紊乱了，这时可绘制其相应的工资结构图，供作分析诊断用。图8-5便是一例。

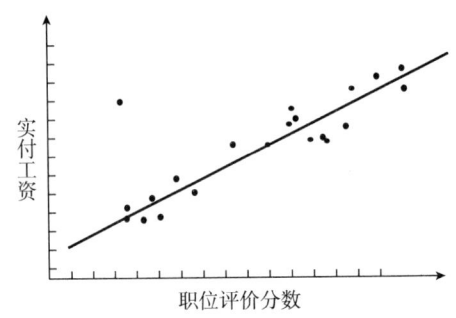

图8-5　企业工资散布点图及代表性特征结构线

先利用选定的一种职位评价法，对本企业的所有职位进行评价，获得反映它们相对价值的分数；然后在评价分数为横轴、现有工资为纵轴的图中，找出各职位的对应点（如图8-5中的那些黑点）。这些点的散布似乎是无规律的。此时可依据各点的散布状况，绘出反映其散布规律的特征结构线。这可用尺与笔目测找出，力求落在特征结构线上方与下方的点数量相等；若能利用线性回归技术等统计方法，则能更精确地绘出这种特征结构线，它代表了企业现有工资设置的大致走向。获得此线后，即可结合企业的各种考虑，调整结构线。如认为此线基本符合企业的政策和原则，便需调整那些偏离此线的工资点。通常的做法是：首先把那些位于特征结构线下方、所获工资少于按其价值应获工资的各点所代表的职位，较频繁或较大幅度地调高工资，提升到与结构线相当的水准；但对那些位于特征结构线以上，所获工资多于按其价值应获工资的各点所代表的诸职位，一般不予调低，而予以暂时冻结或延期提升，这是因为人们心理上难以接受降薪的做法。调低工资，不论如何有理，结果不仅会使被调者认为受辱而沮丧，而且其余员工也易滋生危机感，担心有朝一日自己也会遭到此处理，影响士气。另一替代方案是设法增大这些职位的工作负荷与责任，加强工作效率，使相对价值有相应的提高。

工资结构线原来只考虑了企业的内在公平性，但真正合理并实用的工资结构设计还必须考虑其外在公平性，即应顾及全国、地区或行业劳动力市场的供需情况，人才竞争优势的保持，人力成本的合理比重，政府法律与法规的制约等其他因素的影响。

(二) 企业薪酬政策线

如上所述，企业工资结构线主要考虑的是内部公平性，在具体定薪中，还需要利用薪酬调查结果统计分析得到市场薪酬线，并结合企业的薪酬战略而设计出企业的薪酬政策线，以提升薪酬的市场竞争力。

薪酬政策线的制定要运用统计学的技术，把组织中每项职位评价得分与劳动力市场每个职位的工资率之间的关系归纳为线性回归的关系。图 8-6 所示的回归线反映了职位评价得分与劳动力市场工资之间的关系，即 $Y = a + bX$。其中，a 是直线在 Y 轴上的拦截点，因此，它被称为 Y 轴的截距，斜率 b 表明 X 每增加或减少一个单位，Y 所产生的变化。由图 8-6 可以看出，一些点的市场工资稍高于这条线，而另一些点的市场工资则稍低于这条线，但都比较均衡地分布在回归线周围。

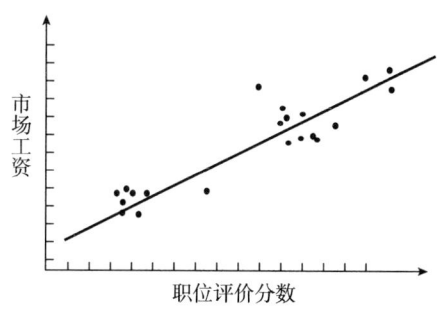

图 8-6 职位评价分数与市场工资之间的回归线

值得注意的典型问题是，工资数据大大高于或大大低于回归线所确定的工资，可能的原因如下：

(1) 可能是该职位与所调查职位的错误匹配。这时需要另外匹配职位，错误的匹配往往比不匹配更为糟糕。

(2) 可能是职位评价不正确。职位评价要素选择是否恰当？等级确定是否会让人产生歧义并误解？岗位评价要素的权重设置是否合理？是否反映了组织的价值观和战略？

(3) 薪酬调查的数据是否具有代表性。例如，某一职位的调查数据是否全部来自于低工资（或高工资）的行业或组织群体。

(4) 薪酬专家必须做出合理判断：回归线是否代表了职位等级与劳动力市场之间的正确关系。

通过上述步骤，企业得到了其市场薪酬线，接下来，企业需要根据其竞争性的薪酬政策来确定企业的薪酬政策线。所谓薪酬政策，是指企业的薪酬水平在相关劳动力市场上的定位。一般来讲，企业有三种不同的薪酬政策：①领先型（Leading）的薪酬政策：企业的薪酬水平高于相关劳动力市场的平均薪酬水平，它常常用处于劳动力市场薪酬水平的前25个百分位来进行界定。②跟随型（Match）的薪酬政策：企业的薪酬水平与相关劳动力市场的平均薪酬水平大致相当，它常常用处于劳动力市场薪酬水平的第25~75个百分位来进行界定。③滞后型（Lag）的薪酬政策：企业的薪酬水平落后于相关劳动力市场的平均薪酬水平，它常常用处于劳动力市场薪酬水平的第75个百分位之后来进行界定。

图8-6中的点线便是假设的调整后的企业工资结构线，它便是在兼顾了内外在公平性等因素全面考虑后确定的。这种线不存在标准的唯一最佳解，也无简单的惯例可循，因为必须结合每个企业实际内外条件来分析评判。

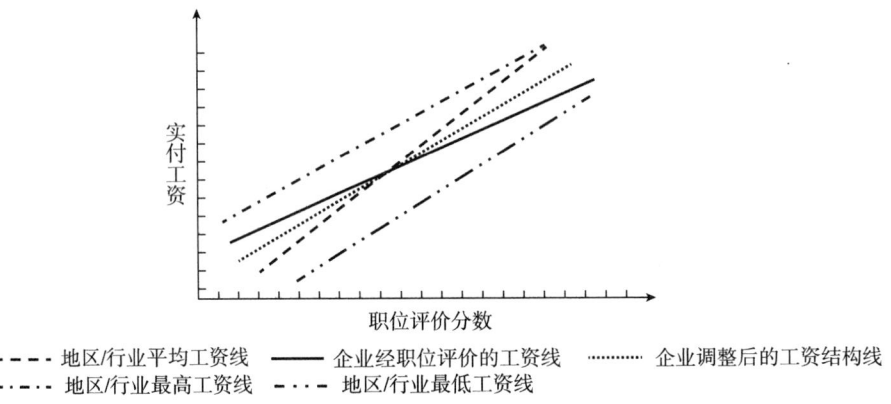

图8-7 根据市场状况调整企业工资结构线

从图8-7中这根点线的情况看，比较接近行业平均工资线，这可能是由于该企业财务实力属中等，付酬能力不是太差，但也并不太宽裕；同时说明它还未感到人才不足的迫切压力。但此线在下端高于市场平均线而上端则略低于平均线。这可能是由于该企业高层骨干实力较强，不太感到缺乏，而市场上待价而沽的这类人才较多，他们的工资要求较高，占成本比重偏大，综合这些考虑，该企业决定对高级人才的出价略低于市场平均价。但在中下层，尤其是普通技工方面情况却不同，该企业缺乏这类人才资源，而劳动力市场上这类人才又略偏紧俏，于是决定出价高于平均市价。这只是这家企业根据它的实情所做出的考虑，因此只是一个特例。虽然按上述全过程来设计企业工资结构线能保证内、外公平性，使工资系统具备公平合理的基础，但费时、费力，成本高昂。在实践中，不少企业会省去前阶段程序，直接按市场同行业的数据确定本公司工资结构。这样做使成本低了不少，调整灵活方便，较为实用，但只能保证外部公平性，内部公平性则未经论证。

（三）工资分级方法

根据综合考虑了企业内外条件后调整所得的工资结构线（见图8-6），便已为相对价值不同的所有职位确定了一个对应的工资值。这在理论上是很合理的，但在实际操作中，若企业中每一种职位都各有一种独特的工资，就会给工资的发放与管理带来巨大的困难和混乱。所以，在实际上总是把多种类型的工资归并组合成若干等级，形成一个工资等级系列，这一步骤其实已成为整个工资制度建立过程中不可缺少的环节。将根据职位评价得到的相对价值相近的一组职位编入同一个等级。

图 8-8 便是一例，其中经评分法所评出的分数，每隔 100 分的一个区间便成为一个职位等级，尽管它们的相对价值并不完全相等，同一等级中的职位将付给相同的工资，因而有的吃点亏，有的占点便宜，不尽合理。但因差别不大，大大简化了管理，所以是切实可行的。职级划分的区间宽窄及职级数多少的确定并无一定之规，将取决于诸如结构线的斜率、职位总数的多少及企业的工资管理政策和晋升政策等因素。总的原则是，职级的数目不能少到相对价值相差甚大的职位都处于同一职级而无区别，也不能多到价值稍有不同便处于不同职级而需做区分的程度。此外，级数太少，难以晋升，不利士气；太多则晋升过频而刺激不强，徒增管理成本。实践上，有的企业工资等级系列中只有 4~5 级，也有的级数为此几倍，平均在 10~15 级。

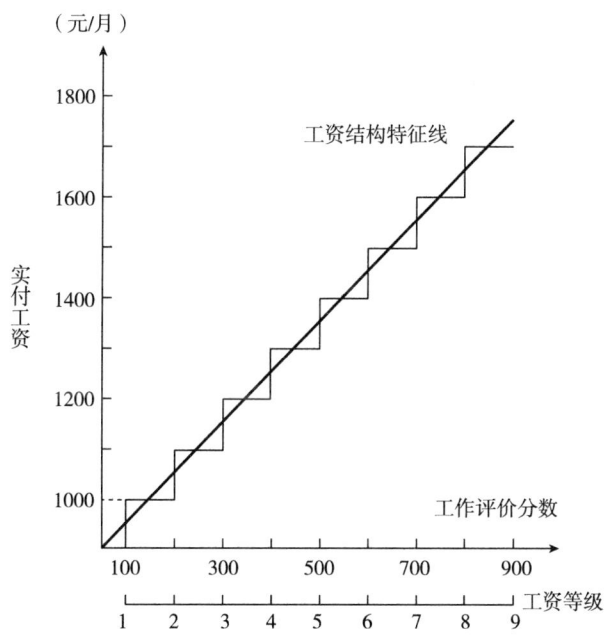

图 8-8　企业工资等级的划分

图 8-8 中每一工资等级只有一个单一的工资值，但实际上的做法则是给每一等级都规定一个工资变化范围（或称为薪幅，其下限为等级起薪点，上限为顶薪点）。各工资等级的工资范围可以是一样大的，如都是平均工资 ±100 元，即每级范围为 100 元；不过更常见的是工资范围随等级上升而呈累积式的扩大，如图 8-9 所示，此系列最低

的第 1 级的工资范围是 150 元（1000～1150 元），而最高的第 8 级则是 400 元（1600～1800 元）。

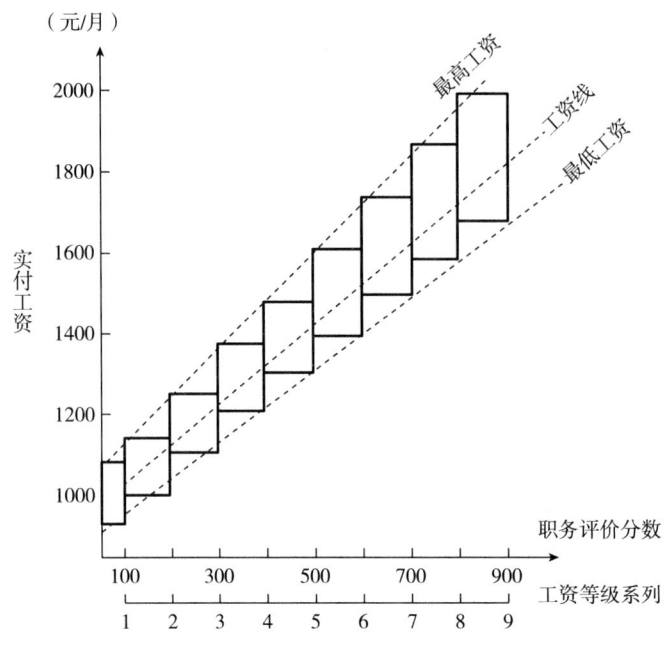

图 8-9 工资等级划分及其范围

其实，工资范围的确定是与工资等级数的多少相关联的，不仅如此，还有另一个相关因素，即相邻等级工资范围的重叠程度。在实际工作中，这种重叠不仅很难避免，而且适当的重叠也是必要的和有益的。相邻职级重叠程度与工资结构线的斜率有关（越平缓则重复越多），但更取决于职级的薪幅，即变化范围的大小。在我国，目前结构工资采用较普遍的情况下，工龄工资成分会逐年自动增长，提薪政策主要是"论功行赏"，按工作绩效加薪。当职级所包含的相对价值范围较广，职位较多，而工作绩效又主要取决于员工的个人能力与干劲而非客观条件，企业的政策又是提薪较频时，职级的工资变化幅度宜大，这样才会使那些因主客观条件未能升级但有能力且经验丰富的员工能有较多的提薪机会，虽未能"升官"，却能"发财"，也具有一定的激励作用。但职级薪幅增大，会带来与邻级的重叠随之扩大，这会导致另一种消极后果，那就是一旦员工获得晋升，提至较高职级时，他们的工资却不能从这较高一级的最低起点计薪，以致"升官"反而"减薪"，必须至少与提升前工资相等。这样，其工资距此职级的最高顶薪点已较近，增薪机会不多，不但减弱了工资制度的激励功能，也给管理增添了困扰。因此，职级数目与宽度、工资结构线斜率及各职级的变化幅度等因素必须统筹兼顾，恰当平衡。

第三节 绩效薪酬的设计

一、绩效薪酬的概念

绩效薪酬（Merit/Incentive Pay）是根据员工绩效评估结果发放的薪酬，是对员工优良工作绩效的一种奖励或对员工超额完成工作的劳动支付的报酬。本质上，绩效薪酬是对员工创造的价值增量所享有的利润分配权，是货币资本所有者给人力资本所有者让渡的一部分收益分配权。其功能和作用是激励员工不断挖掘工作潜能，提高价值创造能力，为公司创造更大价值。绩效薪酬的资金来源于工资总额和税后利润提取的奖励基金两大部分，可以发挥中期激励作用。绩效薪酬主要有两种形式：绩效提薪（Merit Pay）和奖金（Incentive Pay）。绩效提薪即根据绩效评价结果而确定的对基础工资的增加部分；奖金也称为激励工资或者可变工资，是对员工超额完成工作绩效目标的工作报酬。奖金与绩效提薪的差别在于奖金并不成为基础工资的永久部分，而只是一次性的增加。

与固定薪酬相比，绩效薪酬计划具有潜在的高风险、高收益性[①]。绩效工资能否建立一个强有力的合约，在很大程度上取决于绩效测量的特性，其中业绩标准的公正性非常重要。

二、个体层面绩效薪酬的设计

个人奖励制度是根据员工个人的生产数量和品质来决定其奖金的金额，常见形式有：

（一）计件制

这是一种主要适用于生产工人的绩效工资设计方法，按产出多少进行奖励，包括以下三种：

1. 简单计件制

应得工资 = 完成件数 × 每件工资率

此方法将报酬与工作效率相结合，可激励员工勤奋工作。但每件工资率往往很难确定，容易引起员工猜忌，且无最低工资保障；另外，还容易导致员工一味追求数量而忽视质量，因此必须有检验制度加以配合。

2. 梅里克多级计件制（Merrick's Premium System）

这是一种设置三个等级的计件制，随着等级升高，较高等级的工资率在最低等级

---

① 贺伟，龙立荣. 薪酬体系框架与考核方式对个人绩效薪酬选择的影响 [J]. 心理学报，2011，43（10）：1198 – 1210.

工资率的基础上依次递增10%。中等和差等的工人获得合理的报酬,而优等的工人则会得到额外的奖励。

  EL = NRL　　　　　　　　　　在标准80%以下时
  EM = NRM　　　RM = 1.1RL　　在标准80%~100%时
  EH = NRH　　　RH = 1.2RL　　在标准100%以上时

  其中,RH、RM、RL分别表示优、中、差三个等级的工资率,依次递减10%;N表示完成的工作件数或数量;EH、EM、EL分别表示优、中、差三个等级工人的收入。

  3. 泰勒的差别计件制

  这种计件制首先要制定标准的要求,然后根据员工完成标准的情况有差别地给予计件工资。

  E = NRL　　　　　　　　　　当完成量在标准的100%以下时
  E = NRH　　　RH = 1.5RL　　当完成量在标准的100%以上时

  其中,E代表收入,N代表完成的工作件数或数量,RL代表低工资率,RH代表高工资率,通常为低工资率的1.5倍。

  梅里克和泰勒的计件制的特点在于用科学方法加以衡量,高工资率要高于单纯计件制中的标准工资,对高效率的员工有奖励作用,对低效率员工改进工作也有一定的刺激作用。

  (二)计效制

  计效制是把时间作为奖励尺度,鼓励员工努力提高工作效率,节省人工和各种制造成本,主要方式有以下三种:

  1. 标准工时制

  这种奖励制度以节省工作时间的多寡来计算应得的工资。当工人的生产标准要求确定后,按照节约的百分比给予不同比例的奖金,对每位员工均有最低工资做保障。

  2. 哈尔西50-50奖金制

  此方法的特点是工人和公司分享成本节约额,通常进行五五分账,若工人在低于标准时间内完成工作,可以获得的奖金是其节约工时的工资的一半。即 E = TR + P(S-T)R,式中,E为收入,R为标准工资率,S为标准工作时间,T为实际完成时间,P为分成率,通常为1/2。

  3. 罗恩制

  罗恩制的奖金水平不固定,依据节约时间占标准工作时间的百分比而定,计算公式为 E = TR + [(S-T)/S]·TR。式中,E为收入,R为标准工资率,S为标准工作时间,T为实际完成时间。

  根据这种方法计算出的奖金,其比例可以随着节约时间的增多而提高,但平均每超额完成一个标准工时的资金额会递减,即节省工时越多,工人的奖金水平越低于工作超额的幅度,这不仅避免了过高的奖金,而且也使低效率员工能得到计时的薪金。

  (三)佣金制

  佣金制常用于销售行业。企业销售人员的薪金相当大部分是其产品所赚得的佣金。

其具体形式有以下三种：①单纯佣金制，是指销售人员无底薪，其收入全靠佣金。对销售人员而言，单纯佣金制是一种风险较大而且挑战性极强的制度。收入＝每件产品单价×提成比率×销售件数。②混合佣金制，收入＝底薪＋销出产品数×单价×提成比率。③超额佣金制，收入＝销出产品数×单价×提成比率（一般为2.5%）－定额产品数×单价×提成比率。

（四）计分制

计分制是将各项奖励条件规定最高分数，有定额的员工按照超额完成情况评分，无定额的员工依据完成任务的程度进行综合评分，最后按照奖金总分求出每位员工奖金分值。计算公式为：个人奖金额＝（企业奖金总额/个人考核总得分）×个人考核得分。在现实中，更多采用的是根据绩效考核结果划分等级，不同等级设置不同的绩效工资。

三、团队或部门层面绩效薪酬的设计

这种奖励制度是以团队或部门的生产或绩效为单位，奖励团队/部门内所有成员。当工作成果是由团队/部门的合作所促成，很难衡量个别员工的贡献时，或当企业在急剧转型中，无法订立个人的工作标准时，皆宜采用团队/部门奖励制度（见图8-10）。

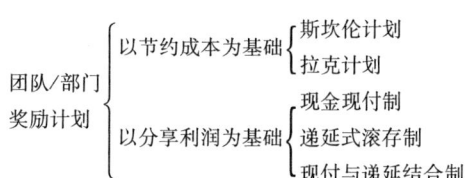

图8-10 团队或部门层面绩效薪酬

团队/部门奖励计划有以下几种：

（一）斯坎伦计划

斯坎伦计划的目的是减少员工劳动力成本而不影响公司的运转，奖励主要根据员工的工资（成本）与企业销售收入的比例，鼓励员工增加生产以降低成本，因而使劳资双方均可以获得利益。其计算公式为：

员工奖金＝节约成本×75%＝（标准工资成本－实际工资成本）×75%＝（商品产值×工资成本占商品产值百分比－实际工资成本）×75%。其中，工资成本占商品产值的百分比由过去的统计资料得出。

（二）拉克计划

拉克计划在原理上与斯坎伦计划相仿，但计算方式复杂得多，拉克计划的基本假设是工人的工资总额保持在工业生产总值的一个固定水平上。拉克主张研究公司过去几年的记录，以其中工资总额与生产价值（或净产值）的比例作为标准比例，以确定奖金的数目。

（三）现金现付制

现金现付制通常将所实现利润按预定部分分给员工，将奖金与工作表现直接挂钩，

即时支付、即时奖励。采用这种方法需要注意的是，要将奖金与基本工资区分开，防止员工形成奖金制度化认识。

（四）递延式滚存制

递延式滚存制是指将利润中员工应得的部分转入该员工的账户，留待将来支付。这对跳槽形成了一定约束，但因为员工看不到眼前利益，因而会降低激励作用。

（五）现付与递延结合制

这种方式是以现金即时支付一部分应得的奖金，余下部分转入员工账户，留待将来支付。它既保证了对员工有现实的激励作用，又为员工日后，尤其是退休以后的生活提供了一定的保障。

四、企业层面绩效薪酬的设计

企业层面的奖励制度多采用利润分享，当企业的利润超过预定的水平时，将部分利润与全体员工分享，分享形式包括现金分红（年终奖）和股权激励等。利润分享旨在鼓励努力的员工帮助企业赚取利润，加强员工对企业的投入感和提高他们留任可能性。现金分红（年终奖）形式较宜用在劳资关系良好的企业、小型企业或行政管理人员上。现金分红方式与上述的团队奖励方式大致相似，故不再赘述。

股权激励多用于对公司高级管理层或是核心技术员工的长期激励，出发点是使受激励的人和企业形成一个利益共同体，减少股份公司的代理成本，并聚集优秀人才，实现企业的持续、快速、稳定发展。部分企业对全体员工都实行股权激励，但根据员工职位高低不同而给予的股权激励程度有差异。在实践中，股权激励通常有以下几种形式：

（一）股票期权

股票期权是指买方在交付了期权费后即取得在合约规定的到期日或到期日以前按协议价买入或卖出一定数量相关股票的权利。它是公司授予激励对象在未来一定期限内，以预先确定的价格（执行价格）和条件，购买本公司一定数量的股票的权利，激励对象可以通过行权获得潜在收益（执行价格和市场价之差）；反之，如果在行权期股票市场价格低于行权价，则激励对象有权放弃该权利，不予行权。激励对象一般没有分红权，其收益来自股票未来股价的上涨，收益实现与否取决于未来股价的波动。

（二）限制性股票

限制性股票是指上市公司按照预先确定的条件授予激励对象一定数量的本公司股票，激励对象只有在工作年限或业绩目标符合股权激励计划规定条件时，才可出售限制性股票并从中获益。限制性股票无须投资或只需付出很少投资额的全值股票奖励，当股票持有者为企业连续服务到限制性股票所注明的时间段或者是完成预定目标之后，该激励对象即可获得股票，立即拥有企业财产的部分财产权，可以享受企业的分红。

（三）虚拟股票或股票增值权

虚拟股票计划的安排是，公司给予高管一定数量的虚拟股票，对于这些股票，高管没有所有权，但是与普通股东一样享受股票价格升值带来的收益，以及享有分红的权利。股票增值权是指公司给予高管这样一种权利：公司高管可以获得规定时间内规定数量股票股价上升所带来的收益，但是高管对这些股票同样没有所有权。虚拟股票和股票增值权都是在不授予公司高管股票的情况下，将公司高管的部分收益与公司股价上升联系起来。两者的区别在于虚拟股票可以享受分红但股票增值权不能。

（四）延期支付计划

延期支付计划是将公司高管的部分年度奖金以及其他收入存入公司的延期支付账户，并以款项存入当日公司股票公平市场价折算出的股票数量作为计量单位，然后在既定的期限（如5年）后或公司高管退休后，以公司股票形式或者依据期满时股票市值以现金方式支付给公司高管。

（五）业绩股票

业绩股票是指股票授予的数额与个人绩效挂钩，运作机理类似限制性股票。公司确定一个股票授予的目标数额，最终得到的数额随公司或个人达到、超过或未能达到的业绩目标而变。最终得到的价值取决于挣得的股票数额和当时的股票价格。业绩股票通常与延期支付计划联系较为紧密，很多公司综合两者的特点制订混合型的股权激励计划。例如，根据业绩确定高管人员的货币或股票奖励，这些货币或股票奖励同时纳入延期支付计划，在既定的限期后予以支付。

（六）员工持股计划

员工持股计划，即公司内部员工出资认购本公司部分股权，委托员工持股会作为社团法人托管运作，集中管理，员工持股管理委员会（或理事会）作为社团法人进入董事会参与按股分享红利。员工持股计划作为完善公司治理结构、增强员工劳动积极性和企业凝聚力的一种手段，近年来越来越受到企业界的关注。

不同形式的股权激励模式具有各自不同的特点，适应不同的情况，它们之间时常交叉，形成新形态的股权激励模式。此外，由于我国的具体情况和政策环境，也产生了一些有特色的股权激励模式，如对下属公司的股权激励计划、公司高管收购（MBO）、高管人员直接持有发起人股份或非流通股等形式。值得注意的是，我国的股票市场和政策环境尚不成熟，以至于在探索过程中出现了很多问题。

第四节　福利管理

一、福利的概念

员工福利（Employee Benefit）或服务不是以员工为企业工作的时间为计算单位的。它一般包括各种法定社会保险、企业补充保险、非工作时间付薪、向员工个人及其家庭提供的服务（如儿童看护、家庭理财咨询、工作餐等）、健康及医疗保健等。

作为一种不同于基本薪酬的薪酬支付手段，福利这种薪酬支付方式有其独特的价值。首先，由于福利不是以现金形式支付给员工的，因此，企业和员工双方都可能通过这种方式达到适当避税的目的。其次，福利为员工将来的退休生活和一些可能发生的不测事件提供了保障。最后，福利亦是调整员工购买力的一种手段，员工能以较低的成本购买自己所需的产品，比如眼镜、健康保险、人寿保险等。

我国企业对福利的看法经历过较大的变化。计划经济时期，企业和国家的福利边界模糊，存在所谓的"企业办社会"现象。市场经济改革之后，又走向另一个极端，认为企业不应该搞，甚至提出"福利工资货币化"的极端结论。在国有企业改革过程中，很多企业的食堂等福利设施被关停或者卖掉。但后来发现，一些必要的企业福利实际上是很有价值的，不仅对于企业的人才吸引、保留非常重要，而且比从社会上购买相关服务的价格更低，质量更有保证。到目前为止，福利的重要性重新被我国很多企业认识到，并开展了很多积极的探索。

不过，作为总薪酬的一个重要组成部分，福利存在两个方面的主要问题：一是福利本身具有平均主义的性质，往往与员工的组织成员身份有关，而与个人绩效关系不大，保健作用大过激励作用。如果不能将员工福利与组织的战略目标和人力资源管理需要相结合，很可能导致企业的福利成本很高，但价值不大。二是很多福利项目的潜在成本很高，尽管刚开始试行的时候成本不算高，但长期实施下去，成本会快速上升，最终可能超出企业可以承受的范围。

二、福利的类型

福利主要有以下几种划分方法：

（一）保障型福利、保险型福利和服务型福利

福利按应用目的可分为保障型福利、保险型福利和服务型福利。保障型福利主要为保障员工基本生活，如养老、医疗、生育、住房等。保险型福利主要为员工将来可能遇到的影响生活的风险提前提供保险性补偿，如大病保险、伤害保险、失业保险等。服务型福利的目的并不在于为风险"未雨绸缪"，而在于满足员工更多的需求，提高员工工作、生活满意度，提供激励作用，如一些休假的福利、节假日的实物福利、员工健康福利等。

（二）固定福利和弹性福利

福利按员工的选择权可分为固定福利和弹性福利，固定福利常常包括大多数的法定福利、一些企业制度上规定的福利以及员工享有的某种形式的、大多数人一致的福利。所谓员工的选择权，不是对于有无福利的选择，而是在福利的具体实现方式上的选择。企业提供给员工一定的"福利包"，员工按照自己的偏好来选择具体的福利。

（三）法定福利和企业自主福利

福利按制定对象可分为法定福利和企业自主福利。其中，法定福利是指根据国家的政策、法律和法规，企业必须为员工提供的各项福利，主要是指企业必须为员工缴纳的各种社会保险和住房公积金等。企业自主福利是企业根据自身的管理特色、财务状况和员工的内在需求，向员工提供的各种补充保障计划以及向员工提供的各种服务、实物、带薪休假等。

三、福利的设计

中国企业的福利设计按照国家政策规定，都包括法定福利部分。此外，企业可以按照自身经营状况的不同选择不同的福利组合，即企业自主福利。根据赫茨伯格"双因素"理论，企业福利兼具保健和激励两种功能，达到消除员工的不满意因素，又使员工产生满意的双重效果。其中，法定福利应该属于保健因素，它是福利的基础部分，保障员工基本的生活与工作需要。一般来说它是比较稳定的，不会随意变动，起到消除员工不满意感的作用。企业自主福利则更多体现了激励作用，主要因福利设计与员工的薪资层次及绩效挂钩，而自主式福利计划则很好地满足了员工个性化的需求。企业自主福利由于具有一定的层次性、差异性和特殊性，因此可以起到吸引和激励优秀员工的作用。

（一）法定福利

1. 养老保险

养老保险是指国家和社会根据一定的法律和法规，为解决劳动者在达到国家规定的解除劳动义务的劳动年龄界限或因年老丧失劳动能力退出劳动岗位后的基本生活而实行的社会保护和社会救助措施。

目前，我国的养老保险由三个部分组成：第一部分是基本养老保险，第二部分是企业补充养老保险，第三部分是个人储蓄性养老保险。其中，前两部分属于员工福利，第三部分完全是个人行为，与企业无关，不属于员工福利。而企业补充养老保险属于企业补充福利，将在下一部分中进行详细阐述。

基本养老保险也称国家基本养老保险，是指按国家统一政策规定强制实施的为保障广大离退休人员基本生活需要的一种养老保险制度（见图 8-11）。在 1991 年实行养老保险制度改革以前，基本养老金也称退休金或退休费，是一种最主要的养老保险待

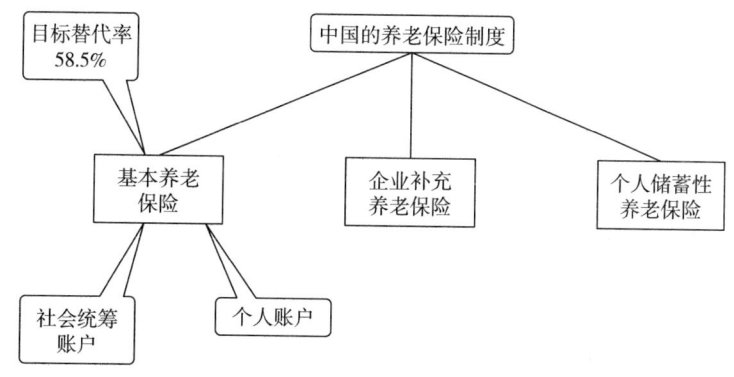

图 8-11 我国的养老保险体系

遇。目前，按照国家对基本养老保险制度的总体思路，未来基本养老保险目标替代率确定为58.5%，主要目的在于保障广大退休人员的晚年基本生活。

我国的基本养老保险采用社会统筹与个人账户相结合的模式，是我国在世界上首创的一种新型的基本养老保险制度。筹集上采用传统型的基本养老保险费用的筹集模式，即由国家、单位和个人共同负担；基本养老保险基金实行社会互济；在基本养老金的计发上采用结构式的计发办法，强调个人账户养老金的激励因素和劳动贡献差别。因此，该制度既吸收了传统型养老保险制度的优点，又借鉴了个人账户模式的长处；既体现了传统意义上的社会保险的社会互济、分散风险、保障性强的特点，又强调了职工的自我保障意识和激励机制。

2. 失业保险

失业保险是指国家通过立法强制实行的，由社会集中建立基金，对因失业而暂时中断生活来源的劳动者提供物质帮助的制度。它是社会保障体系的重要组成部分，是社会保险的主要项目之一。

失业保险具有如下几个主要特点：一是普遍性。它主要是为了保障有工资收入的劳动者失业后的基本生活而建立的，其覆盖范围包括劳动力队伍中的大部分成员。二是强制性。它是通过国家制定法律、法规来强制实施的。按照规定，在失业保险制度覆盖范围内的单位及其职工必须参加失业保险并履行缴费义务。不履行缴费义务的单位和个人都应当承担相应的法律责任。三是互济性。失业保险基金主要来源于社会筹集，由单位、个人和国家三方共同负担，缴费比例、缴费方式相对稳定，筹集的失业保险费，不分来源渠道，不分缴费单位的性质，全部并入失业保险基金，在统筹地区内统一调度使用以发挥互济功能。

失业保险金的领取时间由失业人员失业前所在单位和本人按照规定累计缴费时间决定，满1年不足5年的，最长不超过12个月；满5年不足10年的，最长不超过18个月；10年以上的，最长不超过24个月。重新就业后，再次失业的，缴费时间重新计算，领取失业保险金的期限与前次失业应当领取而尚未领取的失业保险金的期限合并计算，最长不超过24个月。对连续工作满1年的农民合同工，根据其工作时间长短支付一次性生活补助。

3. 医疗保险

医疗保险通常是指由国家立法规定并强制实施的，当人们生病或受到伤害后，由国家或社会给予一定的物质帮助，即提供医疗服务或经济补偿的一种社会保障制度。它具有社会保险的强制性、互济性、社会性等基本特征。

基本医疗保险费由用人单位和职工共同缴纳。用人单位缴费率应控制在职工工资总额的6%左右，其中的30%进入个人账户，其余的进入基本医疗保险统筹基金；职工的缴费费率一般为本人工资收入的2%，全部划入个人账户。随着经济发展，用人单位和职工缴费率可做相应调整。

统筹基金和个人账户划定了各自的支付范围，执行分别核算，不得互相挤占。医疗保险费用确定了统筹基金的起付标准和最高支付限额,起付标准原则上控制在当地职工年平均工资的10%左右,最高支付限额原则上控制在当地职工年平均工资的4倍左右(见图8-12)。起付标准以下的医疗费用,从个人账户中支付或由个人自付。起付标准以上、最高支付限额以下的医疗费用,主要从统筹基金中支付,个人也要负担一定比例。超过最高支付限额的医疗费用,可以通过企业补充医疗保险、商业医疗保险等途径解决。统筹基金的具体起付标准、最高支付限额以及在起付标准以上和最高支付限额以下医疗费用的个人负担比例,由统筹地区根据以收定支、收支平衡的原则确定。

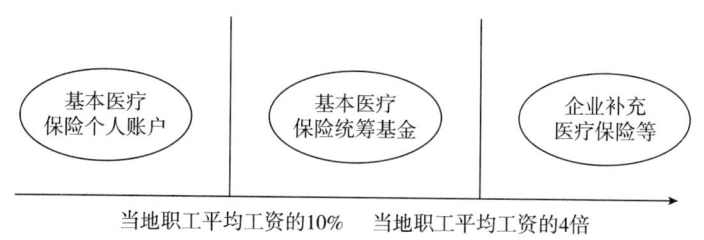

图8-12 医疗保险支付标准

4. 工伤保险

工伤保险是指国家和社会为了保障因工作遭受事故伤害或者患职业病的劳动者及其近亲属获得医疗救治和经济补偿,促进工伤预防和职业康复,分散用人单位的工伤风险,而制定的一种社会保障制度。

工伤保险制度遵循以下几个重要原则:一是无过失补偿原则。它包含两层意义:①无论职业伤害责任主要属于雇主或者第三者或员工个人,受伤害者应得到一定的经济补偿;②雇主不承担直接补偿责任,而是由工伤社会保险机构统一组织工伤补偿,并且一般不需要通过法律程序和法院裁决。二是风险分担、互助互济原则。这是社会保险制度中的基本原则,首先是通过法律,强制征收保险费,建立工伤保险金,采取互助互济的办法,分担风险;其次是在待遇分配上,国家责成社会保险机构对费用实行再分配。三是个人不缴费原则。工伤保险由单位缴纳,职工个人不缴纳任何费用,这是工伤保险与养老、失业、医疗保险的区别之处。由于职业伤害是在工作过程中造成的,劳动力是生产的重要要素,劳动者为单位创造财富而付出了代价,因此雇主负担全部保险费。

5. 生育保险

生育保险是国家通过立法,对怀孕、分娩女职工给予生活保障和物质帮助的一项社会政策。其宗旨在于通过向职业妇女提供生育津贴、医疗服务和产假,帮助她们恢复劳动能力,重返工作岗位。其通常由现金补助和实物供给两部分组成。现金补助主要是指给生育妇女发放的生育津贴,有些国家还包括一次性现金补助或家庭津贴。实物供给主要是指提供必要的医疗保健、医疗服务以及孕妇、婴儿需要的生活用品等。

2019年发布的《国务院办公厅关于全面推进生育保险和职工基本医疗保险合并实施的意见》推进两项保险合并实施，实现参保同步登记、基金合并运行、征缴管理一致、监督管理统一、经办服务一体化。按照企业参加生育保险和职工基本医疗保险的缴费比例之和确定企业新的职工基本医疗保险费率，个人不缴纳生育保险费。同时，根据职工基本医疗保险基金支出情况和生育待遇的需求，按照收支平衡的原则，建立费率确定和调整机制。

6. 住房公积金

住房是人类生存、发展和享受所必需的基本要素之一，是员工安居乐业乃至社会稳定的关键所在。我国在计划经济体制下实行福利分房政策，即由国家或企业进行住宅建设，低租金分配给员工使用的制度。目前，我国正在实行住宅的商品化改革和企业货币化分房制度：由公司和员工共同承担住房公积金。所谓住房公积金，是指单位及其在职员工缴存的长期住房储金，包括员工个人缴存的住房公积金和员工所在单位为员工缴存的住房公积金，它属于员工个人所有。

在企业中可以享受住房公积金的条件有两个：必须是转正后的企业正式员工，人事档案关系已经调入公司。员工住房公积金的月缴存额为员工本人上一年度月平均工资乘以员工住房公积金缴存比例。单位为职工缴存的住房公积金的月缴存额为职工本人上一年度月平均工资乘以单位住房公积金缴存比例。根据《住房公积金管理条例》，职工和单位住房公积金的缴存比例均不得低于职工上一年度月平均工资的5%；有条件的城市，可以适当提高缴存比例。具体缴存比例由住房公积金管理委员会拟订。

7. 法定假期

中国企业员工主要享受的法定假期包括：①公休假日，是指劳动者通常的周末休息时间。我国实行的是每周40小时工作制，所以劳动者每周可以享受两天的公休假日。②法定休假日，具体指元旦、春节、五一国际劳动节、国庆节和法律、法规规定的其他休假节日。③带薪年休假，除每周末及法定节假日和病假、产假外，每月或每年向员工提供若干带薪休假日，其长短按照年资工龄的不同而进行区别对待。④其他假期。企业通常根据具体情况向员工提供额外的假日，休假日可能是为了某些特殊事件如婚丧假、育子假、探亲假等，也可能是不限制目的的假期，通常称为"年假"，企业可以自主规定员工的额外假期是带薪假期或是无薪假期。

(二) 企业自主福利

1. 企业补充养老金计划（企业年金计划）

企业根据自身经济实力，可以在法定福利之外为员工提供额外的养老福利保障，其中，企业补充养老保险和企业年金就是典型的补充养老计划。它是企业在国家规定的实施政策和实施条件下为本企业职工所建立的一种辅助性的养老保险，由国家宏观指导、企业内部决策执行。

企业补充养老保险的所需费用从企业自有资金中的奖励、福利基金内提取。补充养老保险基金由社会保险管理机构按国家技术监督局发布的社会保障号码记入职工个人账号，所存款项及利息归个人所有。实行企业补充养老保险，可以使年老退出劳动岗位的职工按照国家规定领取的养老金因企业经济效益不同而有所差别，体现了效率的原则。这样有利于稳定企业的职工队伍，发展企业的生产。

企业补充养老保险尚无固定模式可循，但有其共同点：①视企业经济能力而定，经济条件好的多补充，经济条件差的少补充或不补充。②鼓励为本企业多做贡献，补充退休金随本人的工资和本企业工龄而定，离开企业不转移关系。③费用一般由企业自主负担，也有由企业和职工双方负担的。④基本采取完全积累模式，用以投资增值，国家一般会提供政策支持和税收方面的优惠。例如，美国的401（K）计划就是为了鼓励企业建立补充养老保险而制订的税收减免计划。

2. 企业补充医疗计划

由于法定福利中的医疗保险的保障水平很有限，如果员工生病住院，通常还要自己承担很大一部分费用（即社会医疗保险计划中规定的最高限额以上的部分），这对员工来说可能是很大的负担。所以许多企业为其员工建立了补充医疗保险，如果员工生病住院，所需的医疗费用除了社会保险报销的部分以外，企业还会帮助员工负担剩余部分的一定比例（例如80%），这样员工个人所需承担的费用就很少。此外，一些企业还为其员工提供免费定期体检、免费防疫注射、药费或滋补营养品报销或补贴、职业病免费防护、免费或优惠疗养等福利措施。由于医疗计划通常具有适应性，补充医疗计划通常和弹性福利结合在一起，让不同年龄段、不同家庭情况的员工拥有更多的选择，可以选择适合他们与家庭的福利计划，从而达到福利物尽其用的目的。

3. 员工援助计划

员工援助计划（EAP）是企业针对诸如酗酒、吸毒、赌博或压力等问题向员工提供咨询或治疗的正式计划。员工援助计划主要提供以下服务：

（1）咨询服务。咨询服务包括财务咨询（如怎样克服现有的债务问题）、家庭咨询（包括婚姻问题等）、职业生涯咨询（分析个人能力倾向并对职业选择提出建议）、重新谋职咨询（帮助被解雇者寻找新工作）以及退休咨询等，在条件允许的情况下企业还可以向员工提供法律咨询。

（2）教育援助计划。教育援助计划是针对那些想接受继续教育的员工实施的一种很普遍的福利计划，包括内部援助计划和外部援助计划两种。内部援助计划主要是指企业内部的培训。例如，尝试在企业内部开设大学课程、聘请大学教师来企业讲课等。外部援助计划主要指的是学费报销计划，可以采取全额报销、部分报销的方式，也可以采取每年给予固定金额的补助等方式。此外，还有一些针对员工子女的教育计划。

（3）儿童看护帮助。在美国，企业参与程度最低的一种儿童看护帮助是企业向员工提供帮助员工查找儿童看护服务的成本和质量方面的一些信息。在儿童看护帮助方面，参与程度较高的企业向那些已经购买了儿童看护服务的员工提供补贴。在最高的企业参与层次上，企业直接向员工提供工作场所中的儿童看护服务。

（4）老人护理服务。老年护理计划的目的是帮助员工照顾不能完全自理的年迈的父母，主要包括弹性工作时间、长期保健保险项目以及公司资助的老年人看护中心等。由于我国长期实施独生子女政策，很多作为独生子女的员工都将面对抚养以及护理老人的压力，企业针对这种情况研究制定相关的福利政策是非常有必要的，在吸引和留住员工方面会产生积极的效果。

（5）饮食服务。很多企业为员工提供某种形式的饮食服务，让员工以较低的价格购买膳食、快餐或饮料。在公司内部，这些饮食设施通常是非营利性的，有的企业甚至以低于成本的价格提供饮食服务。即使不提供全部就餐设施的企业，往往也会提供饮水或自动售货机服务以方便员工。那些不提供饮食服务的组织可能就要为其不完善的工作设施支付补偿性的差别工资，或者提供饮食补助。

（6）健康服务。大多数情况下，健康服务包括为员工提供健身场所和器械以及为员工举办健康讲座等。比如，在工作场所建造的运动场或者由组织出资成立的足球队、篮球队等，这些设施一方面为员工提供了社交的机会，另一方面也有助于员工进行体育锻炼。对于那些要求比较高、压力比较大的工作来说，有些企业还提供有助于员工缓解压力的福利。

第五节 薪酬设计组合策略

前文主要从薪酬构成的三大要素分别阐述有哪些方法进行具体设计，在现实中，还需要对三种薪酬所占比重进行设计，尤其是需要考虑基本薪酬与绩效薪酬在总薪酬中所占的比重。

一、薪酬设计的基本类型

基本薪酬和绩效薪酬作为薪酬的重要组成部分，在稳定性、差异性方面具有显著差异，因此发挥着不同的作用效果。根据基本薪酬与绩效薪酬比例关系的不同，可以分为三种薪酬组合类型：高弹性薪酬类型、高稳定薪酬类型和调和型薪酬类型（见图8-13）。

（一）高弹性薪酬类型

这是一种激励性很强的薪酬模型，绩效薪酬是薪酬结构的主要组成部分，基本薪酬等处于非常次要的地位，所占的比例非常低（甚至为零）。这种薪酬模型，员工能获得多少薪酬完全依赖于工作绩效的好坏。当员工的绩效非常优秀时，薪酬则非常高，而当绩效非常差时，薪酬则非常低甚至为零。

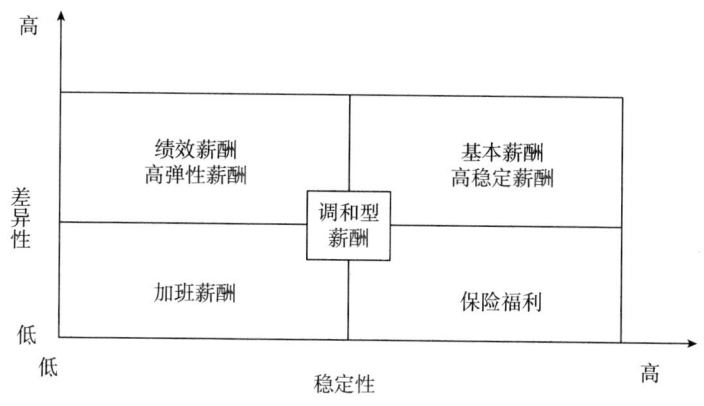

图 8-13 薪酬设计的基本模型

(二) 高稳定薪酬类型

这是一种稳定性很强的薪酬模型,基本薪酬是薪酬结构的主要组成部分,绩效薪酬等处于非常次要的地位,所占的比例非常低(甚至为零)。这种薪酬模型,员工的收入非常稳定,几乎不用努力就能获得全额的薪酬。虽然这种模式下的薪酬能够给员工带来很强的安全感,但也容易使员工滋生懒惰情绪。

(三) 调和型薪酬类型

这是一种既有激励性又有稳定性的薪酬模型,绩效薪酬和基本薪酬各占一定的比例。当两者比例不断调和与变化时,这种薪酬模型可以演变为以激励为主的模型,也可以演变为以稳定为主的薪酬模型。这种模式下的薪酬,虽然对员工既有激励性,又有安全感,但前提是企业必须制定科学合理的薪酬系统,否则将会引起混乱,给企业带来更大的弊端。三种不同薪酬类型的优缺点比较汇总见表 8-10。

表 8-10 三种不同薪酬类型的比较

薪酬类型	特点	优点	缺点	适用性
高弹性薪酬	收入波动性大;员工安全感低、压力大;激励功能强	对员工的激励性很强,员工的薪酬完全依赖于其工作绩效的好坏	员工收入波动很大,员工缺乏安全感及保障	成熟性企业,业绩伸缩范围较大的岗位,如高级管理人员、销售人员或技术骨干
高稳定薪酬	收入稳定性强;员工安全感高	员工收入波动很小,员工安全感很强	缺乏激励功能,容易导致员工懒惰	可替代性高且流动性强的工作岗位,如后勤人员、基层管理人员
调和型薪酬	兼顾激励和稳定两大功能	对员工既有激励性又有安全感	必须有科学合理的薪酬系统	具备科学合理薪酬系统的企业

二、薪酬策略与企业战略及生命周期

企业的薪酬体系，其设计目的是帮助企业实现战略目标，因而该薪酬体系必须具备战略导向性。因此，企业设计薪酬必须在经营战略的指导下，与企业生命周期结合，确定科学合理的薪酬策略（见表8-11）。

表8-11 薪酬策略与企业战略

企业战略	市场地位与企业发展阶段	薪酬策略	薪酬水平	薪酬类型	工资制度
发展战略	合并或迅速发展阶段	刺激创业	高于平均水平的报酬与高、中等个人绩效奖金相结合	高弹性型	绩效工资
稳定战略	正常发展至成熟阶段	奖励管理技巧	平均水平的报酬与高、中等个人、团队或企业绩效奖金相结合	高弹性型 高稳定型 调和型	绩效工资 年功工资 能力工资、职位工资组合
收缩战略	无发展或衰退阶段	着重成本控制	低于平均水平的报酬与刺激成本控制的、适当的奖励相结合	高弹性型 调和型	绩效工资 能力工资、职位工资组合

（一）企业的薪酬方案策略与企业战略的关系

1. 发展战略

发展战略是一种关注市场开发、产品开发、创新以及合并等内容的战略，它又可以划分为内部发展战略和外部发展战略两种类型。前者是通过整合和利用组织拥有的所有资源来强化组织优势的一种战略，注重的是自身力量的增强和自我扩张；而后者则试图通过纵向一体化、横向一体化或者多元一体化实现战略，这种战略往往是通过兼并、联合、收购等方式来扩展企业的资源或者强化其市场地位。

对于追求发展战略的企业来说，它们所强调的重要内容是创新、风险承担以及新市场的开发等，因此与此相联系的薪酬战略往往是：企业通过与员工共同分担风险，同时分享企业未来的成功来帮助其实现自己的目标。实施这种战略的企业使员工有机会在将来因企业的经营成功而获得较高的收入。这样，企业需要采用的薪酬方案就应当是：在短期内提供水平相对较低的固定薪酬，同时实行奖金或股权等计划，从而使员工在长期中能够得到比较丰厚的回报。比如，IT行业中的许多企业都采取这种报酬策略。发展型企业在很大程度上需要具有灵活性，因此它们在薪酬管理方面往往会比较注意分权，赋予直线管理人员较大的薪酬决定权。同时，由于公司扩张导致员工所从事的工作岗位本身在不断变化，因此，薪酬系统对员工的技能比对他们所从事的具体职位更为关注。

当然，内部发展战略与外部发展战略之间的差异决定了两者在薪酬管理方面也存在一定的不同。其中，采用内部发展战略的企业可以将薪酬管理的重心放在目标激励上，而采用外部发展战略的企业却必须注意企业内部薪酬管理的规范化和标准化。

2. 稳定战略

稳定战略是一种强调市场份额或者运营成本的战略。这种战略要求企业在已经占领的市场中选择自己能够做得最好的部分，然后把它做得更好。采取稳定战略的企业往往处于较为稳定的环境之中，企业的增长率较低，企业维持竞争力的关键在于能否维持自己已有的技能。从人力资源管理的角度来说，主要是以稳定已经掌握相关工作技能的劳动力队伍为出发点，因而这种企业对于薪酬的内部一致性、薪酬管理的连续性以及标准化都有比较高的要求。在薪酬管理方面，这种企业薪酬决策的集中度比较高，薪酬确定的基础主要是员工所从事的工作本身。从薪酬的构成来看，采取稳定战略的企业往往不强调企业与员工之间的风险分担，因而较为稳定的基本薪酬和福利所占的比例较大。就薪酬水平来说，这种企业一般追求与市场持平或者略高于市场水平的薪酬，但是从长期来看，由于增长速度不快，这种企业的薪酬水平不会有太大的增长。

3. 收缩战略

收缩战略通常会被那些由于面临严重的经济困难因而想要缩减一部分经营业务的企业所采用。这种战略往往与裁员、剥离以及清算等联系在一起。根据采用收缩战略的企业本身的特征，不难发现，这种企业将员工的收入与企业的经营业绩挂钩的愿望是非常强烈的。除了控制稳定薪酬部分所占的比重之外，许多企业往往还力图实行员工股份所有权计划，以鼓励员工与企业共担风险。

（二）企业的薪酬策略与企业生命周期的关系

1. 初创期企业的薪酬策略

大部分企业在初创阶段都处于资源匮乏的状态，无论是资金、人力资源还是技术、产品，往往没有太多的竞争优势，更谈不上市场份额。这时的企业还处于寻找生存空间的阶段，企业人员数量通常不多，决定往往由少数高层管理人员做出，甚至完全是老板一个人说了算，决策的速度和效率比决策的程序和一致性更为重要。企业往往没有职位说明书，员工的工作职责和工作内容不固定，经常根据需要做出调整，一个人承担多重角色甚至一个人干两个人的活儿的情况也很正常。员工雇用、培训以及绩效管理等工作要么比较随意，要么根本就没有开展。由于企业仍然面临生存危机，产品销售或者客户需求往往不稳定，这时企业经常会遇到现金短缺的问题，企业领导者或创办者有时不得不通过不领工资或推迟领工资的方式满足公司的现金需要。

在这一阶段，企业提供的基本薪酬和福利水平往往都比较低，非现金报酬也很少，短期激励即使有，通常也不会很多，企业的薪酬决策比较随意，往往是老板或高层管理人员"拍脑袋"决定。在薪酬水平不高的情况下，有些企业要么暂时只能依靠知识技能和经验不多的员工来维持运营，要么通过雇用亲戚、同学、朋友等有特殊人际关系的员工来运作，还有一种选择就是通过提供股份这样的长期激励措施来吸引并在一定时期内留住员工。

2. 成长期企业的薪酬策略

成长阶段企业的市场份额不断扩大，产品线可能会不断增加，客户数量不断上升，业务活动的多样化和复杂性程度上升，人员数量上升，沟通和协调的成本增加，高层管理者的时间和精力越来越不够用，对企业管理的规范性和程序性要求越来越迫切。这时候，企业往往开始通过编写职位说明书来规范每个人的工作职责和承担的具体工作任务，同时开始对员工的绩效进行考核，培训工作也逐渐开展起来。

成长期往往是企业业务发展最为迅速的时期，也是企业规模和收入增长最快的时期，利润的逐渐增加使企业可以适度地提高基本薪酬，福利也有所改善，但与劳动力市场上的竞争对手相比，这一时期的企业提供的基本薪酬和福利的竞争力并不是很强。不过在这时候，企业的短期激励计划，比如针对某些特殊目标实现的激励计划以及年度性的激励计划开始出现，而且在薪酬中的重要性逐步上升。由于仍然处于快速发展期，企业提供的非经济性报酬不会很多。由于企业的经营势头良好，股权等长期激励手段更有吸引力。这时的薪酬体系开始变得层次分明，也更复杂。

3. 成熟期企业的薪酬策略

企业进入成熟期，市场地位逐渐稳固，一方面变得更加规范，实力更为雄厚，所以基本薪酬开始变得明显具有市场竞争力，福利水平也与竞争对手不相上下甚至更好。不过，由于企业扩张的速度放慢，员工晋升的机会减少，每个人在本职岗位上停留的时间延长。另一方面，由于投资机会明显减少，因此，加强成本控制成为提高盈利水平的主要手段，这时企业更为重视短期激励而不是长期激励。此外，由于企业已经有较强的市场实力和较好的市场声誉，管理也非常规范，形成了较强的企业文化，非经济性报酬开始增加。

4. 衰退期企业的薪酬策略

进入衰退期的企业，原有的产品和市场仍然能够带来一些现金流，但前景比较暗淡。这时候企业一方面注重削减成本，另一方面开始重视新产品开发或为现有产品开拓新的市场，企业重新面临如何活下去的问题。这时的企业已经高度结构化，官僚主义日益严重，工作程序复杂而详细，大家的关注点更多在过程方面而不是结果方面。进入衰退期的企业尽管可以预见到未来岌岌可危，但已经形成的基本薪酬和福利较高的情况仍然会维持一段时间，只要公司的现金还足以支撑。而员工依然享受着企业提供的工作保障、社会地位等各种非经济性报酬。由于可改善的短期成果并不多，所以短期激励的水平有所下降，长期激励计划则进一步失去价值，当然，如果进入深度的衰退期，企业很可能会通过裁员、降薪、削减非生产性资产等方式自救，这时候，企业的薪酬福利水平会下降。企业要么经过努力获得重生，进入新一轮的创业期，要么消亡。具体见图8-14。

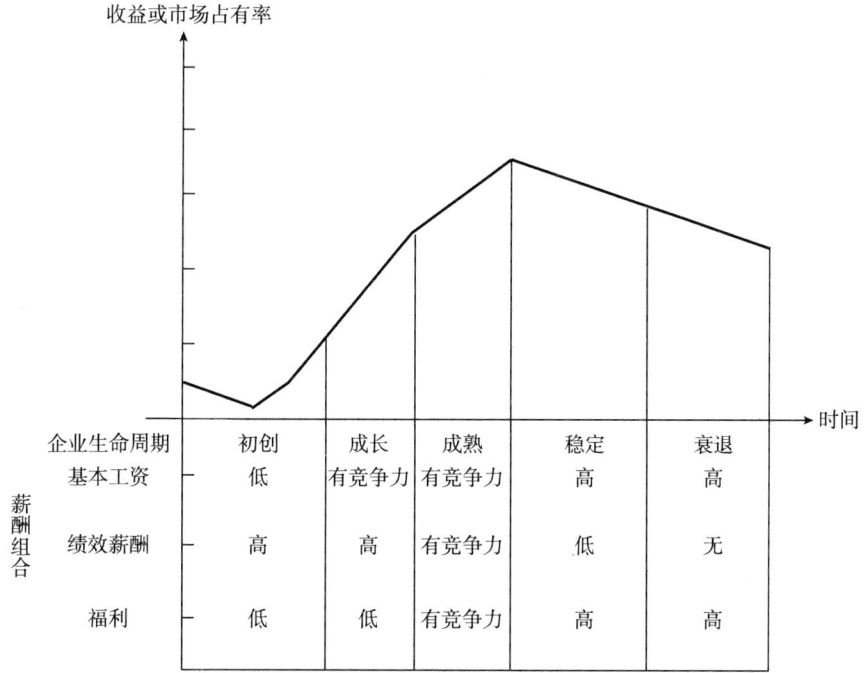

图8-14 企业的薪酬方案策略与组织生命周期的关系

第六节 薪酬管理的发展趋势

一、建立全面报酬管理观念

随着经济发展水平的提高,很多员工不把金钱收入看作选择工作地点和工作单位的首要因素。换言之,员工本身及其家庭越来越不担心失去现有工作,而是在乎工作能否带来快乐、发展;人们追求的不是终身就业,而是是否具有终身就业的能力。这一趋势在"80后""90后"的知识性员工中表现尤其明显。因此,企业内部设计薪酬体系时,不仅要重视以货币形式支付的报酬,也要充分发挥非货币性报酬的作用,比如,提供优越的工作条件、建立良好的工作氛围、给予企业培训机会、晋升机会等,两者的组合被称为"全面报酬"。研究表明,非货币性报酬更为灵活、更为经济,在企业正式薪酬之外,还应将非货币性报酬很好地融入企业薪酬体系。

二、构建水平型宽带薪酬体系

传统的以官僚等级为特征的垂直型薪酬体系被水平型的宽带薪酬体系所取代。宽带薪酬就是将原来报酬各不相同的多个薪酬等级压缩成几个级别，但同时将每一个薪酬级别所对应的薪酬浮动范围拉大，从而形成一种新的薪酬管理系统及操作流程，图 8-15 为某企业调整设计后的宽带薪酬简单示例。将原薪酬等级 1、2、3 全部合并为薪酬等级 1，同时拉大薪酬浮动范围。

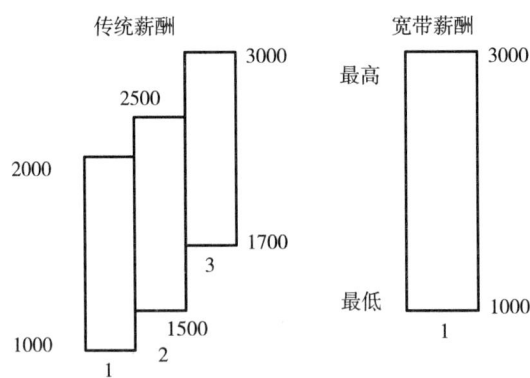

图 8-15　宽带薪酬与传统薪酬的区别

宽带薪酬与传统职位工资都是包含各种级别，允许一定波动幅度的薪酬制度，级别的多少和波动幅度的大小并没有明显的分界线，但却传达了薪酬思想的重大变化：应针对个人而不是针对其所处职位提供薪酬。在这种薪酬体系设计中，员工在自己职业生涯的大部分或者所有时间里可能都只是处于同一个薪酬宽带之中，但是随着他们获得新的技能、能力，承担新的责任，或者是在原有的岗位上不断改善自己的绩效，就能够获得更高的薪酬。宽带薪酬鼓励员工注重个人发展而非拼命垂直晋升。宽带薪酬体系的潜在假设是，一位技术非常熟练的技术工人对企业的贡献并不亚于一位车间主任，一位顶级研究人员可能比一位技术部经理对企业的作用更重要，等等。与传统职位工资制相比，宽带薪酬表现出下面一些明显的优点：

（1）宽带薪酬体系支持扁平型组织结构。宽带薪酬的最大特点就是打破了传统薪酬结构所维护和强化的那种严格的等级制，简化了过于细致的职位等级分割，适用于扁平型组织结构。

（2）宽带薪酬体系支持团队文化。宽带薪酬把很多员工归入到同一薪酬等级中，使员工产生一种平等感，通过弱化头衔、等级、过于具体的职位描述以及单一的向上流动方式向员工传递团队文化，同时通过弱化员工之间的晋升竞争而更多地强调员工之间的合作和知识共享、共同进步来帮助企业培育积极的团队绩效文化，而这对于企业整体业绩的提升无疑是非常重要的一种力量。

（3）宽带薪酬体系引导员工重视个人能力的提高而不是职位或薪酬等级的晋升，有利于企业创造参与型和学习型的企业文化。在传统薪酬结构下，员工的薪酬增长往往取决于本人在企业中的身份（地位）变化而不是能力提高，因为即使能力达到了较高的水平，但是在企业中没有出现高级职位的空缺，员工仍然无法获得较高的薪酬。而在宽带薪酬体系设计下，即使是在同一个薪酬宽带内，企业为员工提供的薪酬变动范围也可能会比员工在原来的五个甚至更多的薪酬等级中获得的薪酬范围还要大，这样，员工就不需要为了薪酬的增长而去斤斤计较职位晋升等方面的问题，而只要注意发展企业所需要的那些技术和能力就可以了。

（4）宽带薪酬体系有利于适应职位职责的快速变化以及员工职位的轮换。为适应外部环境和市场的快速变化，企业的职位设置必须保持相当的灵活性，职位职责的增减、职位合并、员工职位轮换越来越频繁。在传统职位工资制中，员工的薪酬水平是与其所担任的职位严格挂钩的，理论上讲，职位变动必然导致员工薪酬的变动，由于薪酬具有固有的刚性，除非职位变动后薪酬高于职位变动前薪酬，否则很容易引起员工的不满。但传统职位工资制严格的等级制度和狭窄的波动幅度限制了它的灵活性，结果企业不得不频繁地调整自己的薪酬等级来适应这种变化。宽带薪酬体系则减少了薪酬等级数量，将过去处于不同薪酬等级之中的大量职位纳入现在的同一薪酬等级当中，减少了过去因员工职位的细微变动而必须做的大量调整工作，不仅保持了薪酬制度的稳定性，而且具有更强的灵活性。同时，宽带薪酬设计鼓励员工进行跨职能的流动，这对于企业保持自身组织结构的灵活性，迎接多变的外部市场环境的挑战以及强化创新来说，无疑都非常有利。

（5）宽带薪酬体系能密切配合劳动力市场上的供求变化。宽带型的薪酬结构是以市场为导向的，它使员工从注重内部公平转向为更为注重个人发展以及自身在外部劳动力市场上的价值。在宽带型的薪酬结构中，薪酬水平是以市场薪酬调查的数据以及企业的薪酬定位为基础确定的，因此使企业更能把握其在市场上的竞争力。宽带薪酬体系帮助企业在不破坏原有薪酬体系和框架范围内适应某些职位薪酬因为市场原因出现的突然大幅度提高。

尽管宽带薪酬具有很多优点，但也有一些缺陷。由于宽带薪酬实质上扩大了大多数职位的工资上涨空间，从长时间来看使用宽带薪酬可能会增加薪酬费用。另外，该结构有时表现得过于宽泛，因此很难把握员工究竟应处于宽带中的哪个位置，在国内外有限的关于宽带薪酬的文献中也很难查到操作方案。

三、绩效薪酬设计趋于薪酬股权化、激励长期化

长期的员工激励计划日益受到关注，长期的薪酬激励计划是相对于短期的薪酬激励计划而言的，它是指企业通过一些政策和措施引导员工在一个比较长的时期内自觉地关心企业的利益，而不是只关心一时一事。其目的是留住关键的人才和技术，稳定员工队伍。其主要方式有员工股票选择计划（ESOP）、资本积累项目、股票增值权、限定股权计划、虚拟股票计划和股票转让价格等。

四、薪酬支付透明化

薪酬制度是否透明历来是企业中争议不断的话题，在现实中目前大多数的企业采

用保密的薪酬制度，但是研究者越来越意识到保密的薪酬制度使薪酬应有的激励作用大打折扣，强烈的好奇心理使员工通过各种渠道打听同事的薪酬，保密薪酬很快就变成透明。既然保密薪酬起不到保密作用，不如在企业内部建立公开、透明的薪酬支付政策，提高员工对薪酬的接受性。

建立透明化薪酬制度的具体做法包括：①选取具有代表性的员工参与薪酬的制定。不能只是企业管理者和人力资源经理说了算，而是应该让员工参与其中。让员工参与薪酬制度的制定不仅能提升员工对薪酬的接受度，而且也能体现企业对员工的尊重。②职位评价应采用统一客观标准对公司内部职位的相对价值进行评估，以职位的价值点数来反映职位的价值。③详细向员工说明薪酬制度的制定过程，将薪酬制度的制定过程通过文件的形式展现给全部员工，以保障薪酬制度的内部公平性。④薪酬是员工最关心的事情，薪酬制度和他们的薪酬状况息息相关，企业应站在员工的角度多做解释，让员工充分明白薪酬制度的情况，以避免不必要的误解。⑤及时处理员工投诉，鼓励员工对薪酬制度多提意见，并通过投诉的方式告知企业管理者，从而更好地完善薪酬制度。

五、弹性福利计划的兴起

弹性福利计划（Flexible Benefit Plans）又被称为自助餐式的福利计划。它起源于20世纪70年代，可以划分为三种类型，即全部自选（全部福利项目均可自由挑选）、部分自选（有些福利项目可以自选，有些则是规定好的福利项目）以及小范围自选（可选择的福利项目比较有限），但无论是哪一种弹性福利计划，都具有一个重要特征，这就是弹性福利计划的个性化、可选性。员工在企业规定的时间和金额范围内，可以按照自己的意愿搭建福利项目组合。

自助餐式的福利计划从本质上改变了传统的福利制度，从一种福利保险模式转变为一种真正的薪酬管理模式，从一个固定的福利方案转变为一个固定的资金投入方案。企业不再被福利"套牢"，而是能够根据具体情况来控制资金的支出，有利于企业合理控制福利成本的增长。自助餐式的福利计划满足了员工对于福利计划灵活性的要求，同时也提高了企业福利成本的投资回报率。弹性福利计划会增加企业在福利管理方面的难度，随着福利名目的增多，成本的提高，福利管理工作越来越需要专业人员来从事，有时企业甚至需要聘请外部的专业性福利顾问公司来提供咨询或服务。

六、福利外包化趋势明显

企业福利外包是指企业通过签订合同，把自己的福利计划完全外包给其他专业性公司来执行，由他们负责企业福利制度的设计以及员工福利的购买、发放和管理。福利外包的优点是可以为企业省去许多设计和管理方面的麻烦，使企业能够集中精力专注于核心业务，并且一般情况下提供的方案专业化程度较高。更重要的是，实践表明福利外包是一种成本更低的做法。但作为"外脑"的专业公司对企业员工的需求可能把握不明,必须要经过深入的调查和沟通才可能设计出适合企业的福利制度。在外包的过程中,应选择适合本公司情况的外包公司,选择外包公司所提供的已经成型的福利项目、二次开发的福利项目,这期间的沟通和配合是一个重要的过程。

本章小结

本章在分析薪酬与薪酬管理相关概念的基础上,介绍了当今薪酬设计最流行的3P1M薪酬设计理念,强调了薪酬设计中应遵循的重要原则,重点分别从薪酬构成的三大要素,介绍了基本薪酬、绩效薪酬与福利各自在设计中可具体采用的方法、流程等,阐述了三大要素间的三种典型组合方式,并从企业战略、企业发展阶段等方面分析了不同组合方式的适用情景。实践中,随着企业的发展,必须建立一套科学的薪酬管理体系,追求并努力实现收入分配的公平、公正、科学、合理。这需要客观的评价标准,包括对职位价值的衡量,对任职能力要求的明确,也包括对薪酬等级、薪酬水平和薪酬结构的合理制定,以确保用合理的薪酬体系达到最佳的岗位配置效果。最后对薪酬管理的发展趋势进行了总结:基本薪酬体系水平型宽带薪酬体系兴起;绩效薪酬设计趋于薪酬股权化、激励长期化;薪酬支付透明化;弹性福利计划兴起,福利外包化趋势明显。

【本章思考题】

1. 你如何理解薪酬与报酬概念上的交叉与区别?
2. 薪酬设计应遵循哪些重要的原则?
3. 你如何理解薪酬设计的3P1M模型,该模型对于现实薪酬设计有何启发?
4. 薪酬结构设计应遵循的流程包括哪些环节?
5. 工资结构线有哪些类型?各自代表企业何种付薪理念?
6. 薪酬设计主要包括哪三种重要策略?各自具有何种特点?各自适应何种情景?

【拓展阅读】

永辉超市一线员工合伙人制度设计

永辉超市面临的整个超市业的一大问题是,一线员工干着最脏、最累的活,却拿着最低微的薪水,员工流动性更是高的离谱。当一名一线员工每个月只有2000多元的收入时,可能刚刚温饱,根本就没有什么干劲,上班就是"当一天和尚敲一天钟"而已。另外,永辉超市生鲜产品居多,员工码放果蔬的时候就会出现"往一边丢""往那儿一砸"的现象，反正卖多少都和自己没关系、超市损失多少果蔬也和自己没关系。针对上述情况，采用直接提升一线员工收入的做法是不现实的，一是单纯增加员工薪资，增加企业成本负担，影响超市盈利；二是加多少合适，加多了老板不愿意，加少了激励性弱，效果短暂。

在此情景之下，永辉超市大胆启用一套一线员工合伙人激励制度。即让一线员工都成为店铺、柜组的股东，一起分新增利润，而且员工拿大头。这样，员工变成为自己打工，烂的蔬菜水果大部分损失都是自己的，整个方案的核心就是"增量利润再分配"。超市原来既有赚钱的能力，叫存量利润，这部分利润，不在分享范围之内。排除存量利润之后，每个店多赚的每一分钱，都要和店员分享。新增利润的分配按照以下原则进行：

第一层，总部和门店之间划分，约定一定分配比例，比较常用的分配比例为四六分、三七分、二八分等，分配比例因门店位置、历史等原因而有所差异。但整体上，分配比例向门店倾斜，调动了一线门店员工的积极性。

第二层，门店分到的利润，按照级别、部门毛利额达成率以及出勤系数分配到每个员工。首先是按照级别划分：店长级8%，经理级9%，课长级13%，店员级70%，越靠近一线干活的人，分到的利润比例越大。其次是按部门的毛利额达成率分配：第1名分配系数1.5，第2名分配系数1.3，第3名分配系数1.2，第4名分配系数1.1，第5名分配系数1.0。最后，还要乘以一个出勤系数：（当季应出勤天数－事假/病假/产假/工伤假天数）÷当季应出勤天数。以永辉超市一个生鲜部门的员工为例，他所获得的奖金激励为：新增利润×门店分配比例×店员分配系数（70%）÷店员数×生鲜部分配系数×该员工出勤系数。

自永辉超市一线员工合伙人制度执行以来，永辉超市果蔬损耗率降到5%，远低于同行的30%。低损耗省下来的，就是利润。店长和员工也主动多干活，因为多招人就是成本，还要分钱。员工流失率也从8%降低到4%。2014年中国财富500强榜单中，零售企业共有31家，其中永辉超市以营收305.43亿元领衔超市业态。截至2018年1月12日，永辉超市市值达到985亿元。

【思考题】

1. 你认为永辉超市一线员工合伙人制度设计执行效果如何？
2. 永辉超市一线员工合伙人制度与其他合伙人制度相比有何典型特点？
3. 永辉超市一线员工合伙人制度设计成功的经验主要体现在哪些方面？

第九章　劳动关系管理

劳动关系是企业人力资源管理工作涉及的基本经济关系，在企业人力资源管理中有着重要地位。劳动关系涉及的领域广泛，包括劳动用工、劳动关系管理、劳动保护等方面。国外对劳动关系、劳资关系或产业关系的研究已较为成熟，也形成了适合各国国情的劳动关系管理模式，而我国的劳动关系研究尚处于起步阶段。随着社会主义市场经济运行模式的形成，特别是劳动力市场的形成与完善，劳动关系日益引起人们关注。

【学习目标】

通过本章的学习，应掌握：
1. 劳动关系及劳动关系管理的概念
2. 劳动关系与劳务关系的区别
3. 劳动合同的概念、内容及特点
4. 劳动争议的原因及处理方式
5. 员工离职的管理和裁员管理
6. 劳动保护的概念和内容
7. 劳动关系管理的发展趋势

【关键词】

劳动关系；劳动合同；劳动争议；劳动保护

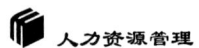

【思维导图】

- 劳动关系管理
  - 劳动关系管理概述
    - 劳动关系的概念
    - 劳动关系与劳务关系的区别
    - 劳动关系管理的概念
  - 劳动合同管理
    - 劳动合同的概念
    - 劳动合同的特点
      - 国家干预下的意思自治
      - 合同双方的当事人之间强弱对比悬殊
      - 劳动合同具有人身性
      - 劳动合同同时具有平等性和隶属性
    - 劳动合同的内容
      - 必备条款
      - 可备条款
    - 劳动合同的订立、履行、变更、解除与终止
      - 劳动合同的订立
      - 劳动合同的履行及原则
      - 劳动合同的变更
      - 劳动合同的解除
      - 劳动合同的终止
  - 集体合同制度
    - 集体合同概述
      - 集体合同的概念
      - 集体合同的特征
      - 集体合同与劳动合同的区别
      - 集体合同的意义
      - 订立集体合同应遵循的原则
    - 集体合同的形式与内容
      - 集体合同的形式
      - 集体合同的期限
      - 集体合同的内容
    - 签订集体合同的程序
      - 确定集体合同的主体
      - 协商集体合同
      - 政府劳动行政部门审核
      - 审核期限和生效
      - 集体合同的公布
    - 集体合同的履行、监督检查和责任
      - 集体合同的履行
      - 履行的监督检查
      - 违反集体合同的责任
  - 劳动争议管理
    - 劳动争议的概念
    - 劳动争议的受案范围
    - 劳动争议的种类
    - 劳动争议的处理方式
  - 离职管理
    - 离职管理的概念
    - 自愿离职的管理
    - 裁员的管理
  - 劳动保护
    - 劳动保护的概念
    - 劳动保护的内容
      - 劳动时间规定
      - 劳动安全技术
      - 劳动卫生
      - 劳动保护的组织与管理
      - 劳动保护的过程
  - 劳动关系管理的发展趋势
    - 灵活用工加大劳动关系管理难度
    - 劳务派遣"三角雇佣模式"管理挑战大
    - 平台企业员工劳动关系难界定

第九章 劳动关系管理

【引导案例】

高某于2016年6月到A高校继续教育学院任教，内容是教授全日制自考助学辅导班学生法学课程。招录时，双方未办理任何手续，但A高校要求高某必须遵守该校任课教师管理办法的规定，认真进行课堂教学，不能迟到、提前下课，也不得任意停课、调课，并应当在课外进行备课、批改作业、安排测验等工作。2018年7月，高某发现A高校未为其缴纳社会保险费，遂提出辞职，要求A高校为其补缴工作期间的社会保险费，支付未订立劳动合同的双倍工资差额及解除劳动合同的经济补偿。A高校则认为其与高某之间并非劳动关系，而是劳务关系。

按照该校规定，学院全日制自考助学教师分为专职任课教师和兼职任课教师。专职任课教师是由该院直接聘任或通过劳务公司派遣到该院专职担任教学任务的教师，其劳动关系按《劳动合同法》有关规定办理；而兼职任课教师是已有工作单位，在该院兼任全日制自考助学教学任务的教师。A高校认为高某应属于后者。双方就此发生争议，高某遂提出仲裁申请，请求确认双方之间存在劳动关系，要求高校补缴社会保险费，支付双倍工资差额及解除劳动合同的经济补偿。

【思考题】

高某与A高校之间是劳动关系还是劳务关系？劳动关系和劳务关系的区别是什么？

第一节 劳动关系管理概述

一、劳动关系的概念

在市场经济条件下，人力资源的配置是通过劳动力市场实现的。在劳动力市场中，企业与劳动者均为享有经济主权的市场主体。从社会生产的角度考察，企业是将劳动与资本按各自市场价格组织起来，并将它们与一定的技术相结合，生产出产品或服务，将产品（服务）按市场价格出售，收回成本并取得盈利的经济组织。企业的生产经营活动表现在劳动方面是凭借其对生产物质条件的占有成为用工主体；与此相应，劳动者成为劳动主体。在现代社会，劳动的社会形式的趋同性使劳动关系成为经济社会最普遍、最基本的社会关系，对劳动关系的研究在各国广泛存在。因社会制度、历史与文化的差异，有关劳动关系的表述各不相同，分别表述为劳资关系、劳工关系、雇佣关系、产业关系等；不同称谓的外延与侧重点虽有所差别，但其内涵基本相似，均是指劳动者与劳动力的使用者之间因劳动给付与工资支付而产生的关系。2008年1月颁布的《中华人民共和国劳动合同法》（以下简称《劳动合同法》）对劳动关系做出了界定，认为劳动关系是指国家机关、企事业单位、社会团体、个人经济组织和民办非企业单位（可以统称为用人单位）与劳动者之间依照法律签订劳动合同，劳动者接受用人单位的管理，从事用人单位合理安排的工作，成为用人单位的一名成员，从用人单位领取劳动报酬和受劳动保护所产生的一种法律关系。

二、劳动关系与劳务关系的区别

劳动关系的本质是管理者与劳动者个人及团体之间产生的、由双方利益引起的表现为合作、冲突、力量和权力关系的总和，它会受到一定社会的经济、技术、政策、法律和社会文化背景的影响。具有以下特点：①劳动关系中的主体中，一方是符合国家规定的劳动者，另一方是符合法定条件的用人单位。两者属于领导与被领导的从属关系。②受到《劳动法》《劳动合同法》等劳动法规调整规范，通常要建立书面的合同。③与劳动过程相联系的社会关系，表现为劳动者向用人单位提供劳动力。④劳动报酬持续性、定期支付。

劳务关系指的是平等主体之间就劳务的提供与报酬的给付所达成的协议，用工者依约向劳动者支付劳务报酬的一种有偿服务的法律关系，遵循合同自由和等价有偿的原则，雇主与雇员之间形成的是一种债权债务关系。劳务关系不受劳动法规调整规范，应适用《民法典》《合同法》的规定，具有以下特点：①劳务关系中的主体中，双方都可以是自然人或者单位的任意一方，两者不是从属关系，是平等关系。②受到《合同法》《民法典》等法规调整规范，两者之间是否签合同由双方协定。③虽与劳动过程相联系，但更强调实现过程与劳动成果。④劳动报酬可以一次性，也可以分期性支付。劳动关系和劳务关系的区别如表9-1所示。

表9-1 劳动关系和劳务关系的区别

	劳动关系	劳务关系
依据	用人单位与劳动者之间生产要素的结合	双方约定
适用法律	《劳动法》《劳动合同法》《社会保险法》	《民法通则》《合同法》
主体范围	一方是用人单位，另一方则必须是劳动者个人	主体可以同时都是法人、其他组织，没有劳动关系主体那样的限制
主体的性质与关系	不仅存在财产关系，还存在行政上的隶属关系	双方当事人之间只存在财产关系
主体的待遇	工资+社保+福利	一般只取得劳务报酬
责任承担	职务行为；单位责任	按过错承担，单位不替代
客体	劳动力，作为一种生产要素而存在	劳务，作为一种"产品"而存在，将劳动力与其他生产要素结合则生产出劳务
确定报酬的原则	按照劳动者劳动的数量和质量以及国家规定给付劳动报酬，体现了同工同酬和按劳分配的原则	按照市场原则支付，完全由双方当事人协商确定

续表

	劳动关系	劳务关系
法律责任	民事+行政	民事
争议的处理程序	先向劳动争议仲裁委员会申请仲裁，对仲裁裁决不服的，才可以在法定期间内向人民法院提起诉讼	劳务纠纷出现后若不能协商解决，可以直接通过诉讼方式予以解决
工作中伤亡事故	工伤，无过错责任	过错责任
工具/设备提供	由用人单位提供	除约定外，由劳务提供者提供
职业技能培训	用人单位义务	单位无此义务

三、劳动关系管理的概念

劳动关系管理是指以促进组织经营活动的正常开展为前提，以缓和、协调组织劳动关系的冲突为基础，通过规范化、制度化的管理，使劳动关系双方的行为得到规范，权益得到保障，维护稳定和谐的劳动关系，促使企业经营活动平稳运行。[1]

劳动关系管理覆盖的范围很广，其中最为关键的几个方面是特别需要注意的，这几个方面分别是劳动合同管理、工作时间和休息休假管理、劳动保护管理、劳动争议处理。人力资源管理人员深刻理解劳动关系并能够正确处理劳动关系，其具备以下深刻的意义。

（一）只有处理好劳动关系，才能够实现企业的基本使命

现代社会中人与人、人与组织、组织与组织之间形成了非常密切的相互依赖的关系。企业存在的重要理由之一，就是要给所在社区提供就业机会，为其雇用的员工提供一个施展才华和能力、获得收入、实现自我价值的机会。如果企业连员工的基本安全和健康的权利都无法兑现，恣意损伤员工的自尊和人格，企业的存在本身就失去了合法性和根本价值。

（二）良好的劳动关系能提高企业的盈利能力

罢工、劳动生产率低、核心员工离职、员工破坏或拿走企业的财务都是对企业盈利能力的明显破坏，而处理好劳动关系就可以有效避免这些问题的产生。

（三）良好的劳动关系能够帮助企业避免纠纷

建立并保持良好的劳动关系，可以使员工在一个心情愉快的环境中工作，即使出现一些问题也能够较好地解决，避免事态扩大。劳动关系中的纠纷为什么会激化？到了非上法庭解决不可的地步？研究表明，最重要的因素，仍然是员工在日常工作中感觉自己是否有尊严、受尊重。如果劳动关系处理得好，在一旦出现问题的时候，企业仍然可以与员工协商，可以在管理的范畴内解决，而不用诉至法庭，这样就可以找到

---

[1] 张小兵. 人力资源管理[M]. 北京：机械工业出版社，2009.

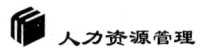

对双方都有利的方式来解决问题。

（四）良好的劳动关系有助于加强人力资源的日常管理

管理人员对劳动关系有恰当的理解，并具备解决相应问题的技能，在面临很多现实管理问题时就能够处变不惊、得心应手。比如，有些公司通过强调健康积极的企业价值观、增强员工之间的沟通、和谐的上下级关系、对员工不经意的关心、营造开心愉快的工作环境、让员工在公司享受到家庭一般的温暖，使员工对公司产生出一种不离不弃的感情。这样不仅促进了劳动关系的管理，也助于用人、留人的人力资源工作。

（五）良好的劳动关系可以发展专业化管理，提高管理水平

管理者必须意识到，劳动者权利受到保护、发展健康的劳动关系，是劳动者生存、发展、提高劳动水平的必备条件，对用人单位与劳动者个人都是有利的。特别是在知识型员工越来越占据主导地位的今天，赢得员工的认同和合作，是所有企业获得成功的必由之路。早在1911年，泰勒就在美国众议院听证会上介绍科学管理的精髓，实际上是一场管理者与员工之间的"精神革命"。他说："在科学管理下，双方思想态度发生巨大的革命。它表现在双方都将眼睛从重于一切的盈余分配转移到增加盈余上，努力增加足够的盈余，使双方没有必要再为如何分配而争吵。他们开始看到，如果他们不再相互对立，而是齐心协力，那么由他们共同创造出来的盈余就会多得惊人。他们双方都会意识到，如果用友好合作和互相帮助代替敌对和冲突，他们就能够共同使这种盈余比过去有巨大的增长，从而有充足的余地来大大提高工人的工资。同样，这大大增加了工厂的利润。先生们，这就是伟大思想革命的开始。它是走向科学管理的第一步。这种革命就是完全改变双方的思想态度；用和平代替战争，用真诚的兄弟般的合作代替争论和冲突；用齐心协力代替相互对立，用相互信任代替猜疑戒备，双方变成朋友而不是敌人。我认为这就是科学管理的必由之路。"泰勒的这番言论和我们中国的古训"家和万事兴"真正地有异曲同工之妙。

劳动关系管理，事实上，作为企业的人力资源管理人员，必须急员工之所急、想员工之所想，充分尊重、兑现劳动者的各项权利，才能在从浅到深各个层次上激励员工，使员工感受到家庭般的温暖，愿意与工作单位结成利益共同体甚至情感共同体，这才是高境界和成功的人力资源管理。

第二节　劳动合同管理

契约式劳动关系的核心就是劳动合同。熟悉劳动合同的订立、履行、变更、解除与终止等基本程序，了解劳动合同的法律法规，正确处理有关劳动合同的有关事宜，是做好企业人力资源管理工作的前提。

一、劳动合同的概念

劳动合同是劳动者与用人单位确定劳动关系、明确双方权利和义务的协议。我国《劳动法》明确规定，建立劳动关系应当订立劳动合同。劳动合同一经依法订立即具有法律约束力，当事人必须履行劳动合同规定的全部义务。

我国《劳动合同法》规定，签订劳动合同是用人单位与劳动者建立劳动法律关系的标志；同时规定，一旦用人单位发生实际用工情形，即使没有与劳动者签订劳动合同，劳动关系亦自实际用工之日起成立，并受《劳动合同法》的约束。不过在事实劳动关系中，由于缺乏劳动合同的具体约定，有关双方权利义务的认定存在诸多不确定因素。由此可见，劳动合同对于劳动关系双方都是非常重要的。这也是立法者强制性要求建立劳动关系必须签订劳动合同的根本原因。

劳动合同对用人单位一方的限定是：可以是具备一定资格的自然人，也可以是法人或其他依法成立的组织和团体等。而对劳动者一方的限定是：具有符合法律规定的权利能力和行为能力的自然人。

二、劳动合同的特点

劳动合同与一般的民事合同不同，它具有以下四个比较突出的特点：

（一）国家干预下的意思自治

劳动合同是在国家干预下的当事人的意思自治，而民事合同是没有国家干预的，体现的是当事人之间的意思自治。也就是说，当两个人在签民事合同的时候，只要合同的内容不侵犯国家利益、公共利益，也不侵害第三者的利益，基本上都不受国家的干预。但是劳动合同却不同，尽管用人单位和劳动者之间约定的是他们双方之间的事，他们也不可以随意约定合同内容。比如说，用人单位在跟劳动者约定工资条款的时候，就不可以把工资约定在当地规定的最低工资以下。在约定时间条款的时候，对于标准工时制的劳动者，用人单位不可以约定让其每天工作时间超过8小时。8小时之内可以随便约定，8小时以外则不行。尽管把每天的标准工时定在8小时以上，并不侵犯国家的利益与公共利益，但也是不可以的，因为违反了《劳动法》的规定。这就是国家干预的体现。因此，两方当事人的意思自治是限定在一定范围里的。

（二）合同双方的当事人之间强弱对比悬殊

在民事合同中，当事人之间基本上没有强弱之分，而劳动合同的双方当事人之间强弱对比则比较悬殊。一方是非常弱小的个体，即劳动者；另一方是实力较强的组织，即用人单位。既然要求双方签订劳动合同，首先要给双方当事人平等的法律地位，若没有平等的法律地位，就不可能有平等的劳动合同。鉴于这种情况，在立法的时候，如果给双方当事人平等分配的权利，实际上作为弱者的劳动者一方还是要吃亏的。

到底是"平等"还是"倾斜"，是《劳动合同法》立法过程中的主要争议之一。我国在制定《劳动合同法》时，给予双方当事人之间的权利分配基本上是平等的，没有偏向哪一方。而在实际操作中，劳动合同无法体现出权利分配的平等性，对个体的劳动者来说是不公平的。所以在立法的时候，就使用了倾斜性立法技术，即在设定某些双方当事人都有的权利的时候，可能会给劳动者分配的权利大一些，给用人单位分配的权利小一些，这就是倾斜立法。我们经常把法律比喻成天平，把强弱对比悬殊的双方当事人放在上面称一称，天平立刻就会倾斜。如果在分配权利的时候，还是平均分配的话，那么天平仍然会倾斜。怎么办呢？可以给劳动者这边增加砝码，就是给他的权利大一点，给用人单位砝码小一点，也就是用人单位的权利小一点，这样才能实现天平的平衡。

（三）劳动合同具有人身性

用人单位与劳动者建立劳动合同关系，目的是非常单纯的，就是为了使用劳动力。劳动力是看不见、摸不着的，隐藏在劳动者的肌肉和大脑里面。用人单位如果要用的话，就得让劳动者亲自到单位来。劳动力跟劳动者的人身密不可分，因此，签订劳动合同的劳动者要履行劳动义务，必须亲自到场，这样劳动合同就具有了人身性。

（四）劳动合同同时具有平等性和隶属性

劳动合同的平等性表现为：用人单位和劳动者都是劳动力市场的主体，双方都要遵循平等自愿协商的原则订立劳动合同，缔结劳动关系。任何一方在单方决定与对方解除劳动关系时，都要遵循一定的法律规定。

劳动合同的隶属性表现为：劳动者与用人单位签订劳动合同形成劳动关系后，就有义务在工作场所接受用人单位的管理和监督，按照用人单位所规定的纪律或要求付出劳动。用人单位有权利也有义务组织和管理本单位劳动者的劳动，并在法律允许的范围内有权对本单位的劳动者进行奖励和处罚，这就形成了所谓的隶属性。

三、劳动合同的内容

根据《劳动合同法》第十七条规定，劳动合同的条款分为必备条款和可备条款两类。

（一）必备条款

（1）用人单位的名称、住所和法定代表人或者主要负责人。

（2）劳动者的姓名、住址和居民身份证或者其他有效证件号码。

（3）劳动合同期限。劳动合同期限主要分为有固定期限、无固定期限和以完成一定的工作为期限三种。

（4）工作内容和工作地点。工作内容是劳动法律关系所指向的对象，即劳动者具体从事什么种类或什么内容的劳动。工作地点指劳动合同的履行地，是劳动者从事劳动合同中所规定的工作内容的地点。劳动合同的工作内容和工作地点条款一般要求规定得明确、具体，便于遵照执行。

（5）工作时间和休息休假。工作时间又称劳动时间，是指劳动者在用人单位中，必须用来完成其所负担的工作任务的时间。工作时间一般包括工作时间的长短、工作时间方式的确定。休息休假时间是指劳动者按规定不需要进行工作，而自行支配的时间。

（6）劳动报酬。劳动报酬是用人单位根据劳动者劳动的数量和质量，而获得的报酬。劳动报酬一般包括计件工资、计时工资、效益工资等形式。但是在劳动合同中，必须遵守法律的有关规定。

（7）社会保险。社会保险是国家通过立法建立的一种社会保障制度，目的是使劳动者在市场经济条件下，因年老、患病、工伤、失业、生育等，丧失劳动能力或中断就业，本人和家属失去工资收入时，能够从社会（国家）获得物质帮助。我国的社会保险目前包括医疗保险、养老保险、工伤保险和生育保险。

（8）劳动保护、劳动条件和职业危害防护。劳动保护指用人单位为了防止劳动过程中的事故，减少职业危害，保障劳动者的生命安全和健康而采取的各种措施。劳动条件是指用人单位为保障劳动者履行劳动义务、完成工作任务，而提供的必要物质和技术条件。职业危害防护是指用人单位应当为劳动者创造符合国家职业卫生标准和卫生要求的工作环境和条件，并采取措施保障劳动者获得职业卫生保护。

（9）法律、法规规定应当纳入劳动合同的其他事项。

（二）可备条款

除上述九项必备条款以外，劳动合同还可以有可备条款（约定条款），它是指法律不作强制性规定，由当事人自己在合同中任意约定的条款。可备条款的缺少一般不影响劳动合同的成立，一般包括下列条款：

1. 试用期条款

试用期是劳动合同当事人为了相互了解对方的情况而在劳动合同中约定的特定期限。用人单位与劳动者可以在合同中就试用期的期限和试用期间的工资等事项做出约定。但试用期最长不得超过6个月；同一用人单位与同一劳动者只能约定一次试用期；以完成一定工作任务为期限的劳动合同或者劳动合同期限不满3个月的，不得约定试用期；劳动者在试用期的工资不得低于本单位相同岗位最低档工资或者劳动合同约定工资的80%，并不得低于用人单位所在地的最低工资标准。

2. 培训条款

培训是按照职业或工作岗位对劳动者提出的要求，以开发和提高劳动者的职业技能为目的的教育和训练过程。《劳动合同法》第二十二条规定，用人单位为劳动者提供培训费用，对其进行专业技术培训的，可以与该劳动者订立协议，约定服务期。劳动者违反约定的，应当按照约定向用人单位支付违约金。违约金的数额不得超过用人单位提供的培训费用。用人单位要求劳动者支付的违约金不得超过服务期尚未履行部分所应分摊的培训费用。

3. 保守商业秘密条款

商业秘密是不为公众所知悉，能为权利人带来经济利益，具有实用性并经权利人采取保密措施的技术信息和经营信息。用人单位与劳动者可以在劳动合同中约定保守用人单位的商业秘密的保密事项。

4. 竞业限制条款

用人单位可以根据企业自身的性质，在劳动合同或者保密协议中与劳动者约定竞业限制条款，并约定在解除或者终止劳动合同后一定期限内（不超过2年），不能到与用人单位生产同类产品或经营同类业务且有竞争关系的其他单位任职，也不得自己生产、经营同类产品或业务，但用人单位应当给予劳动者经济补偿。劳动者违反竞业限制约定的，应当按照约定向用人单位支付违约金。

5. 保险和福利待遇条款

补充保险是指除了国家基本保险以外，用人单位根据自己的实际情况为劳动者建立的一种保险，它用来满足劳动者高于基本社会保险需求的愿望。对于补充保险国家不作强制性的统一规定，用人单位可根据自身的经济承受能力，自愿选择参加。福利待遇一般包括交通补贴、住房补贴、医疗补贴、通信补贴，以及用人单位提供的解决职工生活需要的各种福利设施等。

四、劳动合同的订立、履行、变更、解除与终止

（一）劳动合同的订立

劳动合同的订立程序如图9-1所示。

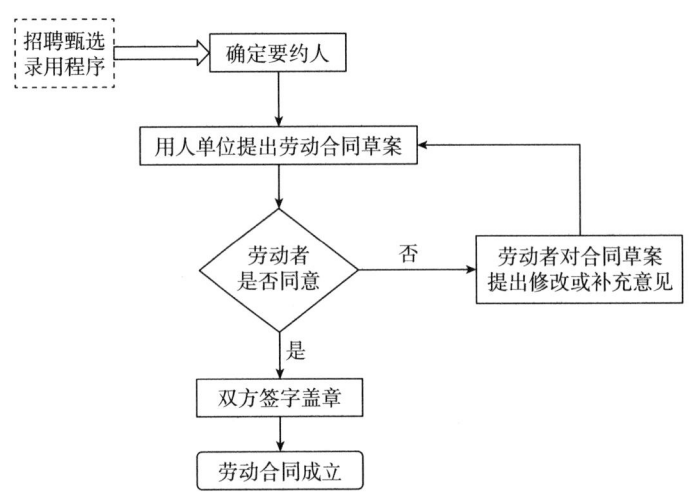

图9-1 劳动合同的订立程序

资料来源：李新建. 员工关系管理 [M]. 北京：中国人民大学出版社，2014.

用人单位在与劳动者订立劳动合同时，应该注意以下几点：

1. 行使订立劳动合同过程中的知情权

在劳动合同缔结之前，用人单位和员工为了建立劳动合同关系，通常采用用人单位招聘、员工应聘的方式,来实现订立合同之前的平等协商。在这个过程中,首先双方当事人必须有一个权利——了解对方相关信息的权利。如果没有这个权利,用人单位的面试根本就无法开展,因此法律必须赋予双方当事人知情权。

对于劳动者来讲,用人单位在招聘劳动者时,应当告知劳动者工作方面的相关内容和劳动者想了解的一些情况,这是劳动者的知情权。用人单位也有权了解劳动者与劳动合同直接相关的基本情况,劳动者不得隐瞒,这是用人单位的知情权。

在实际操作过程中,用人单位的知情权行使得非常充分。当用人单位面试劳动者的时候,什么问题都可以直接问,一般来说,这些问题劳动者都要回答,因为现在劳动力供大于求,如果劳动者不配合用人单位的面试,就可能失去被聘用的机会,所以用人单位知情权的行使几乎没有什么障碍。但劳动者知情权是未能充分行使的。

2. 禁止设定担保和收取抵押金

《劳动合同法》中有禁止设定担保和收取抵押金的规定。就是说,用人单位招聘劳动者时,不得让劳动者提供担保或者缴纳抵押金,也不得扣押劳动者的居民身份证和其他证件。

很多用人单位担心,由于不了解招进来的员工,万一这个员工在工作当中犯错误,给本单位造成巨大损失,而这个员工又一走了之,不赔偿用人单位的损失,用人单位怎么办呢?所以,现在很多用人单位都要求员工缴纳一定数额的抵押金,等员工离开本单位时再返还给他,甚至有的用人单位还支付抵押金的利息,只求降低风险。

这种做法看似合情合理,但是并不尽然。用人单位只求自保,却没有替员工考虑,因为员工也会有类似的风险。

(二) 劳动合同的履行及原则

劳动合同的履行是指劳动合同订立后,劳动者和用人单位双方按照合同条款的要求,共同实现劳动过程和相互履行权利和义务的行为过程。劳动合同的履行必须遵守以下原则:

1. 实际履行的原则

实际履行是指合同双方当事人要按照合同规定的标的履行自己的义务和实现自己的权利,不得以其他标的或方式来代替。

2. 亲自履行的原则

亲自履行是指双方当事人要以自己的行为履行合同规定的义务和实现合同规定的权利,不得由他人代为履行。

3. 正确履行的原则

正确履行是指当事人要全面履行合同规定的内容,不得打折扣,不得改变合同的任何内容与条款。

4. 协作履行的原则

协作履行是指双方当事人在合同的履行过程中要发扬协作精神,要互帮互助,共同实现合同规定的权利和义务。

(三) 劳动合同的变更

劳动合同的变更是指在劳动合同履行过程中，双方的权利和义务因故无法全部实现，或一方（双方）认为有必要调整合同内容，而需通过当事人双方再次协商，对原订条款做部分修改、补充或废除，使原来订立的劳动合同适应变化发展的新情况，从而保证合同的继续全面履行。劳动合同的变更条件如下：

（1）当事人提出变更的时间，必须是在合同的有效期内。

（2）当事人提出变更合同的内容，只能变更原合同内容的一部分，而不是它的全部。

（3）合同变更一般是修改、增加或减少部分条款，这种变更条款的依据要符合国家法律法规。

（4）合同变更必须经当事人双方协商一致，依法对合同内容做某些必要的修改而达成新的协议。除法律法规规定外，任何一方不得单方面变更合同的内容。合同中除变更的条款外，原合同中未变更的条款仍然继续有效。

(四) 劳动合同的解除

劳动合同的解除是指在劳动合同履行过程中由于当事人一方或双方主客观情况发生变化，导致合同的履行已无意义或无法全面履行，需要在合同期满以前对已经存在的劳动关系提前终止。

劳动合同的解除可以是当事人单方面的行为，也可以是当事人双方的行为。当事人双方可以在劳动合同中约定解除劳动合同的赔偿条件和赔偿责任，但必须遵循平等、合法和合理原则。用人单位依法解除劳动合同时，应当依据国家《违反和解除劳动合同的经济补偿办法》有关规定给予劳动者经济补偿和医疗补助费。任何一方违反上述规定或劳动合同约定而解除劳动合同的，应当承担违约责任。

依据解除方式的不同，劳动合同的解除可以分为两类：协商解除和单方解除。协商解除是指因主客观情况的变化，劳动合同双方当事人经协商一致解除劳动合同。单方解除是指劳动合同当事人一方依照法律、法规规定的事由行使解除权而解除劳动合同。劳动合同的单方解除又可分为劳动者单方解除和用人单位单方解除。

1. 双方协商解除劳动合同

《劳动合同法》第三十六条规定："用人单位与劳动者协商一致，可以解除劳动合同。"根据意思自治和合同自由原则，劳动合同的双方当事人享有协商解除劳动合同的自由，与该原则相应的，劳动合同的协商解除也必须符合三个条件：①双方自愿；②平等协商；③不得损害对方和第三方的利益。应当注意的是，根据解除动议提出者的不同，协商解除又可分为用人单位向劳动者提出解除与劳动者向用人单位提出解除，两者的法律后果是不一样的。如果是由用人单位向劳动者提出解除劳动合同动议并与劳动者协商一致解除劳动合同的，用人单位应当向劳动者支付经济补偿；反之，如果解除动议是由劳动者主动提出，之后协商解除的，用人单位则不必支付经济补偿。

2. 劳动者单方解除劳动合同

为充分保障劳动者的自由择业权以实现劳动力的优化配置，尤其是考虑到保护劳动者这一相对弱势群体的合法权益,劳动法规赋予了劳动者较宽松的单方解除权。根据劳动者在解除劳动合同时的条件与程序的不同,可分为劳动者提前通知解除、劳动者随时通知解除和劳动者无需通知解除三种类型。

(1) 劳动者提前通知解除。《劳动合同法》第三十七条规定:"劳动者提前三十日以书面形式通知用人单位,可以解除劳动合同。劳动者在试用期内提前三日通知用人单位,可以解除劳动合同。"根据本条规定,劳动者有权根据自己的单方意志解除劳动合同。原劳动部《关于〈中华人民共和国劳动法〉若干条文的说明》将此解释为劳动者的辞职权,并规定,除此条规定的程序外,对劳动者行使辞职权不附加任何条件,也无需征得用人单位的同意。

虽然法律赋予了劳动者几乎是无条件的辞职权,但是,对劳动者违反劳动合同约定的,如培训服务期的约定、保守商业秘密和竞业限制约定等,劳动者应承担违约责任。对劳动者违反规定或劳动合同的约定解除合同,对用人单位造成损失的,劳动者应赔偿用人单位的损失,如用人单位招收录用其所支付的费用、用人单位为其支付的培训费用、对生产经营和工作造成的直接经济损失等。因此,用人单位既要充分尊重法律所赋予劳动者的辞职权,也要通过完善劳动合同和单位规章制度充分维护用人单位的合法权益。

(2) 劳动者随时通知解除。《劳动合同法》第三十八条第一款规定:"用人单位有下列情形之一的,劳动者可以解除劳动合同:①未按照劳动合同约定提供劳动保护或者劳动条件的;②未及时足额支付劳动报酬的;③未依法为劳动者缴纳社会保险费的;④用人单位的规章制度违反法律、法规的规定,损害劳动者权益的;⑤因本法第二十六条第一款规定的情形致使劳动合同无效的;⑥法律、行政法规规定劳动者可以解除劳动合同的其他情形。"

本条款是关于因用人单位的过错,劳动者可以解除劳动合同的规定。当用人单位存在上述六种情形之一时,劳动者可以随时通知用人单位解除劳动合同,而不必遵守解除预告期和书面形式通知的程序要求,但还需履行告知义务。

用人单位出现以上六种情形之一的,除了劳动者可以随时解除劳动合同外,用人单位还需承担以下损失:①向劳动者支付经济补偿。②对劳动者造成损失的应补偿其损失。造成劳动者劳动保护待遇损失的,应按国家规定补足劳动者的劳动保护津贴和用品;造成劳动者工伤、医疗待遇损失的,除按国家规定为劳动者提供工伤、医疗待遇外,还应支付劳动者相当于医疗费用25%的赔偿费用。用人单位克扣或者无故拖欠劳动者工资的,以及拒不支付劳动者延长工作时间工资报酬的,除在规定的时间内全额支付劳动者工资报酬外,还需加发相当于工资报酬25%的经济补偿金。未依法为劳动者缴纳社会保险费的,应在限定期限内补缴保险等。③用人单位与劳动者约定了服务期,但劳动者依照此条规定解除劳动合同的,不属于违反服务期的约定,用人单位不得要求劳动者支付违约金。

因此,用人单位应注意避免出现上述现象,否则不但劳动者可以随时辞职,影响工作的正常开展，而且还免去了劳动者为服务期支付违约金的约定责任，用人单位还要补偿劳动者的损失，加付赔偿费用。

（3）劳动者无需通知解除。《劳动合同法》第三十八条第二款规定："用人单位以暴力、威胁或者非法限制人身自由的手段强迫劳动者劳动的，或者用人单位违章指挥、强令冒险作业危及劳动者人身安全的，劳动者可以立即解除劳动合同，不需事先告知用人单位。"本条款规定表明，当用人单位存在严重违法行为时，劳动者可立即解除劳动合同而无须事先告知用人单位。而且，劳动者还有权依据相关法律追究用人单位的法律责任。如果用人单位的上述行为引发重大伤亡事故时，用人单位和有关责任人还将被依法追究行政责任和刑事责任等。因此，用人单位应杜绝出现上述现象。

3. 用人单位单方解除劳动合同

劳动法规在赋予劳动者单方解除权的同时，也赋予用人单位对劳动合同的单方解除权，以保障用人单位的用工自主权，谋求劳资双方利益平衡。但为了防止用人单位滥用解除权，立法上严格限定了用人单位解除劳动合同的条件；而且，还赋予了工会对用人单位单方解除劳动合同的监督权。根据解除权使用条件的不同，用人单位解除权可以分为过失性辞退、无过失性辞退和经济性裁员三种。同时，法律还规定了用人单位不得解除劳动合同的情形。

（1）过失性辞退。《劳动合同法》第三十九条规定："劳动者有下列情形之一的，用人单位可以解除劳动合同：①在试用期间被证明不符合录用条件的；②严重违反用人单位的规章制度的；③严重失职，营私舞弊，给用人单位造成重大损害的；④劳动者同时与其他用人单位建立劳动关系，对完成本单位的工作任务造成严重影响，或者经用人单位提出，拒不改正的；⑤因本法第二十六条第一款第一项规定的情形致使劳动合同无效的；⑥被依法追究刑事责任的。"

本条款是关于因劳动者的过错用人单位单方解除劳动合同的规定，在出现上述六种情形之一时，用人单位即可以随时通知劳动者解除劳动合同，无须征得他人的意见，也无须以任何形式提前告知劳动者，并不必支付经济补偿。但用人单位在行使过失性辞退权时，应注意所依据的情形必须符合法定情形所规定的要求，如操作不当，将可能因理由不充分或依据不成立被认为是违法解除劳动合同。

（2）无过失性辞退。《劳动合同法》第四十条规定："有下列情形之一的，用人单位提前三十日以书面形式通知劳动者本人或者额外支付劳动者一个月工资后，可以解除劳动合同：①劳动者患病或者非因工负伤，在规定的医疗期满后不能从事原工作，也不能从事由用人单位另行安排的工作；②劳动者不能胜任工作，经过培训或者调整工作岗位，仍不能胜任工作的；③劳动合同订立时所依据的客观情况发生重大变化，致使劳动合同无法履行，经用人单位与劳动者协商，未能就变更劳动合同内容达成协议的。"

本条款规定了用人单位可以行使无过失性辞退权的三种情形，即由于劳动者的某些原因或客观情况变化而赋予用人单位单方解除权。但解除的方式和用人单位应承担的责任与过失性辞退有所差别，具体体现在：第一，用人单位须提前30日以书面形式通知劳动者本人或者额外支付劳动者一个月工资（按照该劳动者上一个月的工资标准确定）后，方可解除劳动合同。第二，在无过失性辞退的情况下，用人单位需向劳动者支付经济补偿。用人单位在行使无过失性辞退权时，同样需要注意所适用的情形应符合法定要件，否则将承担违法解除劳动合同的法律后果。

（3）经济性裁员。《劳动合同法》第四十一条规定："有下列情形之一，需要裁减人员二十人以上或者裁减不足二十人但占企业职工总数百分之十以上的，用人单位提前三十日向工会或者全体职工说明情况，听取工会或者职工的意见后，裁减人员方案经向劳动行政部门报告，可以裁减人员：（一）依照《企业破产法》规定进行重整的；（二）生产经营发生严重困难的；（三）企业转产、重大技术革新或者经营方式调整，经变更劳动合同后，仍需裁减人员的；（四）其他因劳动合同订立时所依据的客观经济情况发生重大变化，致使劳动合同无法履行的。裁减人员时，应当优先留用下列人员：（一）与本单位订立较长期限的固定期限劳动合同的；（二）与本单位订立无固定期限劳动合同的；（三）家庭无其他就业人员，有需要扶养的老人或者未成年人的。用人单位依照本条第一款规定裁减人员，在六个月内重新招用人员的，应当通知被裁减的人员，并在同等条件下优先招用被裁减的人员。"

本条款是关于经济性裁员的规定。经济性裁员是指企业因经营不善等经济性原因，解雇多个劳动者的情形。市场经济的变化或企业自身经营的问题经常导致用人单位需要裁减职工，允许用人单位裁减职工是保护企业市场竞争力，充分发挥企业人事自主权的一种现实需要。但是企业裁减人员会涉及众多劳动者的利益，并进而可能影响到社会的稳定，因此《劳动法》《劳动合同法》及相关劳动法规对用人单位裁减人员做了一定的限制，并规定了裁减人员的优先留用以及优先招用等制度。而且，用人单位依据经济性裁员规定解除劳动合同的，应当向劳动者支付经济补偿金。

（五）劳动合同的终止

劳动合同的终止是指劳动关系当事人双方按照合同约定的条款，履行了全部义务，实现了所有应取得的权利，劳动合同期满或者当事人约定的劳动合同终止条件出现，劳动合同即行终止。

一旦出现下列情况，劳动合同即告终止：

（1）劳动合同期限届满。

（2）当事人双方约定的劳动合同终止条件出现。

（3）经劳动争议仲裁委员会仲裁或人民法院判决终止的。

（4）用人单位因破产、关闭而消亡的，或用人单位被依法撤销的。

（5）劳动者符合退休、退职条件的。

（6）劳动者死亡。

劳动合同期满终止的，用人单位应按国家有关规定给劳动者发放生活补助费；劳动合同期限届满的，由于生产工作的需要，双方当事人在平等自愿、协商一致的基础上达成协议，可以续签劳动合同。

第三节　集体合同制度

一、集体合同概述

（一）集体合同的概念

集体合同是指用人单位与本单位职工根据法律、法规的有关规定，就报酬、工作时间、休息休假、劳动安全卫生、职业培训、保险福利等事项，通过集体协商签订的书面协议。根据《劳动法》的规定，集体合同由工会代表职工与企业签订，没有成立工会组织的，由职工代表与企业签订。

集体合同可分为基层集体合同、行业集体合同、地区集体合同等。我国的集体合同体制以基层集体合同为主导体制，即集体合同由基层工会组织与企业签订。

（二）集体合同的特征

集体合同除具有一般协议的主体平等性、意思表示一致性、合法性和法律约束性以外，还具有自身的特点：

（1）集体合同是规定劳动关系的协议。集体合同反映的是以劳动条件为实质内容的关系，整体性地规定劳动者与企业之间的权利与义务，现实劳动关系的存在是集体合同存在的基础。

（2）工会或劳动者代表职工一方与企业签订。集体合同的当事人一方是企业，另一方不能是劳动者个人或劳动者中的其他团体或组织，而只能是工会组织，没有建立工会组织的，则由劳动者按一定的程序推举职工代表。

（3）集体合同是定期的书面合同，其生效需经特定程序。根据《劳动法》的有关规定，集体合同文本须提交政府劳动行政部门审核，经审核通过的集体合同才具有法律效力。

（三）集体合同与劳动合同的区别

1. 主体不同

协商、谈判、签订集体合同的当事人一方是企业，另一方是工会组织或劳动者按照合法程序推举的代表；劳动合同的当事人则是用人单位和劳动者个人。

2. 内容不同

集体合同的内容是关于企业的一般劳动条件的约定，以全体劳动者共同权利和义务为内容。它可以涉及集体劳动关系的各个方面，也可以只涉及劳动关系的某一方面；劳动合同的内容只涉及劳动者个人的权利与义务。

3. 功能不同

协商、订立集体合同的目的是规定企业的一般劳动条件，为劳动关系的各个方面设定具体标准，并作为单个劳动合同的基础和指导原则；劳动合同的目的是确立劳动者和企业的劳动关系。

4. 法律效力不同

集体合同规定企业的最低劳动标准，凡劳动合同约定的标准低于集体合同标准的一律无效，故集体合同的法律效力高于劳动合同。

（四）集体合同的意义

集体合同制度在协调劳动关系中处于重要地位，其意义表现在以下方面：

（1）订立集体合同有利于协调劳动关系。通过集体合同的签订，可以将经营者与劳动者在劳动关系中的不同利益追求以集体合同的形式统一起来，在劳动主体与用工主体之间建立相互依存、相互合作的关系，为建立利益协调型的劳动关系提供法律保障。

（2）加强企业的民主管理。集体合同约定的各项条款是经过民主协商制定的，签订和履行集体合同体现了劳动者参与民主管理的原则，因此集体合同是企业管理民主化的重要形式。

（3）维护职工合法权益。由工会代表劳动者与企业订立集体合同，可以改善单个劳动者在劳动关系中的地位，有效地防止企业侵犯劳动者的合法劳动权益。此外，劳动关系各方面的内容若都由劳动合同具体规定，必然会增加协商、订立劳动合同的成本。集体合同对劳动关系的主要方面和一般条件做出规定后，劳动合同只需就劳动者个人的特殊情况做出约定即可，从而可以提高建立劳动关系的效率。

（4）弥补劳动法律法规的不足。劳动法律规范对劳动关系调整的规定与实际运行的劳动关系总是存在一定的差距，无论劳动立法规定的劳动标准多么具体，都难以覆盖现实生活中的劳动关系的各个方面，集体合同可以具体规范劳动关系，对劳动立法起补充作用，并且可以强化劳动法的操作性。同时，劳动立法关于劳动条件标准的规定属于最低标准，对劳动者权益的保障只是法律所要求的最低水平，而这并不是经济社会发展和劳动立法所要达到的根本目的。通过集体合同约定，密切结合企业经营的实际状况，可以有效保障劳动者利益。

（五）订立集体合同应遵循的原则

（1）遵守法律、法规及国家有关规定。此项原则即为内容合法原则。集体合同的内容不得违反国家法律法规的规定；集体合同所确定的劳动条件标准不得低于国家规定的标准。

（2）相互尊重，平等协商。集体合同签约人法律地位一律平等，具有平等的意思表示和主张各自权益的权利。因订立集体合同是劳动者团体和企业两个平等主体的自主行为，只能坚持相互尊重、平等协商的原则。国家不能采用强制命令或司法强制的手段。

(3) 诚实守信，公平合作。因为不论多么详尽的规定也不可能覆盖劳动关系的所有方面，因此订立集体合同时必须坚持诚实不欺，维护劳动关系当事人双方的利益平衡、当事人的利益与社会利益的平衡，当事人应以诚实善意的态度行使权利；集体协商应当坚持程序公平。

(4) 兼顾双方合法权益。集体协商、订立集体合同应当兼顾所有者、经营者和劳动者各方利益，不能为追求自己的利益而损害他人的利益，即要均衡所有者、经营者和劳动者各自的利益。

(5) 不得采取过激行为。集体协商、订立集体合同必须维护正常的生产工作秩序，协商双方应遵循和平原则。当订立集体合同产生争议时，任何一方都不应采取激化事态的行为。双方都应顾全大局，维持正常的生产工作秩序。

二、集体合同的形式与内容

(一) 集体合同的形式

根据《劳动合同法》《集体合同规定》的内容，集体合同为法定要式合同，应当以书面形式订立，口头形式的集体合同不具有法律效力。

集体合同的形式可以分为主件和附件。主件是综合性集体合同，其内容涵盖劳动关系的各个方面。附件是专项集体合同，是就劳动关系的某一特定方面的事项签订的专项协议。现阶段，我国法定集体合同的附件主要是工资协议（专门就工资事项签订的集体合同）。《工资集体协商试行办法》规定，企业依法开展工资集体协商，签订工资协议，已订立集体合同的，工资协议作为集体合同的附件，并与集体合同具有同等效力。

(二) 集体合同的期限

集体合同均为定期合同，我国劳动立法规定集体合同的期限为 1~3 年。期限过短，不利于劳动关系的稳定，而且会加大集体协商的成本；期限过长，不利于适应实际情况的变化和劳动权益的保障。在集体合同的期限内双方可以根据集体合同的履行情况，对集体合同进行修订。

(三) 集体合同的内容

原劳动与保障部于 2004 年颁布的《集体合同规定》（劳动保障部令第 22 号）将集体合同可以具备的事项列举规定了 15 项。由于各个企业的情况及管理水平差距很大，以及我国《劳动法》对集体合同的内容没有具体要求，所以，劳动行政管理部门没有推荐集体合同的标准文本。通常情况下，集体合同一般包括以下内容：

(1) 劳动条件标准部分，包括劳动报酬、工作时间和休息休假、保险福利、劳动安全卫生、女职工和未成年工特殊保护、职业技能培训、劳动合同管理、奖惩、裁员等项条款。上述条款应当作为劳动合同内容的基础，指导劳动合同的协商与订立，也可以直接作为劳动合同的内容。劳动条件标准条款在集体合同内容的构成中处于核心地位，在集体合同的有效期内具有法律效力。上述标准不得低于法律法规规定的最低标准。

（2）一般性规定，规定劳动合同和集体合同履行的有关规则，包括集体合同的有效期限，集体合同条款的解释、变更、解除和终止等。

（3）过渡性规定，包括集体合同的监督、检查、争议处理、违约责任等。

（4）其他规定。此项条款通常作为劳动条件标准部分的补充条款，规定在集体合同的有效期内应当达到的具体目标和实现目标的主要措施。此类规定一般不能作为劳动合同的内容，只是作为签约方的义务而存在，在集体合同的有效期内随着设定目标的实现而终止，例如规定建成某项安全保护工程或设施、建设或改善某些福利设施等。

至于集体合同可否规定企业生产经营目标，如成本、盈利、产量等目标，目前在我国集体合同的实践中存在着不同的意见。一种意见坚持认为，在集体合同的内容中，企业生产经营目标应作为组成部分。规定生产经营目标，有利于促进工会和劳动者与企业共同保障生产经营目标的实现，有利于强化劳动者的责任心，遵守劳动纪律，有利于劳动关系当事人协调利益关系，建立利益共同体等。另一种则持反对意见，其理由是：第一，规定生产经营目标，超越了劳动者的义务范围。劳动者的义务是履行劳动合同、遵守劳动纪律、完成岗位职责、提高技能等。生产经营目标虽然与劳动直接相关，但主要取决于生产经营决策、管理指挥、市场条件等因素。生产经营决策及管理权由所有者和经营者行使，利益和风险也由其享有和承担。实现生产经营目标的责任应由所有者和经营者承担，而不应是劳动者和工会的义务，否则与权利义务对等的原则相悖。第二，生产经营目标的实现程度具有不确定性，而集体合同规定的劳动条件标准则是确定的。若生产经营目标作为劳动者和工会的义务而存在，生产经营目标未实现或未能完全实现，也就意味着劳动者的利益目标无法实现或不完全实现，这显然不利于保障劳动者权益。

三、签订集体合同的程序

（一）确定集体合同的主体

劳动者一方的签约人，法定为基层工会委员会；没有建立工会组织的企业，由企业职工民主推荐，并须得到半数职工同意的代表为集体合同的签约人。用人单位一方的签约人，法定为用人单位行政机关，即法定代表人。具备法人资格、跨省市的大型企业或集团公司的法定代表人可以委托下一级企业或子公司的负责人与工会签订集体合同。

（二）协商集体合同

集体协商任何一方均可就签订集体合同或专项集体合同以及相关事宜，以书面形式向对方提出进行集体协商的要求。一方提出进行集体协商要求的，另一方应当在收到集体协商要求之日起20日内以书面形式给予回应，无正当理由不得拒绝进行集体协商。集体合同的协商是签约代表为签订集体合同进行商谈的法律行为，主要采取协商会议的形式，其主要步骤为：

（1）协商准备。双方签约人为集体协商进行准备工作，包括确定协商代表，拟订协商方案，预约协商内容、日期、地点。我国法律规定，集体合同协商代表双方人数对等，各方至少3名，并确定一名首席代表。企业首席代表由法定代表人担任或由其书面委托的其他管理人员担任；工会首席代表由工会主席担任或书面委托其他工会代表担任。用人单位协商代表与职工协商代表不得相互兼任。代表一经确认，必须履行义务，因故不能履行职责的，应另行指派或推举；集体协商双方首席代表可以书面委托本单位以外的专业人员作为本方协商代表。委托人数不得超过本方代表的1/3。首席代表不得由非本单位人员代理。集体协商的地点、时间由双方共同商定，记录员在协商代表之外指派。

（2）协商会议。集体协商会议由双方首席代表轮流主持，并按下列程序进行：第一，宣布议程和会议纪律；第二，一方首席代表提出协商的具体内容和要求，另一方首席代表就对方的要求做出回应；第三，协商双方就商谈事项发表各自意见，进行充分讨论；第四，双方首席代表归纳总结意见。达成一致的，应形成集体合同草案或专项集体合同草案，由双方首席代表签字。经双方代表协商一致的集体合同草案或专项集体合同草案应当提交职工代表大会或者全体职工讨论。职工代表大会或者全体职工讨论集体合同草案或专项集体合同草案，应当有2/3以上职工代表或职工出席，且须经全体职工代表半数以上或者全体职工半数以上同意，集体合同草案或专项集体合同草案才能得到通过。

（3）集体合同草案或专项集体合同草案经职工代表大会或者职工大会通过后，由集体协商双方首席代表签字。

（三）政府劳动行政部门审核

由企业一方将签字的集体合同文本及说明材料一式三份，在集体合同签订后的10天内报送县级以上政府劳动行政部门审查。说明材料应包括企业的营业执照、工会的社团法人证明材料、双方代表的身份证（均为复印件）、委托授权书、职工代表的劳动合同书、相关审议会议通过的集体合同的决议、集体合同条款的必要说明等。

（四）审核期限和生效

劳动行政部门在收到集体合同后的15天内将审核意见书送达，集体合同的生效日期以审核意见书确认的日期为准。若劳动行政部门在收到集体合同的15天内未提出异议的，集体合同即行生效。若集体合同经劳动行政部门审核认定存在无效条款或部分无效条款的，签约双方应进行修改，并在15天内重新报送审核。

（五）集体合同的公布

经审核确认生效的集体合同或自行生效的集体合同，签约双方应及时以适当的方式向各自代表的成员公布。

四、集体合同的履行、监督检查和责任

（一）集体合同的履行

已经生效的集体合同具有法律效力，集体合同当事人和关系人应该履行集体合同

所规定的义务。这里所谓的集体合同的关系人,是指由集体合同的订立而获得利益,并且受集体合同约束的主体,包括工会组织所代表的全体劳动者、用人单位所代表的所有者和经营者等。

集体合同的履行遵循实际履行和协作履行的原则。其中,劳动标准性条款的履行,应在合同的有效期内按照合同规定的各项标准签订和履行合同,确保实现劳动者利益;目标性条款的履行,应将所约定的项目列入并落实在企业计划和工会计划之中,并采取有效措施实施计划。在履行集体合同的过程中,企业行政须与工会密切协作。工会会员和非会员劳动者虽不是集体合同的当事人,但却是集体合同的关系人,因集体合同的存在而应承担履行集体合同的义务。

(二)履行的监督检查

集体合同在履行的过程中,企业工会应承担更多的监督与检查的责任,也可以与企业协商,建立合同履行的联合监督检查制度。当发现问题时,及时与企业协商解决。企业内工会的各级组织应当及时向企业工会报告本组织所在团体的集体合同的履行情况;工会应定期向职工代表大会或全体职工通报集体合同的履行情况;职工代表大会有权对集体合同的履行实行民主监督。

(三)违反集体合同的责任

若企业违反集体合同的规定,应承担法律责任;个别劳动者不履行合同规定的义务,则按照劳动合同规定承担相应的责任。

第四节 劳动争议管理

在劳动关系的发展中,劳动关系各方不可避免地会出现矛盾。劳动争议管理成为劳动关系管理的重要内容。研究企业劳动争议管理,正确处理劳动争议,对于建立有效的劳动争议处理机制、协调和稳定企业劳动关系、发挥人力资源潜能、保护双方主体的合法权益具有十分重要的意义。

一、劳动争议的概念

劳动争议又称劳动纠纷,或劳资争议和劳资纠纷,是指企业劳动关系的双方(用人单位和劳动者)主体之间在实现劳动权利和履行义务等方面产生的争议。劳动争议具有以下特征:

(1)劳动争议的主体是特定的。劳动争议的主体是存在劳动关系的用人单位和劳动者。用人单位指聘用或雇用劳动者并与劳动者订立劳动合同的企业、事业单位、国家机关或者其他社会组织。劳动争议正是以他们为当事人所产生的有关劳动权利义务的争议。因此,如果争议不是发生在有劳动关系的当事人之间,而是发生在职工与职工之间、企业与企业之间、企业与国家机关之间，即使劳动争议的内容涉及劳动问题，也不能构成劳动争议。

（2）劳动争议的范围是限定的。劳动争议以劳动法律关系为前提，只有在当事人之间建立劳动关系的基础上，才能产生劳动争议。劳动争议的范围限定在法律规定的范围之内。只要属于法律规定范围内的劳动争议，当事人均可向当地的劳动争议仲裁委员会申诉。

（3）不同的劳动争议适用不同的程序。劳动争议处理的一般程序包括协商、调解、仲裁和诉讼。我国法律规定，劳动争议发生后，当事人应当协商解决；不愿协商或协商不成的，可以向本企业劳动争议仲裁委员会申请调解；调解不成的，可以向劳动争议仲裁委员会申请仲裁。当事人也可以直接向劳动争议仲裁委员会申请仲裁。对仲裁裁决不服的，可以向人民法院起诉。我国现行劳动争议处理制度的基本体制是自愿选择企业调解，仲裁是劳动争议诉讼的前置程序，发生劳动争议的职工一方在3人以上，并有共同理由的，应当推选代表参加调解或者仲裁活动。

二、劳动争议的受案范围

根据《劳动争议调解仲裁法》第二条的规定，中华人民共和国境内的用人单位与劳动者发生的下列争议，属于我国劳动争议处理机构的受案范围：①因确认劳动关系发生的争议；②因订立、履行、变更、解除和终止劳动合同发生的争议；③因除名、辞退和辞职、离职发生的争议；④因工作时间、休息休假、社会保险、福利、培训以及劳动保护发生的争议；⑤因劳动报酬、工伤医疗费、经济补偿或者赔偿金等发生的争议；⑥法律、法规规定的其他劳动争议。

法律、行政法规或者地方性法规规定的其他劳动争议主要有：①因认定无效劳动合同、特定条件下订立劳动合同、用人单位裁减人员等发生的争议；②因职工流动、停薪留职、从事第二职业发生的争议；③用人单位在录用职工时非法向劳动者个人收取费用的纠纷；④用人单位要求在职职工缴纳抵押性钱款或股金的争议；⑤劳动者与用人单位解除或者终止劳动关系后，请求用人单位返还其收取的劳动合同定金、保证金、抵押金、抵押物产生的争议，或者办理劳动者的人事档案、社会保险关系等转移手续产生的争议；⑥劳动者退休后，与尚未参加社会保险统筹的原用人单位因追索养老金、医疗费、工伤保险待遇和其他社会保险费而发生的纠纷；⑦因履行企业内部承包责任合同中有关劳动权利义务方面的规定发生的争议；⑧因履行集体合同发生的争议。

此外，根据《最高人民法院关于审理劳动争议案件适用法律若干问题的解释（二）》第七条规定，下列纠纷不属于劳动争议：①劳动者请求社会保险经办机构发放社会保险金的纠纷；②劳动者与用人单位因住房制度改革产生的公有住房转让纠纷；③劳动者对劳动能力鉴定委员会的伤残等级鉴定结论或者对职业病诊断鉴定委员会的职业病诊断鉴定结论的异议纠纷；④家庭或者个人与家政服务人员之间的纠纷；⑤个体工匠与帮工、学徒之间的纠纷;⑥农村承包经营户与受雇人之间的纠纷。

用人单位要成功应对劳动争议,首先要明确哪些争议属于劳动争议,哪些争议不属于劳动争议,因为法律关系不同,争议所适用的法律法规也就不同,争议双方的权利义务也不相同,用人单位的应对思路和应对策略亦有所区别。不属于劳动争议的,劳动者就不能根据《劳动法》主张相关权利,用人单位也无须承担《劳动法》规定的用人单位的义务。

三、劳动争议的种类①

根据不同的分类标准,劳动争议有以下几种:

(1) 依据劳动争议的性质,分为既定权利争议与特定权利争议。既定权利争议是指劳动关系双方主体及其代表对既定权利和义务的实现和履行产生的争议。也就是说,企业既定权利争议是就有关劳动法规和企业集体合同或劳动合同的执行与否而产生的争议。既定权利争议一般适合于调解、利益仲裁和法律诉讼等手段。特定权利争议是指劳动关系双方及其代表在确定彼此的权利和义务时产生的分歧和争议。它一般发生在企业集体合同或劳动合同的订立或变更阶段。当企业劳动关系双方及其代表在订立或变更企业集体合同或劳动合同时,对彼此权利和义务的确定存在不同意见,就会产生企业特定权利争议。在实践中,企业特定权利争议较多地出现在集体谈判陷于僵局或失败之时。特定权利争议适合于双方协商解决或政府干预的双方协商解决。

(2) 依据劳动争议的主体,分为职工个人劳动争议与集体劳动争议。企业职工个人劳动争议是指企业个别劳动者与企业管理者之间发生的具有独特内容的劳动争议,具有以下特点:第一,劳动者一方的争议,当事人人数未达到集体争议当事人人数的法定要求。比如在我国,劳动者一方的争议当事人人数只限于1人或2人。第二,争议内容只是关于个别劳动关系、劳动问题的,而不是关于一类劳动关系、劳动问题的,后者主要出现在集体争议当中。第三,对于争议的处理,劳动者一方的争议当事人只能自己参加,而不能由别人代表。劳动者一方的争议当事人为2人时,其中一人不能作为另一人的代表。集体劳动争议是指争议的主体一方职工达到法定人数并具有共同理由的劳动争议。

(3) 依据劳动争议是否具有涉外因素,分为国内劳动争议和涉外劳动争议。国内劳动争议是指有本国国籍的企业的劳动者与本国企业的管理者之间的劳动争议。在中国,外商投资企业的中外合资经营企业和中外合作经营企业属中国企业。因此,它的管理者与中国员工之间发生的劳动争议属于国内劳动争议。涉外劳动争议是指当事人一方或双方具有外国国籍或无国籍的企业劳动争议。它包括本国企业管理者与外籍员工之间、外籍雇主与本国员工之间以及外籍雇主与外籍雇员之间的劳动争议。在中国,

---

① 李燕萍,李锡元. 人力资源管理[M]. 武汉:武汉大学出版社,2012.

外商投资企业中的外商独资企业是由外籍雇主独资兴办的,它与中国员工或外籍员工之间发生的劳动争议属于涉外劳动争议。

四、劳动争议的处理方式

《劳动争议调解仲裁法》第四、第五条规定:发生劳动争议,劳动者可以与用人单位协商解决。《劳动法》第七十七条规定,用人单位与劳动者发生劳动争议,当事人可以依法申请调解、仲裁、提起诉讼,也可以协商解决。也可以请工会或者第三方共同与用人单位协商,达成和解协议;当事人不愿协商、协商不成或者达成和解协议后不履行的,可以向调解组织申请调解,不愿调解、调解不成或者达成调解协议后不履行的,可以向劳动争议仲裁委员会申请仲裁;对仲裁裁决不服的,除本法另有规定的外,可以向人民法院提起诉讼。

可见,我国的劳动争议处理程序一般包括以下几个步骤:

(1)协商。发生劳动争议,劳动者可以与用人单位协商,也可以请工会或者第三方共同与用人单位协商,达成和解协议。但是,协商属于双方当事人自愿,并非处理劳动争议的必经程序,也非法定程序,如达成和解协议,对和解协议的履行也属自愿性质,没有强制性的法律效力。

(2)调解。发生劳动争议,当事人不愿协商、协商不成或者达成和解协议后不履行的,可以向调解组织申请调解。调解程序是法定程序,但不是必经程序,当事人享有是否选择调解的自主决定权;经调解达成的协议也不具备强制履行的法律效力,但因支付拖欠劳动报酬、工伤医疗费、经济补偿、赔偿金事项达成调解协议,用人单位在协议约定期限内不履行的,劳动者可以持调解协议书依法向人民法院申请支付令,人民法院应当依法发出支付令。

(3)仲裁。发生劳动争议,当事人不愿调解、调解不成或者达成调解协议后不履行的,可以向劳动争议仲裁委员会申请仲裁。仲裁是处理劳动争议的法定必经程序,同时还是劳动争议案件提请人民法院审理的前置条件,只有在案件经过仲裁委员会仲裁之后,当事人对裁决不服时,才能向人民法院起诉,否则,人民法院不予受理。仲裁裁决书一旦生效,即具法律效力,如一方当事人在法定期限内不起诉又不履行仲裁裁决的,另一方当事人可以申请人民法院强制执行。

(4)诉讼。当事人对仲裁裁决不服的,可以在规定期限内向人民法院提起诉讼。人民法院审理劳动争议案件适用的是民事诉讼程序,采取两审终审制,之后即使当事人对判决不服,也只能通过审判监督程序进行申诉,但申诉并不影响判决的执行。

这就是我国的"一调一裁二审制"和"仲裁前置原则"。需要注意的是,用人单位违反国家规定,拖欠或者未足额支付劳动报酬,或者拖欠工伤医疗费、经济补偿、赔偿金的,劳动者还可以向劳动行政部门投诉,由劳动行政部门依法处理。

此外,根据《劳动合同法》第三十条的规定,用人单位拖欠或克扣劳动报酬的,劳动者还可以直接向人民法院申请支付令。

第五节 离职管理

企业必须有能力和意愿去解雇那些绩效不佳甚至对企业的利益产生不良影响的员工。解雇不称职的低绩效员工不仅有助于企业减少损失,更重要的是,解雇低绩效员工恰恰也是留住高绩效员工的一个重要条件。因此,为了有效地进行市场竞争,企业必须一方面采取一定的程序确保高绩效员工愿意留在企业中,另一方面还应当允许、鼓励甚至在必要情况下迫使那些低绩效的员工离开企业。

一、离职管理的概念

离职是指企业员工流出企业的过程。对企业来说,维持员工在合理范围内的流动是一件好事,既可以保持企业的活力,又不至于背负过重的人力成本,也有利于企业挑选那些适合自己的优秀人才。同时,对劳动者而言,他们可以在劳动力市场上评估自己的价值,选择更优的企业,更好地实现自己的价值。但是,这种人员流动的灵活性也给企业增添了在处理员工离职问题时出现麻烦和不良影响的可能性,为企业的员工关系管理带来了新的挑战①。

员工离职包括三种情况:自愿离职、非自愿离职与自然离职(见图9-2)。如果员工离职是由组织方面提出的,那么就属于非自愿离职。通常情况下,这类离职涉及的员工往往希望能够继续留在组织中。非自愿离职可能是由于员工严重违纪或多次绩效考核不合格且无法改进而被企业解雇,也可能是出于经济不景气等原因而阶段性地解雇一些员工。一般情况下,"解雇"一词特指企业因为惩戒方面的原因而与员工解除雇佣关系的情况,但在有些时候,人们也把所有形式的非自愿离职统称为解雇。如果由员工方面提出离职要求,而组织希望员工能够继续留在组织中,那么就属于自愿离职。员工自愿离职的原因既可能是退休,也可能是想从事另一份工作。自然离职是指由于一些不可避免的人力资源损耗而导致员工的流出。

二、自愿离职的管理

大多数自愿离职往往是企业希望留住员工而员工本人主动要求离开企业。在当今这个因人才短缺而导致人才战争愈演愈烈的时代,企业想留住高绩效员工的难度会越来越大,因为在劳动力市场上相互竞争的企业以及其他组织都在盯着那些高绩效员工。此外,员工心理契约的变化也使自愿离职现象比过去更为频繁,因为员工认为自己有权利管理好自己的职业生涯,而不是对一个特定组织自始至终地保持忠诚。在这种情

---

① 董克用,李超平.人力资源管理概论(第五版)[M].北京:中国人民大学出版社,2019.

况下,研究本组织中员工自愿离职的现象,从而制定相应的对策,是企业必须做出的一个选择。

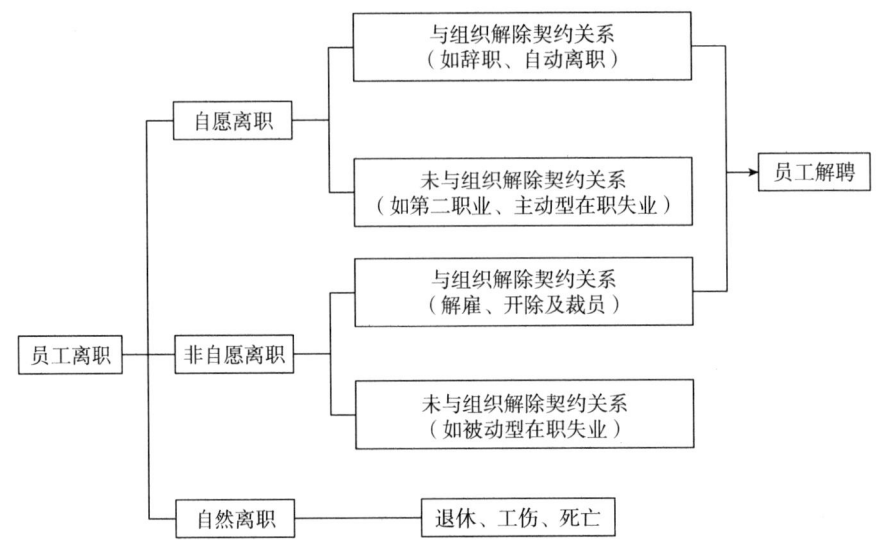

图 9－2　离职的分类

资料来源:谌新民. 员工解聘成本收益分析 [M]. 广州:广东经济出版社,2005.

事实上,大多数时候,一位员工选择离开一家企业,是经过充分思考甚至心理斗争的情况下决定的,即使是在有其他组织挖墙脚的情况下。一位员工从没有离开企业的想法到产生离职的意向再到最终的离职,往往会有逐渐累积对组织不满的过程,这种不满会对员工产生推力。当这种推力足够大时,即使没有外部的吸引力,员工也可能会选择离开企业。员工离职的程序如图9-3所示。此外,由于找到一份新的工作并非易事,很可能会花费长达数月的时间,所以员工对于辞职通常会持谨慎的态度。因此,一旦员工对组织产生不满,虽然他们尚未明确提出离职,但是在工作中已经开始表现出一些不能全身心投入工作的迹象,这些迹象称为工作退出,即员工在身体、心理方面表现出的试图避免达到某种工作状态的一系列行为。当工作性质、上级和同事薪酬水平或员工自身的性格等因素引起员工对工作不满时,就会出现工作退出现象。工作退出可能会表现为行为改变、身体上的工作退出以及心理上的工作退出三种形式。一些研究者认为,员工的工作退出行为会按照以上三种形式的顺序逐一表现出来。另一些研究者则认为,员工会根据导致他们对工作不满意的原因选择采取何种行为。但无论如何,这三种工作退出行为彼此之间存在密切的联系,并且如果这些情况出现,至少部分原因是对工作感到不满意。

对自愿离职员工的管理分为四个步骤:分析员工自愿离职的原因并进行归类提炼;查找导致员工离职的组织制度因素;进行旨在减少自愿离职员工数量的政策改进;评

估变革实施的结果并加以修正。

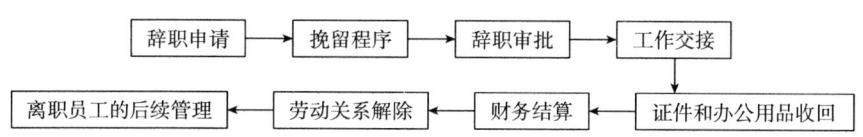

图 9-3 员工离职的程序

资料来源：吴慧青. 如何进行员工各项管理［M］. 北京：北京大学出版社，2004.

（一）分析原因

造成员工自愿离职的因素主要可以归结为三点：个人因素、组织因素、报酬因素。其中，个人因素离职是指由于员工个人工作以外的原因而导致的离职；组织因素离职是指由于员工认为组织给其带来的心理满足低于其心理期望而导致的离职；报酬因素离职是指由于员工认为企业所提供的物质报酬低于其心理预期所导致的离职。根据每位自愿离职员工的具体原因，企业可以采取措施进行员工管理方面的改进，以使员工的自愿离职率降到可接受的水平。

分析员工离职的原因所使用的方法包括离职人员访谈法、员工主管座谈法、员工工作满意度调查、员工意见箱制度等。其中，离职人员访谈与工作满意度调查是最常用的两种方法。

（二）查找组织层面因素

当管理者收集和提炼离职员工的离职原因后，就可以着手探寻在离职员工个人因素外，究竟是哪些组织的制度弊端造成了员工的离职。

（三）改进政策

任何组织层面的变革都会遇到很大的阻力，这种对组织制度与政策的调整通常都具有复杂、难度大、所需时间长等特点，对企业管理者来说是一个较大的挑战。

（四）效果评估

在做完以上几个步骤之后，工作人员需要对离职管理的效果进行评估。组织的评估可从以下几个方面来进行：首先，可以考察组织在下一个时间段内的员工离职情况，优秀人才的离职率是否有所降低；其次，可以调查在职员工的满意度是否有所提高；最后，核算离职管理的成本，尽量在合理范围内降低成本。

通过四个环节的努力，企业有可能做到了解离职员工的离职因素，改进组织中有缺陷的制度与政策，为降低组织所不希望发生的自愿离职提供制度保证。

三、裁员的管理[①]

裁员是非自愿离职的典型形态。在企业经营出现困境或遭遇经济危机时，裁员

---

① 董克用，李超平. 人力资源管理概论（第五版）［M］. 北京：中国人民大学出版社，2019.

是企业降低人力成本、提高生产率和竞争力的重要手段。有些企业，即使在经济景气、运转良好的情况下，也会对内部员工进行考核，按照末位淘汰的规定对绩效连续不达标的员工进行裁员处理，以此提高员工的绩效。裁员是员工的非自愿离职，可能会引起部分员工的不满和怨言，如果处理不好企业与被裁员工的关系，极有可能损害企业的形象，甚至会给企业带来不小的麻烦。此外，裁员除了降低企业的成本外，在某种程度上也会增加企业的管理成本，如招聘与培训成本、对员工的补偿成本等。如果裁员不当，在经济好转时，还必须付出更大的成本重新招聘、培训等。所以，裁员一定要有规划，不能盲目裁员。在面临裁员时，可以比较替代方案，如冻结招聘、停发奖金、限制加班、弹性工作日等，选择最有利于公司长远发展的方式。

当不得不进行裁员时，也要进行详细的规划，设计裁员方案，尽量把不利影响降到最低。一般而言，企业的裁员分为如下几个步骤：

（一）裁员计划

裁员计划阶段，需要经过五个步骤：①明确企业战略及目标，充分考虑企业的现实和未来，评估裁员的商业价值，列出具体裁员岗位和数目及依据；②计划制订过程，具体包括筛选被裁员工的依据，确定遣散费、补偿费及相关法律依据，制定保留或重新雇用战略；③制定沟通策略，沟通内容包括公司经营现状、裁员原因和过程说明等，确定沟通方式；④建立裁员小组；⑤制定裁员时间表。

（二）裁员筛选

裁员筛选主要有以下四个步骤：①制定筛选标准，依据该标准对需要裁员的岗位上的员工进行初步评估；②确定最优秀和最应保留员工名单，并对名单进行评估；③确定裁员对象，再次进行评估；④人力资源工作人员与部门主管进行沟通和商讨，确定最终裁员名单。在此过程中，要注意保留筛选依据。

（三）裁员实施

人员遣散过程中，主要包括以下三个步骤：①面谈并提供咨询帮助，由公司人力资源部门的高层领导与被裁员工进行面谈，沟通裁员结果并解释裁员原因，态度真诚，站在员工的立场上，表示感同身受；同时为员工提供咨询服务，提高他们对劳动力市场的了解，帮助他们寻找下一份工作。②确定遣散费用方案，包括遣散费用的计算依据、计算公式，处理相关法律问题和手续。③与保留员工进行沟通，消除他们对于裁员的恐惧心理，安抚他们的情绪，鼓励他们尽快投入正常的工作状态。

（四）裁员评估

事后需要对裁员进行评估，评估内容包括：①裁员计划方案的完整性和周全性。②裁员工作是否按计划进行，时间掌控、成本、最终效果是否达到预期。③员工的不满情绪是否得到平复，裁员过程中是否出现与员工矛盾的激化和诉讼问题。④裁员名单的确定是否科学、合理，有没有裁掉不应该被裁的员工或保留不该保留的员工。根据评估结果，改进方案，在以后的裁员过程中吸取经验，改进完善。

第六节 劳动保护

员工的安全与健康是企业生产力的基础。劳动保护是人力资源管理中的基本内容，也是满足员工安全需要、激发其劳动积极性的必要手段。

一、劳动保护的概念

根据《宪法》的有关规定和安全生产方针，从广义上看，劳动保护是国家和社会（包括企业）为保护劳动者在生理、经济和社会各方面的权益而采取的各项保障和维护措施的统称。这种广义的劳动保护具有三个层次的含义：

第一个层次是对劳动者的生理保护。国家通过立法形式或强制方式保护劳动者在劳动过程中的安全与健康，以防止和消除工伤事故和职业病的发生。

第二个层次是对劳动者经济条件的保护，主要是保护劳动者报酬和福利。

第三个层次是对劳动者社会条件的保护，包括对劳动者素质、劳动者职业稳定和职业提升、劳动中良好的人际关系以及劳动者参与企业管理的权益的保护。

这三个层次从内容上说标志着劳动保护从低级向高级的发展，对人的重要程度也越来越大。对于企业而言，首先需要做好的应是保护劳动者在生产过程中的安全与健康，也可以理解为狭义的劳动保护，即针对劳动过程中存在的许多不安全、不卫生的因素采取的各种技术措施和组织措施的总称。从学科的角度讲，劳动保护是一项综合性的工作，它既有属于社会科学范畴的政治、法律、经济等学科中关系到劳动保护方针政策、法律规章、管理制度、思想教育方面的问题，又有属于自然科学范畴的物理、化学、力学、生物医疗卫生等学科中，有关改善劳动条件、减轻劳动强度、消除危险因素等方面的技术性问题。因此，劳动保护是一项很复杂的工作。

二、劳动保护的内容

劳动保护所要解决的问题是针对生产活动中一切有可能危害劳动者的因素，采取有效措施加以消除或控制，创造合乎安全生产要求的劳动条件，防止伤亡事故、职业病的发生。劳动保护的基本任务是保证安全生产、实现劳逸结合、对特殊劳动群体的保护、规定工作时间和休假制度、组织工伤救护以及做好职业病的防治等。劳动保护的内容包括四个部分：劳动时间规定、安全生产技术、劳动卫生和劳动保护的组织与管理（见图9-4）。其中，劳动时间规定是指企业所实行的员工工作的时间必须符合国家有关法律法规的相关规定，并且应该有利于员工身心的健康发展；安全生产技术是指为了消除生产过程中的不安全因素，保障员工人身安全，预防人身事故而采取的各种技术、物质措施的总称；劳动卫生是为了消除由于职业特点而形成的对于劳动者健康的不利影响（职业病），从工作安排、技术组织管理等方面采取各种措施，建立合乎科学的劳动环境，保证劳动者的身体与心理健康；劳动保护的组织与管理是指建立健全劳动保护制度，仅有制度还不行，还必须认真实施。为此，企业还需要做大量的管理工作。

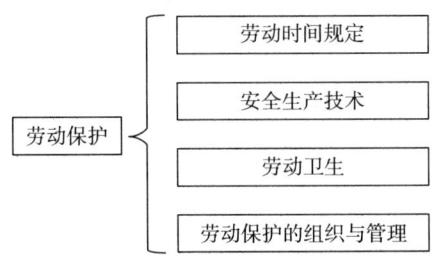

图 9-4　劳动保护的主要内容

资料来源：董克用，李超平. 人力资源管理概论（第五版）[M]. 北京：中国人民大学出版社，2019.

（一）劳动时间规定

对劳动时间的限制是维护劳动者的休息时间、保障劳动者身心健康的重要手段。我国现行的关于职工工作时间的规定的主要内容如下：

1. 工作时间的概念和分类

工作时间是劳动者根据国家法律规定在用人单位从事工作或生产的时间。目前，我国劳动者的工作时间主要有四类：

（1）标准工作时间。标准工作时间是指由国家法律规定的，在正常情况下，一般员工从事工作或劳动的时间。《劳动法》第三十六条规定，国家实行劳动者每日工作时间不超过 8 小时、平均每周工作时间不超过 44 小时的工时制度。《国务院关于职工工作时间的规定》第三条规定，职工每日工作 8 小时，每周工作 40 小时。其中，把劳动者在一昼夜内工作 8 小时称为"标准工作日"；把在一周内工作 40 小时，即每周工作 5 天、休息 2 天称为"标准工作周"。

（2）缩短工作时间。缩短工作时间是指在特殊情况下，对员工实行的少于标准工作时间长度的工时形式。《国务院关于职工工作时间的规定》第四条规定，在特殊条件下从事劳动和有特殊情况，需要缩短工作时间的，按照国家有关规定执行。在我国目前能缩短工作时间的有：从事矿山、井下、高山、高温、低温、有毒有害、特别繁重或过度紧张的劳动，夜班工作，哺乳期的女职工。

（3）计件工作时间。计件工作时间是指以劳动者完成一定劳动定额为标准的工作时间。《劳动法》第三十七条规定，对实行计件工作的劳动者，用人单位应当根据本法第三十六条规定的工时制度合理确定其劳动定额和计件报酬标准。即用人单位必须以劳动者在一个标准工作日和一个标准工作周的工作时间内能够完成的计件数量为标准，确定劳动者的劳动定额。

(4) 综合计算工作时间和不定时工作时间。第一，综合计算工作时间是指因企业生产或工作的特点，劳动者的工作时间不宜以日计算，需要分别以周、月、季、年等为周期，综合计算工作时间，但其平均周工作时间应与法定标准工作时间基本相同。对下列职工可以综合计算工作时间：交通、铁路、邮电、水运、航空、渔业等行业中因工作性质特殊，需连续作业的员工；地质及资源勘探、建筑、制盐、制糖、旅游等受季节和自然条件限制的行业的部分职工；其他适合实行综合计算工时工作制的员工。

第二，不定时工作时间是指每日没有固定工作时数的工时形式。对符合下列条件之一者可以实行不定时工作制：企业中的高级管理人员、外勤人员、推销人员、部分值班人员和其他因工作无法按标准工作时间衡量的员工；企业中的长途运输人员，出租汽车司机，铁路、港口、仓库的部分装卸人员以及因工作性质特殊、需机动作业的职工；其他因生产特点、工作特殊需要或职责范围的关系适合不定时工作制的员工。

2. 延长工作时间

延长工作时间是指超过正常工作时间长度的工作时间。根据《劳动法》及其他相关法规，在以下情况下允许延长工作时间：

（1）由于生产需要延长工作时间。用人单位由于生产经营需要，经与工会和劳动者协商后可以延长工作时间，一般每日不得超过 1 小时；因特殊原因需要延长工作时间的，在保障劳动者身体健康的条件下延长工作时间每日不得超过 3 小时，但是每月不得超过 36 小时。企业加班须经工会和劳动者的同意，不得强制。

（2）由于紧急特殊情况而需要延长工作时间。有下列情形之一的，延长工作时间不受上述《劳动法》的限制：

第一，发生自然灾害、事故或者其他原因，威胁劳动者生命健康和财产安全，需要紧急处理的；

第二，生产设备、交通运输线路、公共设施发生故障，影响生产和公众利益，必须及时抢修的；

第三，法律、行政法规规定的其他情形。

另外，各单位在正常情况下不得安排职工加班加点，下列情况除外：

第一，在法定节日和公休假日内工作不能间断必须连续生产、运输或营业的；

第二，必须利用法定节日或公休假日的停产期间进行设备检修、保养的；

第三，由于生产设备、交通运输线路、公共设施等临时发生故障，必须抢修的；

第四，由于发生严重自然灾害或其他灾害，使人民的安全健康和国家财产遭到严重威胁，需进行抢救的；

第五，为了完成国防紧急生产任务，或者完成上级在国家计划外安排的其他紧急生产任务，以及商业、供销企业在旺季完成收购、运输、加工农副产品紧急任务的。

（3）延长工作时间的工资报酬。企业延长职工工作时间的工资报酬支付标准为：

第一，安排劳动者延长工作时间的，支付不低于工资 150% 的工作报酬；

第二，休息日安排劳动者工作又不能安排补休的，支付不低于工资 200% 的工资

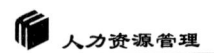

报酬；

第三，法定休假日安排劳动者工作的支付不低于工资300%的工资报酬。

(4) 禁止安排在特殊情况下的女职工延长工作时间。企业不能安排怀孕期间或哺乳未满1周岁婴儿期间的女职工延长工作时间和夜班劳动。

(5) 用人单位违反了工作时间的法律责任。违法延长员工的工作时间，劳动行政部门给予警告、责令改正或责令限期改正，并可以处以罚款，每违法延长1小时工作时间，可罚款100元以下。

3. 法定节假日、休息日

《劳动法》第三十八、第四十条以及《国务院关于职工探亲待遇的规定》《全国年节及纪念日放假方法》《职工带薪年休假条例》都明确规定了职工的节假日和休息日等。

(1) 每周公休假日。每周公休假日是指劳动者工作满一个工作周后的休息时间。《劳动法》规定企业应保证劳动者每周至少有1日的休息时间。

(2) 法定节假日。根据《全国年节及纪念日放假方法》，全体公民放假的节日为：新年，放假1天；春节，放假3天；清明节，放假1天；劳动节，放假1天；端午节，放假1天；中秋节，放假1天；国庆节，放假3天。部分公民放假的节日及纪念日：妇女节，妇女放假半天；青年节，14周岁以上的青年放假半天；儿童节，不满14周岁的少年儿童放假1天；中国人民解放军建军纪念日，现役军人放假半天。

(3) 探亲假。可以享受探亲待遇的员工的条件和探亲假期的具体期限如下：职工探望配偶，每年一次30天；未婚职工探望父母，每年一次20天，也可以每两年一次45天；已婚职工探望父母，每4年一次20天。上述假期均包括公休假日和法定节日在内，企业或组织可根据实际需要给予路程假。

(4) 年休假。劳动者连续工作一年以上的，享受带薪年休假。

(5) 婚丧假。婚丧假是婚假和丧假的简称。员工本人结婚或其直系亲属（父母、配偶和子女）死亡时，可以根据具体情况，酌情给予1~3天的婚丧假，另给予路程假。

(二) 劳动安全技术

劳动安全技术是指在生产过程中，为了防止和消除事故，保障劳动者生命安全和减轻繁重体力劳动，以及防止生产设备遭到破坏所采取的各种技术措施的总称。

1. 劳动安全规程

国家为此制定了专门的劳动安全技术规程或法律法规，主要包括：

第一，工厂安全技术规程。规定了在工厂生产经营活动中必须达到的安全卫生方面的基本要求：厂房、建筑物和道路的安全措施，工作场所安全措施，机器设备的安全措施，电气设备的安全装置，动力锅炉、压力容器的安全装置。

第二，矿山安全法律制度。《中华人民共和国矿山安全法》《矿山安全监察员管理办法》《矿山建设工程安全监督实施办法》等对矿山企业在生产过程中的安全事项进行了规范。

第三，建筑安装工程安全技术规程。国家对建筑施工安装工程安全技术管理方面提出了一般安全的基本要求，如施工的一般安全要求、施工现场、脚手架、土石方工程、机电设备和安装、拆除工程、防护用品等规定。

2. 发生事故的原因

发生事故的原因很多，主要有以下几种情况：机械性作用，电的作用，爆炸作用，化学物质作用，温度作用，与地面位置差的作用，以及照明不足、噪声、作业场所条件不良等。

3. 预防措施

预防事故的措施包括技术措施和组织措施。技术措施有：改进生产工艺，实现机械化；设置安全装置；预防性试验和检验；有计划地对机械设备进行维护、保养和维修，使之保持良好的工作状态；工作场所的合理布局和整洁；采取个人防护措施等。组织措施是指安全技术管理机构的设置、人员的配置和训练，以及工作计划和制度。

（三）劳动卫生

劳动卫生是在劳动中为了改善劳动条件，保护劳动者健康，避免有毒、有害物质的危害，防止发生职业病而采取的措施的总称。

劳动卫生规程是国家为了保护劳动者在生产工作过程中的健康，防止和消除职业危害而专门制定的各种法律规范，包括各种工业生产卫生、医疗预防、健康检查等技术和组织管理措施的规定。我国有关劳动卫生方面的法规主要有《中华人民共和国安全生产法》《中华人民共和国尘肺病防治条例》《工业企业噪声卫生标准》等。劳动卫生规程的基本内容有：防止有毒、有害物质危害，防止粉尘危害，防止噪声和强光刺激，防暑降温和防冻取暖，通风和照明，个人防护用品和生产辅助设施，职业病防治。

（四）劳动保护的组织与管理

劳动者的安全和健康，不仅同安全技术和卫生方面的问题有关，而且与劳动保护管理制度有关。如果劳动保护管理制度不健全，同样会引起劳动者疲劳过度，健康损害，导致伤亡事故。

1. 建立和健全劳动保护制度

为了保护劳动者在劳动生产过程中的安全与健康，国家根据生产过程的客观规律和实践经验总结制定了各种管理制度。《劳动法》第五十二条规定：用人单位必须建立、健全劳动安全卫生制度，严格执行国家劳动安全卫生规程和标准，对劳动者进行劳动安全卫生教育，防止劳动过程中的事故，减少职业危害。根据劳动法规规定，用人单位应建立的重要管理制度主要包括：①安全生产责任制度；②安全技术措施计划管理制度；③安全生产教育制度；④安全生产检查制度；⑤劳动安全卫生监察制度；⑥伤亡事故报告和处理制度；⑦职业病的防治和处理制度。

2. 劳动保护的管理

企业要更好地保护好劳动者的身体安全和健康，必须建立劳动保护制度，但是仅有制度还不行，还必须认真实施。为此，企业需要做大量的管理工作，具体包括：

①搞好安全卫生教育工作；②建立、健全安全卫生责任制；③编制安全卫生技术措施计划；④安全卫生生产的监督检查工作；⑤认真做好伤亡事故的调查和统计分析工作。

3. 劳动者在劳动保护方面的权利和义务

只有当劳动者在劳动保护方面既享有权利又承担义务时，才能最大限度地保障其自身的安全与健康。劳动者在劳动保护方面享有的权利有：有权拒绝用人单位管理人员的违章指挥、强令冒险作业；对危害生命安全和身体健康的行为，有权提出批评、检举和控告；用人单位必须为劳动者提供符合国家规定的劳动安全卫生条件和必要的劳动防护用品；对从事有职业危害作业的劳动者应当定期进行健康检查。劳动者应承担的义务就是在劳动过程中必须遵守安全操作规程。

（五）劳动保护的过程

企业如何在现有的劳动条件下，利用有限的资源来实现劳动保护效果的最优化是每个企业都会面对的现实问题，也是企业管理者需要深入思考的问题。一般而言，改善企业的劳动环境，为员工提供更为优质的劳动保护条件可以分为四个相互关联的步骤与环节，分别为排查隐患、评估风险、采取措施、监管控制（见图9-5）。

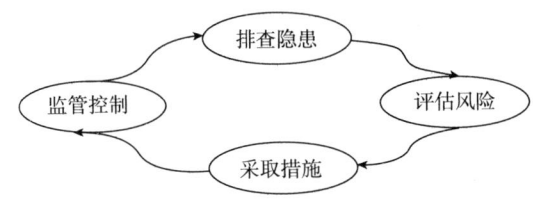

图9-5 劳动保护的步骤

资料来源：董克用，李超平. 人力资源管理概论（第五版）[M]. 北京：中国人民大学出版社，2019.

第七节 劳动关系管理的发展趋势

一、灵活用工加大劳动关系管理难度

为了规避用工风险和缓解用工压力，许多企业纷纷采用灵活用工的形式，建立人力资源共享平台与人力资源外包服务体系，实现平台化+分布式组织人才管理，不求人才所有，但求人才所用，全球整合技术与人才资源。我国目前的灵活用工形式主要包括非全日制用工、共享用工、互联网平台用工等①。

无论是国家层面还是地方的政策，针对真正的灵活用工，都是支持的态度。灵活

---

① 张陇. 灵活用工的"表"与"里"[J]. 人力资源，2015（3）：69-71.

用工实际上是标准的劳动关系之外的用工模式,那么其灵活性体现在哪里?一是用工数量的灵活,企业的用工有波峰,例如餐饮企业,有的中午忙,下午就不忙;二是岗位的灵活问题,企业发展过程中,可能岗位会发生不同的变化,岗位在调整;三是用工形式灵活,比如说,可以有劳务派遣外包、劳务计时、非全日制等用工方式;四是用工时间灵活,比如钟点工,以完成一个任务为结算单位;五是工作地点灵活,比如居家办公、远程办公、移动办公,甚至共享座位、共享办公室等;六是薪酬发放方式灵活,发放的可能是劳务费,可能是工资,可能是分红,可能是服务费;七是管理方式灵活,管理方式的灵活体现在让第三方介入,而不是企业自己。派遣制、外包制、劳务制等都是管理方式灵活的体现。灵活用工通过以上七种方式体现它的灵活性。从灵活性上来说,标准劳动关系之外的,通通可以称为灵活用工。灵活用工往往涉及员工与几家企业的关系,应该如何处理才算合规,在现有《劳动合同法》中并没有给予明确规定,需要企业在现有法律框架下进行探索。

二、劳务派遣"三角雇佣模式"管理挑战大

劳务派遣在我国拥有劳动派遣、人才派遣、劳动力租赁、人才租赁等诸多称谓,是指经由政府主管单位进行劳务派遣资格认定、管理、指导下的派遣机构,通过与派遣劳工签订劳动合同,然后借由劳务派遣协议将其派往用工单位工作,使其接受用工单位管理;用工单位遵循劳务派遣协议向派遣机构支付劳动报酬,再由派遣机构向派遣劳工支付劳动报酬、缴纳其社会保险等费用,最终完成劳动力与生产资料相结合的新型用工模式,如图9-6所示。劳务派遣用工模式呈现出"三方主体、二重契约、一种分离"的明显特征。首先,劳务派遣机构、被派遣劳动者、用工单位三方主体相互作用于劳务派遣的全过程,缺少任何一方都不能形成劳务派遣关系。其次,劳务派遣通过订立劳动者与派遣机构之间的劳动合同以及用工单位与派遣机构之间的劳务派遣协议建构起不同于传统劳动合同、法律关系的劳务派遣法律体系。最后,劳务派遣是一种劳动力雇佣与使用相分离的非典型雇佣关系。派遣劳工虽然形式上与作为雇主的派遣机构签订劳动合同,实则并不为其所用,而是通过劳务派遣协议被转让给用工单位。这种严重的雇佣与使用分离现象形成了与传统劳动关系大不相同的"双重特殊劳动关系",从而导致权利、义务分配的非对称性,使用工单位借以规避法律责任,派遣机构也难以切实维护派遣劳工的合法权益。

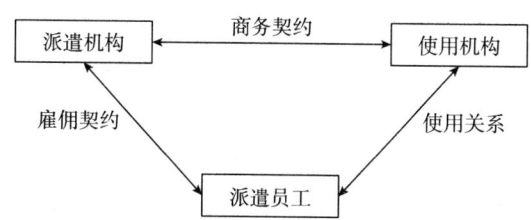

图9-6 劳务派遣下的三方关系

资料来源:李新建.员工关系管理[M].北京:中国人民大学出版社,2014.

从现实来看，劳务派遣滥用现象严重，由于《劳动合同法》对"三性"：辅助性、替代性、临时性岗位界定不清，劳务派遣在实际应用过程中并没有得到正确的理解，加之利益的驱使与有效监管、引导的缺位，劳务派遣往往被一些企业作为逃避法律责任和社会责任的工具，致使劳务派遣在全国畸形扩张。《劳动合同法修正案》中虽然对"三性"的界定有了进一步的明确，也有了"用工单位应严格控制劳务派遣用工数量，不得超过其用工总量的一定比例，具体比例由国务院劳动行政部门规定"的规模限制，但"辅助性""替代性"的界定依旧模糊，具体比例也迟迟未能出台，随意滥用劳务派遣现象在今后一段时期仍将继续存在。

三、平台企业员工劳动关系难界定

网约配送员、网约车司机、电商主播、在线咨询师……国家信息中心分享经济研究中心发布的《中国共享经济发展报告（2020）》显示，2019年，以新业态形式出现的平台企业员工已达623万，平台带动的就业人数约7800万。

新就业形态在拓宽就业渠道、增强就业弹性、增加劳动者收入等方面发挥了独特作用。同时，作为新生事物，新就业形态从业者也遭遇不少现实难题。其中，从业者与平台企业之间的法律关系成为问题焦点，劳动关系认定、工伤赔偿、社保缴纳等亟待规范。

首先，新就业形态下，传统服务于单个雇主的劳动者可摆脱层级式的组织网络自由选择雇主，较少受到来自组织的束缚。在此情形下，平台企业与劳动者之间一般不会签订劳动合同，双方之间仅有合作协议来约定业务提成、报酬发放等内容，属于平等的服务合作关系，平台只是提供信息技术服务。平台通过这种方式消除了与劳动者之间存在的劳动关系。在这种情况下，员工与平台企业之间的劳动关系判定不明晰。

其次，新就业形态从业者多以个人缴费方式参与社会保险，但由于存在申报手续复杂、个人缴纳费用高、最低缴费年限长、异地转移接续关系困难等问题，他们的参保意愿严重不足。同时，以外卖骑手为代表的大多数新就业形态从业者工作强度大，易发生工伤，但他们与互联网平台之间并不存在劳动关系，难以满足现行工伤保障制度的参保条件。

本章小结

劳动关系是员工与企业或组织之间基于有偿劳动所形成的权利义务关系。劳动关系管理主要包括劳动合同管理、劳动争议处理、离职管理等。本章主要介绍了劳动关系管理的基础概念，企业通过劳动关系管理能够采用各种管理手段来调节企业与员工、员工与员工之间的相互联系，使之能够形成良性循环与发展，以实现组织目标；同时介绍了当前劳动关系的发展趋势,包括灵活用工、劳务派遣等。

【本章思考题】

1. 什么是劳动关系?什么是劳动关系管理?劳动关系管理有什么意义?
2. 简述劳动合同的概念及特点。
3. 什么是集体合同?集体合同与劳动合同有何区别?
4. 简述劳动争议的概念以及处理途径和方式。
5. 如何进行员工的离职管理?

【拓展阅读】

闪辞族

《2012年度中国薪酬白皮书》的调研数据显示,中国"90后"员工离职率整体偏高,作为职场新生代,"90后"员工离职率达30.6%。一位人力资源专家透露,"90后"的离职率在现实中只会更高。

1. 不喜欢绝不"熬着"

"90后"小苏目前正在一家网站实习,这已经是他实习的第14家单位了。这次他又要考虑辞职,理由是不想上夜班。因为要上夜班,这家工作单位特地挑选了男生,准备留用。工作可以倒班,但小苏干了不到一个月就觉得没意思,又准备辞职了。"和别人的生活时间都是反的,以后也不能聚会了。"他觉得非常不满。

在前几家单位,小苏辞职也是因为各种不适应感。比如,一家单位是觉得远,不愿意每天早起坐公交、地铁;一家单位是因为没有食堂,每天中午都得外出吃饭,而周围又没有什么好吃的东西;一家单位是因为做错了事情,扣了当月的实习补助,他一气之下离开;还有一家单位是因为不能在工作时间用QQ,他觉得和外界失去了联系。最短的一份工作,他只干了10天。"我不喜欢的,干着不爽的工作,我能干好吗?"尽管没有哪家单位是因为工作本身不适合自己或者发展空间等问题,小苏还是觉得自己的感受最重要,如果不喜欢没必要"熬着",这是对自己负责,也是对用人单位负责。可问题是:到哪儿去找自己喜欢的工作呢?

2. 渴望自身价值被认可

另一位"90后"李雯从大三开始在一家会展公司实习。开始,根本没有人告诉她要做什么事情,第一天领导就发给她一个电话本,让她打电话联系客户。同事们似乎都有正经事情要做,过了一个月,她甚至觉得已经没有人记得她的存在了。"吃饭也没有人叫我,我很失落,想做事情却不让我做。"

另一家公司,李雯有机会参与公司的项目,当她满怀激情对项目提出一个建议时,没想到领导对这个建议根本不屑一顾,甚至都没解释为什么不采纳,她觉得自己的价值根本没被重视,就离开了。一次,她实习了 3 个月的一家公司开年会没有叫实习生,她觉得自己根本没被单位接纳。最近在实习单位即将签约了,她发现公司给出的薪酬比最初谈的低。"这是觉得我能力不匹配当时谈的薪水吗?公司也太不诚信了。"她再次选择了跳槽。

李雯的经历在同学中算是典型的,大家聚会"吐槽"的内容之一就是单位对自己的不认可、不重视,为此跳槽的大有人在。"我们羡慕那种单位,为员工提供下午茶、小点心,组织旅游,有各种活动。"张雪认为,单位对员工的这些福利的细节会吸引他们,因为觉得被重视和关心了,这会成为他们选择单位的一个标准。

3. 相关阅读:个人职场失信行为可查询

2014 年底,专门针对职场个人诚信行为的全国个人职场诚信公共服务平台正式启动。毕业于哪所学校、在哪里上过班、表现如何,通过该平台全都能查到,而"闪辞族"的每一次失信行为也被记录在案。

用人单位和个人均可在网站上注册,用人单位注册经过审核后即可获得自己单位的云空间,即为自己的员工建立电子网络档案,记录其真实表现、奖惩记录等。这些信息是完全保密的,外单位无权查询。直到某员工离职后,单位点击"离职"按钮,该信息将汇总到大平台中。例如,倘若一名员工建立了个人档案,当他再次求职时,用人单位就可以在平台上查到其基本信息,包括籍贯、电话、学历、毕业学校、工作经历等。不过要想获知其在以前单位详细的工作表现,则需获得本人的认可并输入其个人密码才行。全国个人诚信档案查询平台(官网)为 http://www.1122.cn。

资料来源:http://www.chinanews.com。

【思考题】

1. 与"70 后""80 后"相比,为什么"90 后"员工的离职率特别高?
2. 全国个人诚信档案查询平台的启动会对"90 后"员工和企业分别产生什么影响?

第十章　职业生涯规划与管理

面对日益激烈的竞争和瞬息万变的内外部环境，组织将更加在乎如何有效地利用和发展组织的人力资源，通过晋升、赋予有挑战的工作任务等来挖掘员工最大的潜能。组织内部的员工的自我管理能力将成为当今重要的能力之一，因此组织的职业生涯规划与管理一直是备受关注的话题。个人如何有效地进行自身职业生涯规划，组织如何为员工提供一个良好的职业生涯发展平台将成为人力资源管理的重点。

【学习目标】

通过本章的学习，应掌握：
1. 职业生涯管理的基本概念
2. 职业生涯管理的基本理论
3. 组织的职业生涯规划与管理的具体内容
4. 职业生涯管理的发展趋势

【关键词】

职业生涯；职业生涯管理；职业生涯规划；职业生涯发展

【思维导图】

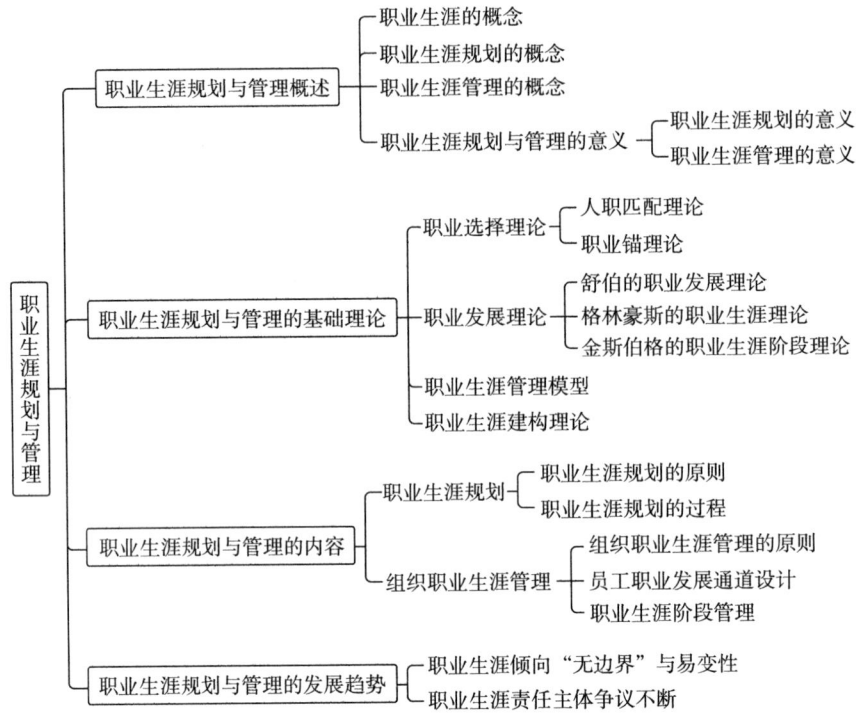

【引导案例】

敢问路在何方?

2013年小李毕业于某普通高校市场营销专业，毕业后小李选择到澳大利亚攻读MBA（市场营销方向）硕士学位。两年后，小李顺利毕业回国就职于某大型国企的市场营销总部，负责线上销售工作。刚工作时，虽然一个月收入只有5000元左右，但小李充满斗志和激情，经常主动加班，工作干劲十足。随着时间推移，小李的工作激情开始下降，觉得目前的工作没有挑战性，收入也低，似乎看不到未来发展的空间。就这样小李坚持了三年，直到领导找小李谈话，欲安排小李到俄罗斯海外子公司市场营销部门进行海外线上销售市场的拓展，外派任务为期三年，并且领导告知小李等外派任务结束后，部门一定会优先考虑给予小李升职的机会。小李得知后辗转反侧，对于外派任务小李不确定是否能胜任，况且领导并没有保证任务结束后一定会给升职，但是小李又认为现在的工作已经没有任何挑战，每天都在做着重复的工作，自己已然没有刚工作时的激情，并且也不知道应该如何改变现状。况且年轻人应该多给自己一些历练，顺带还可以看看是否有一些赚钱的机会。权衡之后，小李选择接受任务，到达俄罗斯后,小李出现语言和生活环境上的重重困难和不适。外派工作上,小李发现和在国内总部做得差不多,并没有什么新鲜的事物让他能再次点燃工作的激情。

一年后,小李无意中结识了在当地做了两年进出口生意的贺先生,他告知小李让其辞去当前工作,跟他一起做外贸生意,主要负责国内的业务,不需要长期驻守俄罗斯。如果做得好,收入至少是小李现在的4倍。小李思考后辞去了当前的工作并回国帮助贺先生负责国内业务。刚开始,收入确实得到了很大的提升,小李自觉选对了路,但好景不长,伴随着全球新冠肺炎疫情的暴发,贺先生的生意无法维持宣布倒闭。小李非常焦虑,不断在寻找新的工作机会,直到发现网络直播的热潮,他便迫不及待邀约了以前的大学同学合伙开始做网络直播卖货,并将仅剩的存款全部投入,购买了大量的存货,经过3个月没日没夜的努力,成交单依旧屈指可数,面对着那么多库存货物,已然30出头的小李越发着急,开始怀疑自己之前的选择是否正确,接下来的职业发展究竟何去何从。

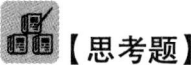【思考题】

站在人力资源管理的角度,请你分析小李的职业生涯规划做得如何?

第一节 职业生涯规划与管理概述

一、职业生涯的概念

在谈及职业生涯时,应当先了解什么是职业(Occupation)。西方学者解释职业为不同的行业或组织中存在的一组类似的职位,无论是技术还是专业,职业都可以独立存在于某一个行业或机构。中国职业规划师协会将职业定义为职能和行业,职能代表所从事的工作应该承担的职责等,行业代表工作隶属的行业。我国学者将职业定义为个人参与社会分工,利用相关的知识和技能,获取相对稳定的、合理的收入,以此换取相应的物质生活,满足精神需求,且为社会创造价值的工作。个人利用技能和知识在组织中从事职业活动,帮助组织实现目标,最终造福于社会经济。因此,职业是个体与组织和社会的桥梁。由此,职业对于个人或组织都是具有重要意义和价值的。从个体层面讲,个体对于职业选择的成败将会影响人的一生。从组织层面讲,是否将员工放在最合适的位置,是否让员工将其才能发挥到极致,作用于整个组织,也是整个组织管理中不可忽视的环节①。因此,有效的职业生涯规划和管理对组织及个人显得尤为重要。

---

① 周文霞. 职业生涯管理[M]. 上海:复旦大学出版社,2019.

关于职业生涯（Career），格林豪斯认为，职业生涯是一种和工作有关的经历与工作时期所有活动的结合。格瑞指出，职业生涯就是指个体拥有的长期且稳定的某一个职业[1]。罗伯特等则将职业生涯定义为个人通过从事工作而创造出的一系列有目的的、持续稳定的一种生活模式。他强调了长期稳定的、连续不断的持续一生的过程[2]。综合上述，本书认为职业生涯是一种持续的稳定的且与工作有关的一系列人生经历。它将伴随个体从受教育开始，经历不同的阶段，直到完全退出工作领域，整个过程占人生的大半。个体需要明确自己人生每个阶段的特征和任务并做好规划，以便更好地从事自己的职业，实现人生目标。对每个个体来说，只有一个职业生涯历程，即使个体在人生历程当中经历了不同的工作或组织等，也都隶属于个体的这个职业生涯。当个体经历不同的职业、职位或组织时，职业生涯也是一个动态变化的过程。因此，职业生涯还具有动态性。当我们评价个体的职业生涯时并不能单纯以"好坏"区分，并非不断发展得到晋升或获得更大权力、更多金钱的经历才能称之为职业生涯。如"90后"年轻群体对职业和工作的态度发生了一些改变，相较于全力追求工作带来的金钱、权力或社会地位，部分个体更加在乎家庭生活、个人身心健康等，追求工作与生活的平衡。

二、职业生涯规划的概念

针对职业生涯规划（Career Planning），一些学者认为应该侧重个体层面，个体应先结合兴趣、爱好、能力、性格等特点进行自我分析，在此基础上结合个人职业生涯的主客观条件进行综合的分析与权衡，结合当下时代，确定其最佳的职业奋斗目标，并获取相关职业信息，为实现这一目标做出行之有效的安排[3]。因此，职业生涯规划的侧重点是个体，个体是制订整个计划和安排的主体。职业生涯规划在这里更像是个人职业生涯规划。部分研究者又提出，职业生涯规划是个体和组织共同决定的，个体结合自身进行的职业选择和生涯目标的确定，满足了个人发展的需求，同时也应该是组织的需求。对于组织来说，个人职业生涯的最终目标应该和企业发展的最终目标相匹配，个人与组织利益相结合。因此，职业生涯规划应该是个人和组织共同制定、结合个人与组织需求的个人职业发展目标与道路的计划。

三、职业生涯管理的概念

职业生涯管理（Career Management）可以从两个层面进行理解：个人职业生涯管理和组织职业生涯管理。个人职业生涯管理可以理解为个体为了实现自己的目标，对所从事的职业、向往的组织及生涯发展的高度等做出计划，并且为实现此目标而不断学习和开发自我的过程。个体整个职业生涯过程由职业发展计划、职业策略、职业进

---

① Gary Dessler. Human Resource Management [M]. Pearson，2017.
② 罗伯特等. 职业生涯发展与规划（第四版）[M]. 侯志瑾等译. 北京：中国人民大学出版社，2019.
③ 周文霞. 职业生涯管理 [M]. 上海：复旦大学出版社，2019.

入、职业变动和职业位置的一系列变量构成①。个体的职业理想要通过有效的职业生涯管理来实现。但是，个体在实现职业理想的过程中是需要依附组织的。因此，职业生涯管理另一个重要的层面是组织的职业生涯管理。组织对个体进行客观的评价，向员工提供一系列职业生涯发展的信息和机会。组织制订相关的职业生涯发展计划，向员工提供相应的培训机会让员工获得相应技能，以实现职业生涯目标。董克用等（2019）界定组织职业生涯管理为组织对员工施行和职业历程及发展有关的计划、组织、领导和控制的管理活动，意在帮助员工实现职业生涯目标，寻求组织利益和个人成功最大化匹配②。总而言之，组织层面的职业生涯管理就是由组织实施的，以开发员工的潜力、留住员工，使员工能自我实现为目的的一系列管理方法。

四、职业生涯规划与管理的意义

（一）职业生涯规划的意义

1. 为个人奋斗指明方向

员工或个体通过职业生涯规划对内在因素和外在环境进行客观的分析，确定职业发展目标。在员工不断奋斗的过程中，瞄准职业目标，不断提升目标实现所需要的个人技能和知识，在漫长的职业生涯中有了明确的奋斗方向，帮助个体实现最终的职业理想。

2. 增强员工职业竞争力

个体通过职业生涯规划可以明确自身优点和缺点，结合客观条件，参照职业生涯目标，查缺补漏，不断学习知识和技能，最终提升员工个人的综合竞争力。

3. 有效平衡个人、事业和家庭

人的一生中时间和精力都是有限的资源，正是这有限的资源常常导致员工陷入工作和生活冲突的境地。如何将有限的资源发挥其最大的价值需要个体在职业生涯展开时进行有效的规划，合理安排时间和精力，如此才能平衡好工作和家庭，最终获得一个高质量的人生。

（二）职业生涯管理的意义

1. 有效地提高企业的绩效

企业进行有效的职业生涯管理，帮助员工不断地提升个人综合实力，满足员工的个人发展需求，提升了员工对组织的满意度，当员工在企业的帮助和支持下，实现了个人职业目标时，员工将会更加努力地回报组织，最终作用于组织绩效的提升。

2. 有利于企业开发人力资源

人力资源是企业的首要资源，通过人力资源的开发，员工能不断获取知识和技能，提高个人的创造力，建立有效的职业生涯管理，帮助组织识别不同的人力资源，为其

---

① 杨红英，童露，林丽，郑媛. 人力资源开发与管理［M］. 昆明：云南大学出版社，2014.
② 董克用，李超平. 人力资源管理概论（第5版）［M］. 北京：中国人民大学出版社，2019.

提供更多的发展机会，使人尽其才、才尽其用，有效配置人力资源，发挥出其最大的效用。

3. 保证组织长期、稳定的发展

企业的成功离不开高质量的企业家和员工。只有当人的才能和潜力能得到充分发挥，人力资源不会虚耗、浪费，企业的生存成长才会有取之不尽、用之不竭的源泉。通过职业生涯管理努力为员工提供一个可以施展才能的舞台，使员工的自我价值得到体现，是留住并凝聚人才的根本保证，也是企业长盛不衰的诀窍之一。

第二节　职业生涯规划与管理的基础理论

职业生涯规划与管理的理论研究始于20世纪50年代，最初的职业生涯规划与管理的形式是职业指导活动，之后心理学为其理论的发展奠定了基石，逐渐形成职业生涯的相关理论。本书重点介绍职业选择理论、职业发展理论、职业生涯管理模型、职业生涯建构理论。

一、职业选择理论

职业选择理论强调个体结合自身的兴趣爱好、职业期望等内在因素，挑选社会现有的职业的过程。职业选择理论为个体进行职业选择提供了理论依据。本书将介绍三种职业选择理论：人职匹配理论、职业兴趣理论、职业锚理论（见表10-1）。

表10-1　三种职业选择理论

理论名称	研究者	核心思想
人职匹配理论	帕森斯	个体既要了解自己的兴趣爱好、能力、需要等，又要了解职业的性质、要求等，找到与自己相匹配的工作
职业兴趣理论	霍兰德	根据劳动者的心理素质和择业倾向将劳动者划分为六种类型，以此使个体能找到与之相匹配的工作
职业锚理论	施恩	在个体参加工作后，逐渐形成与自身的才干、动机、需要和价值观相符合的职业自我观，以此来寻找适合自己的职业

资料来源：孔春梅，杜建伟. 国外职业生涯发展理论综述［J］. 内蒙古财经大学学报，2011，9（3）.

霍兰德职业兴趣理论在第五章已经进行了介绍，此部分不再进行阐述。下面就另外两种职业理论进行简要介绍。

（一）人职匹配理论

人职匹配理论又称特质—因素理论。该理论由美国波士顿大学教授帕森斯（Parsons)——著名的"职业辅导之父"在其著作《选择职业》中提出。该理论首次提出了人与职位相互匹配的思想,为之后的人才测评理论的发展奠定了基础。"人"或"特质"指个体拥有独特的"特质",例如不同的兴趣、价值观、能力模式等。这些不同的特质组合构成了区别于他人的特质模式,让不同的个体存在于社会之中。"职"也称之为"因素"代表着不同的职业性质与要求。某些特殊的职业要求所具备的条件或资格可以通过人力资源管理的工作分析得出结果。"人"和"职业"指每个个体都拥有的特质模式应该与职业的要求或资格相匹配。当个体越了解自身的内在特质,且又了解职业性质和要求时,就越容易找到与自己相匹配的工作。两者的匹配程度越高,个体成功获得职业的可能性越大。

要达到个体与职业之间的匹配,帕森斯提出了"三步范式"。第一步,个体综合分析及评价自身的兴趣、爱好、能力等特质。通过心理测量等一些科学的测评手段,获得有关自身特质的相关资料。通过面对面会谈、实地调查等方法获取有关个体家庭背景、学习情况等信息,并对这些信息做出分析评价。第二步,分析职业对个体的要求,并且向求职者提供准确有效的职业信息,如工作要求、职业性质、薪酬福利及晋升等相关信息,职业所需要的知识和技能,求职的最低要求等。除此之外,还有培训的相关计划、就业的机会等。第三步,人职匹配。综合前两步的信息,在两者之间进行最佳的搭配。人职匹配可以分为两种类型:①因素匹配,即"事找人",指按该职业对专业技术或专业知识的要求去寻找具备该职业要求的个体。如航天航空类型的职业要求专业技术较高,工作环境特殊,就需要个体具备专业的知识或技能,且能适应特殊的工作环境。②特性匹配,如"人找事",指个体小心谨慎,沉着冷静,不爱交际,性格内向等,可以选择从事财务会计等职业类型①。

(二)职业锚理论

美国心理学家施恩(Schein)教授以麻省理工学院44名研究生为研究对象进行为期12年的跟踪调查后提出了职业锚理论。该理论认为,职业生涯是一个持续不断的探索过程,在这个过程中,个体根据自身的需要、态度、能力、动机、价值观和天分等逐步形成较为清晰的与职业有关的自我概念。当个体进入职业生涯后,通过积累职业相关经验,结合自身条件,进一步形成了更加全面清晰的职业自我观,形成了一种长期的职业定位。职业锚即当个体在进行职业选择时,无论如何也不会放弃的某些价值观和信念等。该理论认为,当个体形成了这种明显的占主导地位的职业定位(职业锚)后,就不会轻易地舍弃。施恩教授将职业锚分成八种不同的类型:

1. 技术职能型

拥有技术职能型职业锚的个体对工作的技术和专业性有着强烈的兴趣,特别注重工作中的专业化。他们渴望具有专业技术挑战,通过获得较高的专业技术实现个人价值,在自己的专业领域不断地提高和成长,最终渴望得到同行专家的认可。他们对加

---

① 董克用,李超平. 人力资源管理概论(第5版)[M]. 北京:中国人民大学出版社,2019.

入管理层，是否能得到晋升兴趣不大。

2. 管理型

拥有管理型职业锚的个体对权力的追求显得非常强烈，对能承担管理工作有着浓厚的兴趣，他们追求更高的职位、更大的权力，渴望承担更多的责任。这样的个体非常在乎是否能获得晋升的机会、是否能得到上级领导的认可，在乎金钱、头衔和地位象征物如专属停车位等。

3. 创造型

拥有创造型职业锚的个体渴望创新和开拓，敢于冒险，他们更在乎自己是否能拥有自己创造出的完全属于自己的东西，如独立的设计等。除此之外，个体追求标新立异，不喜欢墨守成规，对创造是意志坚定的，甘于为其放弃自己的自由或稳定等。通过创造得到的成功是他们最欣赏的。

4. 服务型

拥有服务型职业锚的个体热爱帮助他人，为他人提供服务，追求与他人合作，希望能在符合自己价值观和信念的组织工作，渴望在工作中获得更大的影响力和自由度，相比金钱的激励，更在乎来自上级的赞赏和价值的认可。

5. 挑战型

拥有挑战型职业锚的个体偏爱克服困难障碍，解决艰难的问题或征服对手。这样的个体自我激励意识较强，追求挑战和变化，组织需要不断地为其提供自我挑战的机会，并且给予相应的肯定。

6. 生活型

拥有生活型职业锚的个体在乎生活与工作的平衡，强调工作和整体生活结合，家庭、个人及职业都能兼顾。这样的个体渴望工作能有足够的自由度、弹性的工作时间，工作不能占用生活，为了生活可以对职业发展做出让步。

7. 自主独立型

拥有自主独立型职业锚的个体讨厌被束缚，倾向于有足够的自主性，能按个人的意愿行事。这样的个体追求在工作中能发挥个人才能，有较强的职业认同感，接受组织任务后，会按标准实现目标，但是在此过程中不喜欢被人处处监管。

8. 安全稳定型

拥有安全稳定型职业锚的个体把工作是否稳定作为首要考虑因素。组织应该提供稳定的、安全的工作环境和工作条件。对整个职业生涯也是能计划、能预测的，不喜欢不确定性较高的事物。对组织比较依赖，缺乏主动性但是对组织相对忠诚。政府和事业单位是他们不错的选择。

二、职业发展理论

职业生涯是一个持续发展的动态过程，不同生命周期的个体将会经历不同的发展阶段，很多学者就从个体不同的职业发展阶段对职业生涯做出了深入的探究。本书介绍了以下职业发展理论：舒伯的职业发展理论、格林豪斯的职业生涯理论、金斯伯格的职业生涯阶段理论（见表10-2）。

表10-2 三种职业发展理论

理论名称	研究者	核心思想
职业生涯发展五阶段理论	舒伯	根据个体不同年龄划分为成长阶段、探索阶段、确立阶段、维持阶段、衰退阶段
职业生涯发展理论	格林豪斯	根据人生不同年龄职业生涯发展面临的主要任务分为职业准备阶段、进入组织阶段及职业生涯初期、中期和后期
职业生涯三阶段理论	金斯伯格	根据从童年到青少年阶段的职业心理发展过程分为幻想期、尝试期、现实期

资料来源：孔春梅，杜建伟. 国外职业生涯发展理论综述［J］. 内蒙古财经大学学报，2011，9（3）.

（一）舒伯的职业发展理论

著名的职业生涯发展及规划专家舒伯（Donald E. Super）在1957～1990年进一步深入研究和修改了他的终身职业生涯发展理论，在英国开展了一个为期四年的跨文化研究，由此提出了更为广泛的职业生涯发展概念，即生活的广度、生活空间的生涯发展观（Life - span，Life - space Career Development）。舒伯加入了角色理论，并将生涯发展阶段与角色彼此间交互影响的状况，描绘出一个多重角色生涯发展的综合图形（见图10-1）。这个生活广度、生活空间的生涯发展图形，舒伯将它命名为"一生生涯的彩虹图"（Life - career Rainbow），描绘了生涯发展的时空关系，更好地诠释了职业生涯的定义。舒伯认为，一个人一生中将扮演许多不同的角色，就像彩虹同时具有许多色带。他将显著角色的概念引入了生涯彩虹图，并提出角色除与年龄及社会期望有关外，与个人所涉入的时间及情绪程度都有关联，因此每一阶段个体都拥有显著的角色。在生涯彩虹图中，纵向层面代表的是纵观上下的生活空间，由六种不同角色组成：子女、学生、休闲者、公民、工作者、持家者。不同角色交互影响构成个体独特的生涯，舒伯认为在生涯发展历程中，个体随着年龄的增长需要扮演不同的角色。图中的角色图块长短不同，代表着在该年龄段的不同分量；同一年龄阶段可能同时扮演数种角色，因此彼此会有所重叠，但其所占比例分量则有所不同。生活广度在一生生涯的彩虹图中，由不同的人生发展阶段和大致估算的年龄来显示：成长期、探索期、建立期、维持期以及退出期。在这五个主要的人生发展阶段内，各个阶段还有小的阶段，舒伯特别强调各个时期年龄划分有相当大的弹性，应依据个体不同的情况而定。

一是成长阶段（0～14岁）：个体处于认知阶段，该阶段是对职业的幻想、好奇，产生兴趣，通过学校及家庭的教育和影响，逐渐形成一定的自我概念，培养职业意识，了解职业意义的成长阶段。

二是探索阶段（15～25岁）：个体在此阶段的主要任务是学习，扮演学生的角色，通过更高阶段的学习,掌握更深的知识和技能后,综合考量自身的能力、爱好、兴趣等,对自我进行一个客观的评价,开始认真地考虑职业选择,并初步进入劳动力市场,完成最初的择业就业。

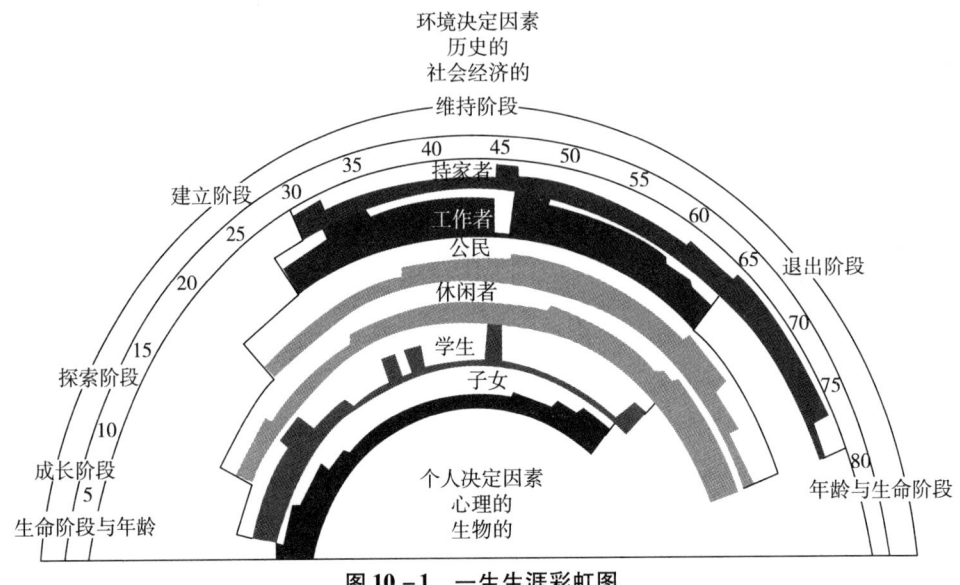

图 10-1 一生生涯彩虹图

资料来源:https://www.jianshu.com/p/35f547f79bd9,简书,2020。

三是建立阶段(26~44岁):进入此阶段,个体的主要任务将是工作,扮演工作者的角色,随之而来的还有父母、配偶等生活角色,对于工作有了不同的尝试和思考,直到31岁开始,个体将考虑将当前的工作稳定下来,找到工作的重心,为其创造出更大的价值,得到进一步的提升。

四是维持阶段(45~64岁):该阶段的个体处于晋升和专精的阶段,经过前几个阶段的努力,个体已经在此领域取得了一定的成绩,因此要维持和巩固现有的一切,并且经营好家庭,为退休做准备。

五是退出阶段(65岁以上):该阶段个体面临退休,由于生命周期,个体开始出现身体和能力的衰退,工作效率降低,即将退出职业生涯,退出后将拥有新的生活模式。

舒伯对个体的整个职业生涯的发展周期做了年龄上的划分,但在现实社会中,个体会因一些因素如继续接受高等教育等,无法严格按划分阶段拥有更长或更短的职业生涯[①]。

(二)格林豪斯的职业生涯理论

格林豪斯(Greenhaus)针对个体在不同年龄阶段的职业生涯发展所面临的主要任

---

① 董克用,李超平.人力资源管理概论(第5版)[M].北京:中国人民大学出版社,2019.

务对职业生涯发展进行了研究,并将其划分为五个不同的发展阶段①。

一是职业准备阶段(0~18岁):该阶段的主要任务为发展职业想象力,对职业进行评价和选择,并且接受相应的教育,建立职业发展的最初方向。

二是进入组织阶段(18~25岁):该阶段的主要任务是在一个理想的组织中得到一份工作,根据所获得的有关工作的信息,尽量选择一份合适的、比较满意的工作。

三是职业生涯初期(25~40岁):该阶段的主要任务为学习专业技能和知识,提升竞争力,了解组织的文化和规章制度,逐步地适应工作,融入组织,为未来的职业发展做好准备。

四是职业生涯中期(40~55岁):该阶段的主要任务是对初期的职业生涯进行评估,巩固强化或改变当前的职业理想,并最终选定职业,努力工作,获得一定的职业成就。

五是职业生涯后期(55岁至退休):该阶段的主要任务是维持所取得的成就,维护自尊,指导他人,并准备退休。

(三)金斯伯格的职业生涯阶段理论

金斯伯格(Eli. Ginzberg)是美国著名的职业指导专家、职业生涯发展理论的代表人物。他的研究侧重于从童年到青少年阶段的职业心理发展过程,研究对象为美国富裕家庭的年轻人从童年时期到成年期和成熟期过程中有关职业的想法和行动。该理论将整个职业生涯的发展划分为三个阶段:

一是幻想期(11岁以前):该时期儿童开始想象他们未来将成为什么样的人,此时的职业期望是由兴趣决定的,并没有实际考虑自身的综合条件和社会条件。

二是尝试期(11~17岁):通过不同阶段的学习,年轻人开始扩大对自己职业选择因素的考虑,不仅关注兴趣,同时也结合自身的能力、价值观、信念等,并发现不同职业的社会意义。

三是现实期(17岁以后):该阶段开始基于现实条件做出选择,其中包含三个阶段:试探阶段,试探各种职业机会和可能的选择;具体化阶段,基于试探阶段进行深一步的选择;专业化阶段,根据自我选择的目标,做出具体的就业准备。

金斯伯格的三阶段理论重点研究了个体未成年时期的职业生涯发展,并没有涉及成年后的职业生涯,而成年后因其他因素职业生涯也会发生重大的改变,而且成年后的职业生涯是个体最重要的阶段。金斯伯格后期对以上理论进行了补充,他认为对于一些在寻找工作满意感的人来说,他们会不断调整现实工作与理想目标之间的差距,然而这些都会受最初职业选择和随后的工作经验、家庭状况等的影响。如个体不满意当前职业,进行二次选择时这些因素依然会影响个体②。

三、职业生涯管理模型

职业生涯管理模型(见图10-2)由美国职业生涯管理专家格林豪斯提出,该模型

---

①② 周文霞. 职业生涯管理[M]. 上海:复旦大学出版社,2019.

展示了整个职业生涯管理的过程。

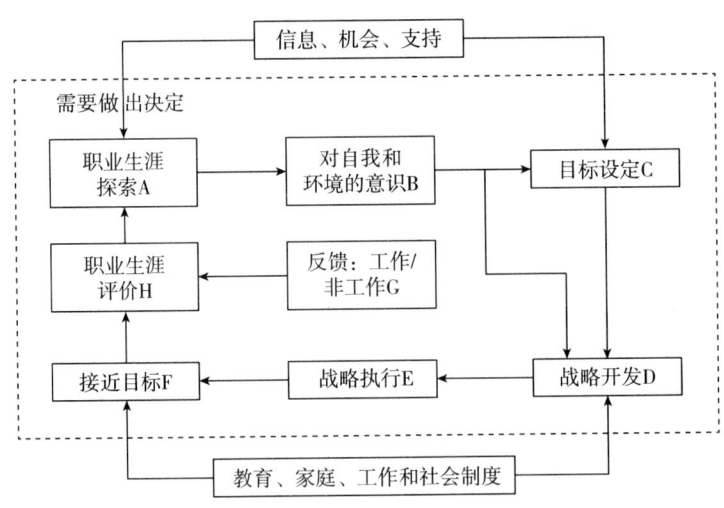

图 10-2 职业生涯管理模型

资料来源：https://www.51wendang.com/doc/eca51c9c77cc3815d6cc58c5。

该模型认为，职业生涯探索到执行都是在整个社会环境中发生的，个体结合教育、家庭、工作和社会制度等因素做决策。个体收集相关资料进行职业生涯的探索（A），对自己和外部环境进行分析（B），例如自己的兴趣、爱好、价值观、可选择的工作等。进行深一步的了解后，个体进行职业生涯目标的设定（C），如在 40 岁时成为中层管理者等。切实有效的目标设定能有效地帮助个体进行职业生涯战略开发（D）和执行（E），如制定什么样的活动可以成为中层管理者。合理、有效的战略执行（E）可以直接影响个体是否能接近目标（F），如准备有效的行动计划可以帮助个体更容易成为中层管理者。战略的执行帮助个体得到一些工作或非工作的反馈（G），反馈得到的信息有助于职业生涯的评价（H），比如个体认为自己缺乏管理的知识，可能需要参加更多的管理知识方面的培训和教育。调整部分战略（从 B 到 D），以便更好地实现最初设定的目标。评价的信息同时也可以作用于个体职业生涯再次的探索（A），形成一个循环重复的过程。因此，职业生涯管理模型提供的是一个解决问题、进行决策的过程，是个体通过收集信息，认识自我和外在环境，建立目标，执行战略计划，最后获得反馈的管理过程[①]。

四、职业生涯建构理论

面对当今雇佣关系不稳定、组织的边界逐渐模糊的情形，个体的职业生涯发展也

---

① 董克用，李超平．人力资源管理概论（第5版）[M]．北京：中国人民大学出版社，2019．

充满着不确定。个体或许不再终身依赖同一组织。职业生涯管理的主体从组织变为个人,人们将不再迎合组织需要,而是根据自身职业发展目标来选择雇主或工作岗位,甚至会在不同的组织间出现频繁的转换。美国职业辅导实践与研究专家 Mark L. Savickas 教授于2002年正式提出生涯建构理论(Career Construction Theory)。该理论成为了当代西方职业心理学发展及研究中的代表。基于当代的现实背景,结合了个体—环境匹配(Person - environment Fit)理论和职业人生主题(Life Theme for Career)理论,Savickas 认为个体将通过一系列有意义的职业行为和工作经历来构建自身职业生涯发展过程,同时解决职业生涯中遇到的各种问题。个体应综合考虑自己的过往经验(Past Memory)、当前感受(Current Experience)以及未来抱负(Future Aspiration)做出职业发展行为选择。职业生涯发展就是个体围绕职业生涯这一重要人生主题(Life Theme)而展开的、内涵丰富的主观建构过程①。

生涯建构理论包含三个主要内容:不同个体间的特质存在差异(Differential);个体在不同生涯阶段所面临的任务和应对的策略相匹配的发展性(Developmental);生涯发展是一个需要内动力的变化过程(Dynamic)。由此,职业生涯建构理论包含了:①职业人格类型(Vocational Personality Types),即个体所包含的不同价值观(Value)、需求(Needs)、兴趣(Interest)等都是个体在进行职业生涯建构过程中所必须考虑的因素。②生涯适应力(Career Adaptability),即个体在职业生涯发展过程中应该具有应变性,个体与不同环境(学校、公司)进行不同的转换顺利实现相互匹配的过程。③人生主题(Life Theme),即通过建立关联(Mattering)来整合(Integrate)主客观世界,号召个体通过具体工作体验来体现自身价值和能力。以上内容分别回应了个体职业发展中"是什么"(What)、"怎么样"(How)以及"为什么"(Why)三个问题。

第三节 职业生涯规划与管理的内容

一、职业生涯规划

(一)职业生涯规划的原则

1. 清晰性

职业生涯规划的目标需要清晰且明确,具体实现该目标的行动方案也必须清晰明了,员工能按方案一步步实现目标。

2. 可行性

规划时必须要考虑到自己的特质、社会环境、组织环境以及其他相关的因素,选

---

① 关翩翩,李敏. 生涯建构理论:内涵、框架与应用[J]. 心理科学进展,2015,23(12).

择确定可行的途径，具有可实现性，不能是幻想。

3. 挑战性

目标与措施需要具有挑战性，员工需要通过个人努力才能实现，如此才能体现职业生涯的发展，但是也要在员工的能力范围之内。

4. 一致性

主要目标与分目标必须保持一致，目标的实施方案与目标也要一致，确保能实现员工的个人职业生涯的最终目标。

5. 连贯性

拟定生涯规划时必须考虑到生涯发展的整个历程，它贯穿整个员工的生命历程，因此需要做全程的连贯的考虑。

6. 弹性

职业生涯规划会被环境的变化所影响，制定目标或措施时应该根据环境的改变而具有一定的弹性，进行相应的调整。

7. 激励性

目标要符合自己的性格、兴趣和特长，能对自己产生内在激励作用。

8. 可测评性

规划的设计应有明确的时间限制或标准，可进行评量、检查，使员工能随时掌握执行状况，并为规划提供参考的依据。

(二) 职业生涯规划的过程

本书针对职业生涯规划的讨论侧重于员工个人层面的职业生涯规划，因此为了使员工能制定一个有效的职业生涯规划，可以参考以下过程：

1. 自我评估

自我评估首先要确定的就是"我是谁"，认识了解自己，根据自身的兴趣、爱好、价值观、动机、需求、性格、信念等进行分析和评估。除此之外还要思考自己想做什么、自己的人生志向是什么。最后还要评估自己的优缺点，自己擅长做什么、不擅长做什么。在这一环节，员工需要对自己有进一步的全面的了解，为后面职业生涯目标确定最初步的方向，也是职业生涯规划的基础。

2. 外在环境评估

第二步要求个体对自身所处的外在环境进行有效的分析，具体要求个体对所处的社会、行业和组织的环境进行评估。其中，社会环境包含政治、经济、法律等方面。行业环境需要分析所处行业的发展现状、行业的优势和机会、未来的发展前景等。组织的环境评估包含对企业所处行业地位、发展现状和前景、企业的竞争优势等进行综合的分析。企业的发展直接影响员工的职业生涯发展，如果企业发展状况良好，员工也能在良好的环境中实现自己的个人职业生涯目标。以上分析员工可以借助SWOT模型进行优劣势、机遇及挑战的评估。

3. 职业选择

职业选择是员工深思熟虑之后做出的选择，该选择对职业生涯有着重要的影响，职业选择失败的人中有80%事业也是失败的。因此，职业的选择需要员工结合自身内外部环境、人职匹配等慎重考虑。选择职业之后，还需要确定发展的路线，如在高校工作，是选择走行政管理路线，承担管理工作，还是走专业学术路线，专注从事科学和教学的研究。在做出选择后，才能针对其做出相匹配的职业生涯规划，确定行动的最初方向。

4. 设定目标

第四步要求员工结合自我评估和外界环境的分析综合考量，对自身的职业生涯设定一个清晰、明确、切实但具有挑战的目标。职业生涯的目标可以分为短期（1~2年）、中期（3~5年）和长期（5年以上）。短期目标服务于中期目标，中期目标服务于长期目标。设定职业生涯目标时应该符合SMART原则，即明确、可测量、可实现、与职业定位和兴趣等相关、有时限性。在现实操作过程中，员工应避免制定模糊的目标、难易程度过于极端的目标、脱离人生的其他目标、讨好他人的目标、缺乏弹性的目标。

5. 制定行动计划和方案

确定职业生涯目标之后，就需根据目标制定相应的行动方案。目标需要行动才能实现，因此行动对目标的达成起到关键作用。制定行动方案需要员工针对目标提出系统的、具体的措施，这些措施包含教育、培训、工作等方面。例如，为了实现短期目标，我应该如何提高自己的工作效率？为了达成中期目标，我应该学习哪些知识和技能提高自己的业务能力？为了实现长期目标，我应该从哪些方面综合提高自己的竞争力？

6. 评估与反馈

职业生涯是具有动态性的，个体需要根据自身内外部环境的动态改变而调整自己的职业生涯规划。环境是不断改变的，企业也会因此不断变化，员工需要不断地对自己的职业定位和职业方向进行评估，当内外部环境变化时，要及时调整职业发展的方向。因此，职业生涯规划需要员工不断修正和反馈，以此保证整个职业生涯规划的切实有效。

二、组织职业生涯管理

组织职业生涯管理是组织为了自身战略发展的需要，协助员工规划其职业生涯的发展，并为员工职业生涯发展设计通道，提供必要的教育、培训、轮岗、晋升等发展机会，也是组织为了达成组织和个人的目标而采取的一系列旨在开发企业人力资源的措施。

（一）组织职业生涯管理的原则

1. 动态性

组织的职业生涯管理需根据组织战略、组织结构和员工个人发展需求的改变而进行动态的调整。组织职业生涯管理需要具备一定灵活性。

2. 公平性

职业生涯管理时，应该公平对待每一位员工，为其提供充分的信息和机会，如教育培训、晋升机会等都要公平公开，保证每一位员工的合理权利，促进员工工作的积极性，不能偏袒部分员工而忽视其他。

3. 长期性

组织的职业生涯管理需要伴随整个组织员工的职业生涯周期，不能中断，为所有员工提供贯穿始终的终身管理。

4. 阶段性

员工的职业生涯是有阶段性的，每个阶段的任务和需求都有所差别，因此组织的职业生涯管理也需要划分不同的时间阶段，有相应的阶段性目标和时间计划。

5. 协作性

组织的职业生涯管理虽然是组织层面的，但是职业生涯终究是以员工为主体的，因此在进行职业生涯管理时，应该让员工也参与进来，共同制定、共同实施才能有效地实现组织的职业生涯管理。

(二) 员工职业发展通道设计

1. 职业发展通道的概念

员工职业发展通道是指企业为个体提供的职业生涯发展计划。从企业职业生涯管理的角度出发，职业发展通道给员工提供未来发展的多种选择，同时还有助于企业更加了解员工的潜能。从员工自我职业生涯管理角度，职业发展通道可以让员工结合自身优势，更加专注于未来的发展方向并为之努力。职业发展通道通常情况下由员工、主管以及人力资源部门共同参与制定。员工提出自身的兴趣、优势及职业发展倾向，主管对员工的工作表现进行评估，人力资源部门则负责评估其未来发展的可能性，综合评价后给予员工未来职业发展的建议。职业通道的设计一般可以分为纵向职业通道和横向职业通道。纵向职业通道的设计包含单通道、双通道或多通道的职业发展路径①。按职业性质又可分为管理性、技术性、技能性的职业通道。

2. 员工职业发展通道的设计步骤

在实际操作过程中，一般应该按照以下步骤来建立企业员工职业发展通道：

第一步，进行员工职业发展通道中的岗位分析与设计。这是建立企业职业发展通道的基础的准备工作，必须结合企业战略、组织结构、关键流程，对企业的岗位进行再分析和再设计。

第二步，进行职业发展通道的层次结构设计，分析和整合企业内部的各个岗位，以规范化了的岗位为基础，将其划分到不同的职业发展系列，并针对不同的职业发展系列设置科学合理的职业阶梯等级，充实职业发展系列。

第三步，进行职业发展通道的岗位等级的评价，根据企业岗位设置的特点，综合

---

① 杨红英, 童露, 林丽, 郑媛. 人力资源开发与管理 [M]. 昆明：云南大学出版社, 2014.

相关的影响因素,设计科学的评价指标体系,通过层次分析法确定各指标的权重,并对岗位等级评价模型进行模糊综合评判,最终确定各岗位之间的等级对应关系。

第四步,进行员工职业发展通道中的等级能力标准的设置。确定胜任岗位所需的各种素质能力要求指标及相应的级别要求,建立胜任素质能力模型,并以此作为员工晋升和转岗可行性的判断标准。

第五步,进行员工职业发展通道信息管理系统的设计。根据具体的实际需求,做好系统分析和设计,建立相关的数据库,以实现员工职业发展通道的岗位、层级结构、对应等级以及职业发展通道等级能力标准的可持续性优化管理。

第六步,完成员工个人职业发展通道的设计。利用员工职业发展通道信息管理系统提供的相关资源条件,结合员工个人的职业发展需求和企业实际情况,帮助员工实现合理的个人职业发展通道规划。

3. 典型的职业发展通道设计方式

企业在进行员工职业发展通道设计时可以考虑横纵方向。传统意义上,组织的职业通道设计一般关注纵向的职业发展通道设计,如管理路径的管理职位的晋升或专业技术路径涉及的专业技术提升。这两者既覆盖了纵向职业通道的主体内容,事实上也支撑了整个职业通道的主体框架。员工的横向职业发展设计通道则是对纵向职业通道的一种补充和协助。面对越来越多的扁平化组织,向上发展的机会越来越少,竞争越发激烈,因此如何促进员工的横向发展也成为组织管理尤为关注的问题之一。横向和纵向的职业通道设计构成了立体交叉的员工职业发展通道,对组织的整体职业发展通道的设计有着重要的意义。本书将以纵向发展通道中的双通道和横向发展通道作为讨论的重点。

(1)员工职业发展的双通道。员工职业发展的双通道是指员工在组织中有两种不同的发展路径,每条路径反映着员工对组织产生的不同价值贡献(见图10-3)。

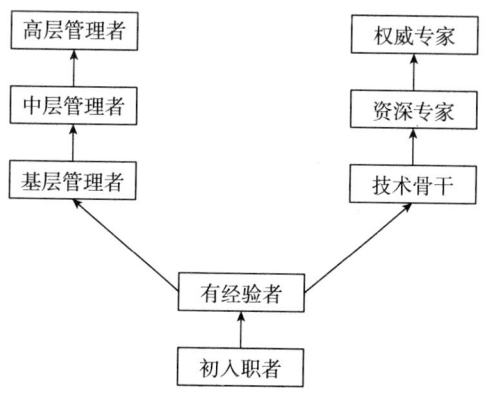

图 10-3 员工的职业生涯发展双通道

第一条路径也称为管理路径,通过在工作中监督、管理员工或主动承担责任而获得升迁的机会;第二条路径为专业技术路径,员工通过提升个人专业技能,增强对组织的专业贡献，以此获得职业上升的机会。与管理路径不同，是专业技术路径不以监督、管理员工为主要内容。无论是管理路径还是专业技术路径，都由员工个体的自我定位、倾向、兴趣、优势和动机等深层次因素决定。即员工自我价值的增加是选择依靠提升个人专业技能，完成组织交付的具有挑战性的工作任务，还是选择通过获取权力，对下属实施管理，激励他人，实现个人目标，获得职业成果。做选择的主体都应该是员工本人，组织只能是为个体提供这一决策的相关信息、机会和平台。一旦主体变换，对其个人职业生涯和企业都会产生负面影响。员工职业发展双通道设计的基本原理是专业技术人员不必因为其专业技能的提升而非要从事管理工作，组织应该承认专业技术为组织创造的价值。双重职业通道的目的在于激励专业技术领域中为组织创造较高价值的员工。采用职业发展的双通道设计可以保证专业技术人员有更多的职业发展选择，组织能吸引、保留具有较高专业技术的员工，保证企业的人才队伍稳定。站在个体角度，向管理层晋升不再成为职业发展的唯一路径，同时也降低了优秀的专业技术人员不一定是优秀的管理者这种管理风险。并且个人可以全身心投入专业技术的学习，有效降低内外部干扰，保证了在专业技术道路上的稳定发展。

（2）员工职业发展的横向职业通道。当企业无法为员工提供更多的向上发展空间时，横向职业通道的设计将给员工带来更多的职业发展选择。横向职业通道对于员工的职业通道设计有着重要的价值意义。对于个体，横向的职业发展促进个人综合能力的培养及提升，以满足当前或未来的工作需要，增强员工的岗位胜任能力，接触不同的工作任务能帮助其发掘自身潜力、优势及兴趣爱好，对于今后的职业发展具有一定的指导意义。员工横向的职业发展通道一般包括岗位轮换和一专多能两种形式。岗位轮换是通过横向调动丰富现有工作内容，使员工焕发新的活力，积极面对工作中出现的挑战。虽然没有更多的加薪或晋升，但员工可以通过岗位轮换增加自己对组织的价值，提升综合的竞争力。由此，当组织内没有足够多的高层职位，特别是当今较多出现的扁平化组织无法为每个员工提供晋升机会，长期从事同一项工作会增加个体产生工作倦怠的风险，带来工作绩效的下降时可采用此种模式。一专多能指组织发展力图培养员工能力的交融，即从事生产的员工不仅要掌握自身岗位要求的专业技能，还需要掌握与其相关的其他衍生技能[①]。如从事机械操作的员工不仅要有熟练的操作技能，还应该掌握机械的维修和护理等相关技能，从而丰富自己的技术内容，增强员工岗位选择的灵活性和不同岗位的适应性。岗位轮换和一专多能都是组织进行员工横向职业发展通道设计的主要方式。

（三）职业生涯阶段管理

企业在进行职业生涯管理时，应该根据不同的阶段进行管理，主要针对新员工、中期员工和老员工实施不同的管理措施。

1. 初期的职业生涯管理

新员工是企业的新兴力量，给企业带来活力，是企业发展的重要资源。然而，新

---

① 王丽君. 员工职业发展的多通道设计 [J]. 企业改革与管理，2014（3）.

员工往往对企业缺乏忠诚度,存在较高的离职率,离职率高加大了企业的成本,如招聘的货币和时间成本等。因此,如何对新员工进行职业生涯管理,使其稳定、长期地留下来工作,提高为组织服务的积极性,创造更高的价值,并且获得一定的忠诚度,是企业人力资源管理的重要模块。初期的职业生涯管理的核心任务是留住新员工。

(1)初期职业发展的困难。现实与理想的差距:刚入职的新员工对工作充满着期待和热情,希望能遇到充满激情和挑战的事物,特别是刚入职的大学生认为自己是带着最专业和最前沿的知识进入组织的,所具有的才华应该有展示的机会,但大部门的日常工作是重复的,且缺乏趣味性。新入职者会认为工作和自己的想象有差别,缺乏挑战,缺乏新意,能力无法得到充分的展现,就此失去工作热情。同时,工作中遇到的现实挑战往往又超过新员工的实际能力,新员工如刚毕业大学生,缺乏现实经验,知识来源于书本,将理论与实际结合的能力较低,在遇到现实挑战时,缺乏主见和创新能力,因此现实的挑战又会给新员工带来挫败感。两种情况都会导致新员工对工作呈现较低的满意度。

工作绩效的评价与反馈:工作绩效的评价是企业人力资源管理的核心模块,准确且有效的绩效评价能提高员工工作的满意度,不公平的评价会引发员工抵触和不满的情绪。但是现实情况下,并不是所有的企业都能拥有完善的绩效评价系统,也并不是所有的管理者都能具备有效评价员工绩效的能力。因此,新员工如遭遇不公平的绩效评价,或无法理解接受的评价方式时,就会出现极高的抵触情绪。另外,如果上级无法给予有效的绩效反馈,员工也不清楚自己是否满足组织的期许,对未来的工作和努力方向会感到迷茫。

(2)初期职业生涯管理建议。提供真实的工作信息:在进行招聘时,应该对求职者尽可能说明工作的真实境况,降低求职者的心理预期,通过真实的工作预览,求职者能清楚了解自己与工作的匹配程度,在进入工作时也能更加接受和理解工作内容,降低因为不真实信息带来的过高心理预期,他们才愿意真心实意留在岗位上工作,由此提高新员工入职后的工作满意度。

丰富工作内容:为了消除新员工对现有工作的倦怠,组织应该尽可能丰富工作内容,激励一些偏爱挑战自我的员工,给予他们更多的责任和权利,鼓励员工提出自己的想法并用于实践,让追求自我价值实现和自我挑战类型的员工获得更多的工作自主权。

尽可能提供挑战性的工作机会:研究表明,对于新员工,工作越富有挑战性,工作的积极性和有效性就越高。因此,组织应该鼓励新员工主动承担对工作技能要求较高的工作任务,管理者应该提供更多的帮助和支持,承担一定的风险,但是工作难度的选择也要适宜,过于超出新员工能力范围的任务可能会面临失败的风险。

安排富有经验的管理者:富有经验的管理者能向新员工提供组织更全面的信息,对其工作也能提供更专业且富有经验的指导,降低新员工对工作的迷茫,为其提供指引方向;能尽可能地为员工提供一个有效、准确的工作反馈;拥有更有效的沟通和交流的技能，能在反馈时和员工相互达成更有效的交流，降低因交流等造成的误会。同时，富有经验的管理者更清楚企业和组织的发展及期许，对员工也能给予更加明确和严格的要求，保证新员工的绩效符合组织的预期。

2. 中期的职业生涯管理

职业生涯中期阶段是所有阶段中周期最长的，也是充满变化的，员工在此阶段会遇到职业的成功或转型。这一阶段的员工与刚入职时怀抱着远大理想的阶段不同，此时的员工面临工作与家庭的平衡，更加追求实际收益，职业理想的方向和定位都会随着年龄发生改变，年龄不断增长，职业的发展出现"瓶颈"，机会减少，职业发展停滞不前。因此，中期的职业发展是一个追求自我实现又自觉职业危机的阶段，因此员工将会面临职业转变和保持工作活力两大任务。组织的职业生涯管理将在这一阶段提供给员工更系统全面的职业生涯发展指导和帮助。

（1）中期职业发展的困难。职业生涯高原期：中期职业发展会遇到职业生涯"高原"的状态，此时员工的上升空间越来越小，晋升的可能性很小，看不到向上发展的机会。高原期产生的原因主要有：企业越往上职位越少，结构呈金字塔，职位逐级递减，没有足够空缺的职位，即使员工此刻具备足够的技能和知识可以胜任此职位，组织也不一定能够给予晋升的机会。另外，即使组织目前有空缺的职位，越往上的职位对员工的技能和知识的要求越高，因此，员工也可能因年龄增加，知识技能等出现落伍、老旧等并不具备胜任此职位的能力。从以上两方面出发，在中期阶段员工容易面临职业生涯的高原期。当看不到提升空间时，员工会出现负面的情绪，沮丧、焦虑和迷茫等，负面情绪的积累导致工作满意度下降，出现离职或引退等现象。

工作与家庭平衡：处在中期职业发展阶段的员工大部分扮演子女、配偶及父母的多重角色，在生活中既要照顾父母还要照顾子女，生活的大部分责任需要此阶段的员工承担。工作上该阶段的员工也是企业的核心力量，承担更多的责任，组织对其有更高的要求。因此，员工面对工作与生活的双重压力。在当今社会，女性员工占比越来越高，结婚后依旧工作的女性更为普遍，而对女性员工而言，在生活中承担了大部分的责任，在工作上组织的要求也更高，因此生活的压力对工作绩效的影响会更大。生活和工作的平衡成为中期员工职业发展的重要影响因素。

（2）中期职业生涯管理的建议。提供专业的咨询和帮助：面对职业发展的"瓶颈"，员工出现焦虑、沮丧和抵触情绪，组织可以为员工提供相应的职业生涯咨询，为其提供专业的指导，也可以为员工提供心理咨询，对其负面情绪进行专业的疏导，提供倾听交流的机会，排解员工焦虑、沮丧等情绪。

提供更专业的教育和培训：随着年龄的增长，员工知识技能出现落后、陈旧等状况，无法满足现有或未来的工作需求，因此组织应该针对员工实施专业的培训和教育，特别是对未来晋升所需的技能和知识提供培训的计划，让员工获得更多的学习和培训的机会，也是调动积极性的方法之一。

鼓励岗位变动：由于职位逐级递减，职位空缺的情况较少，员工看不到上升的机会，因此工作的积极性受到影响。组织可以选择平级轮换岗位，使其承担不同的工作职责，如生产部门管理者调至销售部门，平级的轮换不改变该员工的职位等级和薪酬等，但是在轮换过程中，员工需要掌握另一个领域的技能和知识，让员工从更多的视角思考问题，为以后的晋升做铺垫。

鼓励团队合作：扩大工作内容也可以缓解员工在中期出现的高原现象。扩大员工的工作内容，鼓励团队合作，让员工成立以团队为主、项目为核心的工作方式。提供给员工更多的自主权，承担更多的领导职责。赋予工作更多的挑战可以缓解高原期带给员工的负面情绪，使其重获工作热情和动力。

多样的激励方式：针对中期发展的员工，组织可以考虑不同的薪酬方案，如制定宽带薪酬，鼓励员工学习更多的知识和技能，同级岗位的员工因拥有不同的技能、知识、工作表现等而获得不同的薪酬奖励。同时，也对工作有出色表现的员工给予认可或公开的表彰，提高其工作的成就感，以此激励其为组织继续创造更多的价值。

3. 晚期的职业生涯管理

职业生涯管理的晚期主要针对即将结束职业生涯的员工，这一阶段的员工体力和脑力随着年龄的增长开始逐渐下降，生产率、工作效率、对新事物的接受能力等也因此迅速下降，知识和技能更加陈旧，"高原期"更加明显。这些都成为这一阶段员工的困扰。但是这一阶段的员工相比前两个阶段，流动性降低，万不得已不会选择离开组织，对组织有较高的忠诚度和满意度。员工具有丰富的工作经验，对组织的了解和认识也最为全面，因此可以承担指导其他员工的职责。

（1）晚期职业发展存在的困难。处于晚期职业发展阶段的员工主要是为即将到来的退休做准备，退休对于整个职业生涯来说是重大的改变，一些人对此感到恐惧，对退休后无事可干的生活感到迷茫和失落，在退休前出现焦虑等不安的情绪。

工作效率下降：因为年龄带来的身体和心理的改变，员工明显出现工作能力下降、体力不支、学习新的知识和技能非常困难、工作效率明显降低的情况。

（2）晚期职业生涯管理的建议。为员工提前制订退休计划：退休计划包含退休的时间、工作的交接、退休后的生活等，帮助员工顺利过渡到退休生活。部分员工因为个人丰富的经验和较高的能力并不会随着正式退休而消失，因此组织还可以为其提供退休后的返聘机会，让其参与指导或咨询等工作，让他们继续为组织创造价值，降低因退休后无事可做带来的失落和无助感。

有效的绩效反馈：处于晚期阶段的员工因年龄等因素，工作效率降低，因此工作绩效可能无法达到组织的要求，作为上级管理者，应该及时与员工进行反馈和沟通，提出绩效存在的问题，共同商讨出改善绩效结果的方案。在沟通中，要尽量倾听员工的心声，注意措辞，耐心地进行交流，降低老员工失落、沮丧等负面情绪。

提供持续的学习机会：即使因年龄增长带来学习和接受能力明显下降，组织也应该提供更多学习新知识和技能的机会给处于晚期职业生涯阶段的员工，公平公开的培训和学习的机会也能激发起老员工的工作热情。

第四节 职业生涯规划与管理的发展趋势

一、职业生涯倾向"无边界"与易变性

无边界职业生涯（Boundaryless Career）是超越单个就业环境边界的一系列的就业机会的概念。"边界"是分割区域的界限，在组织理论和职业生涯理论中使用了这一概念隐喻。与传统的职业生涯不同，无边界职业生涯强调以就业能力的提升替代长期雇佣保证，使员工能够跨越不同组织实现持续就业。无边界职业生涯可以分为自愿无边界和非自愿无边界。自愿无边界是指当听说或者找到一个能够获得更多发展和回报的机会时，人们主动选择进入一个新的企业。非自愿无边界则是指当发生比如缩小规模、淘汰、重构或者裁员时，人们被迫去寻找新的工作。无边界职业生涯与传统的职业生涯具有很大的区别，无边界的职业生涯发展可以跨越组织，与传统的职业生涯发展相比，员工的个人职业生涯具有更多的灵活性。

另外，传统的职业生涯是员工与组织形成长期的雇佣关系，轻易不会改变此关系，员工更加依赖组织的发展和结构，依照职业发展阶梯依次向上，因此，员工和组织共同管理职业生涯。而易变性职业生涯是指员工由于个人兴趣、能力、价值观及工作环境的变化，或是企业或组织经营环境和内部政策的变化而经常改变自己的职业。易变性职业生涯是因为外部环境的不断改变，国内外竞争的日益加剧，企业间的兼并、收购、重组时发生，组织结构扁平化，职位减少，企业无法保证为员工提供长期、稳定的职位和发展机会，员工自己也意识到只有改变职业才能在瞬息万变的环境中生存下来。易变性职业生涯强调员工的内在激励，通过工作寻找实现自我价值的途径，主动性高，追求富有挑战的工作，能从工作中获得更多的乐趣，以此得到更多的成就感。

二、职业生涯责任主体争议不断

全球化的快速发展使现代企业的发展和变革速度非常快，面对日趋激烈的竞争，企业不再能保证给员工营造一个长期稳定的发展环境，加上组织结构日趋扁平化，晋升职位减少，组织对职业生涯管理的观念也发生改变，尤其是随着易变性、无边界生涯模式的兴起与普遍化，组织会考虑是否值得继续对员工进行职业生涯的投资。据此，龙立荣、方俐洛和凌文辁归纳了四种不同观点：支持、怀疑、折中和修正。

支持观点：组织要很好地适应社会变化，应该注重人的职业管理，留住、发展和吸引优秀的员工，应对变化，实现持续的发展。

怀疑观点：认为外部环境的瞬息万变使组织变更加快，管理难度增加，组织对员工持续的投资可能化为乌有，组织通过"聘用"而非生涯"投资"能更好地降低管理

成本。

折中观点：员工个人要对自己的职业发展负责，不能过度依赖组织。另外，组织为了满足员工个人发展的需求，也应该采取相应的措施，提供职业发展的机会和指导，增强员工的组织承诺。

修正观点：组织职业生涯管理的概念需要修正，职业生涯管理并不一定代表工作岗位的改变，不是一定要晋升。职业生涯可以通过个人在其岗位自主权和绩效评价的提升上表现出来，强调以修正组织生涯定义来适合现代组织发展的需要。总之，职业生涯管理应该是由个人和组织共同承担较为理想，特别是在当今知识经济的背景下，组织的核心竞争力十分重要，对影响核心竞争力的重要人物实施职业生涯管理具有重要的意义。

本章小结

职业生涯是一种持续的、稳定的且与工作有关的一系列人生经历。个体职业生涯规划要求个人根据自身的内在因素，将自己定位在一个最能发挥自己潜能的位置，选择最适合自己能力的职业，并且对整个职业生涯进行持续的一系列计划的过程。组织对个体进行客观的评价，向员工提供一系列职业生涯发展的信息和机会。组织制订相关的职业生涯发展计划，向员工提供相应的培训机会，让员工获得相应技能，以实现职业生涯目标。职业生涯规划的意义是为个人奋斗指明方向，增强员工职业竞争力，有效平衡个人、事业和家庭。职业生涯管理的意义是有利于企业开发人力资源，有效地提高企业的绩效，保证组织长期稳定发展。基于不同的职业发展理论，本书重点探讨了职业选择理论、职业发展理论、职业生涯管理模型及职业生涯建构理论；另外，也介绍了组织不同的职业发展通道（横向、纵向），不同的发展通道设计给予员工不同的职业路径选择。对于当今的职业生涯管理，应侧重个体层面的职业生涯发展管理，主体从组织变换到员工，因此未来的职业生涯发展的决策权将会更多地掌握在员工自己手中。

【本章思考题】

1. 什么是职业生涯及职业生涯管理？
2. 职业生涯管理的基础理论有哪些？
3. 职业生涯规划的过程是什么？
4. 如何进行组织职业生涯管理？
5. 什么是员工的职业发展双通道？
6. 个人职业生涯管理与组织职业生涯管理的区别是什么？

【拓展阅读】

华为：企业留住人才的办法就是建立健全的晋升制度

很多人都知道华为严格的管理制度，但是很少有人知晓华为的人才培养制度，而随着华为的规模不断扩大，员工的人数不断增多，华为选拔人才的制度也越来越严格。为了促进企业的快速发展，调动员工的工作积极性，企业必须根据自身情况，制定健全的晋升制度。

华为是一家以通信技术为主的高科技企业，自1987年创立以来，华为一直坚持在管理上学习西方先进的管理经验，在产品开发上学习欧美国家的先进技术，始终为了民族的通信工业做贡献。在任正非的带领下，华为现在已经拥有上亿元的固定资产，包括数千人的研发队伍，甚至拥有数万平方米的研发生产基地。不仅如此，华为在全国各地设有多个办事处，在美国也专门成立了开发研究中心，包括和很多电信部门都合作成立了股份公司，也在世界范围内实现了技术与资源的引进，更大范围地扩大了企业的研发能力。可以说，华为现在的科研生产线已经非常成熟了。

然而对于高科技企业来说，员工的晋升制度一直都是企业家最头疼的问题，到底是以技术为主还是以管理为主，对于任正非来说，这也是一度让他为难的问题。如果以管理为主，那么那些技术高超的科研人员要如何自处？如果要以技术为主，那么这些科研人员又真的能够管理好公司吗？面对这一问题，华为管理层一时间也无法做出准确的判断，但是他们明白，如果不能处理好这件事情，那么华为内部的晋升制度就会混乱不堪，员工的才能就无法施展，企业的发展就不能稳定，所以对于华为的晋升制度，任正非尤其重视。

技术和管理是高科技企业最为重要的两个领域，一个人若是具备了技术才能就不能同时兼备管理才能，同样地，有了管理技能，技术就会略低一筹。在企业管理中也是如此，如果偏重其中任何一项，另一项就会受到冷待，所以务必不能让两个领域的人才受到不公平待遇，影响企业的发展。必须解决这一难题，让两个领域的人才都能得到相等的待遇，稳定企业的发展。

经过多方的讨论和研究，任正非最终决定在华为设置技术和管理的双向任职资格晋升通道。华为的任职通道分为两条：一条是以管理为主，另一条是以技术为主。员工在进入华为之后从基层员工做起，经过努力，可以晋升为骨干，再继续努力，员工就可以选择是走管理通道还是技术通道。在这一点上，任正非完全根据员工自己的喜好，如果觉得自己有管理方面的才能就选择管理领域的通道，如果觉得自己的科研技术更胜一筹，就可以选择以技术为主的职业通道，总之，无论选择哪一个通道，企业都会给予员工公平公正的待遇。

华为的任职资格体系包括技术任职资格、营销任职资格、专业任职资格和管理任职资格四类，而每一类任职资格等级又分为四级：职业级、普通级、基础级、预备级。

员工晋升到骨干之后，开始选择未来的职业通道，在管理方面，晋升制度分为三个等级：基层管理者、中层管理者、高层管理者。想要从骨干员工晋升到基层管理者，员工必须具备两个资格：一是员工的管理任职资格达到3级，二是员工的专业技术资格达到3级以上。如果员工想要继续晋升到中层管理者，员工的管理任职资格必须达到4级，专业技术资格达到3级以上也可以。而如果员工继续向上晋升，想要成为高层管理者，员工的管理任职资格必须达到5级或5级以上。

员工成为骨干之后，选择技术任职通道也可以，技术任职通道也分为三个等级：核心骨干、专家、资深专家。员工想要走技术职业通道，在刚进入华为成为基层员工时就必须通过专业技术资格的考核，而员工晋升骨干员工专业技术资格必须达到3级；晋升为核心骨干，专业技术资格要达到4级；晋升到专家级别，员工的专业技术资格必须达到5级；而晋升到资深专家，员工的专业技术资格要达到6级。

当员工在管理通道达到高层管理者级别或者在技术通道达到资深专家级别时，员工就不能再随便更改自己的意愿，管理通道的方向是成为职业经理人，而技术通道的方向是成为专业技术人员。员工在专业技术方向达到最高级别时，相当于可以享受华为副总级别的待遇和福利。

华为的任职资格晋升制度看似简单，实则不然。任职资格是对长期在岗位上恪尽职守、艰苦奋斗的员工的一种激励，员工取得优秀的绩效考核成绩之后，基于岗位责任和要求，企业会对员工进行有效的晋升奖励。华为的任职资格标准源于员工的职位责任和企业的业务发展，不同级别的任职标准也有不同，不过基本包含了三个部分：基本条件、核心标准和参考项。员工必须经过这三种考核制度，才能真正得以晋升。

任职资格体系中，基本条件包括三个考核方面：员工从事的职位、员工的专业经验、员工的绩效贡献。员工只有通过这三项考核，才能算符合基本条件。核心标准包括四项：员工必备的专业知识、员工的行为准则、员工的专业技能和员工的素质。参考项包含两个方面：员工的品德和个性特征。员工只有在这些方面的考核都过关了，才能真正达到任职要求。在华为，任正非更重视员工的专业技能和素质，而在任职资格体系中，员工的核心标准也是晋升的主体，至关重要。

上海医药集团吴建文表示，企业想要长久稳定地发展下去，就必须不断地汲取新的知识和人才，而企业留住人才的最好办法就是建立健全的晋升制度，让员工能够获得公平的待遇，能够尽情地发挥自己的才智，为企业创造更大的价值。

资料来源：上海医药集团吴建文：企业留住人才的办法就是建立健全的晋升制度［EB/OL］．搜狐网，https：//www.sohu.com/a/454646682_120775114？scm=1019.e000a.v1.0&spm=smpc.csrpage.news-list.12.16200495743990kAkvWl．

【思考题】

1. 华为是如何设计员工职业发展双通道的？华为为什么要采用员工职业发展的双通道模式？

2. 对于华为未来的员工职业生涯管理你有什么意见和建议？

参考文献

[1] Baumeister R F, Leary M R. The need to belong: Desire for interpersonal attachments as a fundamental human motivation [J]. Interpersonal Development, 2017.

[2] Bernardin H J, Beatty R W. Performance appraisal: Assessing human behavior at work [M]. Boston, Ma.: Kent Publishing Company, 1984.

[3] Cascio W F. Managing human resources. 4th ed. [M]. New York: McGraw - Hill, 1995.

[4] De Charms R. Personal causation: The internal affective determinants of behavior [M]. Routledge, 2013.

[5] Deci E L, Ryan R M. Intrinsic motivation [J]. The Corsini Encyclopedia of Psychology, 2010.

[6] Deci E L, Ryan R M. The "what" and "why" of goal pursuits: Human needs and the self - determination of behavior [J]. Psychological Inquiry, 2000, 11 (4).

[7] Deci E L. Effects of externally mediated rewards on intrinsic motivation [J]. Journal of Personality and Social Psychology, 1971, 18 (1).

[8] Dworkin G. The theory and practice of autonomy [M]. Cambridge University Press, 1988.

[9] Gagné M, Deci E L. Self - determination theory and work motivation [J]. Journal of Organizational Behavior, 2005, 26 (4).

[10] Harlow H F. The nature of love [J]. American Psychologist, 1958, 13 (12).

[11] He W, Li S L, Feng J, et al. When does pay for performance motivate employee helping behavior? The contextual influence of performance subjectivity [J]. Academy of Management Journal, 2021, 64 (1).

[12] Higgins E T, Friedman R S, Harlow R E, et al. Achievement orientations from subjective histories of success: Promotion pride versus prevention pride [J]. European Journal of Social Psychology, 2001, 31 (1).

[13] Higgins E T, Roney C J R, Crowe E, et al. Ideal versus ought predilections for approach and avoidance distinct self - regulatory systems [J]. Journal of Personality and So-

cial Psychology, 1994, 66 (2).

[14] Higgins E T. Beyond pleasure and pain [J]. American Psychologist, 1997, 52 (12).

[15] Higgins E T. Making a good decision: Value from fit [J]. American Psychologist, 2000, 55 (11).

[16] Gary Dessler. Human resource management [M]. Pearson, 2017.

[17] Dispersion on organizational performance: Effects of different compensation components [J]. Academy of Management Proceedings, 2017 (1).

[18] Lin Z, Kelly J, Trenberth L. Antecedents and consequences of the introduction of flexible benefit plans in China [J]. The International Journal of Human Resource Management, 2011, 22 (5).

[19] L. R. Gomez – Mejia, David B. Balkin, Robert L. Managing Human Resource (4th edition) [M]. Cardy, Person Prentice Hall, 2004.

[20] Mitchell T R, Holtom B C, Lee T W, et al. Why people stay: Using job embeddedness to predict voluntary turnover [J]. Academy of Management Journal, 2001, 44 (6).

[21] Park S, Sturman M C. Evaluating form and functionality of pay – for – performance plans: The relative incentive and sorting effects of merit pay, bonuses, and long – term incentives [J]. Human Resource Management, 2016, 55 (4).

[22] Ryan R M, Sheldon K M, Kasser T, et al. All goals are not created equal: An organismic perspective on the nature of goals and their regulation [J]. Psychology of Action: Linking Cognition and Motivation to Behavior, 1996.

[23] Savickas M L. The theory and practice of career construction [J]. Career Development and Counseling: Putting Theory and Research to Work, 2005 (1).

[24] Sekiguchi T, Burton J P, Sablynski C J. The role of job embeddedness on employee performance: The interactive effects with leader – member exchange and organization – based self – esteem [J]. Personnel Psychology, 2008, 61 (4).

[25] Shah J, Higgins E T. Expectancy × value effects: Regulatory focus as determinant of magnitude and direction [J]. Journal of Personality and Social Psychology, 1997, 73 (3).

[26] Shaw J D, Delery J E, Jenkins Jr G D, et al. An organization – level analysis of voluntary and involuntary turnover [J]. Academy of Management Journal, 1998, 41 (5).

[27] Sheldon K M, Elliot A J. Goal striving, need satisfaction, and longitudinal well – being: The self – concordance model [J]. Journal of Personality and Social Psychology, 1999, 76 (3).

[28] Skinner E A. Perceived control, motivation, & coping [M]. Sage, 1995.

[29] Walker J W. Human resource strategy [M]. New York: McGraw-Hill, 1992.

[30] White R W. Motivation reconsidered: The concept of competence [J]. Psychological Review, 1959, 66 (5).

[31] Susan E. Jackson, Randall S. Shuler. 人力资源管理：从战略合作的角度 [M]. 范海滨译. 北京：清华大学出版社，2004.

[32] 陈东健. 人力资源管理 [M]. 北京：清华大学出版社，2012.

[33] 陈清泰，吴敬琏. 公司薪酬制度概论 [M]. 北京：中国财政经济出版社，2001.

[34] 陈田. 传统企业构建 HR 三支柱模型探究 [J]. 人才资源开发，2019 (3).

[35] 陈维政，余凯成，程文文. 人力资源管理与开发高级教程 [M]. 北京：高等教育出版社，2011.

[36] 陈维政，余凯成，程文文. 人力资源管理与开发高级教程（第二版）[M]. 北京：高等教育出版社，2013.

[37] 陈维政，程文文，廖建桥，刘善仕，张丽华. 人力资源管理与开发高级教程（第三版）[M]. 北京：高等教育出版社，2019.

[38] 陈奕君. 基于马斯洛需求层次理论分析小米公司管理沟通案例研究 [J]. 商场现代化，2018 (18).

[39] 陈禹. 基于岗位与绩效的动态宽带薪酬体系设计 [J]. 中国人力资源开发，2011 (12).

[40] 陈志军，徐鹏，唐贵瑶. 企业动态能力的形成机制与影响研究——基于环境动态性的调节作用 [J]. 软科学，2015，29 (5).

[41] 董克用，李超平. 人力资源管理概论（第四版）[M]. 北京：中国人民大学出版社，2015.

[42] 董克用，李超平. 人力资源管理概论（第五版）[M]. 北京：中国人民大学出版社，2019.

[43] 方振邦. 战略性绩效管理 [M]. 北京：中国人民大学出版社，2014.

[44] 冯光明等. 人力资源开发与管理 [M]. 北京：机械工业出版社，2013.

[45] 关翩翩，李敏. 生涯建构理论：内涵、框架与应用 [J]. 心理科学进展，2015，23 (12).

[46] 韩亚明. 浅析人力资源需求预测常用方法 [J]. 人力资源管理，2011 (4).

[47] 贺伟，龙立荣，赵海霞. 员工心理账户视角的薪酬心理折扣研究 [J]. 中国工业经济，2011 (1).

[48] 贺伟，龙立荣. 薪酬体系框架与考核方式对个人绩效薪酬选择的影响 [J]. 心理学报，2011，43 (10).

［49］黄焱．人力资源的数量和质量的发展［J］．中国市场，2011（18）．

［50］加里·德斯勒，曾湘泉，文跃然，杨伟国．人力资源管理（第十版）［M］．北京：中国人民大学出版社，2010．

［51］加里·德斯勒．人力资源管理（第十四版）［M］．刘昕译．北京：中国人民大学出版社，2017．

［52］孔春梅，杜建伟．国外职业生涯发展理论综述［J］．内蒙古财经学院学报（综合版），2011，9（3）．

［53］雷蒙德·诺伊等．雇员培训与开发［M］．北京：中国人民大学出版社，2015．

［54］李金蓓．两类新生代企业员工激励方案研究——基于自我决定理论［J］．现代商业，2021（3）．

［55］李乃文，郑玉满．人力资源管理［M］．沈阳：东北大学出版社，2005．

［56］李新建．员工关系管理［M］．北京：中国人民大学出版社，2014．

［57］李燕萍，李锡元．人力资源管理（第二版）［M］．武汉：武汉大学出版社，2013．

［58］梁钧平．人力资源管理［M］．北京：经济日报出版社，1997．

［59］刘芳．三支柱模型对人力资源转型的意义［J］．商场现代化，2017（17）．

［60］刘善仕，王雁飞．人力资源管理［M］．北京：机械工业出版社，2016．

［61］刘昕．人力资源管理（第三版）［M］．北京：中国人民大学出版社，2018．

［62］刘昕．薪酬管理（第三版）［M］．北京：中国人民大学出版社，2011．

［63］刘智强，葛靓，潘欣，刘芬．可变薪酬支付力度、地位竞争动机与员工创新行为研究［J］．管理学报，2014，11（10）．

［64］罗伯特等．职业生涯发展与规划（第四版）［M］．侯志瑾等译．北京：中国人民大学出版社，2019．

［65］诺伊，刘昕．人力资源管理基础（第三版）［M］．北京：中国人民大学出版社，2011．

［66］彭建锋．人力资源管理概论（第三版）［M］．上海：复旦大学出版社，2018．

［67］彭剑锋，饶征．基于能力的人力资源管理［M］．北京：中国人民大学出版社，2003．

［68］彭剑锋．人力资源管理概论（第二版）［M］．上海：复旦大学出版社，2011．

［69］企业员工管理方法研究组．企业员工激励方法［M］．北京：中国经济出版社，2002．

［70］乔治·米尔科维奇，杰里·纽曼，巴里·格哈特．薪酬管理（第十一版）［M］．北京：中国人民大学出版社，2014．

［71］邱功英，龙立荣．弹性福利计划研究述评［J］．管理评论，2013，25（11）．

［72］石金涛，颜世富．培训与开发（第四版）［M］．北京：中国人民大学出版社，2000．

［73］石全涛．现代人力资源开发与管理［M］．上海：上海交通大学出版社，1999．

［74］斯蒂芬·P. 罗宾斯，玛丽·库尔特．管理学［M］．北京：中国人民大学出版社，2004．

［75］宋源．人力资源管理［M］．上海：上海社会科学院出版社，2017．

［76］孙少博．战略性人力资源管理对组织效能的影响研究［D］．山东大学硕士学位论文，2012．

［77］汪戎，张强，杨增雄．管理学（第二版）［M］．北京：科学出版社，2018．

［78］王丽娟．招聘与录用（第二版）［M］．北京：中国人民大学出版社，2018．

［79］王丽君．员工职业发展的多通道设计［J］．企业改革与管理，2014（3）．

［80］王雄元，史震阳，何捷．企业工薪所得税筹划与职工薪酬激励效应［J］．管理世界，2016（7）．

［81］王彦君．基于企业战略的人力资源规划流程及方案探析［J］．人力资源，2019（10）．

［82］王震．人力资源管理三支柱模型：理念与实践［J］．中国人力资源开发，2015（18）．

［83］卫旭华．薪酬水平和薪酬差距对企业运营结果影响的元分析［J］．心理科学进展，2016，24（7）．

［84］魏光丽．人力资源管理：理论与实务［M］．北京：中国工商出版社，2013．

［85］文跃然．薪酬管理原理（第二版）［M］．上海：复旦大学出版社，2013．

［86］吴慧青．如何进行员工各项管理［M］．北京：北京大学出版社，2004．

［87］肖兴政，冉景亮，龙承春．人工智能对人力资源管理的影响研究［J］．四川理工学院学报（社会科学版），2018，33（6）．

［88］许楠，田涵艺，刘浩．创业团队的内部治理：协作需求、薪酬差距与团队稳定性［J］．管理世界，2021，37（4）．

［89］杨红英，童露，林丽，郑媛．人力资源开发与管理［M］．昆明：云南大学出版社，2014．

［90］杨虹，杨怀珍．基于胜任力模型的培训体系研究［J］．中国管理信息化，2009，12（17）．

［91］余凯成等．人力资源管理［M］．大连：大连理工大学出版社，1999．

［92］约翰·M. 伊万切维奇等．人力资源管理［M］．北京：机械工业出版社，2017．

［93］张春瀛，陈洪艳．人力资源管理［M］．北京：中国铁道出版社，2004．

［94］张德．人力资源开发与管理（第四版）［M］．北京：清华大学出版社，2012．

［95］张德．人力资源开发与管理［M］．北京：清华大学出版社，1996．

［96］张建民，陶小龙，林丽．现代人力资源管理：理论与实践［M］．昆明：云南大学出版社，2010．

［97］张陇．灵活用工的"表"与"里"［J］．人力资源，2021（3）．

［98］张润彤，朱晓敏．服务科学概论［M］．北京：电子工业出版社，2009．

［99］张小兵．人力资源管理［M］．北京：机械工业出版社，2009．

［100］张秀玉．数字经济时代人力资源管理转型［J］．知识经济，2019（19）．

［101］张正堂，刘宁．战略性人力资源管理及其理论基础［J］．财经问题研究，2005（1）．

［102］赵曙明．人力资源管理与开发［M］．北京：中国人事出版社，1998．

［103］赵曙明．人力资源战略与规划（第三版）［M］．北京：中国人民大学出版社，2012．

［104］郑晓明．人力资源管理导论（第三版）［M］．北京：机械工业出版社，2011．

［105］周文成．人力资源管理：技术与方法［M］．北京：北京大学出版社，2010．

［106］周文霞．职业生涯管理［M］．上海：复旦大学出版社，2019．

［107］邹艳春．人力资源管理理论与实务［M］．北京：中国人民大学出版社，2013．